安徽省高等学校"十二五"规划教材

电子商务实用教程
第4版

主　编◎苏　飞　王剑程　杨荣明
副主编◎吴自爱　沈晓璐　何佳莹
　　　　张　汀　王　娟

PRACTICAL COURSE ON
E-COMMERCE

北京师范大学出版集团
BEIJING NORMAL UNIVERSITY PUBLISHING GROUP
安徽大学出版社

图书在版编目(CIP)数据

电子商务实用教程/苏飞,王剑程,杨荣明主编. —4版. —合肥:安徽大学出版社,2024.1
ISBN 978-7-5664-2667-3

Ⅰ. ①电… Ⅱ. ①苏… ②王… ③杨… Ⅲ. ①电子商务－教材 Ⅳ. ①F713.36

中国国家版本馆CIP数据核字(2023)第142285号

电子商务实用教程(第4版)

Dianzi Shangwu Shiyong Jiaochen

苏 飞　王剑程　杨荣明 主编

出版发行:	北京师范大学出版集团 安 徽 大 学 出 版 社 (安徽省合肥市肥西路3号 邮编230039) www.bnupg.com www.ahupress.com.cn
印　刷:	江苏凤凰数码印务有限公司
经　销:	全国新华书店
开　本:	880 mm×1230 mm　1/16
印　张:	20.75
字　数:	522千字
版　次:	2024年1月第1版
印　次:	2024年1月第1次印刷
定　价:	59.00元

ISBN 978-7-5664-2667-3

策划编辑:方　青　　　　　　装帧设计:李　军　孟献辉
责任编辑:邱　昱　　　　　　美术编辑:李　军
责任校对:姚　宁　　　　　　责任校对:陈　如　孟献辉

版权所有　侵权必究
反盗版、侵权举报电话:0551—65106311
外埠邮购电话:0551—65107716
本书如有印装质量问题,请与印制管理部联系调换。
印制管理部电话:0551—65106311

编 委 会

主　编　苏　飞　王剑程　杨荣明

副主编　吴自爱　沈晓璐　何佳莹　张　汀
　　　　　王　娟

编　者　(排名不分先后,以姓氏笔画为序)
　　　　　王丽娟　王剑程　王　娟　刘根生
　　　　　孙静远　苏　飞　杨荣明　吴自爱
　　　　　何佳莹　沈晓璐　张　汀　张　嘉
　　　　　柳思维　贾　莉　陶　耘　董婉婷
　　　　　操贝蒂

前　言

《电子商务实用教程》(第3版)作为安徽省高等院校规划教材自2017年出版至今已使用6年。教材以其特有的知识(项目)体系和实践教学设计,在应用型高校电子商务专业和其他相关专业教学中发挥了重要作用,取得了可喜的教学成果,深受广大师生好评。

近年来,在5G、大数据、云计算、人工智能、物联网、区块链、VR、AR等新兴技术的推动和智慧化赋能的背景下,我国电子商务呈现出不断创新、迭代加速的发展之势,新模式、新业态层出不穷。池州学院电子商务教学科研团队在教学实践过程中,不断更新教育教学理念,不断改进教学方法和教学模式,探索改革课程体系和教材体系,深入一线、深入企业,在产学研融合的基础上开展电子商务综合教学研究,取得了一系列成果。《电子商务实用教程》(第4版)就是其中的重要教学研究成果之一。

《电子商务实用教程》(第4版)在充分继承第3版教材的教学理念、内容体系和特色功能的基础上,广泛学习和吸收各类教材的优点和特色,结合电子商务专业教学和专业实践,尤其是电子商务应用实践,使教材的体系更合理、内容更实用、教学更有效。

《电子商务实用教程》(第4版)的创新点、主要特色如下。

1. 紧跟时代要求,完善教学内容,注重知识逻辑性

对第3版教材的教学体系、教学内容进行了重新梳理、重构,增加、补充和完善了电子商务技术基础、电子商务典型业态、电子政务等内容。兼顾电子商务的专业性与通用性,内容更全面。每章均配有思维导图,逻辑清晰,并按照"案例导读＋知识点详解＋案例分析＋拓展阅读＋课后练习"的思路进行编排,细致全面、重点突出,力求使读者快速掌握知识重点和难点。

2. 融入课程思政,体现创新创业教育,注重立德树人

把党的二十大精神有机融入教材中,构建"课程思政"育人新格局,充分发挥教材的铸魂育人功能。以"润物细无声"的方式将社会主义核心价值观、家国情怀、创新思维、工匠精神等融入教材,构建专业教育与思想政治教育协同与整合的教学体系。实训模块内容结合学科竞赛需求进行所有内容的更新和重塑,强化创新创业能力提升实践。

3. 关注行业动态,理论联系实践,注重能力培养

教材中的章节内容和案例选择具有前沿性,注重理论与实践结合,全面、清晰和系统地介绍当今应用型高校电子商务专业学生应具备的专业知识;注重新技术、新业态和新应用,注重学生专业实践能力培养,注重地方应用型院校对电子商务知识的应用能力培养。

4. 与相关课程配套,构建教学资源库,注重智慧教学

教材编写组注重教学资源配套建设和智慧教学的需要,已经完成安徽省大规模在线课程(MOOC)——"电子商务概论"建设,构建了丰富的课程资源。教材配套的PPT课件、教学大纲、习题及参考答案、案例、拓展阅读、模拟试卷及参考答案等资源,教学拓展资源以及针对性的案例和数据,读者在教材上通过扫描二维码可以直接查阅。

5. 重新设计体系,重新规划功能,突出全"新"教学

相对第3版作了较大的调整、修订,突出一个"新"字,增加了大量新技术、新业态、新模式、新知识、新案例、新内容的介绍,力图反映电子商务的最新发展状况。

由于电子商务的发展过程是现代信息技术日新月异与社会应用全面而深度融合的过程,这就给教材编写工作带来较大的困难。虽多次召集专家研讨、修改书稿,但仍很难全面把握新技术应用对电子商务发展的影响。教材难免存在错误和不足,恳请广大师生批评指教。另外,在本书的编写过程中,参考引用了很多网上的观点和素材,由于编写体例的限制,未能在书中注明,在此向各位专家学者表达衷心的感谢。

编 者
2024 年 1 月

目 录

第一章 电子商务概述 … 1
- 第一节 电子商务的内涵 … 2
- 第二节 电子商务的产生与发展 … 11
- 第三节 电子商务的影响 … 19

第二章 电子商务基本应用模式 … 24
- 第一节 商业模式的概念及其构成要素 … 27
- 第二节 B2B电子商务模式 … 28
- 第三节 B2C电子商务模式 … 31
- 第四节 C2C电子商务模式 … 37

第三章 电子商务技术基础 … 44
- 第一节 电子商务系统框架和技术体系 … 46
- 第二节 电子商务网络体系 … 49
- 第三节 电子商务资源管理体系 … 64
- 第四节 电子商务运营保障体系 … 81
- 第五节 电子商务智能应用体系 … 82

第四章 电子商务法 … 94
- 第一节 电子商务法概述 … 96
- 第二节 《电子商务法》 … 103
- 第三节 电子商务法应用 … 107
- 第四节 电子商务纠纷解决 … 112

第五章 电子商务安全 … 119
- 第一节 电子商务安全概述 … 120
- 第二节 电子商务安全技术 … 125
- 第三节 电子商务安全协议 … 133
- 第四节 电子商务安全管理 … 136

第六章　电子支付 ································· 142

- 第一节　电子支付概述 ································· 144
- 第二节　电子支付工具 ································· 152
- 第三节　网上银行 ····································· 157
- 第四节　第三方支付 ··································· 161
- 第五节　数字人民币 ··································· 166

第七章　电子商务物流管理 ··························· 172

- 第一节　电子商务物流概述 ····························· 174
- 第二节　电子商务物流信息技术 ························· 178
- 第三节　电子商务物流模式及选择 ······················· 189
- 第四节　跨境电商物流 ································· 192
- 第五节　电子商务供应链管理 ··························· 194

第八章　网络营销 ··································· 203

- 第一节　网络营销概述 ································· 204
- 第二节　网络营销常用工具 ····························· 208
- 第三节　网络营销常用方法 ····························· 210
- 第四节　搜索引擎营销 ································· 214
- 第五节　新媒体营销 ··································· 224
- 第六节　数智营销 ····································· 234

第九章　电子商务典型业态 ··························· 240

- 第一节　社交电商 ····································· 242
- 第二节　直播电商 ····································· 245
- 第三节　跨境电商 ····································· 250
- 第四节　农村电商 ····································· 257
- 第五节　新零售 ······································· 267

第十章　电子政务 ··································· 274

- 第一节　电子政务概述 ································· 276
- 第二节　电子政务的应用模式 ··························· 286
- 第三节　中国电子政务的实践 ··························· 291

第十一章　电子商务模块实训与创业实践 ··············· 298

- 第一节　网络工具使用 ································· 300
- 第二节　电子交易 ····································· 306
- 第三节　网络营销 ····································· 314
- 第四节　商业计划书撰写 ······························· 317

第一章 电子商务概述

学习目标

理解：电子商务的概念和概念模型、功能、特点、分类及系统构成。
掌握：电子商务的产生和发展、电子商务对社会经济和企业的影响以及我国电子商务的发展。
应用：运用电子商务分类对典型电子商务平台进行分析。

思维导图

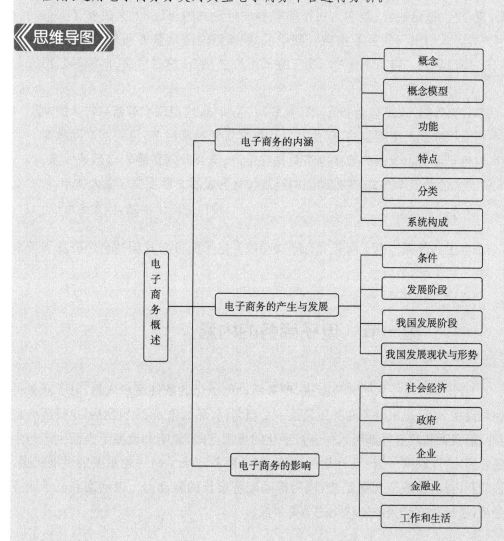

电子商务改变了人们的生活、工作方式

著名经济学家乌家培先生曾说过:"20世纪最伟大的发明是电子计算机,电子计算机最伟大的发展是互联网,互联网最伟大的应用是电子商务。"电子商务正在逐步走进人们的生活,冲击着人们传统的消费方式、工作方式和思维方式,改变着人们生活、工作、学习、娱乐等方式,人们的日常生活与电子商务之间的联系越来越紧密。

我们足不出户就可以在网上购物、看电影、玩游戏,也可以做到家事、国事、天下事,事事清楚,甚至可以坐在家中聆听世界一流大学知名教授的精彩课程。新零售、无人超市、社区团购、直播带货等这些词对我们而言已经不再陌生,电子商务将人类过去的很多美好憧憬变成了现实。

网上银行、支付宝、微信钱包、数字人民币等多种支付形式的出现,大大改变了人们的消费和支付方式。人们出门只需要携带一部手机,就能随时随地获取所需的服务、应用、信息和娱乐。疫情期间,"停工不停产",员工在网上办公、制作施工方案、向领导汇报方案进度。

近年来,在5G、大数据、人工智能、云计算、物联网、区块链、虚拟现实等新兴技术的推动下,电子商务行业不断涌现出新模式、新业态。从新零售到共享经济,再到互联网教育和互联网医疗,以电子商务为代表的数字经济更是在生产、流通及消费等领域迅速发展,深刻改变了人们的生活和工作方式,在推动国内经济和社会发展方面发挥了重大作用。

(资料来源于网络,作者有删改)

那么,究竟什么是电子商务呢?电子商务具有哪些功能?电子商务对我国社会经济发展带来了哪些影响?

第一节 电子商务的内涵

20世纪90年代,随着互联网技术的突飞猛进,商务活动电子化的条件逐步成熟,电子商务得到了蓬勃发展。如果说在20世纪末电子商务还只是一个新名词,那么进入21世纪后,电子商务将生产企业、流通企业、消费者和政府等都引入一个数字化的虚拟空间,影响和改变了人们生产与生活的方方面面。随着国家"互联网+"行动计划的实施,电子商务迎来了新一轮重要的发展机遇,呈现出不同于以往的新内涵、新特征和新趋势,成为推动经济增长的新动力。以网络和电子商务为主要特征的新经济,已成为推动经济全球化的重要手段。

一、电子商务的概念

20世纪90年代,随着互联网技术的日益成熟与发展以及广泛的应用,商务活动电子化的条件逐步成熟,电子商务得到了蓬勃发展,并在全球备受关注。1996年,IBM公司提出了Electronic Commerce(E-Commerce)的概念;1997年,该公司又提出了Electronic Business(E-Business)的概念。1997年7月,美国政府发表了电子商务白皮书,从此"电子商务"一词被正式使用,并受到全世界的瞩目。电子商务是一个不断发展的概念,在其近30年的发展历程中,有关国际组织,各国政府、学者以及企业界人士根据各自的理解和实践给出了不同的定义。目前,业界对电子商务尚没有一个公认的统一的定义。

世界互联网大会

(一)国际组织对电子商务的理解

国际标准化组织(ISO)把电子商务定义为:电子商务是用于描述企业之间、企业与消费者之间信息内容与需求交换的一种通用术语。

世界贸易组织(WTO)把电子商务简单地定义为:通过电子通信网络进行产品和服务的生产、市场营销、销售和分配。

国际商会于1997年11月6、7日在法国首都巴黎举行了世界电子商务会议,其中关于电子商务概念的阐述是:电子商务是指对整个贸易活动实现电子化。从涵盖范围可以定义为:交易各方以电子交易方式,而不是通过当面交换或直接面谈的方式进行的任何形式的商业交易。从技术方面可以定义为:电子商务是一种多技术的集合体,包括交换数据(如电子数据交换、电子邮件)、获得数据(如共享数据库、电子公告牌)以及自动捕获数据(如条形码)等。电子商务涵盖的业务包括信息交换、售前售后服务、销售、电子支付、运输等。

欧洲议会的定义为:电子商务是通过电子方式进行的商务活动。它通过电子方式处理和传递数据,包括文本、声音和图像。它涉及许多方面的活动,包括货物电子贸易和服务、在线数据传递、电子资金划拨、电子证券交易、电子货运单证、商业拍卖、合作设计和工程、在线资料、公共产品获得。它包括产品(如消费品、专门设备)和服务(如信息服务、金融和法律服务)、传统活动(如健身、体育)与新型活动(如虚拟购物、虚拟训练)等。

(二)各国政府对电子商务的理解

美国政府在其《全球电子商务政策框架》中比较笼统地指出:电子商务是指通过互联网进行的各项商务活动,包括广告、交易、支付、服务等活动,全球电子商务将涉及世界各国。

澳大利亚的电子商务专家小组在提交的《电子商务:法律框架的构造》中认为:"电子商务是一个非常广泛的概念,它包含任何以电子方式进行的商业活动,这些电子方式包括传真、电传、电子资料交换、互联网以及电话。鉴于报告的目的是将电子商务的范围限制于那些在电脑与电脑之间的通信,而不论该通信是运用一个开放式网络或是封闭式网络进行的贸易和商业活动。"

《中华人民共和国电子商务法》(以下简称《电子商务法》)中的定义:电子商务"是指通过互联网等信息网络销售商品或者提供服务的经营活动。法律、行政法规对销售商品或者提供服务是有规定的,适用其规定。金融类产品和服务,利用信息网络提供新闻信息、音视频节目、出版以及文化产品等内容方面的服务,不适用本法"。这个定义是从法律的角度给出的,是我国最权威的定义。

(三)学术界对电子商务的理解

美国学者瑞维·卡拉科塔在他的专著《电子商务的前沿》中指出:广义地讲,电子商务是一种现代商业方法。这种方法通过改善产品和服务质量,提高服务传递速度,满足政府组织、厂商和消费者的低成本的需求。这一概念也用于通过计算机网络寻找信息以支持决策。一般地讲,今天的电子商务通过计算机网络将买方和卖方的信息、产品和服务器联系起来,而未来的电子商务则通过构成信息高速公路的无数计算机网络中的一条,将买方和卖方联系起来。

2002 年,现代管理学之父彼得·德鲁克对电子商务有过如下叙述:互联网革命所带来的翻天覆地的变化就是电子商务。互联网迅速渗透到各个角落,它已经成为,或终将成为商品、服务,甚至管理工作和各种专业技能的全球配送渠道。电子商务正在从根本上改变全球的经济,改变市场及行业结构,改变产品、服务以及它们的配送形式,改变消费行为和客户价值,改变劳动形式以及劳动力市场。互联网将更多地影响我们的政治和整个社会,影响我们观察周围的世界以及世界上形形色色的人们的方式。

(四)企业界对电子商务的理解

Intel 公司定义为电子商务＝电子市场 ＋ 电子交易 ＋ 电子服务

IBM 公司定义为电子商务＝Web ＋ IT ＋ Business(业务)

惠普 HP 公司定义为 E－World ＝ E-Commerce ＋ E-Business ＋ E-Consumer

还有人更简单地将其定义为电子商务＝电子化世界

上述对于"电子商务"的定义都有其合理性,只不过它们描述问题的角度不同,因而理解略有差异。总的来说,电子商务其实分为两方面:一个是狭义的电子商务,另一个是广义的电子商务。

狭义的电子商务(E-Commerce)是指利用 Internet 开展的交易或与交易有关的活动,主要突出交易的功能,强调企业与外部的交易与合作。

广义的电子商务(E-Business)是指利用信息技术使整个商务活动实现电子化的所有相关活动,不仅包括企业之间的商务活动,还包括企业内部的管理活动,如生产、研发、财务和管理等。

综上所述,本书对电子商务的定义是:电子商务是基于信息技术的,以电子信息工具为手段、以电子信息交换为内容的商务活动。简单地说,电子商务就是"互联网＋商务",即商务活动的电子化,包含两个方面,一是电子,二是商务活动。其中,电子解决怎么做的问题,电子是手段和工具;商务解决做什么的问题,商务是核心。

二、电子商务的概念模型

电子商务的概念模型是对现实世界中电子商务活动的一种抽象描述,它由电子商务实体、交易事务、电子市场和信息流、商流、资金流、物流等基本要素构成,如图 1-1 所示。

在电子商务的概念模型中,电子商务实体(简称 EC 实体)是指能够从事电子商务活动的客观对象,它可以是企业、银行、政府机构、中介机构、科研教育机构和消费者等;交易事务是指 EC 实体之间所从事的具体的商务活动的内容,如询价、报价、广告宣传、转账支付、商品配送、服务传递等。电子市场是指 EC 实体从事商品或服务交易的场所,由各种商务活动参与者利用各种通信装置,通过网络连接而成的一个完整市场。

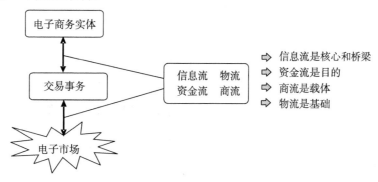

图 1-1 电子商务的概念模型

从电子商务的概念模型不难看出,电子商务实质上是 EC 实体围绕交易事务,通过电子市场发生的经济活动关系,这些经济活动关系是通过信息流、商流、资金流、物流的有机配合来实现的。电子商务区别于传统商务的一个重要方面就是电子市场取代了传统的有形市场。每个 EC 实体面对的是一个电子市场,它必须通过电子市场来选择交易的内容和对象。因此,电子商务的概念模型可以抽象地描述为每个 EC 实体和电子市场之间的交易事务关系。

中介机构

电子商务的概念模型强调信息流、商流、资金流、物流的整合。信息流是核心和桥梁,贯穿电子商务交易的整个过程;资金流是目的,通过资金流实现商品的价值;商流是载体,通过商流使商品的所有权发生转移、商品价值形式发生变化;物流是基础,通过物流实现商品的使用价值。

三、电子商务的功能

电子商务可提供网上交易和管理等全过程的服务,因此它具有广告宣传、咨询洽谈、网上订购、网上支付、电子账户、服务传递、意见征询、交易管理等各项功能。

(一)广告宣传

商家可通过网络进行广告宣传,传播各类商业信息,消费者可以借助于网上的检索工具迅速地找到所需的商品信息或服务。

(二)咨询洽谈

电子商务可借助于非实时的电子邮件(E-mail)和实时的洽谈工具,比如阿里旺旺来了解市场和商品信息、洽谈交易,甚至传递图形、音频、视频等信息;网上的咨询和洽谈能超越人们面对面洽谈的限制,提供了多种方便的异地交谈形式。

(三)网上订购

电子商务可借助于互联网、移动 APP 小程序等技术实现网上订购。网上订购通常都是在产品介绍的页面上提供十分友好的订购提示信息和购物车,方便客户在线订购。当客户填完订购单后,通常系统会回复确认信息单来保证订购信息的收悉。订购信息也可采用加密的方式使客户和商家的商业信息不会泄露。

(四)网上支付

网上支付是电子商务的一个重要环节,客户和商家之间可采用网上支付方式完成支付过程。采用网上支付可以节省网络交易成本。但网上支付需要更为可靠的信息传输安全控制方法,以防止欺骗、窃听、冒用等非法行为。近年来,第三方支付平台得到了广大消费者的青睐,有力地推动了电子商务的发展。

(五)电子账户

网上的支付必须由电子金融来支持,即需要银行或信用卡公司及第三方支付平台等金融单位为金融服务提供网上操作的服务。而电子账户管理是其基本的组成部分。信用卡号、银行账号或第三方支付平台都是电子账户的一种标志。而其可信度需配以必要技术措施来保证。数字证书、数字签名、加密等手段的应用为电子账户操作提供了安全性。

(六)服务传递

对于普通货物,客户付款后,应将其订购的货物尽快地传递到客户手中。而有些货物在本地,有些货物在异地,可通过实时的物流配送系统在网络中进行物流的调配。信息产品(如软件、电子读物、信息服务等)能直接从电子仓库中将货物发到用户端,最适合网上直接传递。

(七)意见征询

电子商务能十分方便收集用户对销售服务的评价和反馈意见,客户的反馈意见不仅能提高售后服务的水平,更能使企业获得改进产品、发现市场的商业机会。

(八)交易管理

整个交易的管理将涉及人、财、物多个方面,涉及企业和企业、企业和客户及企业内部等各方面的协调和管理。因此,交易管理是涉及商务活动全过程的管理。

电子商务的发展,将会提供一个良好的交易管理的网络环境及多种多样的应用服务系统。这样,才能保障电子商务获得更广泛的应用。

四、电子商务的特点

电子商务将传统的商务流程电子化、数字化,减少了经济活动的中间层,改变了贸易形态,改善了物流、资金流、信息流的环境,加速了整个社会的商品流通,大大节省了人力、物力,降低了成本,提高了效率;同时突破了时间和空间的限制,使得交易活动更方便快捷。电子商务使传统的商务活动能够多、快、好、省地进行。电子商务与传统的商务活动方式相比,具有以下特点:

(一)交易虚拟化(网络化)

通过因特网进行的商务活动,交易双方从商务磋商、签订合同到支付等无须当面进行,均在互联网上完成,整个交易完全虚拟化。

(二)交易成本低

由于通过网络进行商务活动,信息成本低,足不出户,可节省交通费,又减少了交易的环节,降低了流通成本,因此交易成本大大降低。

(三)交易效率高

由于互联网将贸易中的商业报文标准化,使商业报文在世界各地的传递能在瞬间完成,计算机自动处理数据,使原材料采购、产品生产、需求与销售、银行汇兑、保险、货物托运及申报等过程不需要专人干预,就能在最短的时间内完成。电子商务克服了传统贸易方式的费用高、易出错、处理速度慢等缺点,极大地缩短了交易时间,使整个交易快捷与方便。

(四)交易透明化

电子商务使买卖双方从交易的洽谈、签约以及货款的支付、交货通知等整个交易过程都在网络上进行。通畅、快捷的信息传输可以保证各种信息之间核对的自动化、实时化,降低伪造信息的可能性。例如,在典型的许可证 EDI 系统中,由于加强了发证单位和验证单位的通信、核对,假的许可证就不易通过。

(五)服务个性化

到了电子商务阶段,企业可以进行市场细分,针对特定的市场生产不同的产品,为消费者提供个性化服务。这种个性化主要体现在三个方面:个性化的信息、个性化的产品、个性化的服务。这种情况的出现一方面是因为消费者已经产生了个性化的需求;另一方面是因为通过互联网企业可以系统地收集客户的个性化需求信息,并能通过智能系统自动处理这些信息。

(六)提升企业竞争力

电子商务使得许许多多的中小企业也可以通过网络实现全天候、国际化的商务活动,通过网络进行宣传、营销,可以创造更多的销售机会,从而提高企业的竞争力。

(七)促进经济全球化

电子商务使得世界各地的人们都可以了解到国际上的商业信息,加速了信息沟通和交流,促进了国际商务活动的开展,使跨境商务活动变得越来越简易和频繁,适应了经济全球化的发展趋势。

五、电子商务的分类

电子商务应用广泛,按照不同的标准有不同的分类,如表 1-1 所示。

表 1-1 电子商务的分类

交易主体	B2B、B2C、C2C、电子政务(G2G、G2B、G2C)、C2B
交易的数字化程度	完全电子商务、非完全电子商务
交易主体所属的关境	跨境电子商务、境内电子商务
交易过程	交易前电子商务、交易中电子商务、交易后电子商务
交易使用的网络类型	基于 EDI、基于 Internet、基于 Intranet、基于 Extranet、基于移动互联网的移动商务

(一)按交易主体分类

电子商务的参与者众多,其性质也各不相同,主要的参与主体有企业(Business)、消费者(Customer 包含了 Consumer 和政府 Government)等。按电子商务的交易主体分为:企业对企业的电子商务(B2B)、企业对消费者的电子商务(B2C)、消费者对消费者的电子商务(C2C)、政府与政府间的电子政务(G2G)、政府对企业的电子政务(G2B)、政府对公民的电子政务(G2C)、消费者对企业的电子商务(C2B)。

1. 企业对企业的电子商务(B2B)

企业对企业的电子商务,即 Business to Business,简称为 B2B,也称为"商家对商家"或"商业机构对商业机构"的电子商务。B2B 是指商业机构(或企业、公司)之间通过互联网进行产品、服务及信息等媒介交换的商务活动。

B2B 是目前应用最广泛的一种电子商务类型,有着巨大的需求和旺盛的生命力,是电子商务的主体,也是促进我国电子商务发展的中坚力量。B2B 模式的代表网站有阿里巴巴、慧聪网、敦煌网、中国化工网、中国制造网、环球资源网等。

2. 企业对消费者的电子商务(B2C)

企业对消费者的电子商务,即 Business to Customer,简称 B2C,也称"商家对个人客户"或"商业机构对消费者"的电子商务,就是我们经常看到的商家借助于电子商务平台直接把商品卖给消费者即"商对客"模式,也就是通常说的商业零售,直接面向消费者销售产品和服务,即企业通常利用互联网面向消费者展开在线零售业务,也可以称为网络零售或者网络销售。

B2C 模式在我国发展较快,早期以 8848 网上商城的正式运营为标志。如今的 B2C 电子商务网站非常多,B2C 模式的代表网站有天猫商城、京东商城、唯品会、苏宁易购、亚马逊、当当网等。

3. 消费者对消费者的电子商务(C2C)

消费者对消费者的电子商务,即 Customer to Customer,简称为 C2C。C2C 是指消费者之间的网络在线式销售交易活动,简单地说,就是消费者本身提供服务或产品给消费者,无须中介方的介入就可以进行商品沟通,因此买家能够最大限度了解商品质量、价格及卖家。

目前,C2C 模式的代表网站有淘宝网、eBay、拍拍网、闲鱼等。

4. 政府与政府间的电子政务(G2G)

政府与政府间的电子政务,即 Government to Government,简称为 G2G。它是指上下级政府、不同地方政府、不同政府部门之间的电子政务。

5. 政府对企业的电子政务(G2B)

政府对企业的电子政务,即 Government to Business,简称为 G2B。G2B 涵盖了政府组织与企业间的各项事务,包括政府采购、报税、商检、网上报关以及法规和政策颁布等。例如,中国政府采购网和各地税务局的网上报税服务厅等属于G2B模式。

6. 政府对公民的电子政务(G2C)

政府对公民的电子商务,即Government to Customer,简称为G2C。G2C涵盖了政府与公民之间的若干事务,如向民众提供便民公告、政策答疑、民意调查、个人缴税等服务内容,也是公民了解政府发布的各项信息和政策的重要渠道。例如,住房公积金管理中心网站、交管12123APP、个人所得税APP等属于G2C模式。

7. 消费者对企业的电子商务(C2B)

消费者对企业的电子商务,即Customer to Business,简称C2B。C2B模式先由消费者需求产生而后由企业生产,即先由消费者提出需求,后由生产企业按需求组织生产。通常情况为消费者根据自身需要定制产品和价格,或主动参与产品设计、生产和定价,产品、价格等彰显消费者的个性化需求,生产企业进行定制化生产。C2B的核心是以消费者为中心。例如,智联招聘、58同城等。

其它模式

(二)按交易的数字化程度分类

按交易的数字化程度分为完全电子商务和非完全电子商务。

完全电子商务又称直接电子商务,是指交易的全过程都在网上实现的电子商务,主要是指无形商品和服务的网上交易,如网上订票、电子图书、在线教育等。这类交易不需要利用传统渠道,买卖双方可以不受地域限制,直接在网上完成交易。

非完全电子商务又称间接电子商务,是指交易的全过程不能完全在网上实现的电子商务,它需要借助于线下物流来完成交易,主要是指有形商品的网上交易,如书籍、计算机和日用品等。这类交易仍然需要利用传统渠道(如快递公司等)送货或实地交割货物。

(三)按交易主体所属的关境分类

按交易主体所属的关境分为跨境电子商务和境内电子商务。

跨境电子商务(Cross-border E-commerce)是指分属不同关境的交易主体,通过电商平台达成交易、进行支付结算,并通过跨境物流送达商品、完成交易的一种国际商业活动。如速卖通、小红书、天猫国际、网易考拉、洋码头、敦煌网、中国制造网等。

境内电子商务是指在本国(或某一关境)范围内开展的电子商务活动。

(四)按交易过程分类

按交易过程划分为交易前电子商务、交易中电子商务、交易后电子商务。

交易前电子商务主要是指买卖双方和参与交易的其他各方在签订贸易合同前的准备活动,主要包括消费者确定购买意向、商家发布并宣传商品,以及买卖双方就交易进行谈判磋商。

交易中电子商务主要是指买卖双方从签订合同后到开始履行合同前办理各种手续的过程。买卖双方要利用电子商务系统与有关各方进行各种电子票据和电子单证的交换,直到办理完这一过程的一切手续为止。

交易后电子商务是指从买卖双方办完所有手续之后到完成整个交易过程。

(五)按交易使用的网络类型分类

按交易使用的网络类型分为：基于 EDI 的电子商务、基于 Internet 的电子商务、基于 Intranet 的电子商务、基于 Extranet 的电子商务、基于移动互联网的移动商务。

基于电子数据交换(EDI)的电子商务建立在电子数据交换技术之上，为电子商务的发展与创新提供了基础，实现了商务运作全过程的电子化。

基于互联网(Internet)的电子商务以电子通信为手段，让人们通过计算机网络宣传商品或服务，并进行交易和结算。

基于内部网(Intranet)的电子商务使企业可以将分布在各地的分支机构与企业内容的有关部门和各种信息通过网络连接起来，方便企业管理人员获取信息并处理相关事宜。

基于外部网(Extranet)的电子商务是一种半封闭的企业间电子商务模式，既具有内部网的安全性，又能够通过互联网实现内外部网之间的连接。

基于移动互联网的移动商务是在移动通信网络和互联网技术的基础上发展起来的，主要通过手机、平板电脑和其他移动智能终端设备来进行商务活动。

六、电子商务系统构成

电子商务系统的基本构成要素包括电子商务网络系统、电子商务用户、电子商务服务商、认证中心、支付中心和物流中心，如图 1-2 所示。

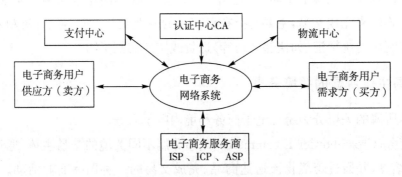

图 1-2 电子商务系统构成

(一)电子商务网络系统

电子商务网络系统包括互联网(Internet)、内联网(Intranet)和外联网(Extranet)。互联网是电子商务的基础，是传送商务信息和业务信息的主要载体；内联网是互联网技术在企业内部的应用，是企业内部商务活动的场所；外联网是公用互联网和专用内部网之间的桥梁，也是企业与企业，以及企业与其他客户进行商务活动的纽带。

(二)电子商务用户

供应方和需求方统称为电子商务用户,包括个人用户和企业用户。个人用户使用手机、计算机、智能终端等接入互联网;企业用户通过建立企业内联网、外联网和管理信息系统,对企业内部的人力、物力、财力、供应、销售、储存等进行科学管理。

(三)认证中心

认证中心是受法律承认的权威机构,负责发放和管理数字证书,使网上交易的各方能够相互确认身份,保障网络交易的安全。

(四)支付中心

支付中心为电子商务系统中的供应方和需求方等角色提供资金结算和支付服务,一般由网络银行来承担。

(五)物流中心

物流中心根据供应方的送货要求,负责及时保质将实物商品送达需求方指定的地点,并跟踪商品的流向。

(六)电子商务服务商

电子商务服务商专指提供网络接入服务(ISP)、信息服务(ICP)及应用服务(ASP)的企业。电子商务服务商为整个电子商务活动提供支撑。ISP是指为用户提供接入互联网服务的企业,如中国移动、中国电信、中国联通等。ICP是指提供互联网信息服务的企业,将各种信息资源收集整理,并进行归类、索引、排序等分析处理,以方便搜索,如新浪、搜狐、网易等。ASP是指主要为企事业单位进行信息化建设提供行业解决方案的企业,如浪潮、联想、华为等。

除此以外,政府部门的法律、税收、工商、市场监管等机构对整个电子商务市场还起着监管作用。

第二节 电子商务的产生与发展

随着世界经济一体化进程的发展,以及信息技术在国际贸易和商业领域的广泛应用,利用计算机技术、网络通信技术和互联网实现商务活动的国际化、信息化和无纸化,已成为各国商务发展的趋势。世界网络通信和信息技术快速发展,互联网在全球迅速普及,使得现代商业具有不断增长的供货能力、不断增长的客户需求和不断增长的全球竞争三大特征,任何一个商业组织都必须改变自己的组织结构和运营方式来适应这种全球性的发展和变化。

电子商务正是为了适应这种以全球为市场的变化而产生和发展起来的。电子商务带来了全新的商业机会、需求、规则和挑战,已经并将继续对全球经济社会的发展产生深刻的影响。

一、电子商务的产生与发展的条件

电子商务发展的历程并不长,从1995年算起,也只有20多年的历史,但却给世界带来了翻天覆地的影响。对社会经济的发展与文明的进步有着极大的推动作用。那它究竟是如何产生和发展的呢?20世纪60年代后,计算机和网络技术飞速发展,从而构建了电子商务赖以生存的基础,并预示了未来商务活动的发展方向,电子商务这个概念随之被提出。电子商务产生和发展条件主要有以下两个。

(一)社会经济的发展

随着社会经济、经济全球化和贸易自由化的发展,市场竞争加剧,卖方市场变为买方市场,客户成为企业产品生产的决定者,并且开始追求个性化的消费。消费者的个性化需求催生一种新的商务模式,电子商务就扮演了这种角色。

(二)信息技术的发展和应用

信息技术的发展和应用是电子商务产生的基础,主要体现在以下两个方面。

1. 计算机的广泛应用

20世纪90年代之后,计算机的性能不断提升,价格越来越低,应用越来越广泛,这为电子商务的产生奠定了基础。

2. 网络的普及和成熟

由于互联网技术日益成熟,互联网逐渐成为全球通信与交易的媒介,全球网民数量呈几何级数增长,互联网成为连接全球用户的一个虚拟社区,网络快捷、安全、低成本的特点为电子商务的发展提供了应用条件。

另外,信用卡和电子金融的普及应用、电子安全交易协议的制定和安全技术的发展以及各国政府的支持与推动也是电子商务产生和发展的重要条件。

总之,社会经济的发展和信息技术的进步使社会网络化、经济数字化、竞争全球化、贸易自由化成为必然,现代电子商务也就应运而生。

二、电子商务的发展阶段

由于电子商务的定义不同,人们对电子商务历史的认知也存在差异。从广义的电子商务定义即借助于一切电子手段从事商务活动来看,电子商务可追溯到1839年电报刚开始出现的时候。但现在通常所说的电子商务是指借助于计算机网络从事商务活动,因此普遍接受的观点是电子商务起始于20世纪60年代。目前人们常把电子商务的发展分为四个阶段:基于EDI的电子商务(第一阶段,20世纪60年代至90年代)、基于Internet的电子商务(第二阶段,20世纪90年代至21世纪初)、基于(4G、5G的移动)电子商务(第三阶段,21世纪初)和基于新兴技术的智能电子商务(第四阶段)。

(一)基于 EDI 的电子商务

早在 20 世纪 60 年代,人们就开始了用电报发送商务文件;到了 20 世纪 70 年代人们又普遍采用方便、快捷的传真机来替代电报,但是由于传真文件是通过纸面打印来传递和管理信息的,不能将信息直接转入信息系统中,因此人们开始采用电子数据交换(Electronic Data Interchange,EDI)作为企业间电子商务的应用技术,这就是电子商务的雏形。

EDI 在 20 世纪 60 年代末期产生于美国,当时的贸易商们在使用计算机处理各类商务文件的时候发现,由人工输入一台计算机中的数据 70% 来源于另一台计算机输出的文件,由于过多的人为因素影响了数据的准确性和工作效率的提高,人们开始尝试在贸易伙伴之间的计算机上进行数据自动交换,这促使 EDI 应运而生。

EDI 是将业务文件按一个公认的标准从一台计算机传输到另一台计算机上的电子传输方法。由于 EDI 大大减少了纸张票据,因此,人们也形象地称之为"无纸贸易"或"无纸交易"。从普通商场的电子收款机、POS(销售终端)、EOS(电子订货系统)和 MIS(管理信息系统),到跨越不同国家、不同企业的 EDI,数据信息的控制处理越来越准确和有效,同时大量事务处理工作也趋向标准化。

这个阶段的电子商务需要有专用的线路、软件和标准,此时的 EDI 一般是通过租用专用的增值网(Value Added Network,VAN)实现的,这样做的目的主要是考虑安全问题。但是随着因特网安全性的日益提高,一个费用更低、覆盖面更广、服务更好的系统取代增值网成为必然的趋势。于是电子商务进入了新的阶段。

(二)基于因特网的电子商务

由于使用 VAN 的费用很高,大型企业才有可能使用,限制了基于 EDI 的电子商务应用范围的扩大,而促使电子商务快速发展的关键因素是 Internet 的飞速发展。

1991 年,美国政府宣布因特网向社会公众开放,允许网上开发商业应用系统,商业贸易活动正式进入这个"王国"。自 1992 年起,因特网进入商业化阶段,其用户向全世界迅速扩展。1993 年,WWW(World Wide Web)技术在因特网上出现,国际互联网(Internet)迅速走向普及化,逐步地从大学、科研机构走向企业和普通百姓家庭,其功能也从信息共享演变为一种大众化的信息传播工具。一直排斥在互联网之外的商业贸易活动正式进入互联网,从而使电子商务成为互联网应用的最大热点。

基于因特网的电子商务活动完全摆脱了传统商务活动的时空限制,使商务的运行和发展更加趋于灵活、实时和全球化。相比基于 EDI 的电子商务具有以下几个优势:

(1)成本低。因特网是覆盖全球的开放性网络,因此,通过接入因特网来进行商务活动的成本比传统的 VAN 成本要低很多。

(2)覆盖广。因特网覆盖全球,基于因特网的应用可以在全球范围内进行,用户通过接入因特网就可以方便地与贸易伙伴进行商务信息的沟通和传递。

(3)功能全。因特网可以提供许多不同的应用功能,有着相当丰富的资源,因此,基于因特网的电子商务可以支持不同类型的用户实现不同层次的商务目标,如建立商务网站、发布商情信息、在线商务洽谈和建立虚拟商城等。

(4)更灵活。基于因特网的电子商务可以灵活地针对不同的客户提供不同的服务,如针对不同年龄的用户提供个性化的服务界面,针对不同国家和地区的用户提供不同的语言显示。

随着无线网的迅速发展,建立在移动之上、不受线路束缚的移动商务掀起了一股新的电子商务浪潮,于是电子商务迈入了移动电商时代。

(三)基于4G、5G的移动电子商务

随着移动通信技术的发展,手机上网已经成为一种重要的上网方式。在4G和5G时代,智能手机、平板电脑、移动智能终端的普及使移动电商的发展极为迅速,其以灵活、简单、便捷等特点被广泛应用到各行各业,让人们体验到了一种全新的生活方式。移动电商将因特网、移动通信技术、短距离通信技术及其他信息处理技术完美地结合,使人们可以在任何时间、任何地点进行各种商贸活动,实现随时随地线上线下交易、在线电子支付以及各种交易活动、商务活动、金融活动和相关的综合服务活动等,将各种业务流程从有线转向无线移动。

移动电商相对传统电子商务活动具有以下五个特点:

(1)即时性。用户可随时随地获取所需的服务、应用、信息和娱乐。

(2)个性化。为不同顾客提供个性化的服务(移动设备几乎是持有者独有,是真正意义上的个性化设备)。

(3)定位性。同某一特定位置用户交互(通过移动设备,用户的位置可以确定,与位置相关的移动商务很容易得到发展)。

(4)用户身份的可识别性。利用手机SIM卡上存储的用户信息可以确认用户身份,对于移动商务而言,这就有了信用认证的基础。

(5)易于推广使用。移动通信所具有的灵活、便捷的特点,决定了移动电子商务更适合大众化的个人消费领域。

(四)基于新兴技术的智能电子商务

近年来,在智慧化赋能的背景下,大数据、云计算、人工智能(artificial intelligence,AI)、物联网、虚拟现实、区块链等数字化技术迅速发展,这些新兴技术与现代制造业结合,促进了电子商务、工业互联网和互联网金融等迅速发展,电子商务行业不断地涌现出新业态、新模式。电子商务将深度融入生产生活各领域,在经济社会数字化转型方面发挥了举足轻重的作用。于是电子商务将迈入智能电子商务时代。新零售、短视频电商、互联网金融、数字医疗、智能旅游、智能创造、智慧城市等细分领域的创新应用和实践遍地开花。

三、我国电子商务的发展阶段

我国自20世纪90年代初引入电子商务概念以来,在技术推动、企业应用、经济拉动和政府扶持等多方面因素作用下,发展迅速,取得了举世瞩目的成就。其发展大致可以分为三个阶段:电子商务起步阶段(1990—1998年)、电子商务成长阶段(1999—2004年)、电子商务应用和发展阶段(2005年至今)。

(一)电子商务起步阶段(1990—1998年)

我们将1990—1998年称之为中国电子商务起步阶段。此阶段电子商务在全球范围内迅猛发展,引起了各界的广泛重视,我国也掀起了电子商务热潮。1990年,EDI电子商务在我国开始应用;1993年,金关、金卡、金桥"三金工程"为电子商务的发展打下了基础;1995年中国互联网开始商业化,互联网公司崛起,这一年马云创办了"中国黄页";1996年中国公用计算机互联骨干网(CHINANET)工程建成开通;1997年中国互联网络信息中心(CNNIC)完成组建,形如行使国家互联网信息中心职能;1997年网易和新浪成立;1998年搜狐和腾讯成立。1998年3月6日,我国第一笔Internet网上电子商务交易成功,国家经贸委(后改为国家发展和改革委员会)与信息产业部(后改为工信部)联合启动以电子贸易为主要内容的"金贸工程",北京、上海等城市启动电子商务工程。此阶段信息基础设施非常薄弱,只能通过电话拨号上网,邮件是最主要的顾客接触工具,电商企业盈利绝大部分来源于在线广告收入。

(二)电子商务成长阶段(1999—2004年)

1999—2004年称之为中国电子商务成长阶段。此阶段我国高度重视信息基础设施建设,同时研究制定中国电子商务发展的有关政策法规,启动政府上网工程、成立国家计算机网络与信息安全管理中心,为实现政府与企业的电子商务奠定了基础,为电子商务的发展提供了安全保证,促进了企业电子商务蓬勃发展。1999年3月,8848网站正式开通,并成为当年国内最具影响力的B2C网站,网上购物进入实际应用阶段;政府上网、企业上网、电子政务(政府上网工程)、网上纳税、网上教育、远程诊断等广义电子商务开始启动。1999年阿里巴巴、8848、当当网、携程成立;2000年百度成立;2003年淘宝网成立;2004年京东开始转型电商。此阶段信息基础设施有了很大改善,电子商务企业在寻求多样化的盈利模式,但我国电子商务企业主要以模仿国外企业的典型商务模式、借鉴国外先进技术和平台为主,尤其是美国的商业模式。

(三)电子商务应用和发展阶段(2005年至今)

2005年至今称之为中国电子商务应用和发展阶段。这一阶段信息基础设施逐渐完善,第52次《中国互联网络发展状况统计报告》显示,截至2023年6月,中国网民规模达到10.7亿人,互联网普及率达到76.4%;特别是在"互联网+"行动计划驱动下,无线宽带、移动互联网和移动支付的快速发展和应用,中国电子商务发展呈现前所未有形势,令世界刮目相看。2017年中国在线零售总额7.2万亿元,首次超过美国,世界第一,2022年更是达到了13.8万亿元;中国电子商务爆发出迅猛增长的活力,传统企业和中小企业纷纷进入电子商务领域,各行各业电子商务的应用更是百花齐放,跨境电商、丝路电商、移动电商、社交电商、直播电商、农村电商、内零电商、新零售、数字经济等,都有成功的典型经验。与此同时,中国电子商务企业的商业模式创新开始涌现,涌现出一批具有中国特色的电商企业和电商模式,如电商扶贫、淘宝村、淘宝镇等特色电商发展模式;中国首创的全民狂欢购物节"双十一",微信、抖音也是原创应用;美团等本地生活APP;新零售模式、支付宝和微信支付的发展等也令世界为之惊艳。

电子商务持续快速发展,不断催生新经济、新业态、新模式,成为数字经济领域最具活力的要素之一。中国电子商务将充分发挥联通线上线下、生产消费、城市乡村、国内国际的独特优势,全面践行新发展理念,以新动能推动新发展,成为促进国内市场强大、推动更高水平对外开放、抢占国际竞争制高点和服务构建新发展格局的关键动力。

开启"互联网+"时代

丝路电商

商务部按照国家主席习近平提出的建设和平之路、繁荣之路、开放之路、创新之路、文明之路的要求,深入推进"一带一路"经贸合作,发展"丝路电商",打造国际合作新平台。"丝路电商"是在共建"一带一路"倡议框架下,充分发挥中国电子商务技术应用、模式创新和市场规模等优势,积极推进电子商务国际合作的重要举措。"丝路电商"持续发展拓展了国际经贸合作新空间,为探索搭建数字经济国际规则体系,推动构建新发展格局,促进经济高质量发展增添助力。

2016年以来,在金砖国家、上海合作组织、中国—中东欧国家、中国—中亚五国等框架下建立电子商务多边合作机制,共同开展了政策沟通、规划对接、产业促进、地方合作、能力建设等多领域、多层次的合作。目前,"丝路电商"的合作伙伴国遍及五大洲,成为国际经贸合作新渠道和新亮点,高质量共建"一带一路"的新引擎。

2021年以来,习近平总书记分别在博鳌亚洲论坛2021年年会开幕式、第四届进口博览会开幕式、第三次"一带一路"建设座谈会、第八届中非合作论坛部长级会议开幕式等重要场合强调发展"丝路电商",为推动构建数字合作格局指明方向。

2023年11月23日,《"丝路电商"合作发展报告》首次发布。报告显示,截至目前,我国已与五大洲30个国家签署了双边电子商务合作备忘录,"丝路电商"朋友圈扩大至30国:巴基斯坦、新加坡、白俄罗斯、塞内加尔、乌兹别克斯坦、瓦努阿图、萨摩亚、哥伦比亚、意大利、巴拿马、阿根廷、冰岛、卢旺达、阿联酋、科威特、俄罗斯、哈萨克斯坦、奥地利、匈牙利、爱沙尼亚、柬埔寨、澳大利亚、巴西、越南、新西兰、智利、泰国、老挝、菲律宾、印度尼西亚。

商务部副部长郭婷婷表示:多边及区域电商合作机制取得显著成效,2023年10月"丝路电商"合作先行区在上海落地。"丝路电商"已成为有效促进贸易畅通、产业对接和能力建设的国际公共产品。

商务部研究院电子商务研究所所长张莉指出,"丝路电商"对"一带一路"建设的积极作用体现在多个方面,包括促进"一带一路"合作伙伴间的商品贸易,带动"一带一路"合作伙伴物流、支付、数字、信息等多业态创新发展,推动"一带一路"贸易网络化、数字化和便利化。

四、我国电子商务的发展现状与形势

(一)我国电子商务的发展现状

当前面对复杂严峻的发展环境,特别是在数字中国建设背景下,在党中央、国务院坚强领导下,商务部、中央网信办、发展改革委等相关部门会同各地方加强政策协同,共同推动电子商务实现跨越式发展,在形成了强大的国内市场、带动创新创业、助力乡村振兴、提升对外开放水平等方面做出了重要贡献。《中国电子商务报告2022》指出,电子商务模式与业态迭代创新,即时零售、直播电商、短视频电商、社区团购等新业态加速演进,无人零售、大规模订制、小程序电商等新消费场景不断涌现。电子商务拉动消费增长的作用持续提升,为消费者提供了层次丰富、形式多样的消费选择,推动人民生活水平从全面小康向更高目标迈进。电子商务作为数字经济的典型代表,既是数字技术和实体经济深度融合的具体产物,也是持续催生新产业、新业态、新模式的有效载体,更是稳增长、带就业、保民生、促转型、优结构的"强心剂"和助力经济持续恢复的"稳定器"。

1. 规模、质量实现双提升

网络基础设施进一步夯实,截至2023年6月,固定宽带家庭普及率达到96%,网民规模达10.8亿,网购用户规模已达8.8亿,互联网普及率达76.4%。电子商务交易额保持快速增长,2022年达到43.8万亿元,比2016年增长62.1%,年平均增长率为10%;网上零售额达到13.8万亿元,年均增速高达17.6%。网络购物成为居民消费重要渠道,实物商品网上零售额对社会消费品零售总额增长贡献率持续提升,带动相关市场加快发展。我国电子商务正在从高速增长迈向高质量发展阶段,新技术应用日益深入,新兴资源要素重要性逐渐凸显,新模式、新业态层出不穷,并已成为经济增长的新亮点。

2. 融合创新态势不断深化

新一代信息技术加速发展,电子商务新业态、新模式不断涌现,社交电商、直播电商、生鲜电商产业链日趋完善。电子商务加速线上线下融合、产业链上下游融合、国内外市场融合发展。服务业数字化进程加快,在线展会、远程办公、电子签约日益普及,在线餐饮、智慧家居、共享出行便利了居民生活。农村电商畅通了工业品下乡、农产品进城渠道,农业数字化加速推进,农村电商实现跨越式发展,全国农村网络零售额由2016年的0.9万亿元增长到2023年的2.5万亿元,年均增长率为15.7%。跨境电商蓬勃发展,2022年跨境电商零售进出口总额达2.1万亿元。电子商务以数据为纽带加快与制造业融合创新,推动了智能制造发展。

3. 服务民生成效显著

电子商务成为扶贫助农新抓手,电子商务进农村实现对832个原国家级贫困县全覆盖,农村电子商务公共服务体系和物流配送体系不断完善。农产品"三品一标"认证培训、全国农产品产销对接公益服务平台等有效助力特色农产品品牌推介和产销帮扶常态化,带动地方产业快速发展,实现农民增收。电子商务成为便民服务新方式,在线教育、在线医疗、在线缴费等民生服务日益普及。电子商务成为创新创业、灵活就业、普惠就业新渠道。电子商务在防疫保供、复工复产、消费回补等方面发挥了重要作用,显著提升广大人民群众的获得感和幸福感。

4. 助力构建国内国际双循环新发展格局

电子商务创新全球产业分工及协作方式,有效提升内外贸一体化程度,促进国内国际双循环畅通。从国内市场来看,网络购物已经成为我国居民消费的重要渠道。国家统计局数据显示,2016—2023年,全国网上零售额从5.2万亿元增长到15.4万亿元,年均增长率为16.8%。近年来,网络零售市场保持平稳增长势头,2022年全国网上零售额同比增长4%,实物商品网上零售额同比增长6.2%,占社会消费品零售总额的比重为27.2%,比上年提高2.7个百分点,成为消费市场的稳定器。从国际市场来看,在复杂多变的国际环境和国际经贸形势严峻双重因素影响下,我国跨境电商仍然保持平稳较快增长,推动中国制造向全球化发展,有力保障全球产业链供应链,成为稳定外贸重要力量。

5. 国际合作成果丰硕

"丝路电商"加快全球布局,与29个国家建立双边电子商务合作机制,通过政企对话、联合研究、能力建设等推动多层次合作交流,营造良好合作环境。电子商务企业加快出海,带动物流、移动支付等领域实现全球发展。积极参与世界贸易组织(WTO)、二十国集团(G20)、亚太经合组织(APEC)、金砖国家(BRICS)、上海合作组织(SCO)等多边和区域贸易机制下的电子商务议题磋商,与自贸伙伴共同构建区域高水平数字经济规则,电子商务国际规则构建取得突破,《区域全面经济伙伴关系协定》(RCEP)中电子商务章节成为目前覆盖区域最广、内容全面、水平较高的电子商务国际规则。

6. 发展环境持续优化

电子商务法律政策体系不断完善,"放管服"改革深入推进,监管服务持续优化,有力激发市场活力。电子商务法治建设取得重大进展,《中华人民共和国网络安全法》《中华人民共和国电子商务法》《中华人民共和国个人信息保护法》颁布实施,《中华人民共和国反不正当竞争法》《中华人民共和国专利法》完成修订。电子商务标准体系不断健全,累计制定发布120余项国家标准、50余项行业标准以及多项团体标准。试点、示范工作不断推动制度创新,跨境电商综试区达到105家,跨境电商零售进口试点扩大至86个城市及海南全岛,国家电子商务示范基地达到127家,商务部遴选2批共393家电子商务示范企业、确认数字商务企业108家,先行先试成效显著,形成一批成熟经验做法。社会信用基石不断夯实,电子商务诚信工作不断推进,电子商务公共服务体系基本形成,数据共享、惠民惠企、人才培养等取得积极进展。

(二)我国电子商务发展面临的形势

"十四五"时期我国进入新发展阶段,电子商务高质量发展面临的国内外环境发生深刻复杂变化。

从国际看,世界经济数字化转型加速,新一轮科技革命和产业变革深入发展,由电子商务推动的技术迭代升级和融合应用继续深化。双边、区域经济合作势头上升,"丝路电商"朋友圈不断扩大,消除数字鸿沟、推动普惠发展的需求日渐强。同时,世界经济陷入低迷,经济全球化遭遇逆流,单边主义、保护主义、霸权主义抬头,电子商务企业走出去壁垒增多,围绕隐私保护、数据流动等数字领域规则体系的竞争日趋激烈。

从国内看,我国已转向高质量发展阶段。新型基础设施加快建设,信息技术自主创新能力持续提升,为电子商务创新发展提供强大支撑。新型工业化、信息化、城镇化、农业现代化快速发展,中等收入群体进一步扩大,电子商务提质扩容需求更加旺盛,与相关产业融合创新空间更加广阔。同时,我国宏观环境面临复杂变化,电子商务发展面临的不平衡、不充分问题仍然突出。城乡间、区域间、不同领域间电子商务发展水平仍不平衡,企业核心竞争力不强,技术创新能力还不能适应高质量发展要求。数据产权、交易规则和服务体系不健全,数据要素价值潜力尚未有效激活,与电子商务业态模式创新相适应的治理体系亟待健全。

综合判断,我国电子商务发展机遇大于挑战,必须增强机遇意识和风险意识,认清矛盾变化,把握发展规律,抓住机遇,应对挑战,努力在危机中育先机、于变局中开新局。

第三节　电子商务的影响

我们正身处一个被电商、互联网改变的时代。电子商务的飞速发展和应用已经渗透到了社会经济的各个领域,其魅力日渐显露,数字经济、跨境电商、直播电商、内容电商、新零售、智慧医疗、共享经济、平台经济、共享员工等一大批新词汇正在为人们所熟知和认同。

电子商务的影响远远超出商务活动本身,无论是零售业、制造业、金融业还是流通业,无论是政府、企业还是教科研机构,甚至传统的农业都将受到电子商务的洗礼。一句话,电子商务的飞速发展和应用,必将给人类活动带来巨大的变革,它不仅改变了企业的生产、经营、管理,而且对传统的贸易方式产生巨大的冲击。在给人类经济活动带来变革的同时,电子商务对人们的工作及生活方式等也产生了极大的影响。

共享经济

一、电子商务对社会经济的影响

电子商务对社会经济的影响主要表现在以下几个方面:

(一)促进全球经济发展

电子商务超越国界,为企业提供了进入国际市场的便捷通道,企业积极参与国际贸易竞争,使贸易的范围空前扩大,实现了贸易的全球化和自由化,促进了全球经济的发展。

(二)促进知识经济的发展

知识经济有着大量的无形成本和高附加值,信息产业是知识经济最主要的推动力,而电子商务又站在信息产业最前列,因此,电子商务的发展直接或间接地推动知识经济的发展。

(三)促进新兴行业、新兴职业的产生

在电子商务环境下,传统企业的业务运行模式发生了根本的变化,社会分工将逐渐精细,因而产生许多新兴行业、新兴职业来适应电子商务的发展。新兴行业如配送业、快递业、直播业、智慧零售、互联网医疗、在线教育、在线旅游等,新兴职业如网红、外卖小哥、快递小哥、淘宝客、淘女郎、

电商培训师、种草官、直播选品师等。

(四)引领数字经济发展

电子商务作为数字经济最活跃、最集中的表现形式之一,在促进全面开放、推动深化改革、助力乡村振兴、带动创新创业等方面发挥着积极作用,正在全面引领我国数字经济发展。

数字经济

二、电子商务对政府的影响

电子商务对政府的影响主要体现在:政府机构的业务类型和管理行为的转变、政府的政策导向、政府机构担任 CA。政府承担着大量的社会、经济、文化的管理和服务功能,尤其作为"看得见的手",在调节市场经济运行、防止市场失灵带来的不足方面有着很大的作用。电子商务对政府管理经济的手段和能力提出了新的要求,要求政府适应电子商务的发展,在有关电子商务的准入、认证、安全管理、法律法规、消费者权利保护、争议处理、信誉保证、国际间的合作及协调等相关政策法规方面,能够根据环境的变化适当及时地进行新的调整和管理。同时,在电子商务时代,企业应用电子商务进行生产经营、消费者进行网上消费,这些都将对政府管理行为提出新的要求。

三、电子商务对企业的影响

电子商务加速了企业内部和外部的信息交流,突破了交易的时空界限,减少了经济活动的中间层,从根本上改变了商务活动的模式,改变了贸易形态,改善了物流、资金流、信息流的环境,加速了整个社会的商品流通,大幅提高了企业管理水平和运作效率,有效地降低了企业生产成本,提高了企业的竞争力和影响力。电子商务不仅给消费者和企业提供了更多的选择消费与开拓销售市场的机会,还提供了更加密切地交流信息的场所,从而提高了企业了解和把握市场能力。电子商务改变了企业生产、经营管理方式。其主要表现在以下两个方面。

(1)电子商务通过企业生产过程现代化、低库存生产和数字化定制生产等方面改变了企业的生产方式。

(2)电子商务通过优化业务流程、降低采购成本、改善库存状况、缩短生产周期、改善客户关系、降低销售价格、获取新的商机、全面把握市场等方面改变了企业的经营管理方式。

同时,电子商务给企业带来了新的理念、新的方法、新的工具,还带来了新的机遇,如果企业理解了电子商务的真谛并将其运用到企业的经营管理中,将会有效地提高企业的综合竞争力。

四、电子商务对金融业的影响

电子商务对金融业的影响主要体现在:拓展了金融业的发展空间、对安全性的要求提高、业务集成与优化。在线电子支付是电子商务的关键环节,也是电子商务得以顺利发展的基础条件。随着电子商务在电子交易环节上的突破,网上银行、银行电子支付系统、第三方支付以及电子支票、电子现金等服务的出现,将传统的金融业带入一个全新的发展阶段,拓展了金融业的发展空间。但同时这对电子支付的安全性有着更高的要求,银行要采用更坚实的技术和政策手段为交易双方创造安全的电子支付环境;还需要对银行的支付业务流程及软件系统进行集成和优化。

五、电子商务对人们工作和生活的影响

电子商务的不断发展给我们的生活、工作、学习带来了直接或间接的影响,主要包括以下几个方面。

(一)信息传播

互联网是一个具有交流特性的网络,它不仅可以作为个人传递信息的工具,也是企业间传递信息的媒体。与传统的印刷出版物相比,网络出版有着无可比拟的特点:一是网络出版成本低;二是网络的读者面广泛;三是网上查询信息方便。所以,无论对信息传播者还是信息受众而言,网络信息的传播都是最佳的选择。这也是电子商务受欢迎的原因之一。

(二)生活方式

因特网实质上已形成了一个广阔、没有国界的虚拟社会,不同年龄的人都可以在网上找到适合自己的活动领域,发表自己的意见、购物、看电影、玩游戏、阅读等。因特网已经在人们的生活里占据越来越重要的位置。当然,因特网在改变人们生活的同时,也带来一些如信息污染等负面的问题。

(三)工作方式

由于电子商务可以保证即时通信和处理大部分的业务,所以在电子商务环境下工作的方式更灵活,无论在什么地方、什么时间都可以利用各种即时通信工具如 QQ、微信、钉钉等进行日常事务处理及办公。对于执行独立任务的管理人员来说,可以方便地在家中即时处理事务,不必花更多时间在路上和进行面对面的交流上。伴随着电子商务全面发展,在家办公会日益流行。

(四)消费方式

消费者通过智能手机、平板电脑、移动智能终端等设备可以在任何时间、任何地点进入网络商店,查看商业目录、商品的规格和性能,填写订单,然后通过在线电子支付完成付款,就可以买自己喜欢的商品。消费者足不出户就可以悠然自得地在网上购物,再也不用将时间花在选择商场、排队等待上面。在线购物、电子支付、送货上门等给消费者带来极大的便利。

(五)教育方式

在因特网上开设网络大学远程教育已被国内外的众多大学所采用。远程教育以计算机通信技术和网络技术为依托,采用远程实时、多点,双向交互式的多媒体现代化教学手段,实时传送声音、图像、电子课件和教师板书,使身处两地的师生能像在现场教学一样进行双向视听问答,这是一种实现跨越时间和空间的教育模式。人们可以通过网易云课堂、中国大学 MOOC 等网络平台随时随地聆听世界一流大学知名教授的精彩授课。

网上银行、支付宝、微信支付等多种支付形式的广泛运用,大大改变了人们的消费和支付方式。人们出门只需携带一部手机,就能随时随地获取所需的服务、应用、信息和娱乐。电子商务在

给我们的工作、生活带来极大的便利同时,也改变了我们工作和生活的方式。当然,电子商务对人类的工作和生活方式带来的变化并不止这些,其对人类的影响将是多方面和深层次的。

网易公开课、网易云课堂、中国大学MOOC三者的对比

> 课后练习

一、单项选择题

1. 下列关于电子商务的说法正确的是(　　)
   A. 电子商务的本质是技术　　　　B. 电子商务就是建网站
   C. 电子商务是泡沫　　　　　　　D. 电子商务的本质是商务

2. 下列关于广义电子商务(EB)和狭义电子商务(EC)说法不正确的是(　　)
   A. EB 涵盖 EC
   B. EC 涵盖 EB
   C. EC 强调的是互联网上的商品买卖活动
   D. 人们通常用 EB 来表示电子商务

3. 下面选项中,不属于电子商务基本功能的是(　　)
   A. 网上订购　　　　　　　　　　B. 资料下载
   C. 信息储存　　　　　　　　　　D. 信息发布与广告宣传

4. 国内著名的电子商务平台"京东""天猫""唯品会"的类型是(　　)
   A. B2B　　　B. B2C　　　C. C2B　　　D. C2C

5. 按参与交易的对象分,网上商店最适合的模式是(　　)
   A. B2G　　　　　　　　　　　　B. C2C
   C. 金融内部的电子商务　　　　　D. B2C

6. 中国互联网络信息中心的简称是(　　)
   A. CNNIC　　　B. CRM　　　C. SCN　　　D. EDI

7. EDI 广泛用于(　　)
   A. 商业贸易伙伴之间　　　　　　B. 网上零售
   C. 企业内部管理　　　　　　　　D. B2G

8. 阻碍电子商务广泛应用的重要障碍是(　　)
   A. 缺乏网络银行系统设计开发经验　B. 网络用户数量
   C. 安全问题　　　　　　　　　　D. 消费者的消费习惯

9. 电子商务系统的基本结构包括(　　)
   A. 网络平台、买方和卖方、认证中心、支付中心、物流中心、客服中心、电子商务服务商
   B. 网络平台、买方和卖方、认证中心、支付中心、物流中心、电子商务服务商
   C. 网络平台、认证中心、支付中心、物流中心、电子商务服务商
   D. 网络平台、买方和卖方、认证中心、支付中心、物流中心

10. 当您订购的商品出现质量或其他问题时,您与商家联系,这时商家会要求您提供商品的(　　)
    A. 订购单号　　B. 购买金额　　C. 商城名称　　D. 商品描述

二、多项选择题

1. 关于电子商务的内涵,以下说法正确的有(　　)
   A. 电子商务是一种现代商业方法
   B. 企业之间的电子交易和企业内部的管理活动
   C. 企业内部生产、研发、财务和管理等不属于电子商务范畴
   D. 基于信息技术的,以电子信息工具为手段、以电子信息交换为内容的商务活动

2. 按照交易主体的不同,电子商务可以分类为(　　)
   A. B2B　　　　B. B2C　　　　C. O2O　　　　D. C2C

3. 电子商务概念模型的组成要素包括(　　)
   A. 电子商务实体　B. 电子市场　　C. 交易事务　　D. 交易手段

4. 电子商务的任何一笔交易都包含着(　　)
   A. 物流　　　　B. 资金流　　　C. 商流　　　　D. 信息流

5. 基于因特网的电子商务发展非常迅速,它比基于EDI的电子商务具有以下哪些优势(　　)
   A. 成本低　　　B. 覆盖广　　　C. 功能全　　　D. 更灵活

三、简答题

1. 请谈谈你对电子商务的理解。从电子商务概念模型出发,简述电子商务与传统商务的异同。
2. 简述电子商务的分类。
3. 简述电子商务的主要应用领域及发展趋势。
4. 简述我国电子商务发展的主要阶段。
5. 简述电子商务的发展对现代企业经营管理方式以及人们的工作与生活方式所产生的影响。

四、主题讨论

1. 请谈谈你对电子商务"去中介化"和"再中介化"的理解。
2. 请谈谈你对"如果说电子商务的成长阶段是中国看世界,那么电子商务的发展和应用阶段往往是世界看中国"的理解。

五、项目实训

1. 列举你熟悉的国内典型电子商务平台(网站),浏览网站首页的主要内容和功能,分析此电子商务平台(网站),简述该平台(网站)电子商务模式、业务的特点、支付方式、物流配送和主要发展阶段。
2. 登录和使用淘宝网、天猫、京东、唯品会、闲鱼等电子商务平台,谈谈它们都有哪些不同。

第二章 电子商务基本应用模式

学习目标

理解:商业模式的内涵及其构成要素,B2B、B2C、C2C 三种电子商务模式的盈利模式。

掌握:B2B、B2C、C2C 的基本概念、类型及其业务流程。

应用:针对电子商务领域各类企业或平台,运用商业模式画布和魏朱六要素进行商业模式分析。

思维导图

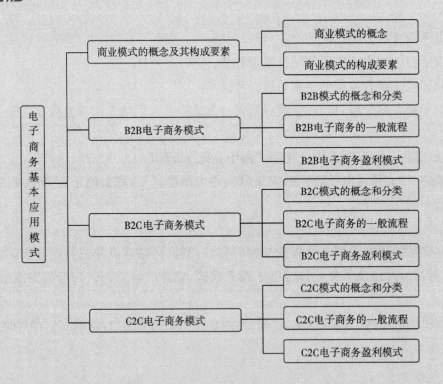

案例导读

电子商务模式,是指在网络环境中基于一定技术基础的商业运作方式和经营模式。研究和分析电子商务模式的分类体系,有助于挖掘新的电子商务模式,为电子商务模式创新提供途径,也有助于企业制定特定的电子商务策略和实施步骤。电子商务模式可以从多个角度建立不同的分类框架,在电子商务发展过程中,形成 B2B、B2C 和 C2C 三种基本模式,在此基础上不断创新与变化。以下分别介绍典型的 B2B、B2C、C2C 模式的网站。

B2B 电子商务网站:慧聪网。

网址:https://www.hc360.com/

慧聪网成立于 1992 年,是中国 B 端企业服务商和行业门户。慧聪网拥有海量产业用户沉淀和数据积累,依托多年发展经验,覆盖 63 个行业,累计注册用户超 2700 万,日均分发采购线索 10 万条。慧聪网通过产业互联网工具输出连接服务,支撑生意场景,凭借流量慧聪网已经成为 B 端企业信息及资源平台,致力于成为中小企业的经营服务工作台,力图完成服务在线化、营销精准化、供应链数字化、生产智能化、需求定制化的产业互联网生态服务。

B2C 电子商务网站:京东商城。

网址:https://www.jd.com/

京东商城是中国B2C市场较大的网购专业平台。京东商城在线销售家电、数码通讯、电脑、家居百货、服装服饰、母婴、图书、食品等11大类数万个品牌的优质商品。京东先后组建了上海及广州全资子公司,将华北、华东和华南三点连成一线,使全国大部分地区都覆盖在京东商城的物流配送网络之下;同时不断加强和充实公司的技术实力,改进并完善售后服务、物流配送及市场推广等各方面的软、硬件设施和服务条件。京东商城组建以北京、上海、广州和成都、沈阳、西安为中心的六大物流平台,以期能为全国用户提供更加快捷的配送服务,进一步深化和拓展公司的业务空间。

C2C电子商务网站:淘宝网。
网址:http://www.taobao.com

　　淘宝网提倡诚信、活跃、快速的网络交易文化,坚持"宝可不淘,信不能弃"。在为淘宝会员打造更安全高效的网络交易平台的同时,淘宝网也全力营造和倡导互帮互助、轻松活泼的家庭式氛围。每位在淘宝网进行交易的人,不但交易更迅速高效,而且交到更多朋友。

　　面向消费者的B2C(Business to Consumer)和C2C(Consumer to Consumer)改变了人们的工作、生活方式,B2B(Business to Business)模式也给企业间的沟通带来了巨大的变革。电子商务不再是一种可有可无的选择,而是每个企业生存发展都要考虑的事情。电子商务跨时空、方便、高效、低成本、互动的特点使它成为时代发展的趋势,现在的企业必须变革方能适应新的经济运行规则,变革就是创新。在此环境下,竞争不仅是产品或服务的竞争,而且是商务模式的竞争。如何利用Internet等信息技术改变商务模式,给不同规模的企业带来的机会都是均等的。在本章中,我们将系统地学习电子商务的基本应用模式。

第一节 商业模式的概念及其构成要素

一、商业模式的概念

商业模式概念最早出现于 20 世纪 50 年代，但是直到 20 世纪 90 年代才开始被广泛提及、研究和使用。商业模式的概念目前并未形成统一的定义，研究者关注的维度不同，导致商业模式的概念也是多维度的。总体来说，我们可以从四种不同维度定义商业模式：第一种是经济内涵，认为商业模式就是经济模式，是以企业达到盈利目的为导向的；第二种是运营内涵，认为商业模式就是企业的运营结构，重点说明企业通过何种内部流程和基本构造设计来创造价值；第三种是战略内涵，把商业模式描述为不同企业战略方向的总体考察，设计市场主张、组织行为、增长机会、竞争优势和可持续性等；第四种是综合性内涵，认为商业模式是企业商业系统运行的本质内涵，是对企业经济模式、运营结构和战略方向的整合和提升，该定义的研究者认为成功的商业模式必须是独一无二的和无法模仿的。不同的研究维度虽然各有侧重点，得出了不同的结论，但是并非界限分明，他们对商业模式的理解有一共同点，即商业模式与创造价值高度相关。形成的统一认知是，商业模式能够反映企业价值创造活动，实现企业价值增值。

二、商业模式的构成要素

由于研究者对商业模式定义不同和商业模式自身的系统性与复杂性，商业模式的构成要素也不尽相同。国外学者 Osterwalder & Pigneur 提出的商业模式画布和国内学者魏炜、朱武祥（2012）构建的魏朱六要素是目前国内外学者研究商业模式要素的主流模型。其中，商业模式画布是对商业模式进行描述、分析、设计和创新的应用工具，包含九个要素，分别是价值主张、顾客细分、渠道通路、核心资源、关键业务、重要伙伴、顾客关系、收入来源和成本结构。魏朱六要素则是定位、业务系统、关键资源能力、现金流结构、盈利模式、企业价值六大要素，商业模式画布的模块构造定义及内涵如表 2-1 所示。魏朱六要素则包含盈利模式与定位要素、企业价值与业务系统要素、现金流结构以及关键资源能力要素，为企业提供了设计商业模式的可循路径，如图 2-1 所示。

表 2-1 商业模式画布的模块构造定义及内涵

四个方面	九个模块	定义	内涵
顾客	顾客细分 (Customer Segment)	企业产品所瞄准的核心顾客、群体	为哪些特定的顾客创造价值？哪些为重要顾客？
	顾客关系 (Customer Relationships)	针对每一个顾客细分市场建立、维护顾客关系类型	与顾客之间的关系是什么？如何与顾客细分群体建立关系，如何维护？成本是怎么样的？
	渠道通路 (Channels)	企业如何与顾客接触、沟通	通过何种渠道接触顾客？哪些渠道是最可行的？如何整合渠道？

续表

四个方面	九个模块	定义	内涵
价值主张	价值主张 (Value Proposition)	为细分市场顾客提供有价值的产品和服务	提供哪些产品以满足顾客的价值需求？为顾客传递何种价值？
资源和能力	重要伙伴 (Key Partnerships)	企业所需要的合作伙伴	重要的伙伴是谁？重要的供应商是谁？能从哪里获取何种核心资源？合作伙伴实施何种关键业务？
资源和能力	关键业务 (Key Activities)	维持企业商业模式可行的关键业务	企业由价值主张、渠道通路、顾客关系、收入来源等环节需要哪些关键业务？关键业务是维持企业有效运营的关键环节
资源和能力	核心资源 (Key Resource)	维持商业模式有效运转的主要因素	企业凭借什么实现盈利？各环节需要哪些核心资源来支持商业模式运转？
盈利模式	收入来源 (Revenue Streams)	产品的盈利方式，顾客为了何种价值愿意付费？	不同收入来源占比结构如何？
盈利模式	成本结构 (Cost Structure)	进行价值创造所产生的成本	企业的投入产出比怎么样？哪些是固有成本？哪些业务花费最多？

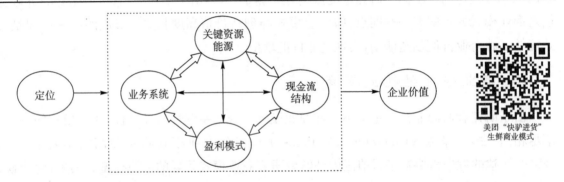

图 2-1　魏朱六要素商业模式模型

第二节　B2B 电子商务模式

一、B2B 模式的概念和分类

B2B(Business to Business)电子商务是企业对企业(也称为商家对商家)的电子商务，即企业与企业之间通过互联网进行产品、服务及信息的交换等一系列商务活动，有时写作 B to B，但为了简便干脆用其谐音 B2B(2 即 two)。通俗的说法是指进行电子商务交易的供需双方都是商家(或企业、公司)，使用互联网技术或各种商务网络平台，完成商务交易的过程。这些过程包括发布供求信息，订货及确认订货，支付过程及票据的签发、传送和接收，确定配送方案并监控配送过程等。B2B 的典型有阿里巴巴(1688)、中国制造网、敦煌网、慧聪网等。

B2B 电子商务模式分类如下。

(一)企业 B2B 网站

企业 B2B 网站本质上是实体企业在互联网上的延伸,企业希望通过建立属于自己的 B2B 网站来获得更多的交易机会并借此来降低相关成本,是一种比较初级的 B2B 电子商务模式。这类网站功能比较单一,企业相关信息非常分散。有些企业采取外包的形式建设自身的企业 B2B 网站,从而克服技术上的缺陷又降低了成本,也有一些企业将自身的 B2B 网站作为一种产品推向客户并为他们提供相关的增值服务。具有代表性的 B2B 网站就是惠普公司提出的企业价值协同网。

(二)综合型 B2B 市场

这是一种在目前 B2B 电子商务中占据主要市场份额的运行模式,也称为水平型 B2B 电子商务。将各个行业中相近的交易过程集中到一个场所,为产品采购方与供应方提供交易场所,为企业的采购方和供应方提供了一个交易的机会。B2B 只是企业实现电子商务的一个开始,它的应用将会得到不断发展和完善,并适应所有行业的企业的需要。最大的特点就是参与企业的数量庞大,很多中小企业可基于 B2B 市场进行批发、采购等交易行为。典型代表平台就是阿里巴巴网。

(三)垂直型 B2B 市场

垂直型 B2B 市场旨在为客户提供专业的、个性化的服务,一般可以分为上游和下游两个方向。生产商或商业零售商可以与上游的供应商之间形成原材料供货关系;生产商与下游的经销商可以形成成品销售关系。这一类 B2B 通常是由该行业拥有较强实力的厂商或厂商联盟发起的。代表性的有中国化工网、海虹医药网、软件直销网。

(四)交易型 B2B 市场

交易型 B2B 市场更多的是通过联系供求双方,为双方的信息交流提供便利。在功能上,交易型 B2B 市场和 EDI 相似,用来交换订单、库存清单和其他的电子信息。在交易型 B2B 市场,专有交易型 B2B 市场是一个比较重要的发展趋势,专有交易型 B2B 市场是连接公司及其客户、供应商或这两者的特邀会员客户的网络平台。

二、B2B 电子商务的一般流程

参加交易的买卖双方在做好交易的准备之后,通常都是根据电子商务标准的规定开展交易活动的。电子商务标准规定了电子商务应遵循的基本程序,例如以 EDI 标准报文格式交换数据,如图 2-2 所示,其过程表述如下。

(1)采购方向供应方发出交易意向,提出商品采购价请求并询问采购商品的详细信息。
(2)供应方向采购方回复该商品的报价,并反馈信息。
(3)采购方向供应方提出确认商品订购单的请求。
(4)供应方对采购方提出的商品订购单进行确认,说明有无此商品及目前存货的规格型号、品种、质量等信息。
(5)采购方根据供应方的应答决定是否对订购单进行调整,并最终作出采购商品信息的决定。

图2-2 B2B网上交易过程

(6)采购方向供应方提出商品运输要求,明确使用的运输工具和交货地点等信息。

(7)供应方向采购方发出发货通知,说明所用运输公司的名称、交货的时间、地点、所用的运输设备和包装等信息。

(8)采购方向供应方发回收货通知。

(9)交易双方收发汇款通知。采购方发出汇款通知,供应方告知收款信息。

(10)供应方备货并开出电子发票,采购方确认收货,供应方确认收款,整个B2B交易流程结束。

如果是外贸企业,中间还将涉及海关、商检、国际运输、外汇结算等业务。

三、B2B电子商务盈利模式

目前,B2B盈利模式主要包括会员费、广告费、竞价排名、增值服务、线下服务、商务合作、按询盘付费等。

(一)会员费

企业通过第三方电子商务平台参与电子商务交易,必须注册为B2B网站的会员,每年缴纳一定的会员费,才能享受网站提供的各种服务。会员费已成为我国B2B网站最主要的收入来源。

(二)广告费

网络广告是门户网站的主要盈利来源,同时也是B2B电子商务网站的主要收入来源。如阿里巴巴网站的广告根据其在首页位置及其类型来收费。中国化工网有弹出广告、漂浮广告、横幅广告、文字广告等多种表现形式可供用户选择。

(三)竞价排名

企业为了促进产品的销售,都希望在B2B网站的信息搜索中使自己的排名靠前,而网站在确保信息准确的基础上,根据会员缴费的不同会对排名顺序作相应的调整。

(四) 增值服务

B2B 网站通常除了为企业提供贸易供求信息以外,还会提供一些独特的增值服务,包括企业认证、独立域名、行业数据分析报告和搜索引擎优化等。

(五) 线下服务

线下服务主要包括办展会、期刊、研讨会等。通过展会,供应商和采购商可以面对面地交流,一般的中小企业还是比较青睐这种方式的。期刊主要刊登关于行业资讯等信息,也可以在其中植入广告。

(六) 商务合作

商务合作包括广告联盟,政府、行业协会合作,传统媒体的合作等。广告联盟通常是网络广告联盟,亚马逊通过这种方式已经取得了不错的成效。国内做得比较成熟的几家广告联盟有百度联盟、谷歌联盟、淘宝联盟等。

(七) 按询盘付费

区别于传统的会员包年付费模式,按询盘付费模式是指从事国际贸易的企业不是按时间来付款,而是按照海外推广带来的实际效果,也就是按海外买家实际的有效询盘来付款。其中询盘是否有效,主动权在消费者手中,由消费者自行判断,来决定是否消费。

第三节 B2C 电子商务模式

一、B2C 模式的概念和分类

B2C(Business to Consumer)电子商务是指企业与消费者之间以互联网为主要服务提供手段进行的商务活动。它是一种电子化零售模式,采用在线销售,以网络手段实现公众消费和提供服务,并保证与其相关的付款方式电子化。目前,在互联网上遍布各种类型的网上商店和虚拟商业中心,提供从鲜花、书籍、饮料、食品、玩具、服装到计算机、汽车等各种消费品和服务。

网上购买引擎和购买指南还不时帮助消费者在众多的商品品牌之间作出选择。消费者对选中的商品只要用鼠标轻轻一点,再把它拖到网络的"购物手推车"里即可。在付款时消费者需要输入自己的姓名、家庭住址以及支付方式,确认订单,网上购物就算完成。为了消除消费者的不信任感,大多数网上销售商还提供免费电话咨询服务和在线客户。

B2C 电子商务的模式可以从不同角度进行分类:

(一)从企业和消费者买卖关系的角度分析

B2C 的商务模式主要分为卖方企业-买方个人的电子商务及买方企业-卖方个人的电子商务两种模式。

1. 卖方企业-买方个人的电子商务

这是商家出售商品和服务给消费者个人的电子商务模式。在这种模式中,商家首先在网站上开设网上商店,公布商品的品种、规格、价格、性能等,或者提供服务的种类、价格和方式,由消费者个人选购,下订单,在线或离线付款,商家负责送货上门。这种网上购物方式可以使消费者获得更多的商品信息,虽足不出户却可货比千家,买到价格较低的商品,节省购物的时间。当然这种电子商务模式的发展需要高效率和低成本的物流体系的配合,比较典型的代表就是全球知名的亚马逊。

2. 买方企业-卖方个人的电子商务

这是企业在网上向个人求购商品或服务的一种电子商务模式。这种模式应用最多的就是企业网上招聘人才。在这种模式中,企业首先在网上发布需求信息后由个人上网洽谈。这种方式在当今人才流动量大的社会中极为流行,因为它建立起了企业与个人之间的联系平台,使得人力资源得以充分利用。

(二)根据交易的客体分析

B2C 电子商务分为无形商品和服务的电子商务模式以及有形商品和服务的电子商务模式。前者是直接电子商务,可以完整地通过网络进行;而后者是间接电子商务,则不能完全在网上实现,要借助于传统手段的配合才能完成。

1. 无形商品和服务的电子商务模式

计算机网络本身具有信息传输和信息处理的功能,无形商品和服务(如电子信息、计算机软件、数字化视听娱乐产品等)一般可以通过网络直接提供给消费者。无形商品和服务的电子商务模式主要有网上订阅模式、广告支持模式和网上赠予模式。

(1)网上订阅模式。消费者通过网络订阅企业提供的无形商品和服务,并在网上直接浏览或消费。这种模式主要被一些商业在线企业用来销售报纸杂志、有线电视节目等。网上订阅模式主要有以下几种。

一是在线出版(Online Publications)。出版商通过 Internet 向消费者提供除传统印刷出版物之外的电子刊物。在线出版一般不提供 Internet 的接入服务,只在网上发布电子刊物,消费者通过订阅可下载有关刊物。这种模式并不是一种理想的信息销售模式。在当今信息大爆炸的时代,普通用户获取信息的渠道很多,因而对本来已很廉价的收费信息服务敬而远之。因此,有些在线出版商采用赠送和收费订阅相结合的双轨制,从而吸引了一定数量的消费者,并保持了一定的营业收入。

二是在线服务(Online Services)。在线服务商通过每月收取固定的费用而向消费者提供各种形式的在线信息服务。在线服务商一般都有自己特定的客户群体。如美国在线(AOL)的主要客户群体是家庭用户,而微软网络(Microsoft Network)的主要客户群体是 Windows 的使用者。订阅者每月支付固定的费用,从而享受多种信息服务。在线服务一般是针对一定的社会群体提供的,以培养消费者的忠诚度。在线服务商的强大营销攻势使他们的用户数量稳步上升。

三是在线娱乐(Online Entertainmen)。在线娱乐商通过网站向消费者提供在线游戏服务,并收取一定的订阅费,这是无形商品和服务的在线销售中令人关注的一个领域,也取得了一定的成功。事实上,网络经营者们已将眼光放得更远,通过一些免费或价格低廉的网络功能或小程序换取消费者的访问率和忠诚度。

(2) 广告支持模式。在线服务商免费向消费者提供在线信息服务,其营业收入完全靠网站上的广告来获得。这种模式虽然不直接向消费者收费,但却是目前最成功的电子商务模式之一。对于上网者来说,信息搜索是其在 Internet 的信息海洋中寻找所需信息的最基础的服务。因此,企业也最愿意在信息搜索网站上设置广告,用户通过点击广告可直接到达该企业的网站。采用广告支持模式的在线服务商能否成功的关键是其网页能否吸引大量的广告,能否吸引广大消费者的注意。

(3) 网上赠予模式。这种模式经常被软件公司用来赠送软件产品,以扩大其知名度和市场份额。一些软件公司将测试版软件通过 Internet 向用户免费发送,用户自行下载、试用,也可以将意见或建议反馈给软件公司。用户对测试软件试用一段时间后,如果满意,则有可能购买正式版本的软件。采用这种模式,软件公司不仅可以降低成本,还可以扩大测试群体,改善测试效果,提高市场占有率。

2. 有形商品和服务的电子商务模式

有形商品是指传统的实物商品。采用电子商务模式时,有形商品和服务的查询、订购、付款等活动在网上进行,但最终的交付活动不能通过网络实现,还需借助于传统的方法完成。这种电子商务模式也叫在线销售。目前,企业实现在线销售主要有两种方式:一种是在网上开设独立的虚拟商店,另一种是参与并成为网上购物中心的一部分。有形商品和服务的在线销售使企业拓展了销售渠道,增加了市场机会。与传统的店铺销售相比,即使企业的规模很小,网上销售也可将业务延伸到世界的各个角落。网上商店不需要像一般的实物商店那样保持很多的库存,作为纯粹的虚拟商店,可以直接向厂家或批发商订货,省去了商品存储的阶段,从而大大节省了库存成本。

(三)根据交易方式分析

1. 网络商品直销

网络商品直销是指消费者和生产者或商家,直接利用网络形式所进行的买卖活动,其模式如图 2-3 所示。这种交易的最大特点是供需直接见面、环节少、速度快、费用低。其流转程式如图 2-4 所示,网络商品直销过程可以分为以下六个步骤。

(1) 消费者进入 Internet,查看在线商店或企业的主页。
(2) 消费者通过购物对话框填写姓名、地址、商品品种、商品规格、商品数量等。
(3) 消费者选择支付方式,如信用卡,也可选用借记卡、电子货币、电子支票、第三方支付等。
(4) 在线商店或企业的客户服务器检查支付方服务器,确认汇款额是否被认可。

(5)在线商店或企业的客户服务器确认消费者付款后,通知销售部门送货上门。

(6)消费者的开户银行将支付款项传递到消费者的信用卡公司,信用卡公司负责发给消费者收费清单。

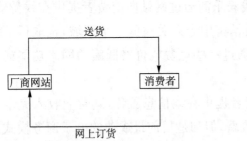

图 2-3　网络商品直销模式示意图

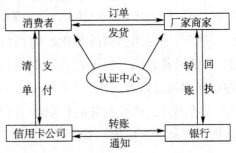

图 2-4　网络商品直销的流转程式

2. 通过网上电子交易市场进行交易

这种交易是通过网上电子交易市场,建立起产品生产厂商与消费者之间的购物平台,再从产品的生产厂商进货后销售给最终消费者,一般也称为马逊电子商务。在这种交易过程中,网上电子交易市场以 Internet 为基础,利用先进的通信技术和计算机软件技术,将商品供应商、消费者和银行紧密地联系起来,为消费者提供市场信息、商品交易、仓储配送、货款结算等全方位的服务,其流转程式如图 2-5 所示。

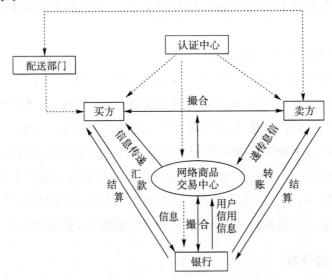

图 2-5　通过网上电子交易市场交易的流转程式

由图 2-5 可以看出,通过网上电子交易市场进行交易的流转程式可分为以下几个步骤:

(1)买卖双方将各自的供应和需求信息通过网络通知网络电子交易中心,网络电子交易市场通过信息发布服务,向参与者提供大量的、详细的、准确的交易数据和市场信息;

(2)买卖双方根据网络电子交易市场提供的信息,选择自己的贸易伙伴;

(3)网络电子交易市场从中撮合,促使买卖双方成交;

(4)买方在网络电子交易市场按平台支持的支付方式办理支付手续;

(5)指定银行通知网络交易中心买方货款到账;

(6)网络电子交易市场通知卖方将货物发送到设在离买方最近的配送部门;

(7)配送部门送货给买方;

(8)买方验证货物后通知网络电子交易市场货物收到;

(9)网络电子交易市场通知银行买方收到货物;

(10)银行将买方货款转交卖方,卖方将回执送交银行。

二、B2C电子商务的一般流程

以消费者进行网上购物为例,B2C交易的流程如下。

消费者使用自己的计算机,通过互联网搜索想要购买的商品。

消费者在网上浏览,选购所需的商品放入购物车内,填写系统自动生成的订货单,包括商品名称、数量、单价、总价等,并注明将此商品何时送到何地以及交给何人等详细信息。

通过服务器与有关商店联系并取得应答,告知消费者所购货物的单价、应付款数、交货等信息。

消费者确认上述信息后,用电子钱包付款。在系统中装入并打开电子钱包,输入自己的密码口令,运用银行卡、第三方支付或其他方式进行付款。

电子信用卡号码被加密发送到相应的银行,网上商店收到订购单,等待银行的付款确认。当然商店不知道也不应该知道顾客的信用卡信息,无权也无法处理信用卡中的钱款。

如果付款不成功,则说明银行卡上的钱款不足或者超过透支限额,消费者已不能使用该卡。消费者可再次打开电子钱包,取出另一张电子卡,重复上述操作。

如果经银行证明银行卡有效并已授权,网上商店就可付货,同时销售商店留下整个交易过程中发生往来的财务数据,并出示一份电子收据发送给消费者。

在上述交易成交后,网上商店就按照消费者提供的电子订单,将货物在指定地点交到消费者指明的收货人手中。

就上述电子购物而言,在实际进行过程中,即从顾客输入订货单后开始到拿到销售商店出具的电子收据为止的全过程仅用5~20秒的时间。这种电子购物方式十分省事、省力、省时。购物过程中虽经过信用卡公司和商业银行等多次进行身份确认、银行授权、各种财务数据交换和账务往来等,但所有业务活动都是在极短的时间内完成的。总之,这种购物过程彻底改变了传统的面对面交易和一手交钱一手交货及面谈等购物方式,是一种新颖有效、保密性好、安全保险、可靠的电子购物过程,利用各种电子商务保密服务系统,就可以在Internet上使用自己的信用卡放心地购买自己所需要的物品。

三、B2C电子商务盈利模式

B2C电子商务的盈利模式构成关系主要由B2C电子商务企业、第三方合作商、消费者三者构成。其相关主体基本关系如图2-6所示。

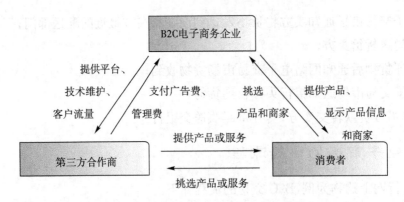

图 2-6　B2C 电子商务盈利模式相关主体基本关系

消费者利用 B2C 电子商务企业的平台，输入关键字，挑选想要的产品和商家，B2C 电子商务企业根据消费者输入的关键字，显示出符合条件的产品和商家，这些产品有些是 B2C 电子商务企业自营，则可以直接销售给消费者，有些则是第三方合作商直接提供的。如果是第三方合作商直接提供的，则消费者可以在第三方合作商于 B2C 电子商务平台上展示的商店里进行挑选、购买产品或服务。因为 B2C 电子商务企业给第三方合作商提供了客户流量和平台，因此，第三方合作商需要支付相应的管理费用。B2C 电子商务企业根据消费者的关键字而显示的产品或者商家，可以根据各合作商的广告要求，而调整相应的排名，由此可见，第三方合作商需要支付相应的广告费。B2C 电子商务企业需要的则是尽可能吸引客户，增加平台流量，这样才能获得销售产品的收入、广告收入、管理收入。

从利润来源角度，我们可以总结出目前 B2C 电子商务主要的盈利模式类型有自营型盈利模式、第三方平台型盈利模式、混合型盈利模式三种。

(一)自营型盈利模式

根据企业是否自产自销，自营型盈利模式可以分为以下两种：一种是自产自销型企业搭建销售平台销售自己的产品，比如海尔；另一种是向供应商采购货物然后搭建电商平台进行销售，比如唯品会。从客户选择来看，电商企业盈利来源主要是消费者；从业务范围来看，不论自产产品还是采购商品，电商企业都是负责产品的销售和售后服务；从战略控制来看，自营型电商具有较为稳定的货源，更易于精细化管理。

(二)第三方平台型盈利模式

这种模式指电商企业创建网上销售平台，商家可以入驻平台，电商企业并不需要自产自销，比如天猫就是典型的第三方平台型盈利模式。从客户选择来看，电商企业盈利来源主要是入驻到电商平台中的商家；从业务范围来看，电商平台需要为入驻商家提供平台服务，比如技术维护；从价值获取来看，收入来源主要有广告收入、服务费收入、技术收入、物流费用等。

(三)混合型盈利模式

这种模式指第三方平台型盈利模式和自营型盈利模式结合的混合盈利模式。这种盈利模式扩充了平台的经营范围，比如京东和当当。从客户选择来看，既包括商家，也包括消费者；从业务范围来看,既要进行产品的销售和售后服务,还要为入驻商家提供咨询和网站维护等服务;从价值获取来看,有商品的销售收入,以及商家入驻的费用、广告费用和技术服务费用;从战略控制来看,混合型盈利模式具有较强的适应性,善于应对环境的变化。

第四节 C2C 电子商务模式

一、C2C 模式的概念和分类

C2C(Customer to Consumer)电子商务是消费者对消费者的交易,也就是消费者本身提供服务或产品给消费者。C2C 电子商务平台就是通过为买卖双方提供一个在线交易平台,使卖方可以主动提供商品进行拍卖,而买方可以自行选择商品进行竞价。C2C 交易平台上交易产品丰富、范围广并且以个人消费品为主。因为 C2C 交易本质上也是网上撮合成交,通过网上或者网下的方式进行交易。近年来,C2C 电子商务也迅速发展起来,这种个人对个人的商务形式在过去的传媒中几乎不可能实现,但现在这种形式发展迅速,如百度 C2C、淘宝网、拍拍网、易趣和雅宝。

C2C 电子商务的运作模式主要有拍卖平台和店铺平台两种。

(一)拍卖平台运作模式

这是 C2C 电子商务企业通过为买卖双方搭建拍卖平台,按比例收取交易费用的一种模式。

网络拍卖(Auction Online)是通过 Internet 进行在线交易的一种模式,是指网络服务商利用互联网通信传输技术,向商品所有者或某些权益所有人提供有偿或无偿服务的互联网技术平台,让商品所有者或某些权益所有人在其平台上独立开展以竞价、议价方式为主的在线交易模式。目前大多数观点认为网络拍卖的主体大致分为以下三种。

一是,拍卖公司。拍卖公司的网站一般多用于宣传和发布信息,属于销售型网站。

二是,网络公司。网络公司在网络拍卖中提供交易平台服务和交易程序,为众多买家和卖家构筑了一个网络交易市场,由卖方和买方进行网络拍卖,其本身并不介入买卖双方的交易。

三是,拍卖公司和网络公司或其他公司的联合。两者都属于拍卖公司为实现其现实空间(实际生活)中的既有业务而在网络空间上的延伸。

网络拍卖和传统拍卖的区别如下。

1. 拍卖的运作成本

传统拍卖中,举行一场拍卖会成本非常高,要制作、印刷拍品宣传画册、拍卖目录,组织拍品展示,在公开媒体上刊登拍卖公告,租用拍卖场地等。每一项工作都需要花费一定的费用。网络拍卖中,大多数拍卖网站仅仅是向买卖双方提供一个商品交易载体,一个虚拟的网络空间,不用租用场地进行拍品展示及拍卖会,拍卖网站只是在计算机系统的服务器上安装了一个专门的竞价软件,而买卖双方则自己完成网上拍卖过程中的所有事情。这就有效地减少了公司的运作成本。

2. 拍卖周期

传统拍卖中,进行一次拍卖的工作周期一般较长。从产品构思到拍卖实施,再到最后的成交,有许多的环节需要考虑,所花时间需数十日之久。如果是一场规模较大的拍卖会,其运作的周期会更长。

与传统拍卖不同,网络拍卖是一个连续的、不间断的过程。卖家只要向拍卖网站登记拍卖物品的信息,一件拍品的拍卖就开始了,省去了拍卖会前期的大量准备工作。不同的物品拍卖可以在同一时间进行,一天24小时,拍卖网站上随时都有拍品在拍卖。

3. 拍卖的时空限制

传统拍卖中,拍卖会的举行受到时间和空间的限制。世界各地的拍卖行各自占领着小份额的拍卖市场,在同一地区会有许多家拍卖行激烈地竞争同类物品的拍卖业务。参与拍卖会的竞买人也受时间和地点的限制,在拍卖会进行的时间里,竞买人可能无法及时参加。拍卖会现场空间的大小也限制了竞买人的数量。通过互联网来进行网上拍卖,将完全打破这种时间和空间上的限制,使原有的拍卖交易市场无限制地扩大了,使过去不能参与拍卖的人能参与拍卖,更多的物品可以进行拍卖,并使交易范围扩大到全球。

4. 拍品的审查

传统拍卖中,举行拍卖会前要对征集到的拍品进行严格的审查。而大部分由网络公司建立的拍卖网站只是一个网上竞价交易载体,拍卖网站自身不具备拍卖人的主体资格,企业内没有专门的拍品鉴定、估价人员。网络拍卖兴起初期,拍卖网站对卖方全面开放,只要有物品要卖的人都可以上网进行交易。

5. 拍卖公告的发布

传统拍卖中,拍卖是一种公开竞买的活动,所有公民都有被告知参加拍卖会的平等权利。《中华人民共和国拍卖法》中明确规定,拍卖人应当于拍卖日七日前通过报纸或其他新闻媒体发布拍卖公告。网络拍卖则是一个随机的过程,卖方将拍品的相关信息登录到拍品网站上后,网民就可以开始竞买了。拍卖网站的用户只有在拍品拍卖的时间内,登录拍卖网站,才会知道有哪些拍品正在进行拍卖。

6. 拍品的展示

根据《中华人民共和国拍卖法》的相关规定,拍卖行应在拍卖前展示拍卖标的,并提供查看拍卖标的的条件及有关资料。网络拍卖中,展示的仅仅是拍品的相关资料和图片。并且,这些拍品信息和图片是由卖方自己提供的。

7. 拍卖过程的实时监控

传统拍卖会上,竞价过程完全透明,竞买人可以随时观察现场其他竞买人的出价情况,并根据自己的意愿即时出价。在网络拍卖的竞价过程中,竞买人处于不同的电脑终端前,通过互联网完成竞价。竞买人也无法看到其他竞价人当时是否正在出价,所以,极有可能错过加价机会,而让他人抢先出价。

8. 拍卖标的的拍卖时限

传统拍卖中,每一场拍卖会经过长时间的前期准备后,正式举行的时间仅是短短几小时,一件拍品的成交与流标,仅在极短的时间里就确定了。网络拍卖中,一件拍卖标的的拍卖时间从一天、三天到一周不等。不同的拍卖网站,所规定的拍卖时间不尽相同,但总体上均比传统拍卖中拍卖标的的拍卖时限长很多。延长拍品的竞价时间,竞买人出价时有更充分的时间进行判断和思考,同时,在较长的时间内还可以吸引更多的竞买人。

9. 拍卖现场的气氛

传统拍卖会现场,聚集着参加拍卖会的所有竞买人,拍卖现场气氛浓烈,竞买人可以在现场感受到紧张激烈、互不相让的竞价氛围,同时还可享受到现场叫价的乐趣。现场的浓烈气氛会感染竞买人的情绪,使拍品的竞价过程更加激烈。网络拍卖则是一个无声的拍卖过程,竞买人只要坐在电脑前面,输入自己愿意出的价格,按动鼠标,网上竞价就实现了,竞买人听不到其他对手喊价时激昂高亢的声音,也无法感受到所有竞买人同聚一堂的热烈气氛。

10. 支付方式

传统拍卖中,竞买人成为拍品最终买受人后,可采用现金、支票、信用卡、邮汇、电汇等方式支付拍品定金和其他费用。网络拍卖中,买受人除了可以用以上方式支付拍卖成交的所有价款外,还可通过网上银行或拍卖网站自己的支付系统支付价款。

11. 拍品的点交过程

点交过程也即拍品的权属转移。传统动产拍卖中,拍品在拍卖前保存在拍卖行,并在拍卖会现场或专门的场地进行展示。一旦拍卖成交,买受人在拍卖会结束后当即付款,拍品也当场移交给买受人,完成拍品的权属转移。不动产拍卖中,委托人向买受人移交不动产的所有权和使用权。此外,买受人还要从拍卖行或执行法院领取不动产权利转移证明,才算真正取得不动产的所有权和使用权。网络拍卖只是一个虚拟的交易过程,拍品在拍卖前一般由委托人保管,竞买人与委托人分处在不同的地理位置。竞买人通过网络参加拍卖网站上的拍品竞买后,由拍卖网站通知竞买人竞买成功,然后买受人再通过拍卖网站与委托人取得联系,而拍品则直接由委托人移交到买受人手中。拍卖网站在拍卖交易过程中只是进行信息的传递。当然,部分拍卖网站有自己的配送系统,或通过专门的速递公司帮助委托人将拍品送达买受人手中。

12. 拍卖信息的交流

传统拍卖的信息交流仅限于拍卖行的拍卖公告、拍品目录、拍品实物展示以及竞买人从拍卖行获得的相关拍卖介绍资料。拍卖行与竞买人之间的信息是不对称的,并且竞买人与委托人之间没有更多的信息交流,而竞买人之间也缺乏信息沟通。网络是一个开放式的信息平台。拍卖信息交流贯穿网络拍卖的全过程。通过互联网,拍卖网站的用户可以获得众多的信息资料。除了拍品展示信息交流外,卖方可以从网站上的竞买情况中了解现在的竞买人更喜欢什么物品,进而投其所好。竞买人可以从拍卖网站的聊天室、留言板上获得更多相关的拍品评价信息,为自己的竞买决策提供帮助。

网络拍卖中,拍卖标的物种类日益增多。大至太空舱残骸,小至价格低廉的日用消费品都被搬到网上进行拍卖,使网上拍卖更像平民化的竞价交易。拍卖标的物主要有以下几种。

1. "低度触摸"的商品

在网络拍卖刚兴起时,网站上展示的拍品大多是"低度触摸"的商品,如计算机、书籍、CD 等。这些商品的成交量也高,竞买人无须试用或当面检验就能放心购买。而另一类属于"高度触摸"的商品,如衣服、鞋子等,竞买人在竞买前喜欢看看质地,试试尺寸大小,这些物品在网络拍卖中略显冷清。但是现在，"低度触摸"和"高度触摸"的界限正在消失。例如，拍卖衣物时，拍卖网站可提供一个标准尺码以供竞买人作为参照。

2. 标准化产品

网络拍卖中的大部分拍品是标准化产品，能进行反复复制，同类商品在品质上无差别，如书籍、音像制品等，它们易用文字进行准确描述，竞买人可根据网站上拍品的文字描述和图片外观来决定是否竞买。

3. 艺术收藏品

艺术收藏品在传统拍卖中是最主要的拍品，而且艺术收藏品拍卖发展至今已趋于成熟。但是网上艺术收藏品拍卖刚刚起步。竞买人很难仅仅凭借一张拍品的照片判断拍品的真伪和品质，且那些价格昂贵、年代久远的艺术收藏品的具体情况不易用简单的语言清楚准确地描述。所以，网络拍卖中价格高昂的艺术收藏品一般乏人问津，最易成交的大多是中低价格的艺术品。

(二)店铺平台运作模式

这种方式是电子商务企业提供平台，方便个人在平台上开店铺，以会员制的方式收费，也可通过广告或提供其他服务收取费用。这种平台也可称作网上商店。

通过网上商店进行网上交易应当保证购物的方便，应当了解消费者网络购物的一般步骤及商家网上商店的业务流程。消费者网上购物的一般步骤。

第一，进入网上商店首页，挑选所要的商品。利用网上商店首页所提供的分类、目录或搜索功能，浏览商品的说明、功能、价钱、付款方式、送货条件、售后服务等信息，看是否符合需求，决定是否订购。

第二，订购。决定要购买后，就可以订购了。订购时可使用该网上商店的订购程序直接输入相关信息，通过在线形式直接下订单，也可将订购单打印出来，填写后再传真或邮寄到该公司完成订购。

第三，付款。通常一家网上商店会有多种付款方式可供选择，选择一种自己认为最好的付款方式并支付货款，基本上就完成在线购物了，接下来只要等候商品送到手中。

第四，获得商品。实体商品利用传统的配送渠道，如邮寄、快递、货运公司等来传送；数字化商品则可以通过Internet直接传送。

一般情况下，网上商店的业务流程严格按照顾客网上购物的步骤，再根据商店本身的特点进行量身定制，以求合理地利用资源。目前，网上商店的业务流程大同小异，一般有以下几个步骤。

一是，商家开店和店铺装修。选择可以开店的平台，如淘宝网，完成店铺开店的实名制认证后即可开店。网上商店开张之前，需要完成店铺的装修，包括店铺首页的装修和店铺产品介绍页面的装修。

二是，发布商品。卖家根据顾客的购物习惯设置购物网站界面和商品分类，并上架发布商品。

三是，接受顾客订单。当顾客完成商品选择后，就会下订单付款，这时顾客会明确送货方式、送货地址以及付款方式，卖家接受顾客订单。

四是，处理订单。当顾客完成订单后，卖家应当根据顾客需求及时完成交易，及时把商品送到顾客手中。

互联网的魅力很大程度上在于它能源源不断地提供最及时的信息。如果有一天顾客登录门户网站,发现上面全是几年前的信息,到搜索引擎上搜索,只能查到几年前的资料,也许就再也没有人去登录这些门户网站和搜索引擎了。信息是一切的中心,是网络存在和发展的基础。网上商店的生存和发展也必然遵循这一规律,网站没有新鲜的内容不能吸引人。网上商店应当经常有吸引人的、有价值的内容,让人能够经常访问,这样才能让网上商店具有生命力。网上商店只有不断更新才能获得长远的发展,才会给商家带来真正的效益。

二、C2C 电子商务的一般流程

以交易者网上竞拍为例,C2C 交易流程如下:

一是,交易者登录 C2C 类型网站,注册相关信息。

二是,卖方发布拍卖商品的信息,确定起拍价格和竞价幅度、截止日期等信息。

三是,买方查询商品信息,参与网上竞价过程。

四是,双方成交,买方付款,卖方交货,完成交易。

三、C2C 电子商务盈利模式

(一)会员费

会员费也就是会员制服务收费,是指 C2C 网站为会员提供网上店铺出租、公司认证、产品信息推荐等多种服务组合而收取的费用。由于提供的是多种服务的有效组合,比较能适应会员的需求,因此这种模式的收费比较稳定。费用第一年交纳,第二年到期时需要客户续费,续费后再进行下一年的服务,不续费的会员将恢复为免费会员,不再享受多种服务。

(二)交易提成

交易提成不论什么时候都是 C2C 网站的主要利润来源。C2C 网站是一个交易平台,它为交易双方提供机会,就相当于现实生活中的交易所,从交易中收取提成是其市场本性的体现。

(三)广告费

企业将网站上有价值的位置用于放置各类型广告,根据网站流量和网站人群精度标定广告位价格,然后再通过各种形式向客户出售。如果 C2C 网站具有充足的访问量和用户黏度,广告业务会非常大。但是 C2C 网站出于对用户体验的考虑,均没有完全开放此业务,只有个别广告位不定期开放。

(四)搜索排名竞价

C2C 网站商品的丰富性决定了购买者搜索行为的频繁性,搜索的大量应用就决定了商品、信息在搜索结果中排名的重要性,由此便引出了根据搜索关键字竞价的业务。用户可以为某关键字提出自己认为合适的价格,最终由出价最高者竞得,在有效时间内该用户的商品可获得竞得的排位。卖家只有认识到竞价为他们带来的潜在收益,才愿意花钱使用。

(五)支付环节收费

支付问题一向就是制约电子商务发展的瓶颈,支付宝、财付通等第三方支付平台的出现,在一定程度上促进了网上在线支付业务的开展。买家可以先把预付款通过网上银行打到支付公司的个人专用账户,待收到卖家发出的货物后,再通知支付公司把货款打入卖家账户,这样买家不用担心收不到货还要付款,卖家也不用担心发了货而收不到款。而支付公司则可以按成交额的一定比例收取手续费。

京东、天猫、淘宝及拼多多盈利模式分析

课后练习

一、单项选择题

1. ( )是企业对企业(也称为商家对商家)的电子商务,即企业与企业之间通过互联网进行产品、服务及信息的交换等一系列商务活动。
   A. B2C　　　　B. C2C　　　　C. B2B　　　　D. B2G

2. 不属于B2C模式的网站是( )
   A. 卓越　　　　B. 当当　　　　C. 淘宝　　　　D. 京东商城

3. 将各个行业中相近的交易过程集中到一个场所,为企业采购方与供应方提供交易场所,为企业的采购方和供应方提供了一个交易的机会,属于( )B2B。
   A. 企业型　　　B. 综合型　　　C. 垂直型　　　D. 交易型

4. 消费者对消费者的交易,简单地说就是消费者本身提供服务或产品给消费者的电子商务模式是( )
   A. B2C　　　　B. C2C　　　　C. B2B　　　　D. B2G

5. 政府内部网络办公系统是哪一种电子政务类型( )
   A. G2B　　　　B. G2C　　　　C. G2G　　　　D. G2E

6. 美团属于哪一类电子商务模式( )
   A. B2C　　　　B. C2C　　　　C. O2O　　　　D. B2G

7. 不属于C2C模式的网站是( )
   A. 淘宝　　　　B. 拍拍　　　　C. 易趣　　　　D. 天猫

8. 根据交易的客体分析B2C电子商务分为无形商品和服务的电子商务模式以及有形商品和服务的电子商务模式。下列属于有形商品和服务的电子商务模式的是( )
   A. 在线出版　　B. 在线服务　　C. 在线娱乐　　D. 网上书店

9. 不属于电子商务C2B模式的是( )
   A. 一米鲜　　　B. 天猫　　　　C. 美团　　　　D. 拼多多

10. 我国最早产生的电子商务模式是( )
    A. B2B　　　　B. C2C　　　　C. B2C　　　　D. B2G

二、多项选择题

1. 下列属于B2B模式的有( )
   A. 京东商城　　B. 阿里巴巴　　C. 中国制造网　　D. 中国化工网

2. B2B电子商务盈利模式包括（　　）

　　A. 会员费　　　　　B. 广告费　　　　　C. 按询盘付费　　　D. 增值服务

3. 关于C2M模式，以下说法正确的有（　　）

　　A. 个性化定制　　　　　　　　　　B. 以顾客需求为中心驱动生产

　　C. 以产品为中心驱动生产　　　　　D. 智能化制造、销售、配送与售后

4. 关于社交电商模式，以下说法正确的有（　　）

　　A. 基于社区的粉丝营销　　　　　　B. 基于微信生态的拼团模式

　　C. 以S2B2C为代表的分销模式　　　D. 以UGC为代表的社区导购模式

5. 属于电子政务模式的有（　　）

　　A. G2G　　　　　B. G2E　　　　　C. B2B　　　　　D. G2C

三、简答题

1. 简述B2B电商模式的概念及类型。
2. 简述B2C电商模式的概念及类型。
3. 简述C2C电商模式的概念及类型。
4. 简述商业模式画布的九个构成要素。
5. 简述魏朱六要素的主要内容。

四、主题讨论

1. 请比较分析B2B、B2C、C2C三种电商模式的盈利模式。
2. 运用商业模式画布理论或魏朱六要素，举例说明商业模式的构成要素。

第三章 电子商务技术基础

学习目标

理解：电子商务框架体系和电子商务技术体系。
掌握：电子商务技术体系各层次主要技术要点。
应用：电子商务技术体系各层次各技术协同商务应用。

思维导图

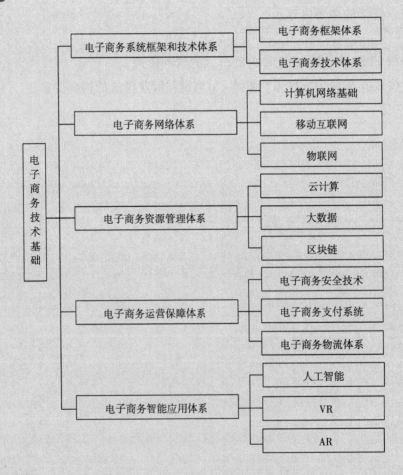

京东商智——智慧营销

2021年3月31日,京东商智3.0上线发布会在京举行,这场特殊的发布会意味着京东数字营销时代到来。

京东商智一代于2017年上线,四年的成长进化,到京东商智3.0,京东建立了从数据挖掘,知识画像到商业智能应用的商智体系,成为全面、精准、专业的一站式智能运营数据开放服务平台。基于海量数据资源,京东大数据技术应用于业务每个环节,全面优化运营成本、运营效率、用户体验,并通过强大的大数据分析和挖掘能力,帮助更多企业高效成长。

特色1:在电脑平板端、手机APP、微信、手机QQ、手机浏览器五大渠道,京东商智充分展示实时与历史,铺面与行业的流量、销量、客户商品等全维度的专业精准的店铺运营分析数据,借助于购物车、精准客户营销等工具,帮助商家提升店铺运营效率,降低运营成本。

特色2:购物车营销和客户营销是京东商智的两个核心营销工具。先对心仪商品加购,进一步选择比较而暂不马上下单是大部分消费者的购物习惯。这时商家可利用购物车营销工具通过"购物车提醒"和"京东APP"推送加购商品降价、秒购、满减等促销信息,帮商家促成交易。京东APP的购物车促销信息推送会根据客户购物车里的商品的总体优惠幅度来决定是否向客户集中推送购物车促销信息。该促销创建成功后,可在商家后台中看查看。当购物车营销活动完成后,"购物车营销"会对活动效果进行统计,包括下单金额、下单客户数转化率以及成交商品的详细效果列表。

特色3:京东客户营销服务,基于大数据,智能打造商家营销闭环,分两个方向,促销计划:基于大数据智能挖掘技术,系统为每家店铺提供拉新、复购、留存三种拟营销人群,商家可对不同的人群实施不同的营销优惠策略,京东APP将通过发送消息告知用户优惠信息或领取优惠券,促成销售,提升店铺的客户营销效果。揽客计划:根据京东客户全站行为数据,得出客户在各个类目中的活跃程度以及各个类目之间的相关程度,为店铺推荐对店铺经营类目或相关类目感兴趣的用户,包括未购买和已购买用户,让商家有针对性地营销、管理。

总之,营销的未来是营销精准化、数字化、智能化,数据底层整合,通过算法不断优化,其背后是先进网络技术、先进资源管理系统和电子商务安全、支付和物流的保障,加之智能应用体系的深度结合。有了技术和规则制度的保障,商智的未来可期。

第一节 电子商务系统框架和技术体系

电子商务是利用计算机、网络和现代通信技术，实现网络化、电子化、数字化和商务化的整个商务过程。了解电子商务系统框架和技术体系，可以对电子商务系统有一个整体的认识。

一、电子商务系统框架

电子商务的系统框架结构是指实现电子商务从技术到服务所应具备的完整的构建模式，可分为五个层次和两个支柱，如图3-1所示。

国家政策及法律规范	电子商务应用层			技术标准、安全
	网上购物、网络金融、网上娱乐、网上出行、旅游预订、有偿信息服务等	网上招标、企业办公、供应链管理、企业资源计划管理、客户关系管理、网络营销等	电子公文、电子采购与招标、电子税务、公民信息服务、电子证件等	
	商业服务层 平台构建、安全和认证、电子支付、物流保障、信用保障、客户管理、数据分析			
	报文和信息传播层 电子邮件、EDI、HTTP等			
	多媒体内容网络宣传层 HTML、JAVA、WWW			
	基础设施层 远程通信网、有线电视网、无线通信网和互联网等			

图3-1 电子商务系统框架图

(一) 五个层次

1. 基础设施层

包括电子商务的硬件基础设施和信息传输系统。硬件基础设施主要包括：服务器、路由器、交换机、数据存储器、稳压电源等。信息传输系统包括远程通信网、有线电视网、无线通信网和互联网、物联网等各种信息网络。

2. 多媒体内容网络宣传层

位于网络基础设施的上一层，信息内容通过硬件和软件的解释、格式编码及还原，在信息高速公路上以不同的形式传递。最为通用的方式是以HTML（超文本链接语言）形式将信息发布在www上。

3. 报文和信息传播层

这是解决电子商务系统外部信息的传输问题。信息的发布和传输形式并不唯一，不同的场合需求方式不同。信息发布按数据流特征分为两种交流方式：一种是非格式化的数据交流，如电子邮件；另一种是格式化的数据交流，典型代表为电子数据交换EDI，如电子订单、电子发票、电子运单。互联网通用消息传播工具是HTTP(超文本传输协议),它以统一的显示方式,在多种环境下显示非格式化的多媒体信息。

4. 商务服务层

这是为商务活动提供的基础业务服务,主要包括:平台构建、安全和认证、电子支付、物流保障、信用保障、客户管理、数据分析等。

5. 电子商务应用层

电子商务已应用于社会生活方方面面。生活、工作、学习、交友、娱乐、金融、保险、医疗、教育、社保等,电子商务应用无处不在。

(二)两个支柱

电子商务大厦的建立需要法规政策和标准两个支柱的支撑。

1. 法律、法规和政策

进行商务活动,必须遵守国家的法律、法规和相应政策。电子商务法律规范涵盖了知识产权保护、电子合同、数字签名、网络犯罪、网络交易、信息发布、互联网广告等诸多方面。公共政策指政府制订的促进电子商务发展的宏观政策,包括互联网的市场准入管理、内容管理、电信及互联网络收费标准的制定、电子商务的税收制度、信息定价、隐私问题、知识产权保护等需要政府制定的政策。

2. 电子商务标准

电子商务标准是要重点解决不同行业和不同领域的企业、政府和消费者之间在参与电子商务时的技术互操作和商务互操作问题,实现既定的商业活动和目标。

电子商务标准可分为四大部分。

基础技术标准——技术标准定义了用户接口、传输协议、信息发布标准等技术细节,用以保证信息一致性、系统的兼容性和数据的通用性。如Web Services等软件技术架构、描述技术、自动识别与标识技术以及网络协议等标准;

业务标准——包括面向商务活动全过程的各种标准;

支撑体系标准——如电子商务安全标准(包括安全套接层协议:Secrue Sockets Layer,SSL)和安全电子交易(Secrue Electronic Transaction,SET协议);

监督管理标准——包括电子商务服务质量、发展评价和标准符合性测试等方面的内容。

二、电子商务技术体系

电子商务的构建是基于各种技术联合支撑的,所涉及的主要技术极为广泛,总体可分为四个层次,如图3-2所示:

智能应用体系
AI、AR、VR
运营保障体系
安全技术、支付技术和物流体系
资源管理体系
云计算、大数据、区块链
网络体系
计算机网络、互联网、因特网、万维网、移动网络、物联网、网络硬件软件和可操作的各种终端设备

图 3-2 电子商务技术体系

(一)网络体系

网络体系保障电子商务各主体、各资源、信息交流互通。电子商务网络体系包括计算机网络、互联网、因特网 internet、万维网 web、移动网络、物联网以及保证安全高效运行的网络硬件软件设施和可操作的各种终端设备。

其中计算机网络、互联网、因特网 internet、万维网是有线网络的不同层次,计算机网络是基础,互联网是不同类型计算机网络之间的互联接,而因特网则是互联网的典型应用,其意义在于世界范围内的网络互联。万维网 WEB 则是因特网上代表性服务,基于互联网和移动网络的物联网则是万物互联网络。众多网络交互融合,由主干网、城域网、局域网层层搭建了电子商务运营立体信息高速公路。

(二)资源管理体系:云计算,大数据,区块链

网络甚至万物的互通,产生的海量数据和软硬件资源需要资源管理体系有效运作。大数据、区块链主要保障各数据资源安全高效、平等管理,包括数据的采集、清洗、抽取、分析、存储等,而云计算则进一步把网络中的各种资源、系统在云端共享,协调整合,充分利用。

(三)运营保障体系:安全技术、支付系统及物流体系

电子商务是线上线下结合的跨时空的非面对面的交易,线上完成交易合同的达成,线下完成货物归属的交接。线上交易需要安全技术的保障,电子支付系统的助力;线下货物交接需要物流体系高效运作。

(四)智能应用体系:人工智能 AI、VR、AR

现代电子商务在保证安全运营的基础上需要满足更个性化、智能有趣的要求。智能应用体系让消费者真正享受商务。

随着人工智能研究深入和应用的广泛,人工智能逐渐走入商务领域,与商务结合,突显了其人性化的服务优势,得到各方的青睐和重视,智能营销、智能物流、智能商务由此而产生。

VR 虚拟现实技术借助于计算机等设备产生一个逼真的三维视觉、触觉、嗅觉等多种感官体验的虚拟世界,使处于虚拟世界中的人产生一种身临其境的感觉。

AR 增强现实则运用多种技术手段,将计算机生成的各种形式的虚拟信息模拟仿真后,应用到真实世界中,两种信息互为补充,实现对真实世界的"增强"。

电子商务携手人工智能、VR、AR,虚拟与现实联合智能商务,必将让电子商务运营服务更加个性化、人性化且多姿多彩。

要说明的是,这四个层次没有绝对分界线,很多关键技术是各层次都需要的,如自然语言处理技术、机器学习等技术,既是大数据的核心数据处理技术,也是人机智能的核心技术,分布式存储技术是云计算的关键,更是区块链的中心技术。各层次技术间相互融合,互为补充,共同为电子商务的创新发展插上飞跃的翅膀。

第二节　电子商务网络体系

中国移动 5G 海上扬帆 擘画海洋数字经济新蓝图

"欲国家富强,不可置海洋于不顾。"得益于 5G、大数据、人工智能等新兴技术的深度渗透,海洋信息通信基础设施日益完善,海洋信息化发展正步入重要战略机遇期,"智慧海洋"产业效应正在成为推动海洋经济高质量发展的新引擎。

良好的网络覆盖是发展智慧海洋应用的重要基石,中国移动依托 5G 网络广覆盖、高可靠优势,开展近、中、远海 5G 海域覆盖专项工程。

5G 网络助力海陆通信无缝连接

为了给近海地区的旅客、渔民以及海上作业平台提供一张稳定可靠的高品质通信网络,中国移动积极行动,全力开展 5G 海域覆盖战略部署及搭建"智慧海洋网"专项行动,实现对偏远海岛与远洋海域的 5G 信号覆盖,稳定顺畅的 5G 网络满足了渔民出海作业和游客出行的移动通信需求。

自从在船上安装了"中国移动海洋卫星宽带",江苏连云港"船老大"孙大叔每次出海都会跟家人视频连线,分享捕捞的喜悦。中国移动海洋卫星宽带依托宽带卫星、卫星船站、卫星地面站等技术,可实现海上低成本语音通话、互联网上网接入、信息广播发布、船员操作安全智能监管等功能,为渔船出海作业加上一把科技满满的"安全锁"。

5G 应用助力海洋经济创新发展

"海上社区直播间"里大黄鱼、海带等特色海产品销售一片火热;5G+AI 监控平台实时监控海域人员入侵、落水等情况,并自动通知渔排工作人员;借助于海上 5G 巡回法庭,渔民无须上岸,出席"云法庭"即可高效解决纠纷……一连串中国移动 5G 智慧海洋应用在东南沿海落地开花。

在福建宁德,中国移动联合合作伙伴实现了宁德 50 公里海域 5G 全覆盖,为沿海智慧渔村建设、捕鱼养殖作业、渔民村民数字化生活提供有力网络保障。

在福建厦门海域,中国移动建成省内首个5G三频(2.6G+4.9G+700M)海域立体组网站点,并创新试点"无人船+无人机"5G海域测试新模式。通过5G智能测试终端及软件,实现对海洋海面及低空网络性能的远程自动化、智能化测试,有效解决了传统人工海测效率低、成本高等难点,助力智慧港口、智慧渔港、近海执法等多样化海洋应用场景落地。

乘着5G东风,海洋数字经济步入创新发展的重要历史阶段。"5G+智慧海洋"领域的创新发展,为新时代海洋数字经济腾飞贡献力量。

电子商务是以网络的发展为基础的,当前多样的网络体系让电子商务全方位融入社会生产、生活、消费各个环节,完全突破了时空限制。本节任务主要学习电子商务网络体系,包括计算机网络基础、移动互联网、物联网和5G的基本原理、主要技术和发展概况。

5G概述

一、计算机网络基础

计算机网络是计算机与通信技术的紧密结合,是自计算机1946年问世以来,技术不断发展的结果,通信网络是计算机间传输、交换数据的基础,而计算机技术提高了通信网络数据传输交换的性能。

(一)计算机网络的定义

通俗来说计算机网络就是把分布在不同地域的具有独立功能的计算机系统与通信设备、外部设备、通信线路、功能完善的网络软件及协议,以不同形式互联成一个规模大、功能强的系统,从而使众多的计算机可以互传信息、共享硬件、软件、数据等资源。即计算机网络就是由通信线路互相连接的许多自主工作的计算机构成的集合体。

(二)计算机网络的分类

1. 按距离分类

计算机网络按照距离可以分成广域网、城域网、局域网。

(1)局域网。局域网(Local Area Network;LAN)是在局部范围的网络,是最常见、应用最广的一种网络,几乎每个单位,甚至家庭中都有大小不同的局域网,地理范围一般是几米至10公里以内。其特点就是:连接范围窄、用户数少、配置容易、连接速率高。

(2)城域网。城域网(Metropolitan Area Network;MAN)通常说范围覆盖整个城市,连接距离一般在10——100公里,通过光纤连接,一个MAN网络通常高速互连多个LAN网。

(3)广域网。广域网(Wide Area Network,WAN)也称远程网,覆盖范围比城域网更广,一般是在不同城域网络互联,地理范围可从几百公里到几千公里。距离远,信息衰减严重,需要租用专线;且连接用户多,带宽有限,所以终端速率较低。

2. 按传输介质分类

(1)有线网。有线网顾名思义是需要借助于有线的传输介质连接的网络。有线网的传输介质主要是双绞线、同轴电缆及光纤,随着网络硬件建设的全面推进,我国光纤已基本全覆盖。

(2)无线网。无线网络依赖于无线通信技术支持的网络。无线通信系统主要有:低功率的无绳电话系统、模拟蜂窝系统、数字蜂窝系统、移动卫星系统、无线 LAN 和无线 WAN 等。

(三)计算机网络拓扑结构

网络拓扑结构是指网络各节点物理位置和节点间的逻辑位置。常见的有五种类型,如图 3-3 所示。

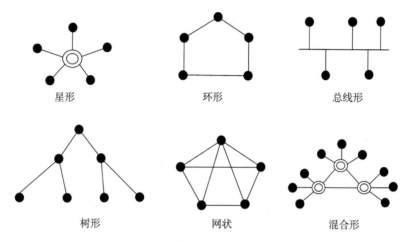

图 3-3 计算机网络拓扑结构图

1. 星形结构

信息交换由控制中心集中式控制或中转,设计简单,但容易出现因控制中心超负载或发生故障而导致整个网络停止工作的危险。

2. 环形结构

各个节点通过闭合环的通信链路连接,信息沿固定方向单向流动。如果某节点出现故障,则自动旁路,全网工作保持畅通。但环形结构不便扩充,响应延时长,信息传输效率较低。

3. 总线形结构

各节点与总线相连,通过总线传输信息,连接的节点个数有限,并且有独占性,即一个时点只能有一个节点发送信息,其余节点都不能发送。

4. 树形结构

节点按树形分层排列,信息交换主要在上下级节点间进行,根节点管理整个网络,任意两个节点之间不产生回路,每条通信链路都支持双向传输。各级中心节点或链路故障都会影响一条通路网络的正常工作。

5. 分布式结构(网型)

分布式网络具有较高的可靠性,在任何两个节点之间至少有两条链路,当一条线路有故障时,不会影响整个系统工作。分布式网络资源共享方便,网络响应时间短,连线容易,入网计算设备就近连入网络,易于扩充。

6. 混合型结构

混合型结构由两种以上的拓扑结构构成,可以结合不同拓扑结构的优点。

(四)计算机网络协议

1. 网络协议的概念

协议就是规则。例如,在公路上行驶的各种交通工具需要遵守交通规则,才能减少阻塞,有效避免交通事故发生。在计算机网络中,数据通信也需要遵守一定规则,以减少网络阻塞,提高网络利用率。网络协议就是为进行网络中的数据通信而建立的,联网的计算机以及网络设备必须共同遵守的规则、标准或约定。网络协议主要由以下要素组成。

(1)语法(Syntax)——规定通信双方"如何讲",即确定用户数据与控制信息的结构与格式。

(2)语义(Semantics)——规定通信的双方准备"讲什么",即需要发出何种控制信息,完成何种动作以及做出何种应答。

(3)时序(Timing)——规定双方"何时进行通信",即事件实现顺序的详细说明。

2. 网络协议的分层

计算机网络复杂,网络通信协议多,因此通常按层次分析,每一层都有一个清晰、明确的任务,实现相对独立的功能。每一层的协议对该层的功能和所提供的服务做了明确的说明,有利于标准化。当任何一层发生变化时(如技术变化),只要层间接口保持不变,则其他各层都不会受到影响;当某层提供的服务不再被其他层需要时,可将该层直接取消。采用分层体系结构,整个系统已被分解成了若干个易于处理的部分,系统的实现与维护也就变得容易控制。

3. ISO/OSI 体系结构

1977年,国际标准化组织 ISO 技术委员会成立了一个专门研究"开放系统互联"的新委员会。1983年,该委员会提出了开放系统互联基本参考模型,称为 ISO/OSI 参考模型(即体系结构),简称为 ISO/OSI,将计算机网络的体系结构分成七层,如图 3-4 所示。其中 1~4 层是低层,是面向通信的;而 5~7 层是高层,是面向信息处理的,各层次主要任务如表 3-1 所示。

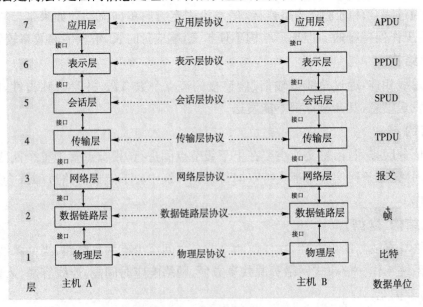

图 3-4 ISO/OSI 参考模型

表 3-1　ISO/OSI 参考模型层次主要任务

层次	名称	任务
1	物理层	为上一个数据链路层提供一个物理连接,以便透明地传送比特信息流。
2	数据链路层	负责在两个相邻接点间的线路上无差错地传送以帧为单位的数据。
3	网络层	完成寻址功能。
4	传输层	经济可靠地为两端系统的会话层之间建立起一条传输连接,透明地传送报文。
5	会话层	在应用进程间建立、组织和协调数据传输。是用户进入网络的接口。
6	表示层	将要交换的数据从适合用户的抽象语法变换为符合 osi 系统内部使用的传送语法。
7	应用层	在两个通信用户之间进行语义匹配,完成语义上有意义的信息交换。

因特网的起源

4. TCP/IP 基本概念

(1) TCP/IP 的开放环境。TCP/IP (Transfer Control Protocol/ Internet Protocol)是 20 世纪 70 年代中期美国国防部为 ARPANET 开发的网络体系结构和协议标准,并以它为基础组建了世界上规模最大的计算机互联网 Internet。TCP/IP 参考模型是 4 个层次的体系结构,如图 3-5 所示,与 OSI 模型 7 层体系比较如图 3-6 所示。

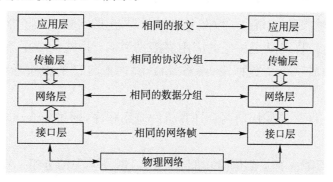

图 3-5　TCP/IP 参考模型

OSI	TCP/IP
应用层	应用层
表示层	
会话层	
传输层	传输层
网络层	网络层（网络互联协议）
数据链路层	网络接口层（主机到网络）
物理层	

图 3-6　OSI 模型与 TCP/IP 模型比较

在 TCP/IP 模型中,基于互联协议 IP 的网络(IP)层和基于传输控制协议 TCP 的传输(TCP)

层起着承上启下的重要作用,其基础协议则有极其重要的特殊地位,所以把整个互联网的协议簇称为 TCP/IP 协议簇。TCP/IP 提供了一个开放的环境,它把各种计算机平台很好地连接在一起,各类型网络都可以容易地接入 Internet,实现不同网络系统互联的目的。

(2)TCP/IP 的工作方式。Internet 采用分组交换技术,把要发送的信息或消息分成数个分组,将这些分组传输到目的地计算机,目的地计算机在接收完所有分组后,再将它们组装到一起,还原为初始形式。具体而言,TCP 对信息进行分组并最终进行组装,而 IP 负责分组信息的正确传输。TCP/IP 的两个核心协议主要功能如下。

网络协议 IP 主要功能有以下几点。

①定义 IP 数据报。IP 为数据报(Internet 上统一、基本的传输单元)加上 IP 头标,包装成 IP 数据报格式,即 Internet 分组的标准格式。

②确定网间寻址方案。Internet 上的节点都定义了唯一的 IP 地址。网络 IP 层的基本任务就是把 IP 地址转换成具体的物理网络地址,或者逆向传输时,把具体的物理网络地址转换为 IP 地址。

③管理 Internet 中的地址。对各节点的 IP 地址进行管理。

④路由选择。选择一条最佳的数据报传输路径。

⑤必要时对数据报分段与重组。每种网络所规定的分组长度不等,当数据报经过分组长度较小的网络时,就需要将数据报分割成小段才能通过。当数据报全部到达目的方后,还需要由 IP 将它们重新组装。

⑥在数据链路层与传输层之间传送数据。

TCP 是一种可靠传输服务,它解决了数据报丢失或误投递的问题。TCP 协议的主要功能包括:

①可靠的分组交换。TCP 从上一层的应用层接收到字节形式的数据流(data stream)后,按既定规则把该数据流划分成一个个数据段(segment),并加上自己的报头后便称为数据报或 IP 数据报。

②应用程序连接。TCP 能使任何两台计算机的应用程序,通过 Internet 互通,传送数据,会话完成后结束通信。

③安全、可靠传输保障。其主要保障功能有:第一,恢复丢失的分组。第二,删除重复的分组。第三,自动重传。第四,自动延迟调整。

④兼容多种数据流格式。

(五)Internet 服务架构

Internet 的主要服务架构一般分为二层服务架构 C/S 和三层服务架构 B/S 两种模式。

1. C/S 架构

(1)概念

C/S(Client/Server 客户端/服务器端)架构,主要分两层。第一层为客户端 C,包含一个或多个在用户的电脑上运行的程序,第二层为服务器端 S。服务器端管理数据,客户端通过与服务器端交互实现大部分业务逻辑和事务处理,承受很大压力,因此 C/S 架构也称胖客户端架构,如图 3-7 所示。

(2)优点和缺点

优点：

①C/S架构的界面和操作可以很丰富。

②安全性能可以很容易保证，实现多层认证也不难。

③由于只有一层交互，因此响应速度较快。

缺点：

①适用面窄，通常用于局域网中。

②用户群固定。由于程序需要安装才可使用，用户群相对固定。

③维护成本高，只要升级，则所有客户端的程序都需要改变。

图3-7　C/S架构

2. B/S架构

(1)概念

B/S(Browser/Server，即浏览器/服务器)三层架构，或称B/W/D。Browser指的是Web浏览器，即Browser客户端，W指Web服务器端和D指数据库服务器端。因其架构主要事务逻辑在服务器端实现，减少了客户端的压力，也称为瘦客户端，如图3-8。

浏览器将用户的服务请求信息提交给Web服务器。Web服务器既充当客户的"代理"，又是数据库的客户机。它负责监听并应答客户浏览器发出的服务请求，然后映射执行CGI接口程序，当CGI连接数据库，完成请求任务后，把执行结果提交给Web服务器，最后由Web服务器将结果传递给Web浏览器，并在客户端的浏览器上显示出来。

(2)优点和缺点

优点：

①客户端无需安装，有Web浏览器即可。B/S架构无需升级多个客户端，升级服务器即可。

②B/S架构可直接放在广域网上，随时进行查询、浏览等业务，通过一定的权限控制实现多客户访问，交互性强。

③业务扩展、维护简单方便，增加网页即可增加服务器功能，改变网页，即可实现所有用户同步更新。

④开发简单，共享性强，成本低。

缺点：

①在跨浏览器上，B/S架构不尽如人意。

②性能、速度和安全性上相对低于C/S程序。

③客户端服务器端的交互式请求——响应模式，通常需要刷新页面。

图3-8　B/S架构

(六)Internet 上提供的服务

1. WWW 服务

WWW(World Wide Web,万维网)又称 Web。在 WEB 出现前 Internet 上几乎所有的信息都是文本格式,致使浏览和搜索困难。而 WWW 上的信息可以有多种格式,易于浏览和理解。随着文本、图像、影像、声音和交互式应用程序的统一,WWW 已成为 Internet 上发布文本和多媒体信息的一种有效手段。但要说明的是 Web 只是 Internet 提供的众多服务中的一种,或者可以说是最常用、最受欢迎的一种服务。

WEB基础

2. FTP 服务

FTP 服务即远程传输文件服务,是一种实时的联机服务。在进行工作时,用户首先要登录到目的服务器上,之后用户可以在服务器目录中寻找所需文件下载或将本地机上的文件上传到服务器上。FTP 几乎可以传送任何类型的文件,如文本文件、二进制文件、图像文件和声音文件等。

3. 电子邮件(E-mail)服务

电子邮件(E-mail)是网络用户之间进行快速简便、可靠且低成本联络的现代通信手段。用户通过电子邮件及邮件附件能够发送和接收各种形式类型的信息和文件。用户首先向邮件服务器申请自己的电子信箱——Email 地址,即在邮件服务器上建立一个用户专属的用于存储邮件的磁盘空间,其规定格式为 username @ mailserver. com,mailserver. com 代表邮件服务器的域名,username 代表用户名,符号@读作"a",意思是"在"。

4. 远程登录(telnet)服务

远程登录是 internet 提供的基本信息服务之一,即 Internet 用户在网络通信 telnet 的支持下使自己的计算机暂时成为远程计算机仿真终端的过程。

二、移动互联网

(一)移动互联网定义

工信部电信研究院移动互联网白皮书中定义:移动互联网(Mobile Internet)是以移动网络为接入网的互联网和服务,包括移动终端、移动网络接入和应用服务三大要素。移动终端:手机、专用移动互联网终端和便携式电脑。移动通信网络接入:包括 2G、3G、4G、5G 等。应用服务:包括 WEB 和 WAP。移动终端是前提,接入网络是基础,应用服务是核心。

定义包括了两方面的含义:一方面,移动互联网是移动通信网络和互联网的融合,用户通过移动终端访问无线移动通信网络来访问互联网。另一方面,移动互联网也产生了大量新的应用,结合移动、可定位、便携终端的特点,继承了移动通信网络随时、随地、随身和互联网开放、分享、互动的优势,为用户提供语音、数据、图像、多媒体等高品质个性化、交互性、位置相关的服务。

目前移动互联网有两种:一是宽带移动互联网。移动终端通过宽带无线通信网络接入公共互联网,与固定网宽带用户相比仅仅是接入网络不同;二是窄带移动互联网。基于无线应用协议

(Wireless Applicatio Protocol，WAP)的互联网，其终端主要是手机。

移动互联网仍然是对互联网的继承和发展。相比固定互联网，移动互联网最大特点是移动性和充分个性化。移动性，用户可随时随地利用移动终端接入无线网络，实现实时的无处不在的通信能力。充分个性化表现为终端、网络和内容应用的个性化。通过用户精准定位和客户画像等技术手段，移动互联网真正实现了一人一网的充分个性化。

(二)移动互联网发展历程

1. 移动通信技术的演进历程

移动通信技术的进步是移动互联网发展的基础，它的演进历程可分为5个阶段：

第一代移动通信技术(1G)采用模拟式通信系统，将介于300Hz到3400Hz的语音转换到高频的载波频率MHz上，仅能实现语音通话，无法实现手机上网，当时的手机多为"大块头"，俗称"大哥大"；

第二代移动通信技术(2G)诞生于20世纪90年代初期，信息传输从模拟调制进入数字调制，开启了手机上网时代，但网速慢，只能实现简单的信息服务；

第三代移动通信技术(3G)诞生于21世纪初期，此阶段无线信息传输速度大幅提升，实现了高速数据传输和宽带多媒体服务。3G技术的出现，宣告人类进入移动互联网时代。此间IPv6(互联网协议第6版)的出现是一个重要的里程碑。IPv6支持节点的移动性和自动配置特性，能为实现移动通信和互联网的融合提供强有力的支撑。

第四代移动通信技术(4G)诞生于2010年，标志着人类进入无线宽带时代。4G集3G与无线局域网于一体，能够无延迟传输高质量视频图像，实现流畅的视频通话，信息下传和上传速度都成千倍的增长，能实现个性化的丰富的应用服务。如移动终端视频等精彩应用。

第五代移动通信技术(5G)。从2020年起我们正在逐步开启第五代移动通信技术5G时代，全球移动通信信号的高度覆盖，信息传输速度的跨越式提升，让丰富多彩的移动互联网应用迅猛发展，渗透到人们生活、工作的各个领域，扩展到世界各个角落，正在深刻改变信息时代的社会生活。

2. 中国移动互联网发展历程

随着移动通信网络的全面覆盖和基础设施的升级换代，中国移动互联网快速发展。纵观其发展历史可归纳为四个阶段：萌芽阶段、培育成长阶段、高速发展阶段和全面发展阶段。

(1)萌芽阶段(2000—2007年)。萌芽阶段的移动应用终端主要是基于WAP(无线应用协议)的应用模式。该时期由于受限于移动2G网速和手机智能化程度，移动互联网处在一个简单WAP应用期，即WAP应用把Internet网上HTML的信息转换成用WML描述的信息，显示在移动电话的显示屏上。此阶段主要应用形式是用户利用手机自带的支持WAP协议的浏览器访问企业WAP门户网站。典型代表就是2000年12月中国移动推出的"移动梦网"。移动梦网就像一个大超市，包括了短信、彩信、手机上网(WAP)、百宝箱(手机游戏)等多元化移动互联网信息服务。

(2)培育成长阶段(2008—2011年)。2009年1月7日，工业和信息化部为中国移动、中国电信和中国联通发放了第三代移动通信(3G)牌照，标志着中国进入3G时代，掀开了中国移动互联网发展新篇章。随着3G移动网络的部署和智能手机的出现，移动网速的大幅提升，初步破解了手机上网带宽瓶颈,移动智能终端丰富的应用软件让移动上网的娱乐性得到大幅提升。同时,我国在 3G 移动通信协议中制定的 TD SCDMA 协议得到了国际的认可和应用。

(3)高速发展阶段(2012—2013年)。步入 2012 年,由于移动上网需求大增,手机智能操作系统的大规模商业化应用,操作系统生态圈的全面发展,同时智能手机触摸屏功能的普及,使移动互联网应用呈现爆发式增长。另一方面,手机厂商之间竞争激烈,智能手机价格快速下降,推动了智能手机在中低收入人群的大规模普及应用。

(4)全面发展阶段(2014年至今)。2013 年 12 月 4 日工信部正式向中国移动、中国电信和中国联通三大运营商发放了 4G 牌照,2014 年中国 4G 网络正式大规模铺开,移动网速得到极大提高,瓶颈限制基本破除,移动应用极大丰富,促进了实时性要求高、流量大、需求多样、功能全的大型移动应用快速发展,如手机直播、移动视频、线上教学、网络会议、远程医疗等。中国移动互联网至此驶入快车道。

(三)移动互联网主要特征

1. 便携性

移动终端小巧轻便、可随身携带,使得用户可在任意场合、任何时间接入网络。这个特点决定了用户能随时随地获取娱乐、生活、商务相关的信息,并进行相关操作,使得移动应用可以进入人们的日常生活,满足衣食住行、吃喝玩乐等各种需求。

2. 交互性

因为移动终端的便携性,人们随时随地可以用语音、图文或者视频,实现"远在天边,近在眼前"的人性化的交互。

3. 隐私性

移动终端的独立且便携,确保了移动互联网的隐私性。高隐私性也对移动互联网终端应用提出要求:既要保障认证客户的有效性,也要保证信息的安全性。

4. 定位性

因为移动网络具有较为准确的定位性,移动应用很快推出基于定位的各种服务:位置签到、位置分享,以及基于位置的信息服务、社交应用、用户监控及消息通知服务、生活导航及优惠券集成服务,和基于位置的娱乐和电子商务应用。

5. 丰富性

移动互联网上的丰富应用,如图片分享、视频播放、音乐欣赏、电子邮件、实时直播、在线会议等,为用户的工作、生活带来更多的便利和乐趣。

6. 身份统一性

身份统一是指移动互联用户的各种身份,如自然身份、社会身份、交易身份、支付身份通过移动互联网平台得以统一。身份统一性让各种应用及商务活动实名制得以落实,活动、交易可追溯。

(四)移动互联网组成结构和相关技术

移动互联网的组成可归纳为移动通信网络、移动互联网终端设备、移动互联网应用三大部分组成,并分别涉及移动互联网相关技术的三个方面,如图3-9所示。

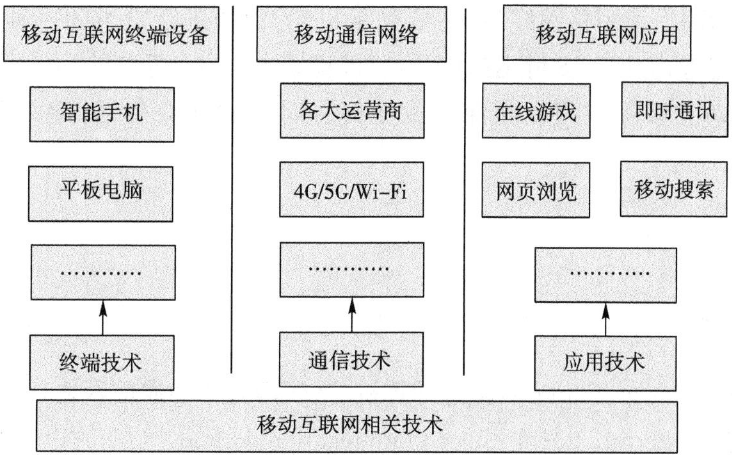

图3-9 移动互联网相关技术

1. 移动通信网络

移动通信网络指移动互联网通信技术通过无线网络将网络信号覆盖延伸到每个角落,用户则能随时随地接入各种需求的移动应用服务。

2. 移动互联网终端设备

如果说无线网络技术是移动互联网蓬勃发展动力之一,移动互联网终端设备换代则是移动互联网前进的重要助推器。移动终端的智能化、便捷化、多功能化让移动互联网迅速在世界范围内火爆开来。

3. 移动互联网应用

大量移动互联网应用能为用户提供生活、学习、工作的各个领域的服务,主要可以归为以下几类。

(1)电子阅读:指利用移动智能终端阅读小说、电子书、报纸、期刊等的应用,真正实现无纸化浏览,方便用户随时随地浏览。

(2)手机游戏:是移动互联网最热门应用之一,各款热门手机游戏用户量和收益不断创造网络神话。

(3)移动视听:网速的提高让移动视听有了更好的体验,抖音、快手等短视频平台全方位推广也让移动视听成为目前移动互联网最有潜力的应用之一,其中移动直播让移动视听商业价值表现更为多样化。

(4)移动搜索:指基于移动设备终端,按一定规则在全互联网进行搜索,高速、准确地获取信息资源。移动搜索对技术的要求更高,智能搜索、语义关联、语音识别、移动定位、图像识别等多种技术都融合到移动搜索技术中来。

(5)移动社区:指以移动终端为载体的社交网络服务。手机QQ、微信群的开发让移动社区成为人们交流感情、协同工作、生活服务、商业购物的新场所。

(6)移动商务:利用移动信息终端参与各种商业经营活动的电子商务模式,它是新技术条件与新市场环境下的电子商务形态,也是电子商务的分支,已渗入人们生产、生活各个方面,并逐渐在企业和政府公共服务部门推广。

（7）移动支付：指用户使用移动终端（主要是手机）为消费进行支付的一种服务方式。因为智能手机支付功能的完善，让移动支付飞速普及，所以移动支付也称手机支付。

丰富多彩的移动互联网应用正在深刻改变信息时代的社会生活，迎来移动互联网发展新浪潮。

三、物联网

(一)认识物联网

物联网（The Internet of Things），是继计算机、互联网与移动通信网之后的又一次信息产业浪潮。国际电信联盟（Intermnational Telecommunication Union，ITU）发布的《IT 互联网报告 2005：物联网》指出：物联网将会引领一个新的通信时代，信息与通信技术从满足人与人之间的沟通，发展到实时实地实现人与物、物与物之间的连接，万物互联的物联网通信时代即将来临。2018 年国际电信联盟发布的《物联网网络服务能力提高的参考架构》报告指出：物联网通过物理的或虚拟的事物间互连能实现高级服务；通过身份识别、数据捕获、智能感知、信息处理和通信功能，可充分利用全部事物各种特征为各种应用提供服务。

由上可以定义物联网是通过射频识别（Radio Frequency Idenitfication，RFID）器、红外感应器、全球定位系统、激光扫描器等信息传感设备，按约定的协议，把任何物品与互联网相连接，进行信息交换和通信，以实现对物品的智能化识别、定位、跟踪、监控和管理，实现人与物的"对话"，物与物的"交流"的一种网络。物联网是互联网的延伸和扩展，其核心和基础仍然是互联网。

广义物联网包括三方面内涵：一是全面感知。即利用 RFID、传感器、二维码等随时随地全方位获取人、物、环境的信息；二是高效传输。通过各种电信网络与互联网的融合，将物体的信息实时准确地传递出去；三是智慧管理，利用云计算、大数据、人工智能等各种智能计算技术，对采集的海量数据信息分析处理，实现各种智慧应用管理。

(二)物联网主要特点

1. 结构体系开放

物联网系统基于 Internet 网络，是互联网的延伸，继承了开放的结构体系，避免了重复系统建设，节约成本的同时实现了各节点间的相互操作和资源共享，有利于系统的增值。

2. 平台相对独立

对物联网系统而言，物质世界丰富多彩，不同地区、不同国家的射频识别技术标准也不相同，一种技术也不能识别所有对象，因此各个物联网系统平台具有相对的独立性。

3. 高度互动

物联网系统是基于 Internet，可与网络上不同对象、不同识别系统和网络系统协同工作，具有高度的互动性。

4. 可持续发展

物联网具有开放结构体系，可在不替换原有体系的情况下实现系统升级，使得系统易于实现可持续发展。

(三)物联网的应用优势

物联网应用是物联网发展的动力,具有不同于一般传感网应用的明显优势。

1. 广泛性

随着技术不断进步,物联网应用已经深入社会生产、生活各个方面,携手人工智能应用的智能家居、智能医疗、智能城市、智能交通、智能物流、智能民生、智能校园已逐步普及。未来技术的不断突破,物联网在各个未知领域的创新应用,会让我们的生活更加智能便利。

2. 连续性

物联网基于对感知获取数据的精密分析和处理,对标的物进行连续、动态、整体、高效、完整、流程化的全自动控制,即物联网应用的连续性、程序化特征,为物联网与工业自动化的结合敞开了大门。

3. 创新性

物联网充分地利用或结合各种先进的智能计算技术,如云计算、大数据、模糊识别、并行技术、区块链等,具有强大的资源整合能力,全面感知采集各种信息,并对简单信息综合处理使其价值提升,实现对感知的节点信息的智能管理和创新应用。

4. 增值性

正是基于物联网以上三种特征,可实现资源集中、功能集成,智能开发深层处理的应用,物联网能使网络、系统中的普遍资源、存量资源找到应用的切入点和能量的释放点,由此产生增值效益。

5. 生态关联性

物联网可结合多门类技术,不断延伸和扩展其应用范围,加长产业链。产业链间各生态因子,各关联因素,在技术上具有交互性和连接性,程序上具有衔接性、生态传输性和可控性,促使物联网与电子商务、商务智能、云计算的融合,共同组成完整的、可扩展的、应用领域十分广泛的、增值效益明显的产业生态链。

(四)相关网络关系辨析

1. 物联网和互联网的关系

互联网是物联网的基础网络。物联网是互联网的发展和延伸,是互联网通信能力、信息获取能力、沟通交互能力、远程管理能力、末端控制能力等增值应用能力的提升,是互联网更加生活化、实用化、个性化的体现。

物联网可用的基础网络有很多,如自组网、公众通信网络、行业专网和专用于物联网的自建通信网等。而互联网具有作为物联网承载网络的独有优势和整合资源能力。互联网不仅具有把分散感知信息变成整合信息的能力,还具有对感知信息进行智能分析,并相应进行决策的处理能力;不仅可以一般地利用互联网的集成能力进行整合集成,还可以利用云计算进行云集成。这就获得了资源承载能力最强、集成信息量最大、承载网基础资源最丰富的优势,成为物联网最适合的承载基础网络。

尽管物联网是互联网的发展和延伸,但两者还是有根本的不同。

(1)信息的需求者不同。互联网是汇集、提升、整合、开发信息的阵地。面对的是一般信息需求者和接收者。物联网的信息来源于对若干节点信息的感知、接收、上传、集成和整合实时的、动态的信息,面对的是特定需求者和接收者。

(2)应用范围不同。互联网是全球性、普适、开放的,而物联网是区域性、局部、特指的,或以完成特定任务为主的专用网络。

(3)功能要求不同。互联网平台要求资源丰富,网络稳定、安全、便捷和开放。物联网则需对特定信息收集、集成,更要求传输信息的安全可靠、稳定和实时,并具有无线接收能力,且能进行智能处理和数据挖掘,给节点以决策支撑。

2. 物联网和传感网的关系

最根本的差异在于信息的存储方式和系统的开放性不同。传感网本质上是利用传感器和自组网的一种闭环应用,分属不同领域,有着不同的协议和标准,很难兼容,信息不能共享。而物联网本质特征是基于通用协议和标准的开环应用。其数据可以存放在RFID芯片中,也可以集成在云端——物联网的云存储模式,基于此实现云端的跨领域信息共享,从而在更大范围内,按照权限实现对标的物品和关键环节的自动控制和远端管理。

3. 物联网和移动互联网的关系

物联网是以互联网为基础的,而物联网的快速发展,是以移动互联网的快速发展为基础、为支撑、为前提的。正是由于移动互联网的快速发展,物联网才有了信息多维传输的可能,有了动态传输的渠道,有了智能控制和管理的能力,得到广泛的应用。

4. 物联网和泛在网的关系

泛在网即广泛存在的网络。它以无所不在、无所不包、无所不能为基本特征,以实现在任何时间、任何地点、任何人、任何物都能顺畅地通信为目标。泛在网打破了物联网应用的行业界限,倡导不同行业之间共享信息和应用,并为公共需求提供服务,实现应用的普遍性和广泛性。泛在网十分注重"人机的普遍交互和异构的网络融合",强调信息产业的整体发展;更注重人的智能化思考及对周边环境部署的作用,强调人机交互中与自然的融合。随着社会信息化水平的日益提高,构建"泛在网络社会",已成为国家和城市发展追求的目标。传感网、物联网、泛在网的关系如图3-10所示。

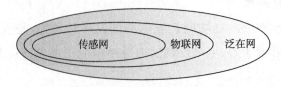

图3-10 传感网、物联网、泛在网关系

(五)物联网系统的技术框架

物联网的技术体系框架包括感知层技术、网络层技术、应用层技术和公共技术,如图3-11

所示。

感知层:通过传感器、RFID、二维码、多媒体信息采集和实时定位等技术采集信息,利用组网和协同信息处理技术实现信息的传输、组网及多个传感器对数据的协同信息处理。感知层的作用相当于人的感觉器官,它是物联网识别物体、采集信息的来源,其主要功能是识别物体、采集信息,并且将信息传递出去。

网络层:主要指通过移动通信网、互联网和其他专网协同组成的网络体系,实现更广泛的网络功能,把感知的信息无障碍、高效性、高可靠安全地传送、共享和管理。如同人的神经中枢和大脑,网络层负责传递和处理感知层获取的信息。

应用层:包括物联网应用的支撑平台子层和应用服务子层。应用支撑平台子层支撑跨行业、跨应用、跨系统之间的信息协同、共享和互通;应用服务子层包括各种具体应用,如环境监测、智能家居、智能交通等。应用层实现了将人与物、物与物紧密结合在一起的物联网最终目的。

公共技术:物联网技术架构的三个层面都涉及标识与解析、安全技术、服务质量(QoS)管理和网络管理等公共技术。

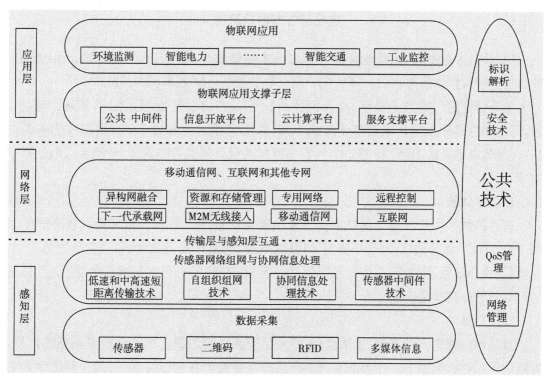

图 3-11 物联网技术体系

(六)物联网的发展趋势

国家部委协同联动,相继印发了《关于深入推进移动物联网全面发展的通知〔2020〕25号》《物联网新型基础设施建设三年行动计划(2021—2023年)》以及"十四五"信息通信行业发展规划》等政策文件,将物联网列为7大数字经济重点产业之一,是数字经济发展的重要支撑。

《行动计划》明确,以社会治理现代化需求为导向,积极拓展应用场景;以产业转型需求为导向,推进物联网与传统产业深度融合;推动交通、能源、市政、卫生健康等基础设施改造升级,将感知终端纳入公共基础设施统一规划建设。在智慧城市、数字乡村、智能交通等重点领域,加快部署感知终端、网络和平台。到2023年底,突破一批制约物联网发展的关键共性技术,构建一套健全完善的物联网标准和安全保障体系。在国内主要城市初步建成物联网新型基础设施,社会现代化治理、产业数字化转型和民生消费升级的基础更加稳固。

第三节 电子商务资源管理体系

各种网络体系组成了电子商务完善的神经网络,而信息和资源在神经网络的有效传输、存储和利用,即强大的资源管理体系是电子商务高效运营的保证。

盒马鲜生的客户旅程

物联网、大数据、人工智能等新兴信息技术悄然改变着人们的生活方式,无人超市、精准营销和智能物流等也进一步优化了原有零售业的运营效率和推广成本。

盒马鲜生提供的数据显示,盒马每坪面积可以产出的营业额达到了普通卖场的3倍,用户黏性和线上转化率远高于传统电商,线上订单占比超过50%,用户转化率高达35%,是传统电商的10到15倍。为何盒马能如此受到消费者的青睐,一步步成为生鲜中的"网红"呢?

1. 数字体验

盒马的数字体验旨在让消费者在决策过程中实现线上线下自由切换。盒马鲜生以APP作为数字体验的核心,全渠道为APP做导流,全面布局,核心体验。盒马的APP功能全面、操作灵活,消费者在线上可以网购和反馈,在线下也可以扫码和付款,会员体系与运营活动一应俱全。

2. 产品体验

盒马精心筛选产品品类,重新组合,扩大了消费体验边界。当下消费者消费的广度、尝鲜的积极性大大提升。作为商家,"让产品本身带给消费者新鲜感"已成为刺激消费者购买动机重要一环。盒马充分把握消费心理,通过新鲜度、丰富度、灵活度为消费者创造新体验。

3. 场景体验

场景上,盒马为消费者提供多种类型的消费场景,让内容的组织服务于不同的消费主题。位于上海浦东的盒马集市很有特色,整体空间以"逛集市"的概念来组织和布局,相较于传统商超"卖场"的形式,更强调乐趣。从快速找到性价比高的货品逐渐延伸到怎么能够逛得有趣、消费得开心,同时这也给入驻盒马集市的商家创造了提供附加值的平台。

4. 情感体验

购物不仅是理性决策,盒马始终传递给消费者轻松、舒适和有趣的形象,营造一种安全与信任感。可爱憨厚的河马形象散布于线上和线下。进入门店和 APP 主页,可爱的吉祥物与人们互动,统一黄蓝视觉系统让店内和 APP 前端界面看起来鲜亮活泼,盒马把服务员称作"小蜜蜂",小朋友喜爱,也唤起了"大朋友"的儿时情节。另一方面,盒马作为一个新生事物,还在各方面强调"新"和"酷":随处摆放着各种新颖的自动售卖机,小杯购买葡萄酒贩卖机;不到几十米就有一个自助结账机,告别了排队等待,即便操作有困难,"小蜜蜂"会为你解难。兼具商超和餐饮,盒马在功能上的定义已经被模糊化了,"看到盒马就联想到高品质的生鲜产品和温暖服务"以此吸引追求高品质的消费群体。

一个变化的时代,机遇和挑战并存。作为零售商,不仅要洞察消费升级后的多变需求,更要能看到技术逐渐成熟环境下创新的可能性,全方位重塑客户消费体验,终将在数字智能时代大有作为。

一、云计算(Cloud Computing)

(一)理解云计算

1. 云计算提出的技术背景

互联网便捷的数据浏览与交流方式,成为用户日常生活不可或缺的基础设施,智能终端用户剧增,同时产生了海量数据。海量数据的处理要求服务器要有强大的计算能力。计算机的计算能力取决于硬件资源。高峰期,为保证计算能力需增加计算机硬件资源;但低峰期,大多数硬件资源处于闲置状态,如不能共享使用,则是一种巨大的资源浪费,为了解决这一问题,要求一种新的计算服务模式:集中计算资源提供巨大的计算能力的同时,提供使用上的方便和灵活,云计算应运而生。

1983 年 Sun 公司提到了"云计算",即"网络就是电脑(The Network is the Computer)",但因为只有名词,没有基础架构,没被广泛认可。2006 年 8 月,Google 公司首席执行官埃里克·施密特(Eric Schmidt)在搜索引擎大会上首次提出云计算概念。指出云计算的目的是通过基于计算方式,对共享的软件、硬件资源和信息整合,按需提供给计算机和其他系统使用,是基于互联网提供动态可扩展的虚拟资源,核心是资源整合与共享。

2. 云计算定义

行业领先者依据各自研究视角给出了云计算不同的定义。比较有代表性的有:

(1)维基百科:云计算是一种动态扩展的计算,通过计算机网络将虚拟化的资源作为服务提供给用户,包含基础设施即服务、平台即服务、软件即服务。

(2)美国国家标准与技术实验室(National Institute of Standards and Technology, NIST):云计算是一种无处不在的、便捷的、通过互联网访问的可定制的 IT 资源(包括网络、服务器、存储、应用软件和服务)共享池,是一种按使用量付费的模式。它能够通过最少量的管理,或与服务供应商的互动实现计算资源的迅速供给和释放。

(3)2012年3月,在国务院政府工作报告中,将云计算作为国家战略性新兴产业,并给出了定义:云计算是基于互联网服务的增加、使用和交付模式,通常涉及通过互联网来提供动态易扩展且经常是虚拟化的资源,是计算机和网络技术发展融合的产物,它意味着计算能力也可作为一种商品通过互联网进行流通。

简言之,云计算是一种通过互联网以服务的方式提供动态可伸缩的虚拟化资源的计算模式。通过这种方式,共享的软硬件资源和信息可以按需提供给计算机和其他设备。核心思想是将大量用网络连接的计算资源统一管理和调度,构成一个计算资源池向用户按需服务。

3. 云计算的含义

从以上云计算的概念可知,云计算包含了多层含义。

(1)服务用户复杂性。云计算不只是企业、政府、机构、个人等传统意义上的用户,也包括应用软件、中间件平台等"用户"。分布式应用软件借助于中间件在不同的技术间共享资源。

(2)服务设备多样性。云计算用于提供服务的设备是多样的,既包括各种规模的服务器、主机、存储设备,也包括各种类型的终端设备。

(3)服务模式商业化。云计算服务在简化和标准的服务接口的基础上,按需计费,实现服务模式商业化。

(4)服务方式灵活性。云计算可以作为公共基础设施提供社会服务,也可为某个单独企业或单独项目提供服务。

4. 云计算的特点

与传统计算机系统相比,云计算具有以下特点。

(1)具有大规模并行计算能力。云计算可集成百千台甚至百万台服务器,基于云端的强大而廉价的计算能力,提供传统计算系统或用户终端所无法完成的计算服务。

(2)资源虚拟化和弹性调度。云计算系统把各种软硬件资源汇集成资源池,包括存储、处理器、内存、网络带宽等,进行统一配置,即资源池化。它们按需动态分配,动态伸缩,为各种特定的应用提供计算资源,实现资源共享,满足不同的应用和不同的用户需求。在此基础上云计算可将资源虚拟化,弹性调度,动态服务更加灵活多变的应用。虚拟化技术是云计算的核心技术之一,包括了网络虚拟化、存储虚拟化、服务器虚拟化、操作系统虚拟化、应用虚拟化等。

(3)按需服务。用户根据需求增加或减少计算机资源,按使用的服务进行付费。云计算相对低廉的价格使得用户使用起来更"实惠"。

(4)资源可控性。人们可以像使用水电一样便捷可控地使用云计算服务,极大地方便人们获取计算服务资源,提高计算资源的使用率,有效节约成本。

(5)安全可靠。供应商负责采用各种足够安全的管理机制和信息存取灵活机制,保证用户的数据和服务安全可靠。而用户只要支付一笔费用,即可得到供应商提供的专业、安全防护,从而节省大量成本。

(6)通用性。即同一个云可以支持不同的应用。

(7)高流通性。基于互联网络、网络联接服务器,数据可以自由传输。

(二)云计算技术体系

以服务为核心,云计算体系结构可划分为5部分,分别为应用层、平台层、资源层、用户访问层和管理层,如图3-12所示。

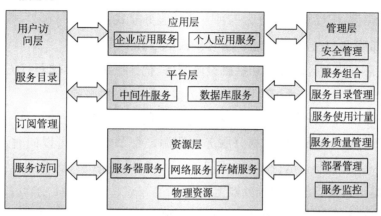

图3-12 云计算体系结构图

1. 资源层

指基础架构层面的云计算服务。这些服务可以提供虚拟化的资源,从而隐藏物理资源的复杂性,主要包含物理资源(物理环境)、服务器服务(操作系统的环境)、网络服务(网络处理能力,如防火墙、VLAN、负载等)和存储服务等。

2. 平台层

平台层为用户提供对资源层服务的封装,用以构建用户自己的应用,主要包含可扩展的数据库服务,可扩展的消息中间件或事务处理中间件等中间件服务等。

3. 应用层

主要提供软件服务,包含企业应用服务,如财务管理、客户关系管理、商业智能等和个人应用服务,如电子邮件、文本处理、个人信息存储等

4. 用户访问层

用户访问层是方便用户使用云计算服务所需的各种支撑服务,主要包含。

(1)服务目录,即服务列表,供用户选择需要使用的云计算服务。

(2)订阅管理,基于此功能,用户可以管理、查阅或终止自己订阅的服务。

(3)服务访问,即针对每种层次的云计算服务提供的访问接口。

5. 管理层

管理层提供对所有层次云计算服务的管理功能,主要包含七大功能。

(1)安全管理,提供对服务的授权控制、用户认证、审计、一致性检查等功能。

(2)服务组合,提供对已有云计算服务进行组合和创建新服务的功能。

(3)服务目录管理,是管理员管理服务的功能,可增加去除服务。

(4)服务使用计量,对用户的使用情况进行统计并计费。

(5)服务质量管理,提供对服务的性能、可靠性、可扩展性的管理。

(6)部署管理,为用户提供订阅的服务实现自动化部署和配置。

(7)服务监控,提供对服务状态的记录。

(三)云计算的主要服务模式

从用户体验的角度,云计算服务分为三种主要的服务模式:

1. 基础设施即服务(Infrastructure as a Service, IaaS)

IaaS提供接近于裸机的计算资源和基础设施服务,把计算单元、存储器、I/O设备、带宽等计算机基础设施集中起来,成为一个虚拟的资源池来为整个网络提供服务。

IaaS的关键技术及解决方案是虚拟化技术,最主要的是三个功能。

一是分区。意味着为多个虚拟区划分服务器资源。每个虚拟区可以同时运行一个单独的操作系统,从而实现一台服务器上运行多个应用程序。每个操作系统只能看到虚拟区为其提供的虚拟硬件,整体感觉是运行在自己专用服务器上。

二是隔离。一方面,虚拟化技术使每个虚拟机都像位于单独的物理机器上一样,一个虚拟机崩溃或故障或受到病毒蠕虫攻击,不会影响其他虚拟机。另一方面,虚拟化技术还可性能隔离,既为每个虚拟机指定最小最大资源使用量,进行资源合理分配和控制,以确保不出现同一系统中某个虚拟机占用所有的资源而造成其他虚拟机无资源可用。

三是封装。意味着整个虚拟机(包括硬件配置、BIOS配置、内存状态、磁盘状态、I/O设备输入输出设备、cpu状态)封装存储于一组独立于物理硬件的文件中,可像复制和移动文件一样复制和移动虚拟机,实现虚拟机的安全转移。

Iaas特征如下。

(1)把资源作为可提供的服务。

(2)按消费需求计费。

(3)服务可按需求灵活扩展。

(4)通常多个用户共同使用某一单个硬件。

(5)可为组织提供完全控制的基础架构。

(6)按需动态灵活组织架构。

2. 平台即服务(Platform as a Service, PaaS)

Paas是为用户提供以应用的开发环境配置和运行维护为服务的商业模式,即PaaS提供了构建应用程序的环境,软件开发员不用考虑底层硬件,后期运营和资源配置,可方便灵活地利用Paas平台服务构建应用,如Google App Engine。

PaaS有两个关键技术:分布式的并行计算和大文件分布式存储。前者将传统运算转化为并行计算,实现整合利用部署广泛的普通的计算资源,完成大规模运算,满足复杂应用的目的。后者保证分散存储在不可信节点集群架构上的海量数据能安全运行。

PaaS特征如下。

(1)提供协助企业开发、测试和部署应用程序的各种服务。

(2)相同的开发应用程序可以供多用户同时访问。

(3)基于虚拟化技术,资源可以根据业务需要轻松扩展或缩小。

3. 软件即服务(Software as a Service,SaaS)

SaaS 是在 21 世纪开始兴起的软件应用模式,即基于互联网提供各种应用软件服务。用户不需要单独配置服务器硬件和应用软件,只需根据需求向 SaaS 提供商租赁软件服务,按使用时间和规模付费,实现软件(应用服务)按需定制,可减少各种成本,是企业采用先进技术实施信息化的最好途径。

SaaS 的关键技术是多租户技术。多租户技术使云计算环境下硬件资源和软件资源能更好地共享,且有良好的伸缩性,可随时满足不同客户的个性化配置,而不影响其他用户使用。

SaaS 特征如下。

(1)托管在远程服务器上,统一管理,通过互联网访问。

(2)提供硬件或软件更新服务。

(3)为用户降低了服务器运营管理的软硬件和人工成本。

4. 三种服务模式之间的关系

(1)三者服务的用户类型不同,SaaS 主要服务普通用户,提供普通用户在任何时间、地点连接互联网,通过浏览器,直接使用云端运行应用的服务,而不需要自己花高价购买安装软件,可节省高昂的软硬件投入;PaaS 主要的用户是开发人员,主要提供友好的开发环境,自动的资源调度,精细地管理和监控;IaaS 主要的用户是专业的系统管理员,IaaS 供应商需要提供主要的基础设施管理。

(2)从技术角度而言,云计算服务层次有一定继承关系,即 SaaS 基于 PaaS,PaaS 基于 IaaS,但又不是完全简单的继承关系,也可跨层继承。如 SaaS 可以基于 PaaS 或者直接部署于 IaaS 之上,PaaS 可构建于 IaaS 之上,也可以直接构建在物理资源之上,即某一层次可单独完成一项用户请求,而不需要其他层次提供必要的服务和支持。

(四)云计算的主要部署模式

1. 公有云——面向互联网大众的云计算服务

公有云的受众是所有互联网用户,任何人都可以在完成注册、按需缴纳费用后在任何地方、任何时间、多种方式、以互联网的形式访问获取资源,享受相应的服务。比较流行的公有云平台有国外的亚马逊云 AWS、微软云 Azure、GAE(Google App Engine),国内的有阿里云、SAE(Sina App Engine)、BAE(Baidu App Engine)等。

2. 私有云——面向企业内部的云计算平台

为安全考虑,一些企业需要建立只面向企业内部的云计算平台即私有云,使用私有云提供的云计算服务需要一定的权限。私有云有效整合企业已有的软硬件资源,提供更加可靠、弹性的服务供企业内部使用。比较流行的私有云平台有 VMware vCloud Suite 和微软的 System Center 2016。

3. 混合云——面向企业内外部的私有共有混合云平台

混合云顾名思义混合了私有云和共有云,吸纳二者优点。混合云强调,基础设施是由两种或多种云组成的,企业把重要的数据保存在私有云里面,把不重要的信息或需要对外开放的信息放在公有云里,公有云私有云形成一个完整体,既能有效地利用企业已构建的IT技术基础设施,又能解决公有云带来的数据安全问题。混合云是云计算发展的方向。

4. 联合云

联合多个云计算服务提供商的云基础设施,为用户提供更加可靠优惠的云服务,主要针对公有云平台。

典型的云计算产品

二、大数据

2018年全国信息技术标准化委员会大数据标准工作组发布的《大数据标准化白皮书(2018)》上显示"全球已步入大数据时代,互联网上的数据量每两年会翻一番。"如此海量的数据已远超出传统计算机技术的信息处理能力,既而促进了大数据技术的产生和快速发展。

(一)认识数据

1. 什么是数据

在计算机科学中数据(Data)主要指一切能输入计算机,且计算机能识别、记录和通过计算机程序处理的符号,在计算机中以1和0的二进制数形式进行存储。例如字符串型数据"你好"输入计算机后,计算机会先将其转换成ASCII码,再转换成对应的二进制数存储。

2. 数据的结构模式

按照数据存储于文件中的结构模式,可将数据大体划分为结构化数据、非结构化数据和半结构化数据。

(1)结构化数据。结构化数据具有较强的结构模式,表现为一组二维形式的数据集,每一行表示一个实体,即一条消息。每行的不同属性表示实体的不同方面,每一列数据具有相同的属性。本质上结构化数据"先有结构,后有数据"。如一个针对学生信息数据的存储,首先在数据库中新建一张表,定义学号、姓名、性别、专业、班级、入学日期、身份证号、家庭住址、联系方式9个字段,同时定义各个字段的数据类型和约束规则,然后依据此结构向各字段中存储数据。

(2)非结构化数据。非结构化数据的结构模型不规则或不完整,没有预定义的数据模型,没有统一的数据结构,但却是社会日常中产生最多的数据,如存储在文本文件中的系统日志、图像、音频、视频等数据。这类数据在数据库二维表中存储的是数据文件位于计算机中的路径。例如网站使用的小图标,网站程序通过读取数据库中小图标的存储路径,找到图标并将其显示在页面上。

(3)半结构化数据。半结构化数据是一种弱化的结构化数据模式,具有一定的结构性,但它并不符合关系型数据模式的要求。这类数据中结构特征相对容易被发现和获取,通常采用类似XML等标记语言或格式来表示。半结构化数据应用也很广泛,可以记录人员信息、微博信息、工具配置信息等,被用于管理大量文件以及管理文件名、创建的用户、读写权限、创建时间等元数据。

3. 数据的价值

数据本身没有价值,结合业务需求,通过计算机科学、统计学、深度学习等专业理论进行知识发现、科学分析,提取数据中蕴含的知识,协助人们了解事物现状,总结事物运行规律,进而指导实践,使得数据有了实际的意义和价值。大数据的核心价值在于其中蕴含的知识发现。如淘宝网,通过对用户行为数据的分析,为不同的用户提供个性化商品推荐服务。

(二)大数据产生的背景

1. 数据爆发式增长

21世纪随着计算机技术全面融入社会方方面面,信息爆炸积累到一个开始引发技术创新和商业革命的阶段,大数据概念已深入人心。

大数据技术的产生首先源于互联网企业对网络数据分析的迫切需求,如20世纪90年代Google运用算法分析用户搜索信息,以满足用户的实际需求。2006年后Web2.0的成熟使人们从信息的被动接收者变成了主动创造者,各种社交网站走进人们生活,海量的视频、图片、文本、短消息通过这些社交平台产生,基于互联网的数据呈加速度增长。广大个人用户的数据量迈进了"TB"时代,2020年,世界数据量已超过35.2ZB(1ZB=10亿TB)(各数据量单位KB→MB→GB→TB→PB→EB→ZB→YB→NB→DB)。(注:一般认为单位以PB衡量的数据就可称之为大数据。)

2. 大数据的可用性及衍生价值

大数据的一个重要特征是数据的可用性。用以分析的数据越全面,分析的结果就越接近于真实,就更具可用性。大数据另一个重要特征是数据复杂性,目前85%的数据属于社交网络、物联网、电子商务等产生的非结构化或半结构化数据,结构复杂,采集、分析、处理需要新的技术方法。大数据有效的处理和利用逐渐成为企业的生命力,大数据的衍生价值巨大。

3. 政府的推动

世界各国都在积极发展大数据技术。美国2009年推出了"一站式"政府数据查阅网站;2012年5月,英国政府注资首个开放式数据研究所ODI(the Open Data Institute);日本IT战略本部2012年6月发布了电子政务开放数据战略草案;2012年印度批准国家数据共享和开放政策;2012年10月澳大利亚发制定了一份大数据战略;欧盟于2014年发布《数据驱动经济战略》。之后这些国家更是投入大量人力、财力、物力大力发展大数据产业。2014年以来我国相继出台了一系列政策、给予资金支持推动大数据技术、产业及其标准化发展,设立若干大数据综合实验区,发布众多大数据项目,促进大数据在各领域中的应用。

4. 硬件、软件的高速发展

硬件软件技术的高速发展是大数据技术完善的基础。硬件技术在存储器和处理器两大核心部件以及网络连接上取得了突破性进展,网络通信能力也在增强。软件技术中分布式存储、分布式计算技术也得到了相应的发展,同时针对服务器集群硬件资源的虚拟化技术很好地完成了硬件与软件的优化管理。

5. 数据标准化

大数据的发展应用需要大数据标准化的支持。在国外:IEEE大数据治理和元数据管理(BDGMM)于2017年6月成立,主导大数据标准化工作。在国内:2014年12月2日,全国信息技术标准化委员会大数据标准工作组正式成立,并在2014年《大数据白皮书》中给出了大数据标准体系框架。

(三)大数据的基本概念

早在1980年未来学家托夫勒在其所著的《第三次浪潮》中称颂大数据为"第三次浪潮的华彩乐章"。

2008年《Nature》杂志推出了"大数据"专辑,引发了业界关注。此后麦肯锡公司看到各种网络平台记录的个人海量信息具备的潜在商业价值,投入大量人力物力全面调研,在2011年6月发布了大数据报告,该报告对大数据的社会影响、关键技术和应用领域等都有详尽分析。之后大数据逐渐受到各行业关注。不同研究机构也从不同角度对大数据下了定义。

Gartner:"大数据"是需要新处理模式才能具有更强的决策力、洞察发现力和流程优化能力来适应海量、高增长率和多样化的信息资产。

麦肯锡:"大数据"是一种规模大到在获取、存储、管理、分析方面大大超出了传统数据库软件工具能力范围的数据集合,具有海量的数据规模、快速的数据流转、多样的数据类型和价值密度低四大特征。

简而言之,大数据是现有数据库管理工具和传统数据处理方法很难处理的大型复杂的数据集,大数据技术的范畴包括大数据的采集、存储、搜索、共享、传输、分析和可视化等。

2014年"大数据"首次出现在我国的政府工作报告中。2015年国务院正式印发《促进大数据发展行动纲要》,明确指出要不断推动大数据发展应用。2016年,我国大数据行业发展的相关政策细化落地,国家发改委、工信部、商务部、林业局、农业部(后改为农业农村部)等均出台了关于大数据的发展意见和方案。2017年我国大数据产业的发展正式从理论研究加速进入应用时代,大数据产业相关政策内容已从全面、总体的指导规划逐渐向各大行业、细分领域延伸。

(四)大数据的影响

1. 大数据对科学活动的影响

当今的科学研究需用第四种范式来指导,即从以计算为中心转变到以数据处理为中心——数据思维。数据思维是指在大数据环境下,一切资源都将以数据为核心,人们从数据中发现问题,解决问题,在数据背后挖掘真正的价值,大数据已经成为科技创新的新引擎。

第四范式——大数据对科学研究产生的影响

2. 大数据对思维方式的影响

(1)数据从样本数据变成全量数据。这使人们可以站在更高层级看待问题的全貌,发现藏匿在整体中的细节和数据全角度、全特征下的深层次价值,并可进一步将多领域数据联合分析,拓展数据的应用空间。

(2)全样本分析代替了抽样分析。分析的速度和效率取代精确率成为人们的首要目标。当数据的规模以数量级增加时,对大数据迅速深挖和分析得出结果,指导应用,才能真正把握数据价值,避免做出盲目的决策。

(3)相关关系受到重视。在全量数据背景下,以前局部分析不存在关系的事、物和行为,也可能存在高度相关的关系,通过分析其相关指标,人们可更加清晰地把握事物及其行为的本质和发展方向,指导下一步的决策。

3. 大数据对社会发展的影响

大数据正在改变甚至颠覆人们所处的整个时代。用户、企业、政府越来越多地依赖于网络和各种"数据"工具提供的信息做出抉择。这有利于提升人们生活质量、和谐程度,降低社会风险。大数据可以帮助企业把握市场、精控成本、精准营销,利于产业规划决策、转型升级,促进社会经济良性发展。

(五)大数据的 4V 特征

大数据的显著特征可概括为 4V 特征。

1. 规模性(Volume)

大数据需要采集、处理、传输的数据量大,一般以 PB 级数据计。

2. 多样性(Vaniety)

大数据的种类多、复杂性高,有结构化的关系型数据,有半结构化的网页数据,还有非结构化的视频音频数据,其中半结构和非结构化的数据增长速度比结构化数据快数十倍。

3. 高速性(Velocity)

大数据应用对数据的时效性提出很高的要求,这需要对大数据高频采集、处理并输出结果,如一些电商数据,实时大数据必须在一秒内完成采集、处理和输出的全过程,否则处理结果就会过时和无效,影响到商业决策。

4. 价值密度低(Value)

挖掘大数据的价值类似于沙里淘金,以视频为例,一个一小时的监控视频数据可能有用的数据只有一两秒,如何通过强大的算法更迅速地完成数据的价值提纯,是大数据技术研究的重要课题。

企业推动大数据行业发展

(六)大数据的关键技术

大数据的关键技术包括:大数据预处理技术、大数据存储技术、大数据分析挖掘技术和大数据可视化,如图 3-13 所图。

1. 大数据预处理技术

大数据预处理技术包括以下几个方面。

(1)数据采集(获取)。主要指利用各种装置,从系统外部采集数据并将数据输入系统内部的过程。在大数据环境下数据采集过程更加复杂。大体来讲,数据采集的目标可以是关系数据库、日志、爬虫,也可以是来自摄像头、麦克风、监控仪等传感器数据,还可以是医疗影像、卫星遥感数据等。

(2)数据处理。所谓数据处理是对数据的采集、存储、检索、加工、变换和传输,目的是从大量的、杂乱无章的、难以理解的数据中抽取并推导出符合业务需求的数据。主要包括自然语言处理技术、多媒体内容识别技术、图文转换技术、地理信息技术等。

数据处理常用的手段如下:

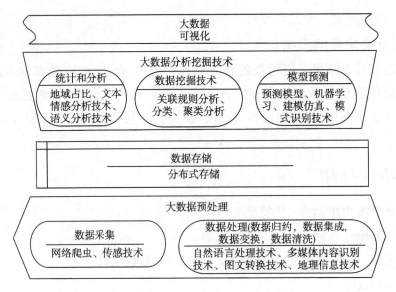

图 3-13　大数据主要技术

①数据归约：主要指在尽可能保持数据原样的前提下，最大限度地精简数据。
②数据集成：将不同来源、格式、特点、性质的数据在逻辑上或物理上有机地集成。
③数据变换：将数据经过平滑、聚集、泛化、规范化、属性构造等手段处理成满足业务需求的格式。
④数据清洗：数据清洗的目的是不让有错误或有问题的数据进入运算过程，主要表现在数据不一致处理、噪声数据处理、缺失值的处理等。

2. 大数据存储技术

数据存储技术将海量的复杂的数据集，依照某种格式记录和存储在计算机外部存储介质和内部存储介质上。大数据存储同时满足以下三点要求：(1)能持久和可靠地存储数据；(2)提供用户查询和分析数据的可访问接口；(3)提供高效的查询、统计、更新等对海量数据的操作服务。其主要技术特点是分布式系统，即通过分布式存储方式将不同区域、类别、级别的数据存放于不同的磁盘阵列中。在分布式系统中包含多个独立工作单元，通过网络协同工作，完成大规模的数据存储任务。

3. 大数据分析挖掘技术

即把大数据中的信息集成、萃取和提炼，找出数据相关性。主要包括：
(1)统计和分析技术，如地域占比、文本情感分析技术、语义分析技术等。
(2)数据挖掘技术，如关联规则分析、分类、聚类分析等。
(3)模型预测技术，如预测模型、机器学习、建模仿真、模式识别技术等。

4. 大数据可视化

数据可视化是关于数据视觉表现形式的科学技术研究，旨在借助于图形化手段清晰有效地传达与交流信息数据，并利用数据分析和开发工具，发现其中未知信息的处理过程。

数据可视化与信息图形、信息可视化、科学可视化和统计图密切相关，是一个极为活跃而又关键的研究开发领域。

(七)云计算与大数据的关系

实质上云计算与大数据是数据时代信息技术相辅相成的两个方面,就像一枚硬币的正反面一样密不可分。数据是资产,云计算为数据资产提供了存储、访问的场所和计算能力,即云计算更偏重大数据的存储和计算,以及提供云计算服务,运行云应用。云计算是基础设施架构,大数据是思想方法,大数据技术将帮助人们从大体量、高度复杂的数据中分析、挖掘信息,从而发现价值和预测趋势,但它必须依托云计算的分布式处理、分布式数据库和云存储、虚拟化技术等。

Facebook数据泄露事件

三、区块链
(一)什么是区块链

2008年11月1日,名为中本聪的密码学专家发表了一篇题为"比特币:点对点电子现金系统"的文章,开启了人类历史上一次伟大的货币实验,也开启了区块链元年。从此,"比特币"与"区块链"两个概念进入人们视野,引发了一场延续至今的技术和思想革命。

1. 区块链的定义

"比特币就等同于区块链吗?"不,这是狭义、错误的理解。客观地说比特币(Bitcoin)只是区块链应用于网络虚拟货币的一种表现方式。我们可以从三个角度对区块链全面定义。

(1)技术角度——块链式数据结构

从区块链关键技术概括区块链定义为:区块链技术(Blockchain Technology,BT)是利用块链式数据结构来验证与存储数据,利用分布式节点、共识算法来生成和更新数据,利用密码学的方式保证数据传输和访问的安全,利用由自动化脚本代码组成的智能合约来编程和操作数据的一种全新的分布式基础架构与计算范式,最终由信息互联实现价值互联。

区块链的数据结构具有两个标志性的特征:单向性和唯一性。

单向性:是指区块链的数据区块按固定(时间)顺序单向延伸,每块数据都打有固定编号(时间戳)。处于时间序列后部的人仅能沿区块链追溯之前的数据,却不能对数据区块进行添加或销毁。

唯一性:是指区块链上的数据与数据结构唯一对应。区块链的链接是以哈希函数为基础,利用哈希函数完善的安全特性可以使一个区块链的哈希指针仅对此区块链中的数据有效,对其他区块链毫无价值。如对数据进行改动则会导致之后区块链上所有的哈希指针发生变动。

单向性与唯一性确保了区块链的数据不可篡改。任何企图对数据的改动都会导致区块链的数据结构发生改动。现实应用中只要保证区块链头部数据不篡改,全链数据就真实可信。

(2)组织形式角度——去中心化的数据共识协议

区块链是一个去中心化的分布式数据库。通过去中心化数据共识协议,区块链技术对组织形式进行改造。具体而言,在区块链数据单向延伸的过程中,不同参与者按事先约定规则对延伸方向和延伸速度达成数据共识协议。这种共识协议全部依赖于逻辑和程序,具有透明性和匿名性,保证节点间的平等。

(3)应用角度——多种技术有机整合应用

区块链是分布式数据存储、点对点传输、共识机制、加密算法等计算机技术在互联网时代的创新应用模式,最终目的是建立一个保证诚实的安全高效数据系统。

2. 区块链的特点

(1)分布式网络。区块链的基础构建是一种分布式网络,数据库账本不是集中存放在数据中心或某个服务器上,而是分布存储在网络的每个节点上,每个节点都有一个数据库账本的副本,所有账本和副本同步更新,体现了去中心化的特点。

(2)可信任。区块链通过数学原理建立信用与算法程序来表达规则,规则公开透明,通过共识协议和可编程化的智能合约来执行,并建立信任关系,不需要借助于第三方权威机构,同时可以引入法律规则和监管节点,避免无法预知的交易风险。

(3)公开透明。除了对私有信息加密外,区块链与数据对所有人公开透明,所有用户看到的是同一个账本,所有用户能看到这一账本记录的每一笔交易,任何人都能通过公开的接口对区块链数据查询、应用。

(4)不可篡改。密码学算法和共识机制保证了区块链的不可篡改性。信息一旦经过验证并添加到区块链,就会被永久存储,除非区块链中超过51%的节点同意并共同工作,否则单个节点对数据库的修改是无效的。所以区块链数据具有高稳定性和可靠性。

(二)区块链的发展

在互联网的技术生态中,区块链依然是基于互联网的一种新技术。按其技术应用特征,区块链发展可分为三个阶段。

1. 区块链1.0

区块链1.0主要通过一个分布式数据库将货币、支付、数据和信息分散化存储,比特币是第一个解决双证支付问题的"数字货币",是区块链1.0的典型应用。此后,全球陆续出现数百种"数字货币",形成了较为庞大的"数字货币"产业链生态。

2. 区块链2.0

区块链2.0引入了分布式虚拟机的概念,可以在区块链之上构建分散式的应用程序,更重要的是区块链2.0引入了智能合约,将"数字货币"与智能合约结合,能够让证券、保险、银行征信、数字票据等金融领域更广泛的场景和流程实现优化。

3. 区块链3.0

区块链3.0已突破货币和金融范围,在政府、医疗、科学、文化和艺术等各领域广泛应用。区块链技术应用的不断深入,将为云计算、大数据、物联网、人工智能等新技术的发展创造新的机遇,有利于信息技术的升级换代,也将有助于推动信息产业的跨越式发展。随着区块链技术在公共管理、社会保障、知识产权管理和权益保护、产品质量追溯等领域的应用不断成熟和深入,将有效提升公众参与度,降低社会运营成本,提高社会管理的质量和效率,对社会管理和治理水平的提升具有重要的促进作用。

(三)区块链的分类

按区块链的公开程度和构建方式可把区块链分为五类。

1. 公有链

公有链(非许可链 Prmissionless Blockchain),面向所有公众开放,用户可匿名参与,无须注册和授权就在任何节点访问区块链,查看数据,发送交易,随时参与公有链上共识形成过程,决定数据块能否进入区块链并记录当前的网络状态,是完全去中心化的区块链。公有链的共识机制通常是工作量证明机制或权益证明机制。公有链适合于虚拟货币、电子商务、互联网金融等应用场景,比特币和以太坊等都是公有链。

2. 联盟链

联盟链(Consortium Blockchain)仅限联盟成员参与,联盟规则规定联盟成员在区块链上的读写权限和参与记账的权限。联盟链需要注册许可方可进入,也被称为许可链(Prmissioned Blockchain)。联盟链的共识过程由预先选好的节点控制。它适合机构间的交易,如银行间支付、结算、清算系统。联盟链可根据需要对公众控制开放。

3. 私有链

私有链(Private Blockchain)通常在企业(私有组织)内部应用,根据私有规则制定内部对区块链的读写权限和参与记账权限,也是一种许可链。私有链的价值主要是提供一个安全的可追溯的不可篡改的自动执行的运算平台,可以防范对数据的内部和外部的安全攻击。

4. 侧链

侧链就是能和比特币区块链交互,并与比特币挂钩的区块链。比特币的规则已经相对固定,很难在比特币平台上进行创新和拓展,2014年,亚当贝克等提出"用与比特币挂钩的侧链来提供区块链创新"。

5. 互联链

针对特定领域可以在各自的垂直领域形成区块链,就像互联网一样,这些区块链也将通过某种互联互通协议进行连接,构成一个互联链,最后形成全球性的区块链网络。

(四)区块链体系结构

通常区块链技术分为六个层次,各层负责不同的内容,具备一项核心功能,不同层级之间相互配合,相互支撑,共同构建一个去中心的价值传输体系,如图3-14所示。

1. 数据层

数据层是区块链的基础层,本质就是一个分布式账本,记录交易信息。包含数据结构、数据模型以及区块存储。数据层的特点是不可篡改、全备份、完全平等。

2. 网络层

区块链利用P2P技术,通过TCP/IP通信协议达成点对点的联系,没有第三方中心机构的监督。在这一种网络架构模式内,每一个节点都掌握着所有数据,单个节点的故障不会影响整个系统的运行,也决定了区块链的"去中心化"。

3. 共识层

共识层封装了网络节点的各类共识机制算法,是区块链的核心技术。目前已经出现了十余种共识机制算法,其中比较有名的有工作量证明机制(POW)、权益证明机制(POS)、股份授权证明机制。

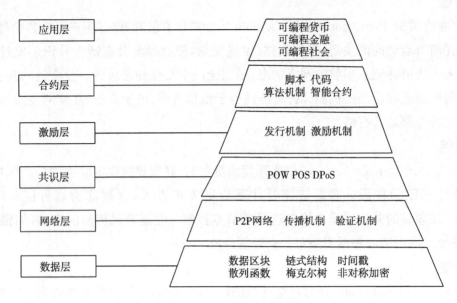

图 3-14 区块链技术层级图

4. 激励层

包括发行机制和激励机制。简单说,激励机制是通过经济平衡的手段,鼓励节点参与到维护区块链系统安全运行中来,防止对总账本进行篡改,是长期维持区块链网络运行的动力。

5. 合约层

主要包括智能合约、共识算法、脚本、代码。将代码嵌入区块链中,实现可以自定义的智能合约,并在达到某个确定的约束条件时自动执行,是区块链取得信任的基础。

6. 应用层

应用层是区块链和应用系统交互的接口层,封装了区块链各种应用场景和案例,用户无需掌握区块链专业知识,直接从接口进入。

这六个技术层级(如图 3-14)是构建区块链技术的必要元素,缺少任何一层都不能称之为真正意义上的区块链技术。

(五)区块链的应用

区块链可以和很多行业结合(如图 3-15),使得业务交易更安全,成本更低,效率更高。

1. 区块链+金融

区块链与金融行业有天然契合性,在多方参与的跨地域、跨网络交易支付、结算、清算领域,区块链已经或正在强化应用。在虚拟货币发行流通,金融衍生品交易,众筹 P2P、小额捐赠、抵押信贷等方面,区块链可提供公正透明、信用托管的平台。在保险方面,区块链可运用于互助保险、定损理赔等业务场景。

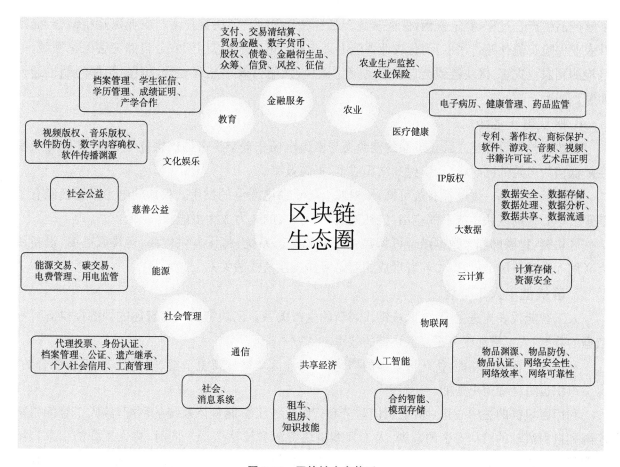

图 3-15 区块链生态体系

2. 区块链＋电子政府

区块链防伪造、防篡改的特性能够广泛用于政府主管的各类权益的登记和监管,帮助政府有效管理公共信息、公众个人信息,为智能政务提供了很好的技术支撑,如区块链＋基础信息保护、区块链＋公民身份认定、区块链＋政务信息公开、区块链＋税收监管、区块链＋救助资金监管等应用项目。

3. 区块链＋医疗

区块链可应用于诊断记录、医疗记录、体检记录、病人病历、染色体、基因序列的登记,医生预约,诊所挂号,药品、医疗器械及配件来源追踪、审计,远程诊疗等场景,以建立公平、公正透明的国家医疗机制。

4. 区块链＋物联网

万物互联是未来的发展趋势,区块链在物联网的应用非常广泛,尤其是在智能设备互联、协同、协作等方面具有明显的优势。利用区块链的智能合约,用户可以通过接口和物理世界的智能设备进行对接,实现用区块链交钱、物理世界交货的交易效果。

5. 区块链＋农业

目前农业与区块链技术结合主要有两个方向:一是商品化。生产商将每件产品全部信息记录在区块链中,形成某一商品的产出轨迹。消费者购买产品时只需在区块链上查询相关信息,就可了解产品生产全过程,鉴定真伪,保证质量。二是农业保险。区块链技术与农业保险相结合,能提升农业保险智能化赔付水平,简化农业保险办理流程,如区块链应用于农业自然灾害保险领域,一旦检测到农业灾害,区块链就会自动启动赔付流程,使赔付效率显著提升,骗保、拒保问题也迎刃而解。

6. 区块链＋能源

区块链技术可为建立公正透明的能源交易多边市场和碳交易市场提供技术支持,使能源交易在降低信用风险的同时,减少支付和结算成本,提高效率。

区块链能让每一度电都有迹可循,从根源上防止窃电漏电的发生。目前的电力系统已经有了基于去中心化的区块链技术的应用,使私人间交换多余的电力成为可能。

区块链、物联网和大数据结合可构建一个能源生态系统,将设备供应商、运维服务商、设备所有者纳入系统监测下,所有参与者形成相互监督和相互信任的关系。

7. 区块链＋人工智能

人工智能代表先进生产力,区块链代表新的生产关系。区块链为人工智能的训练提供有可靠依据的数据,人工智能则可提高区块链的效率。

利用人工智能的功能,优化区块链的搭建,可以让区块链变得更节能、安全高效,其智能合约、自治组织也将会变得更智能。

利用区块链的去中心化,协同云计算,分布式解决人工智能整体系统的调配,给人工智能带来广阔和自由流动的可信安全的数据、人工智能模块资源和算法资源。同时,将人工智能引擎训练模型和运行模型存放在区块链上,能够确保模型不被篡改,降低了人工智能应用遭受攻击的风险。

8. 区块链＋大数据

近年来,数据泄露事件屡见报端,数据风控风险上升。区块链数据库的引入可以提高大数据风控的有效性。

(1)数据安全。区块链保证了数据的可靠性、安全性和不可篡改性,从而解放了更多的数据。区块链大数据可以使用私钥来限制访问权限,解除了一般情况下个人访问大数据的限制。同时区块链可利用分布式计算资源,降低数据服务成本,保障数据安全,有效促进企业数字产业化发展。

(2)数据开放共享。政府拥有大量的高密度、高价值数据。政府数据公开对促进整个社会经济发展起着重要作用,而隐私保护是数据公开的前提。基于区块链的数据脱敏技术使用户可以在不访问原始数据的情况下查询数据,保证了数据隐私,消除了数据共享的信息安全问题,为隐私保护下的数据开放提供了解决方案。

(3)数据存储。数据经哈希算法处理后存储在区块链上,通过数字签名技术,确保只有经过授权的人才能访问数据,确保数据私密性同时,为全球需要数据的机构或个人提供便利,进一步挖掘数据价值。

(4)数据分析。实现数据价值的核心在于数据分析,而数据分析需要解决的问题包括有效保护个人隐私和防止核心数据泄露。区块链技术可以使区块链网络中的所有节点都参与计算,相互验证信息的真实性,进而在整个网络中达成共识。

(5)数据流通。区块链上的交易被全网认可,公开透明,可追溯。据此,将数据资产放在区块链上注册交易,可明确大数据资产来源、所有权、使用权、流通路径、资产交易价值,可消除中介复制数据的威胁,有利于建立可信的数据资产交易环境,让数字产业化发展更加高效有序。

9.区块链+云计算

从技术角度看,区块链可以使用现有的云计算基础服务设施根据实际需求进行相应改变,加快开发应用流程;"可信、可靠、可控"是云计算必须跨越的门槛,而区块链技术的特点是分布式网络、可建立信任、公开透明和不可篡改,区块链+云计算将是未来发展方向。

从存储角度看,云计算的存储是一种独立存在的资源,一般采用共享的方式,由应用来选择;区块链的存储是链中每个节点的存储空间,其价值不是存储本身,而是相互链接的块,这是一种特殊的存储服务。

从安全性角度来看,云计算的安全性主要是保证应用程序能够安全稳定可靠地运行,这种安全属于传统安全的范畴,区块链中的安全性是确保每个数据块不被篡改,没有私钥的用户不能获取数据块的记录内容,将云计算和基于区块链的安全存储产品结合起来可设计安全的加密存储设备。

第四节 电子商务运营保障体系

以安全、支付和物流为支撑的运营保障体系不断完善是电子商务飞速发展的关键条件。面对变化的商务技术和环境,电子商务安全、支付和物流技术研究也从未止步。

一、电子商务安全技术

电子商务的安全问题,主要是在开放的网络环境中如何保证信息传递中的完整性、可靠性、真实性、私密性;防范病毒入侵及黑客攻击;防控信息泄露、确保交易的真实不可抵赖性以及规避不可预测的物理风险这几个方面的问题上。

要实现电子商务的安全应当从技术层面及管理层面入手。基于技术层面要积极探讨在原有安全技术上包括区块链技术的新技术的应用;基于管理层面要积极创设健全完善的安全管理体系。

二、电子商务支付系统

电子支付系统是电子交易顺利进行的重要的社会基础设施之一,是电子商务优越性的体现,它也是社会经济良好运行的基础和催化剂。电子支付是通过信息流的传输来代替现金的交换,其各种支付方式都是通过数字化方式自动完成交易款项的支付。新技术的发展让电子商务成为人们生活的组成部分,但同时,如何通过新技术支持下电子支付手段安全高效地完成整个交易过程,又是买卖双方首先要考虑的问题。便捷的多选择的电子支付是电子商务极为重要的组成部分,已经成为电子商务能否顺利发展的关键之一。

三、电子商务物流体系

电子商务物流系统指企业运用网络化的技术和现代化的硬件设备、软件系统及先进的管理手段,通过一系列包装运输相关工作,定时、定点、定量地交给没有地域范围限制的各类客户,满足其对商品的需求。

电子商务物流系统更加强调物流速度、物流系统信息的畅通和整个物流系统的合理化,是电子商务系统中的一个子系统或组成部分,也是社会经济大系统的一个子系统。

基于先进技术的现代电子商务安全、支付和物流体系为电子商务的运营保障起着至关重要的作用,同时因为三者涉及的参与者、机构、规则、技术等比较复杂,教材将在第五章、第六章、第七章深入学习。

第五节　电子商务智能应用体系

一、人工智能

(一)人工智能的概念

人工智能概念最早在1950年由英国数学家图灵在其论文《计算机与智能》中提出的,是研究、开发用于模拟、延伸和扩展人的智能的理论、方法、技术及应用系统的一门新的技术科学。其中人工是指人工系统,智能一般是指思维和推理能力,即机器"像人一样理性思考""像人一样理性行动",能够进行判断、推理、证明、识别、感知、理解、交流、设计、思考、规划、学习和问题求解等思维活动。

人工智能的含义广泛,不同学科背景的学者有不同的理解,综合起来可以从"能力"和"学科"两个角度来解释。从能力角度,人工智能是指用人工的方法在智能机器上实现类似于人类智能的行为,包括感知识别、学习思考、判断证明、推理决策、设计规划等。从学科角度,人工智能是一门综合性的交叉学科和边缘学科,是研究如何构造智能机器或智能系统,以模拟、延伸和扩展人类智能的学科。它的研究已远超出了计算机科学的范畴,几乎涵盖了自然科学和社会科学的所有学科,如哲学和认知科学、数学、神经生理学、心理学、语言学、逻辑学、信息论、控制论、仿生学、社会结构学等。

(二)人工智能的发展简史

1. 人工智能的孕育阶段(1956年以前)

1956年以前被视为人工智能的孕育阶段。自从有了人类文明,人们一直力图在有限的技术条件和认知水平基础上,用各种机器代替人的部分劳动,提高人们征服自然的能力。这方面的探索经历了相当漫长的时期。

人类对人工智能的历史性探索

2. 人工智能的起步阶段（1956—1980年）

1956年达特茅斯会议上首次提出"人工智能"，标志着"人工智能"新学科的正式诞生，人工智能进入起步发展阶段。1956—1970年，人工智能经历了发展的第一次浪潮，最核心的流派是逻辑主义学派，主要用机器证明的办法去证明和推理一些知识，这期间出现的"符号主义"和"联结主义"，分别是后阶段"专家系统"和"深度学习"的雏形。当时的成果虽然能完成拼图等简单游戏，却无法解决任何实际问题。1970—1980人工智能进入第一次低谷。

3. 人工智能的初级应用阶段（1980—1993年）

20世纪80年代，普菲尔德（Hopfield）神经网络和比特流（BitTorrent，BT）算法的提出掀起了人工智能第二次浪潮。此阶段"知识处理"成为人工智能的研究核心，知识工程、专家系统、语义网同步兴起，其中专家系统的研究应用最为突出，实现了人工智能从理论研究走向实际应用的重大突破。但此阶段的专家系统主要是利用事先准备好的应对方式解决预设问题，并没有自主学习能力，很局限。20世纪80年代末至90年代初，人工智能发展因一系列财政问题，加之应用领域狭窄、知识获取困难、推理方法单一、缺乏分布式功能、兼容性差等问题逐渐暴露，人工智能陷入第二次低谷。

人工智能起步阶段的代表成果人工智能初级应用阶段的代表成果

4. 人工智能的稳步发展阶段（1993—2006年）

这一阶段互联网技术的发展，加速了人工智能的创新研究，促使人工智能技术走向实用化。机器学习是这一阶段研究的主流。最具代表性的是IBM公司研制的"深蓝"超级计算机，其运算速度可达每秒2亿次。1997年"深蓝"战胜了国际象棋世界冠军卡斯帕罗夫。在人机对抗前，"深蓝"收集了上百位国际象棋大师的对弈棋谱并进行学习，利用其优越的运算速度和计算能力，"深蓝"能超越人类棋手提前预判12步，做出最佳策略，成为人工智能发展史上的一个里程碑。

5. 人工智能的蓬勃兴起阶段（2006年至今）

进入21世纪，人工智能在机器学习、数据挖掘和人工神经网络方面取得长足进步。随着多核处理器、图形处理器等硬件计算性能的飞速提升，高性能计算机处理数据的能力上升了一个新台阶，大数据、云计算等技术相继登场，引领了人工智能的第三次浪潮。

第三次浪潮科学家们引入神经元网络和统计学，实现了以深度学习为代表的新人工智能技术。随着移动互联网、物联网等信息技术的发展，在感知和图形处理等平台为以机器学习为核心的人工智能技术插上了腾飞的翅膀。人脸识别、语音识别、知识问答、人机对抗、智慧教育、智能家居、无人驾驶等人工智能应用领域迎来井喷式增长的新高潮。

人工智能蓬勃兴起阶段的代表成果人工智能发展历程中的重要事件

（三）人工智能的分类

按人工智能对人类智能模拟水平的高低，人工智能可分为弱人工智能，强人工智能和超人工智能。

弱人工智能并不真正拥有智能，也不具自主意识，只拥有单一功能在特定领域，按规定要求完成工作，不能运用知识去处理其他问题，更不能反映人类思想。谷歌公司的阿尔法围棋机器人就是典型代表，它们只擅长下棋，不能解决其他问题。当前流行的聊天机器人也是弱人工智能，它们只能按设定问答与人简洁对话,无法就不同问题与人进行复杂的沟通交流。

强人工智能是指机器具有推理和解决问题的能力,是有知觉和自我意识的。这就要求机器能感知环境的变化和不断地自我学习。如基于生物神经网络的人工智能,能模拟人脑的思维过程。

超人工智能是指机器具有超越人类思考和行动能力的智能。有学者把超人工智能定义为:在几乎所有领域(包括科学研究)都比最聪明的人类智能还强的人工智能,但超人工智能能否最终实现,目前还存在较多争议。

(四)人工智能的技术研究及应用

人工智能的基本特征主要包括机器感知、机器思维、机器学习和机器行为。

机器感知是使机器具有人类的感知能力,主要涉及机器视觉与机器听觉。机器视觉指机器对文字、图像、场景等识别理解能力;机器听觉指机器对语言、声响等的识别理解能力。机器思维是指机器有目的地处理通过感知的外部信息及机器内部信息,获得类似于人的推理、判断、决策的能力。机器学习就是使机器能通过学习自动获取知识,类似于人类的学习能力,不仅拥有知识,还能主动获取知识和运用知识。机器行为是指机器具有类似于人类的表达能力、行为能力,能够像人一样工作。

人工智能主要的技术研究及应用可概括为几个方面。

1. 知识表示与处理技术

知识是人类在实践生活和科学研究中积累起来的对世界和人类自身的认识和经验,可以用适当的形式表示出来,如语言、文字、图形、神经网络等,这样知识就能够被存储、传播。知识表示与处理是将人类知识形式化或模型化,即对知识进行描述,使其成为可被机器接受的知识描述的数据结构,机器通过知识表示方法可以拥有一定的知识。

2. 知识推理技术

推理是问题求解的重要方法。从初始证据出发,按照某种策略不断运用知识库中的知识,逐步推出结论的过程称为推理。在人工智能系统中,实现推理的程序被称为"推理机"。

3. 智能搜索技术

智能搜索是指计算机或智能体为了达到某一目标而多次进行某种操作、运算、推理的过程。大多智能活动包括人脑活动也可以解释为搜索活动,遇到问题时,大脑高速运转,目的就是在记忆中搜寻解决问题的方法。人工智能搜索是从海量信息源,运用算法找到问题所对应的答案。智能搜索技术利用各种搜索策略,解决是否能找到一个最佳解,是否终止搜索,评价搜索过程时间与空间的复杂性等问题的技术。

智能搜索的应用广泛。以购物 APP 为例,除了能提供传统的快速检索、相关度排序等功能外,还能提供用户特征记录、用户兴趣自动识别、内容语义理解、信息智能化过滤和推送等功能,帮助用户快速筛选和查找,优化智能导购。智能搜索引擎具有信息服务的智能化、人性化特征,允许用户采用自然语言进行信息检索,使搜索服务更方便、更确切。智能搜索国内代表有:百度、搜狗等;国外代表有:谷歌、维基等。

4. 自然语言处理技术

要机器能像人一样思考行动,理解人类自然语言是其必备能力。自然语言处理(Natural

Language Processing，NLP）技术是使人工智能与人进行深层互动的重要技术之一。自然语言所具有的多义性、上下文相关性、模糊性、非系统性、环境相关性等特征，使得机器理解自然语言难度较大，自然语言处理技术应用价值相对也大，应用广泛，如客户意见分析、精准搜索以及知识管理和发现等领域。在客户意见分析领域，自然语言处理技术可分析各种形式的客户交互，例如电子邮件、社交媒体文章、在线评论、电话录音等，提供客户体验报告，企业可基于此来改进产品和服务。在搜索领域，自然语言处理技术可对关键短语、实体和情绪建立索引，提供精准高效的搜索体验。在知识管理和发现领域，自然语言处理技术可按主题对文档整理和分类，向用户提供个性化的内容推荐、新闻推荐、报告整理等服务。另外，自然语言处理技术还可应用于机器翻译，甚至实时字幕和同声传译。目前谷歌翻译、百度翻译等就能实现不同语种间的相互转化，而实时字幕也被应用于一些电视直播等场景，同声传译更是在一些不同语种的国家会议场合被应用，大大提高了效率。

5. 模式识别

模式识别（attem rcognition）是指对表征事物或现象的各种形式的信息进行处理和分析，用以对事物或现象进行描述、辨认、分类和解释的过程，是信息科学和人工智能的合成。通常也称为感知智能，即将物理世界的信号通过摄像头、麦克风或者其他传感器的硬件设备，借助于语音识别、图像识别等前沿技术，映射到数字世界，再将这些数字信息进一步提升至可认知的层次，如记忆、理解、规划、决策等。

目前，人工智能模式识别的研究较为成熟，也已经应用于许多领域，包括人脸识别、图像识别、环境质量识别、语音识别、信号识别等领域。

6. 专家系统

或称认知智能，即有主动理解和思考的能力，不用人类事先编程就可以实现自我学习，完成有目的的推理并与人类自然交互。在认知智能的帮助下，人工智能通过汲取世界和历史上海量的信息，并洞察信息间的关系，不断优化自己的决策能力，从而拥有专家级别的阅历，辅助人类做出决策。

7. 智能体与多智能体系统

（1）智能体。智能体（Agent）可以看成一个程序或实体，含有独立的外部设备、输入/输出设备、各种功能操作处理程序、数据结构和相应的输出，能通过传感器感知环境，通过效应器作用于环境并满足设计要求，具有自主性、反应性、社会性、进化性等特点。最典型智能体就是智能机器人。从20世纪60年代初至今，机器人已经发展了三代，分别是第一代工业机器人、第二代基于传感器信息工作的机器人、第三代即是智能机器人。智能机器人的研发成功让机器人具备一定的自主能力，能够感知工作环境以及自身的工作状态，能够理解和接受操作者的指令，在农业、工业、医疗、旅游业、服务业、海洋等各个领域都有广泛应用。

（2）多智能体系统。现实中的复杂或大规模任务单个智能体是不能完成的。多智能体系统（Multi-Agnt Syscm，MAS）通过多个智能体间的协作，可以解决现实中广泛存在的复杂大规模问题，完美实现项目整体目标。多智能体系统中各智能体之间相互通信，彼此协调，各个子系统信息集成为一个协调系统，从而提高问题求解效率。例如：在多智能体系统中，不同领域的专家系统、同一领域的不同专家系统可以协作求解，这样就能打破一个专家系统的知识局限性。

8. 机器学习

机器学习是人工智能中最活跃的研究和应用领域之一，即用大量的数据进行"训练"，通过各种算法从数据中学习如何完成任务。机器学习使计算机能模拟人的学习行为，通过自主学习来获取知识和技能，不断提高性能。运用机器学习可实现个性化推荐、准确的预测模型构建、图像和视频分析、高级文本分析、语音服务等。

机器学习的发展主要经历了神经元模型（人工神经网络、卷积神经网络）研究、符号概念获取、知识强度学习、连接学习和混合学习、大规模学习和深度学习（Deep Learning）五个阶段。

其中人工神经网络反映了人脑功能的若干基本特征，在处理数据量大且复杂的问题中有越来越重要的作用。卷积神经网络对处理大型图像有出色表现，被应用于计算机视觉、自然语言处理等领域。深度学习基于深层卷积神经网络，采用逐层抽象机制，最终形成高层概念，被广泛应用于一些社交网络、金融风控、知识图谱、交通预测等领域。

9. 智能控制

智能控制是由智能机器自主实现控制目标的过程，是控制理论的高级阶段，用以解决那些用传统方法难以解决的复杂系统的控制问题。目前宇宙飞船、火箭、无人驾驶均应用了智能控制技术。

10. 运算智能

运算智能即具备快速计算和记忆存储的能力。换言之，下一代人工智能将改变计算本身，将数据智能转向算法智能和知识智能。

（五）人工智能的发展趋势

从整体趋势来说，人工智能发展呈现以下几个特征。

1. 人机混合智能

人机混合智能在将人的作用或认知模型引入人工智能系统，使人工智能成为人类智能的延伸和拓展，通过人机协同更加高效地解决复杂问题。

比较而言，机器在定义域里比人的存储量大且准确、数据处理快，人在非定义域里比机器灵活且深刻、信息融合好。人的优势是划分或定义领域，机器的优势是精确执行。"人机混合增强智能"有望在产业发展决策、在线智能学习、医疗与保健、营销服务和云机器人等领域得到广泛应用，并可能带来颠覆性变革。

2. 自主智能系统

自主智能系统旨在利用先进智能技术实现自主学习和工作，它强调自主和智能，减少人工干预，但并不排斥人类的参与，而是更重视与人类行为的协同，追求高智能、高性能的工作效率。

3. 群体智能

群体智能指的是在互联网环境下智能系统吸引、汇聚和管理大规模参与者，基于竞争和合作等多种自主协同方式，海量的人类智能与机器智能相互赋能增效，形成人机物融合的超越个体智力的群体智能,来共同应对开放环境下的复杂系统决策任务。其本质是互联网的科技创新生态系统的智力内核,它将辐射从技术研发到商业运营整个创新过程的所有组织及组织间的关系网络。

4. 人工智能将加速与其他学科领域的交叉渗透

人工智能是一门综合性和高度交叉的复合型前沿学科,研究范围广且异常复杂,其发展需要与各自然科学和社会科学深度融合。同时人工智能发展也会促进新学科和传统学科的发展,即多科学融合下的人工智能技术发展。

5. 人工智能技术将与大数据、云计算、区块链、物联网技术融合

人工智能技术融合大数据、云计算、区块链、物联网技术,使得人类真正进入智能社会。

二、VR

在2022年乌镇互联网大会的新闻报道中,一个词条"VR"经常被提及,VR是什么呢?

(一) VR简介

VR(Virtual Reality 虚拟现实)是以计算机技术为主,利用并综合三维图形技术、多媒体技术、仿真技术、显示技术、传感技术等多种高科技的最新发展成果,借助于计算机等设备产生一个逼真的三维视觉、触觉、嗅觉等多种感官体验的虚拟世界,从而使处于虚拟世界中的人产生一种身临其境的感觉。

虚拟现实最大特点是真实感、临场感。虚拟现实具有一切人类所拥有的感知功能,比如听觉、视觉、触觉、味觉、嗅觉等感知系统;用户可以感知这个环境,用鼠标、方向盘、游戏操纵杆等外部配件控制环境,用户实时的图形渲染实现了虚拟场景中的人机"可交互性"。VR技术开辟了人类交流的新领域。

(二) VR分类

VR涉及学科众多,应用领域广泛,系统种类繁杂,从不同角度可对VR系统做出不同分类。

1. 沉浸式体验角度

图3-16　VR眼镜的沉浸式体验效果

沉浸式体验强调用户与设备的交互体验(如图3-16),分为非交互式体验、人——虚拟环境交互式体验和群体——虚拟环境交互式体验等几类。相比之下,非交互式体验中的用户更为被动,所体验内容均为提前规划好的,即便允许用户在一定程度上引导场景数据的调度,也仍没有实质性交互行为,如场景漫游等;而在人——虚拟环境交互式体验系统中,用户则可用过诸如数据手套,数字手术刀等的设备与虚拟环境进行交互,如驾驶战斗机模拟器等,此时的用户可感知虚拟环境的变化,进而也就能产生在相应现实世界中可能产生的各种感受。如果将该套系统网络化、多机化,使多个用户共享一套虚拟环境,便得到群体——虚拟环境交互式体验系统,如大型网络交互游戏、大型场景发布会等,此时的VR系统与真实世界无甚差异。

2. 系统功能角度

从系统功能角度VR分为规划设计、展示娱乐、训练演练等几类。规划设计系统可用于设计验证,大幅缩短研发时长,降低设计成本,提高设计效率,如城市排水、社区规划等领域;展示娱乐系统可提供给用户逼真的观赏体验,如数字博物馆,大型3D交互式游戏,影视制作等;训练演练系统则可应用于各种危险环境及环境配置难度高的模拟训练领域。

(三)特征

1. 沉浸性

虚拟现实技术的沉浸性取决于用户的感知系统,当使用者感知到虚拟世界的刺激时,包括触觉、味觉、嗅觉、运动感知等,便会产生思维共鸣,心理沉浸,感觉如同进入真实世界(如图3-17)。

图 3-17 上海奥帆沉浸式体验馆

2. 交互性

交互性是指用户对模拟环境内物体的可操作程度和从环境得到反馈的自然程度。相应的技术让使用者跟环境产生相互作用,当使用者进行某种操作时,环境也会做出某种反应。如使用者接触到虚拟空间中的物体,那么使用者手上应该能够感受到,若使用者对物体有所动作,物体的位置和状态也应改变。

3. 多感知性

VR系统具有多种感知方式。理想的虚拟现实技术应该具有一切人所具有的感知功能。

4. 构想性

构想性也称想象性,可以理解为使用者进入虚拟空间,根据自己的感觉与认知能力吸收知识,发散拓宽思维,创立新的概念和环境。

5. 自主性

指虚拟环境中物体依据物理定律动作的程度。如当受到力的推动时,物体会向力的方向移动、或翻倒、或从桌面落到地面等。

(四)关键技术

虚拟现实的关键技术主要包括以下几点。

1. 动态环境建模技术

虚拟环境的建立是VR系统的核心内容,目的就是获取实际环境的三维数据,并根据应用的需要建立相应的虚拟环境模型。

2. 实时三维图形生成技术

三维图形的生成技术已经较为成熟,那么关键就是"实时"生成。为保证实时,至少保证图形的刷新频率不低于15帧/秒,最好高于30帧/秒。

3. 立体显示和传感器技术

虚拟现实的交互能力依赖于立体显示和传感器技术的发展,这方面的技术研究有待深入。

4. 系统集成技术

VR系统包括大量的感知信息和模型,因此系统集成技术起至关重要的作用。集成技术包括信息的同步技术、模型的标定技术、数据转换技术、数据管理模型、识别与合成技术等。

(五)技术应用

VR技术在影视娱乐、教育、医疗及工业设计等领域中都有广泛的应用。如影视第一现场VR体验馆,基于虚拟现实技术,让体验者沉浸在影片所创造的虚拟环境之中。在游戏领域,三维游戏几乎包含了虚拟现实的全部技术,使得游戏在保持实时性和交互性的同时,也大幅提升了游戏的真实感。在教育领域,利用虚拟现实技术帮助学生打造生动、逼真的学习环境,使学生通过真实感受来增强记忆,进行自主学习,激发学生的学习兴趣。在工业设计领域,例如人们可以利用虚拟现实技术把室内结构、房屋外形通过虚拟技术表现出来。对汽车工业而言,虚拟现实技术既是一个最新的技术开发方法,更是一个复杂的仿真工具,它旨在建立一种人工环境,人们可以在这种环境中以一种自然的方式从事驾驶、操作和设计等实时活动。

三、AR

AR(增强现实),是在虚拟现实基础上发展起来的一种新技术,更通俗地说就是一种全新的人机交互技术。

(一)概述

增强现实(Augmented Reality,简称AR),也称扩增现实,是一种将虚拟信息与真实世界巧妙融合的技术,广泛运用了多媒体、三维建模、实时跟踪及注册、智能交互、传感等多种技术手段,将原本在现实世界的空间范围中比较难以进行体验的实体信息,通过计算机生成的文字、图像、三维模型、音乐、视频等虚拟信息模拟仿真后,应用到真实世界中,真实的环境和虚拟的物体实时地叠加到同一个画面或空间而同时存在,从而实现对真实世界的"增强"。用户可以通过AR系统感受到在客观物理世界中所经历的"身临其境"的逼真性,还能突破空间、时间以及其他客观限制,感受到在真实世界中无法亲身经历的体验。

AR、VR 等沉浸式技术的快速发展一定程度上改变了消费者、企业与数字世界的互动方式。用户期望更大程度上从 2D 转移到沉浸感更强的 3D,获得全方位的新体验(如图 3-18)。而在这个发展过程中,AR 超越 VR,更能满足用户的需求。

图 3-18　增强现实体验

(二) AR 关键技术

增强现实系统主要包括四个关键技术:

一是,图像采集处理模块,用以采集真实环境的视频,对图像进行预处理;

二是,注册跟踪定位系统,对现实场景中的目标进行跟踪,根据目标的位置变化来实时求取相机的位姿变化,从而为将虚拟物体按照正确的空间透视关系叠加到真实场景中提供保障;

三是,虚拟信息渲染系统,在清楚虚拟物体在真实环境中的正确放置位置后,对虚拟信息进行渲染;

四是,虚实融合显示系统,将渲染后的虚拟信息叠加到真实环境中再进行显示。

AR 工作流程是首先通过摄像头和传感器将真实场景进行数据采集,并传入处理器对其进行分析和重构,再通过 AR 智能配件实时更新用户在现实环境中的空间位置变化数据,从而得出虚拟场景和真实场景的相对位置,实现坐标系的对齐,并进行虚拟场景与现实场景的融合计算,最后将合成影像呈现给用户。用户可通过 AR 的交互设备,进行相应的人机交互及信息更新,实现增强现实的交互操作,达到虚实相生的境界。

(三) 应用领域

随着 AR 技术的成熟,AR 的应用越发广泛。

1. 教育

AR 以其丰富的互动性为儿童教育产品的开发注入了新的活力,例如,市场上随处可见的 AR 书籍,一些危险的化学实验,及深奥难懂的数学、物理原理都可以通过 AR 使学生快速掌握。

2. 健康医疗

AR 技术越来越多地被应用于医学教育、病患分析及临床治疗中,微创手术越来越多地借助于

AR及VR技术来减轻病人的痛苦,降低手术成本及风险。医疗教学中,AR与VR的技术应用使深奥难懂的医学理论变得形象立体、浅显易懂,大大提高了教学效率和质量。

3. 广告购物

AR技术可帮助消费者更直观地判断某商品是否适合自己,据此做出更满意的选择。如通过AR家具导购,用户可以直观看到不同家具放置在家中的效果,方便用户决策。

4. 展示导览

AR技术被大量应用于博物馆对展品的介绍说明中,如通过在展品上叠加虚拟文字、图片、视频等信息为游客提供展品导览介绍。此外,AR技术还可应用于文物复原展示,即在文物原址或残缺的文物上通过AR技术将复原部分与残存部分完美结合,使参观者了解文物原来的模样,达到身临其境的效果。

5. 信息检索

当用户需要对某一物品的功能和说明清晰了解时,增强现实技术会根据用户需要将该物品的相关信息从不同方向汇聚并实时展现在用户的视野内。

(四)比较VR和AR

最简单的解释:虚拟现实(VR)看到的场景和人物全是假的,是把你的意识代入一个虚拟的世界。增强现实(AR)看到的场景和人物一部分是真一部分是假,是把虚拟的信息带入到现实世界中。

VR设备:因为VR是纯虚拟场景,所以VR装备更多的是用于用户与虚拟场景的互动交互,更多的使用是:位置跟踪器、数据手套(5DT之类的)、动捕系统、数据头盔等等。

AR设备:严格来说平板、智能手机这些带摄像头的智能产品,只要安装AR软件都可以用于AR。

VR通过虚拟场景,把人们带入到商店里,产生"逛商店、寻商品"的实际体验。顾客可以坐在自己家里,从各种任意角度来观看喜爱的商品,把电子商务购物的体验提升了一个等级。AR系统中,虚拟世界与现实世界叠加在一起,用有用的信息对现实世界进行补充。

相信在不远的将来,智能应用会让我们的生活、学习、生产突破人与机器、虚拟与现实的界线,所有过程都是一种享受,一种创造,一种可期的商务智能环境。

课后练习

一、单项选择题

1. 下述对广域网的作用范围叙述最准确的是(　　　)
   A. 几千米到几十千米　　　　　　B. 几十千米到几百千米
   C. 几百千米到几千千米　　　　　D. 几千千米以上
2. 在网络互联的层次中,(　　　)是在数据链路层实现互联的设备。
   A. 网关　　　　B. 中继器　　　　C. 网桥　　　　D. 路由器
3. 在Internet中,IP地址由(　　　)二进制数组成。

A. 16　　　　　　B. 24　　　　　　C. 32　　　　　　D. 64

4. E-mail 地址的格式为（　　）

　　A. 用户名@邮件主机域名　　　　　　B. @用户邮件主机域名

　　C. 用户名邮件主机域名　　　　　　　D. 用户名主机域名

5. 从（　　）起,移动网络有了上网的功能。

　　A. 1G　　　　　　B. 2G　　　　　　C. 3G　　　　　　D. 4G

6. 云计算按照提供的服务类型进行分类,包括 Iaas,PaaS 和（　　）

　　A. SaaS　　　　　B. 公有云　　　　　C. 私有云　　　　　D. XEN

7. 大数据技术的战略意义不在于掌握数据信息,而在于对这些数据进行（　　）

　　A. 存储　　　　　B. 清洗　　　　　　C. 快速处理　　　　D. 采集

8. 实现既有真实场景又有虚拟场景的是（　　）技术。

　　A. AI　　　　　　B. VR　　　　　　 C. AR　　　　　　 D. 人工智能

二、多项选择题

1. Internet 常见的服务有（　　）

　　A. 电子邮件　　　　B. WEB　　　　　C. FTP　　　　　D. OPEN

　　E. TELNET

2. 5G 网络的技术特点有（　　）

　　A. 传输速率高　　　　　　　　　　　B. 时延效率低

　　C. 系统频谱效率高　　　　　　　　　D. 低功耗

　　E. 稳定性

3. 区块链的常见类型有（　　）

　　A. 公有链　　　　　　　　　　　　　B. 私有链

　　C. 混合链　　　　　　　　　　　　　D. 侧链

　　E. 互联链

4. 人工智能发展经历的阶段有（　　）

　　A. 孕育阶段　　　　B. 起步阶段　　　　C. 初级应用阶段

　　D. 稳步发展阶段　　E. 蓬勃兴起阶段

三、简答题

1. 什么是域名系统？简述域名系统的分层结构。

2. 按照计算机范围来分,计算机网络可以分为哪几类？

3. 大数据的 4V 特征是什么？

4. 什么是云计算？云计算有哪些特点？

5. 简述云计算与大数据的关系。

6. 列举人工智能的应用场景。

7. 简述 web1.0、web2.0、web3.0 的区别。

8. 分析云计算、大数据、区块链的关系。

四、主题讨论

1. 请你谈谈 5G 的商务应用。
2. 请你谈谈物联网的商务应用。

五、项目实训

请构思一种全新的 AI+电子商务的应用,完成其应用模式的完整设计。

第四章 电子商务法

学习目标

理解：我国电子商务法的适用范围；国内外的电子商务立法情况；电子商务纠纷解决机制。

掌握：电子商务法的概念、特征、调整对象和作用；我国电子商务法的主要内容。

应用：能够分析解决一般电子商务活动中的法律纠纷。

思维导图

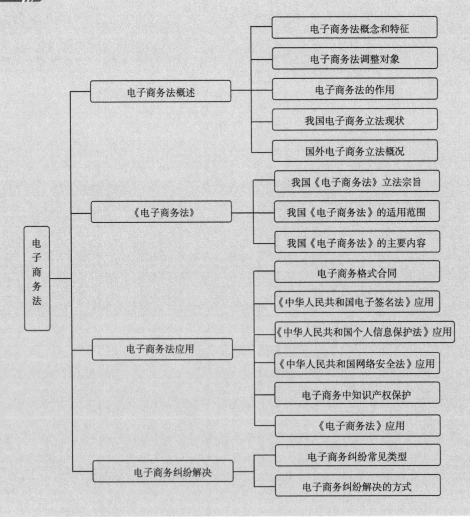

> **案例导读**

吴某与广州某电子商务有限公司网络服务合同纠纷案——平台对滥用权利的用户停止服务的格式条款有效。

吴某是被告广州某网络购物平台会员,享有"免费退货"等权利。吴某在该网络购物平台购买商品后,对"拆分订单配送和由其支付快递费"不满,拒收货品,并申请办理退货退款手续。

后被告因吴某在其网站高达84.54%的退货率,大量购买、拒收、退货等行为,根据《服务条款》有关条款向吴某退回了会员服务费,冻结其账户。吴某不服起诉,主张被告平台存在消费欺诈、虚假宣传的行为,且无正当理由限制其使用账户,侵犯了其合法权益,应承担相应的违约责任。

广州互联网法院判决,驳回原告吴某的全部诉讼请求。法院认为,被告公司作为网络购物平台应当依法、依约提供服务,其平台的《服务条款》虽为格式条款,但属于有效条款。

电子商务平台依约行使管理权利,维护该平台的合理交易秩序并无不当。同时,用户应当遵守合同约定和法律规定,不应滥用自身权利。

吴某虽依法享有退货的权利,但不合常理的高退货率,说明其在购物时未能尽到起码的谨慎义务,在行使退货权利时又过于随意,该做法不合理地增加了企业和社会的成本,有悖于诚实信用原则,是对自身权利的滥用,被告公司依据平台服务条款冻结原告用户账户的措施具有正当性。

案件评析:"七天无理由退货制度"赋予了消费者退货权,但不代表其可以滥用该权利。消费者违反诚实信用原则的退货行为,构成权利滥用,平台有权利在不违反法律法规的前提下,根据平台规则对滥用权利的用户作出管理性措施。

(案例来源于网络,作者有改动)

电子商务作为一种新型的商业模式,主要存在于虚拟的网络空间中,与传统商业模式相比,具有无形性、全球性、高技术性等特征。这些不同于传统商业模式的特征,使得电子商务活动中出现了许多不同于传统法律制度的新的法律问题。比如上面案例中所出现的"七天无理由退货制度"的正确适用。在本章中,我们将学习有关电子商务法律法规方面的知识,以帮助我们今后规范、合法地从事电子商务活动。

第一节　电子商务法概述

一、电子商务法概念和特征

(一)电子商务法的概念

电子商务法,是指调整运用现代电子信息技术手段,进行商品、服务、信息和其他交换等商务活动的法律规范总称。

首先,电子商务法是专门用于调整电子商务活动的规范。电子商务的法律法规,包括各种法律、规则、标准、协议、示范、规定等。为了确定电子商务活动中相关方的权利、义务,调整各方关系,规范电子商务行为,国务院及其部委制定了相应的法规,在我国电子商务法律法规中占有相当比例。

其次,可以从广义和狭义两个层面分析电子商务法的定义。具体说,广义的电子商务法,是指调整电子商务活动中所有关系的法律规范总称;而狭义的电子商务法,是指调整以数据电文为交易手段而形成的因交易形式所引起的商事关系的法律规范的总称。

(二)电子商务法的特征

(1)开放性。搭载于网络平台的电子商务必然会在一定程度上反映网络的开放性,尤其是随着信息技术的不断创新与发展,电子商务也会在形式、内容等各个方面不断发展和创新。因此,必须以开放的态度对待任何技术手段与信息媒介,设立开放型的法律规范,保证有利于电子商务发展的技术创新都能充分发挥作用。只有这样,才能发挥立法的促进作用。目前,国际组织及各国在电子商务立法中大量使用开放型条款和功能等价性条款,其目的就是开拓社会各方面的资源,以促进科学技术及其社会应用的广泛发展。它具体表现在电子商务法的基本定义的开放、基本制度的开放以及电子商务法律结构的开放这三个方面。

(2)安全性。虽然电子商务给商家和消费者提供了极大便利,但令他们感到最为不安的就是电子商务的安全问题。计算机网络的开放性使得它具有极大的脆弱性,加上黑客和计算机病毒的攻击,对整个电子商务系统形成了极大威胁。因此,电子商务法对交易对方的情况无法判定、自己的信息可能被泄露、系统的安全系数难以保障等安全问题都要关注与回应。网络安全问题不是一部形式意义上的电子商务法能够解决的问题,需要刑法、网络安全法、行政法等多个法律部门联合规范。电子商务法应从电子商务经营主体权利与义务的角度对网络安全问题进行规定,切实保证电子商务交易的安全。

(3)技术性。电子商务是现代高科技的产物,因此其顺利运行是以各种技术为基础的,其中包括计算机技术、网络技术、通信技术、安全保密技术等,这决定了电子商务与传统民商事活动之间存在十分显著的区别;这也决定了规范这种行为的电子商务法必然要适应这种特点。在电子商务法中,许多法律规范都是直接或间接地由技术规范演变而成的。如一些国家将运用公开密钥体系生成的数字签名,规定为安全的电子签名,这样就将有关公开密钥的技术规范转化成了法律要求,对当事人之间的交易形式和权利义务的行使都有极其重要的影响。另外,关于网络协议的技术标准,当事人若不遵守,就不可能在开放环境下进行电子商务交易。所以,技术性是电子商务法的重要特点之一。

(4)国际性。传统商事活动在很大程度上受到了地域的限制,但是电子商务跨越了这一鸿沟,借助于网络信息技术,得以在全球范围内高速发展。当前,除了一国海关境界(亦称关税国境,简称关境)内的电子商务外,越来越多的电子商务突破了关境的局限,不再受物理属性的限制。因此,电子商务法的规定应体现全球化的趋势与要求,与国际接轨,采纳或吸收国际条约、惯例,有助于与其他国家电子商务相关规则的对接,促进我国电子商务的国际化。

(5)复合性。电子商务活动的参与主体十分复杂,从理论层面上说,非平台电子商务经营者、电子商务平台经营者、电子商务非经营交易主体如消费者等、电子商务辅助服务经营者与电子商务监管主体等都是电子商务活动的参与主体。电子商务平台经营者其所具有的公共属性与地位决定了应在立法上对其予以特殊规制与调整。电子商务服务经营者则可以包括物流服务提供者、支付服务提供者、征信服务提供者等交易服务经营者与网络接入服务提供者等不同主体。此外,电子商务监管者则可以包括行政监管主体、自律监管主体等。也就是说,电子商务的交易主体仅凭自身无法完成交易,必须借助于平台或网络、金融或支付机构等平台机构的协助完成,这就使得电子交易形式具有复杂化的特点。实际上,每一笔电子商务交易的进行都必须以多重法律关系的存在为前提,这是传统口头表达或书面表达条件下所没有的,它要求多方位的法律调整以及多学科知识的应用。

二、电子商务法调整对象

调整对象是一法区别于另一法的基本标准。只有明确了电子商务法的调整对象,才能确保相关法律法规可以发挥作用,也就是特殊问题的存在确实需要单独的立法加以调整和规范时,才有单独的电子商务法存在的必要。由于电子信息和网络技术的创新与发展已经使得传统的交易方式产生了质的变化,电子商务领域的问题已难以被传统法律所容纳与解决,因此,电子商务关系的特殊性使得电子商务法有自己的调整对象,其结合传统民商法的理念针对电子商务关系中的特殊问题进行规范,主要调整利用信息技术进行商品、服务、信息和其他交换等商务活动,在与传统法律规则衔接的基础上,重点调整虽未改变商事交易的法律性质,但技术的运用使得交易方式从线下转移到线上产生的新的社会关系。

三、电子商务法的作用

(一)填补现有法律的缺口

一个国家的法律体系是随其发展不断更新和完善的,电子商务立法就是补救现有法律缺陷的一个途径。目前,世界上许多国家关于传递信息和存储信息的现行法规不够完备或已经过时,在日益广泛地使用电子邮件和电子数据交换的同时,有必要对相应的通信技术制定相应的法律和规范。

(二)构建良好的法律环境

随着电子商务的兴起,其蕴含的商机早已经成为关注的热点,虽然这种新型业务和服务方式可以为人们创造更多价值,但电子商务的交易风险和不确定性又使很多人望而却步。电子商务立法的目的就是要对电子商务引发的庞杂的法律问题进行清理,制定一套虚拟环境下进行交易的规则,消除电子商务应用中的法律障碍,明确网络交易各方的法律义务和责任,规范政府、企业和消费者的网络交易行为,保障电子商务交易的正常进行。

(三)鼓励应用现代信息技术,积极促成线上交易

电子商务法的目标包括使电子商务的使用成为可能或为此创造方便条件,平等对待基于书面文件的用户和基于数据电文的用户,充分发挥高科技手段在商务活动中的作用。这些目标都是促进经济增长和提高国际、国内贸易效率的关键所在。

(四)保障安全的交易网络

电子商务立法的基本作用就是为电子商务提供安全保障,这主要体现在两个方面:第一,电子商务交易是通过计算机及其网络而实现的,其安全与否依赖于计算机及其网络自身的安全程度;第二,电子商务是一种商品交易,其安全问题应当通过民商法加以保护。比如,《电子商务法》第三十条就规定:电子商务平台经营者应当采取技术措施和其他必要措施保证其网络安全、稳定运行,防范网络违法犯罪活动,有效应对网络安全事件,保障电子商务交易安全。电子商务平台经营者应当制定网络安全事件应急预案,发生网络安全事件时,应当立即启动应急预案,采取相应的补救措施,并向有关主管部门报告。

四、我国电子商务立法现状

早在20世纪80年代,我国就开始了计算机与网络的立法保护工作,陆续出台了《中华人民共和国计算机信息系统安全保护条例》(征求意见稿)、《计算机软件保护条例》《中华人民共和国计算机信息网络国际联网管理暂行规定》《中国互联网络域名注册暂行管理办法》《中国互联网络域名注册暂行管理办法》等规范性法律文件,为电子商务的法治建设奠定了基础。

2004年我国第一部真正意义上的电子商务法——《中华人民共和国电子签名法》颁布后,我国明显加快电子商务立法进程,陆续颁布和出台了《电子认证服务管理办法》《电子认证服务密码管理办法》《电子支付指引(第一号)》《互联网电子邮件服务管理办法》《国务院办公厅关于加快电子商务发展的若干意见》《非金融机构支付服务管理办法》等规范性法律文件。

2016年,我国第一部全面规范网络空间安全管理问题的基础性法律——《中华人民共和国网络安全法》于11月7日正式出台。

2018年,经历三次公开征求意见、四次审议及修改、历时近五年,我国电子商务领域的首部综合性法律《电子商务法》于8月31日正式出台。

随后,《中华人民共和国民法典》《中华人民共和国数据安全法》和《中华人民共和国个人信息保护法》等多部法律颁布、实施。目前,我国已初步建立了电子商务法律体系。

五、国外电子商务立法概况

(一)联合国(UN)的电子商务立法

1.《电子商务示范法》

1996年6月,联合国国际贸易法委员会正式通过《电子商务示范法》。这是世界上第一部专门对电子商务进行统一规范的法律,该法的颁布是为了向各国提供一套国际公认的电子商务法律范本,以供各国制定本国电子商务法律法规时参考,促进使用电子数据、电子签名、电子邮件、传真等现代信息技术和手段。

《电子商务示范法》对电子商务形式及其法律承认、书面形式、签名、原件的要求、数据电文的可接受性和证据力、数据电文的留存、电子合同的订立和效力、当事人对数据电文的承认、数据电文的归属、确认收讫、发出与收到时间、当事人协议优先适用等重要问题,均有明确的规定。

从实践上看,《电子商务示范法》通过为各国和地区电子商务的立法提供了一套国际规则,在很大程度上推动了世界电子商务立法协调发展。

2.《电子签名示范法》

2000年9月,联合国国际贸易法委员会正式通过了《电子签名示范法》,该法于2001年3月审定。自1996年联合国颁布《电子商务示范法》后,《电子签名示范法》是其在国际电子商务立法上的又一重要成果。《电子签名示范法》为各国和地区制定电子签名法提供了范本。

《电子签名示范法》是《电子商务示范法》的具体化和发展,《电子签名示范法》在《电子商务示范法》第7条关于电子签名规定的基础上,对电子签名相关的内容做了明确的规定。例如,对电子签名的定义、电子签名的要求、签名人和认证服务提供者及签名信赖方的行为和义务等,制定了相应的规范。《电子商务示范法》具有"基本法"性质,而《电子签名示范法》具有"实体法"性质,其内容更加具体且具有可操作性。

从实践上来看,《电子签名示范法》通过为各国和地区制定电子签名法提供范本,有效推动了世界各国和地区电子签名立法和其他实体法的立法工作。

(二)欧盟的电子商务立法

欧盟十分重视电子商务的立法,其立法结构层次多,具体来说是由欧盟一体化立法、成员国分别立法、综合整体立法和个别专项立法多个层次组成的。

20世纪90年代末,电子商务开始在欧洲迅猛发展。在这个时期,欧盟面临着经济发展速度放缓、失业率持续升高等发展问题,欧盟国家此时与经济发展迅猛的美国相比较,发现信息时代里电子商务的发展会有助于促进社会经济发展以及提供更多工作岗位,以解决失业率居高不下问题。因此,欧盟自1997年至今通过并颁布了一系列法律文件,力求为电子商务营造一个良好的法律环境。

1.《欧盟电子商务行动方案》

1997年4月15日,欧盟委员会提出了《欧盟电子商务行动方案》。在该方案中,欧盟明确指出应该建立一个安全可靠的电子商务法律安全体系,从而有效推动电子商务在欧盟国家的发展,通过这种方式可以减少地区间贸易壁垒,促进网络创新变革,加强消费者利益保障。

2.《发展电子商务法律架构指令》

1998年11月18日,欧盟发布了《发展电子商务法律架构指令》。该指令的颁布主要是为了对使用网络提供服务的职业者进行规范,指令中规范的主体主要包括在线金融、娱乐服务、在线广告、在线直销等其他使用网络提供服务的职业者。通过颁布该指令,可以有效消除欧盟境内对电子商务发展造成的限制和障碍,是促进电子商务发展的一个重要法律文件。

3.《电子签名指令》和《电子商务指令》

1999年12月13日欧洲议会通过了《关于建立有关电子签名共同法律框架的指令》(简称《电子签名指令》);2000年6月8日欧洲议会通过了《2000年6月8日欧洲议会及欧盟理事会关于共同体内部市场的信息社会服务,尤其是电子商务的若干法律方面的第2000/31/EC号指令》(以下简称《电子商务指令》)。《电子签名指令》和《电子商务指令》构成了欧盟电子商务立法的核心,后者对电子交易、电商服务提供者的责任归属等问题进行了更为全面的规制。在《电子商务指令》通过后的18个月内,欧盟成员国相继将其纳入本国法律。

欧盟在《电子商务指令》中将电子商务定义为一种信息社会服务。由此可以看出,欧盟仅将通过信息网络提供的各类商业交易活动称为电子商务,而除此以外的物流运输、产品责任等线下服务并不包含在内。该指令在第一章"一般性条款"指出:①本指令试图通过确保成员国之间信息社会服务的自由流动,来促成内部市场的正常运行。②在实现本条第(1)款所设定的目标所需的程度上,本指令协调和统一成员国有关信息社会服务的国内法规,包括内部市场、服务提供者的创建、商业通讯、电子合同、中间服务提供者的责任、行为准则、庭外纠纷解决机制、法院诉讼以及成员国间的合作方面的相关规定。③本指令补充现有的适用于信息社会服务的共同体法律,但不损害共同体法律以及根据共同体法律制定的国内立法已确立的保护水平,特别是在公共卫生和消费者利益领域的保护水平,只要提供信息社会服务的自由未受到限制。④本指令既不增添额外的国际私法方面的规定,也不涉及司法管辖问题。

4.《通用数据保护条例》

2016年4月15日,欧洲议会宣布投票支持《通用数据保护条例》(General Data Protection Regulation,GDPR),该保护条例于2018年5月25日正式开始实施。按照该数据保护法的规定,所有在欧盟境内设有业务机构的组织都需要遵守该法案的规定,即使总部不在欧盟范围内也是如此。具体来说GDPR规定企业必须获得用户清晰明确的同意才能处理他们的个人数据,必须以"清晰直白的"语言陈述数据的用途,且必须为需要大量使用个人数据的业务配备数据保护专员来进行监督,对于违反数据保护规则的行为需在72小时内予以公开揭露。此外,任何违反该规则的企业或组织将面临最高1000万欧元或企业上一财年全球营业总额2%的罚款,并以较高者进行认定。该"重罚"规则被认为是GDPR的重要规则,罚款的金额在地域上是全球范围内而非欧盟境内,在基数上是全球营业总额而非净利润。其以较高者认定的规定意味着违反GDPR规则的企业将面临最低1000万欧元的处罚。可以预见,这一规则的确立和正式实施,将在相当大程度上保护消费者的个人信息和隐私。

此外,新数据保护法为了保障数据安全,欧盟还赋予公民对个人数据更大程度的保护和控制权,也就是给予欧盟公民"被遗忘权",该创设性规定是新数据保护法的一大亮点,这项权利规定除数据被用于历史、统计和科研目的及公共健康和个人自由表达权之外,个人可以要求搜索引擎或电子商务平台移除"不相关"或"过期"的个人信息数据。"被遗忘权"还赋予儿童特殊的保护权,只有在儿童年满 16 周岁时,基于同意的数据处理才是合法的。如果儿童未满该年龄,则只有在有监护权的父母同意(或授权)的情况下,数据处理才是合法的。且欧盟各成员国可依据自己国家的实际情况设置不同的年龄门槛,但不得低于 13 周岁。

(三)美国的电子商务立法

1.《电子签名法》

1995 年,美国犹他州颁布了《电子签名法》。美国犹他州是世界范围内最早颁布关于电子签名法律的地区。犹他州的《电子签名法》以"技术特定化"为基础,即规定采用某种电子技术的电子签名才能具有法律效力。

2.《全球电子商务纲要》

1997 年 7 月 1 日,美国颁布了《全球电子商务纲要》。该纲要是表明美国的电子商务立场的法律文件,这也是世界范围内第一份官方正式发表的关于电子商务立场的文件。纲要中提出了关于电子商务发展的一系列原则,系统阐述了一系列政策。其目的是在电子商务的国际讨论与签订国际协议中建立框架,美国政府积极地通过 WTO(世界贸易组织)、OECD(经济合作与发展组织)、APEC(亚太经济合作组织)等国际组织,实践纲要中提出的原则和政策。由于美国在网络发展中的主导地位与其经济实力的强大,《全球电子商务纲要》已成为主导全球电子商务发展的宪章性文件。

3.《美国统一电子交易法案(修订稿)》

自 1997 年美国发布《全球电子商务纲要》之后,美国围绕该纲要先后通过了《互联网免税法案》《政府文书作业简化法案》《数字千禧年著作权法案》《1998 年儿童网上隐私权保护法案》四个法案。

1999 年 8 月,美国统一州法全国委员会颁布了《美国统一电子交易法案(修订稿)》,并建议美国各州在其各自立法中采纳这一法案。颁布该法案的目的在于为美国各州建立一个统一的电子商务交易规范体系,从操作规程上保障电子商务的顺利开展。2000 年 9 月 29 日,美国统一州法全国委员会颁布了《统一计算机信息交易法》。

4.《全球与全国商务电子签名法》

1999 年 10 月 13 日,美国众议院法制委员会通过了《全球与全国商务电子签名法(草案)》,2000 年 6 月 30 日美国政府正式签署并通过该草案,该法案为在美国实施的统一的电子签名法案。因为美国在颁布《全球与全国商务电子签名法(草案)》之前,各州关于电子签名的法律不同,所以在依据《美国统一电子交易法案(修订稿)》所规范的标准制定州级电子签名法案之前,要求各州必须遵守此法案的电子签名规则,不得另行制定法规。《全球与全国商务电子签名法》遵循"技术中立"的原则,认定只要符合标准的电子签名即具有法律效力。

(四)英国的电子商务立法

英国也属于电子商务起步较早的国家。为了规范市场运行,英国于 2000 年制定了《电子通信法案》,对密码服务提供商、电子商务的促进与数据储存、电信执照、法律修改、主管机关等规定具体规范。此后,在 2002 年推行了《电子商务(欧盟指令)条例》和《电子签名(欧盟指令)条例》,使英国的电子商务和电子签名由 2002 年《电子通信法》过渡到欧盟指令。

(五)亚太地区的电子商务立法

1. 新加坡的电子商务立法

新加坡是世界上积极致力于推广电子商务的国家之一。1998 年 6 月 29 日通过的《电子交易法》,使新加坡成为一个以整体立法规范电子交易的国家。新加坡 1998 年的《电子交易法》是一部综合性的调整电子商务活动的法律,内容比较全面。该法不仅在条文中对"电子签名"和"安全电子签名"都给出了定义,从法律上承认了电子签名、数字签名以及电子记录的效力,而且规定了认证机构及其限定性责任。认证机构的许可证,由指定的管理机关颁发,可以自愿申请。由取得许可的认证机构核发的认证证书具有较强的证据效力。

1999 年,新加坡制定了《新加坡电子交易(认证机构)规则》和《新加坡认证机构安全方针》。其中,《新加坡电子交易(认证机构)规则》是其《电子交易法》的配套法律。它成立了认证机构的管理署,规定国家计算委员会是认证管理署的主管机关。该规则规定了认证机构的内部管理结构、评估标准、申请费用、证书的证据推定效力以及限定性责任等,其目的是在新加坡建立一个符合国际水准的市场型认证服务体系。

2. 韩国的电子商务立法

韩国的《电子商务基本法》于 1999 年 7 月 1 日生效,共分为总则、电子通信信息、电子商务安全、电子商务的促进、消费者保护和附则 6 章。该法兼容了欧洲国家与美国在电子商务立法方面的优点,美国的电子商务法侧重于解决具体技术,而欧洲国家的电子商务法则偏重于消费者的保护。为了具体实施《电子商务基本法》,韩国还制定和修订了《电子签名法》《信息网络利用促进法》《通信隐私保护法》和《电子教育发展法》等。

3. 日本的电子商务立法

日本于 2000 年 5 月 31 日颁布了《电子署名及认证业务法》,在这之后又相继颁布了《高度信息网络社会形成基本法》《电子消费者契约及电子承诺通知的民法特例法(电子契约法)》《特定电信服务提供者损害赔偿责任限制及发信人信息披露法(网络服务商责任法)》和《个人信息保护法》等。

第二节 《电子商务法》

《电子商务法》中所规范的电子商务活动,主要指通过互联网等信息网络销售商品或者提供服务的经营活动,涉及的主体主要有平台内经营者、电子商务平台经营者和消费者。《电子商务法》的出台让电子商务活动更加规范。《电子商务法》对电商经营者乃至仓储、物流、支付结算等多个电商环节的问题给予了法律层面的界定。了解《电子商务法》的立法情况和规则,对于电子商务活动参与者更好地保护自身权益有很大的意义。

《电子商务法》立法进程

一、我国《电子商务法》立法宗旨

《电子商务法》的立法宗旨是为了保障电子商务各方主体的合法权益,规范电子商务行为,维护市场秩序,促进电子商务的健康发展。

国家鼓励发展电子商务新业态,创新商业模式,促进电子商务技术研发和推广应用,推进电子商务诚信体系建设,营造有利于电子商务创新发展的市场环境,充分发挥电子商务在推动高质量发展、满足人民日益增长的美好生活需要、构建开放型经济方面的重要作用。

国家平等对待线上线下商务活动,促进线上线下融合发展,各级人民政府和有关部门不得采取歧视性的政策措施,不得滥用行政权力排除、限制市场竞争。

二、我国《电子商务法》的适用范围

(一)从交易主体角度明确《电子商务法》的适用范围

商法是调整商事交易主体之间商事关系的法律,而《电子商务法》属于商法范畴,因此,《电子商务法》也可以调整商事交易主体之间的商事关系。具体来说,电子商务法的适用范围包括电子商务经营者之间的商事关系、电子商务经营者与电子商务消费者之间的电子商事关系。其中,电子商务经营者又包括电子商务平台经营者、平台内经营者以及通过自建网站、其他网络服务销售商品或者提供服务的电子商务经营者。《电子商务法》第九条明确规定:"本法所称电子商务经营者,是指通过互联网等信息网络从事销售商品或者提供服务的经营活动的自然人、法人和非法人组织,包括电子商务平台经营者、平台内经营者以及通过自建网站、其他网络服务销售商品或者提供服务的电子商务经营者。"对电子商务经营者的明晰规定和限定,使得《电子商务法》的主体适用范围法定化。

(二)从适用空间范围角度明确《电子商务法》的适用范围

这里所谓的空间是指法律层面的空间,法律的空间效力是指法律可以发挥其效力的具体地域范围,即法律在哪些地区可以发挥其效力,适用于哪些地区。法律的空间效力范围主要由国情和法律的形式、效力等级、调整对象或内容等因素决定。通常在一国主权所及全部领域有效,包括属

于主权范围的全部领陆、领空、领水,也包括该国驻外使馆和在境外航行的飞机或停泊在境外的船舶。我国宪法和全国人大及其常务委员会制定的法律,国务院制定的行政法规,除本身有特别规定外,都在全国范围内有效。在一些情况下,有的法律在一定区域内有效,如地方性法律、法规,最高国家立法机关或最高国家行政机关制定的,规定只在某一地区生效的法律。另外,有的法律具有域外效力,如涉及民事、贸易和婚姻家庭的法律。《电子商务法》第二条规定了空间适用范围,即电子商务法适用于中华人民共和国境内的电子商务活动。空间范围采用属地主义,使我国《电子商务法》的适用范围涵盖了我国以及外国电子商务经营者在我国境内的一切电子商务活动。这一方面有利于我国对之实施切实有效的监管,另一方面也符合我国法律适用空间范围的一般性规定。

(三)从交易内容角度明确《电子商务法》的适用范围

我国《电子商务法》中明确了电子商务的定义,即"本法所称电子商务,是指通过互联网等信息网络销售商品或者提供服务的经营活动"。由此可以看出,电子商务的交易内容为商品和服务。无论何种交易模式,按照电子商务活动的交易内容来看,主要包括两类商业活动。一是买卖有形商品,其特点是通过物流系统,将货物运送到消费者手中。一般来说,电子商务的物流配送会通过第三方物流企业来完成,如邮政服务和商业快递送货等,但也存在像京东这样自营配送的情况。二是买卖无形商品和服务,如计算机软件、数码产品、娱乐内容的网上订购、付款和交付,往往体现为著作权、专利权、商标权等知识产权。这种内容的电子商务无须顾虑地理界线而直接进行交易。

(四)排除适用情况

我国《电子商务法》第二条第三款明确规定,金融类产品和服务,利用信息网络提供新闻信息、音视频节目、出版以及文化产品等内容方面的服务,不适用本法。涉及金融类产品和服务不适用我国《电子商务法》,主要是考虑到其自身的特殊性和其已有专门立法所规范,如《中华人民共和国证券法》《中华人民共和国保险法》等。而利用信息网络提供新闻信息、音视频节目、出版以及文化产品等内容方面的服务不适用《电子商务法》,主要是因为这三类已有《中华人民共和国广播电视法》《中华人民共和国广告法》《中华人民共和国网络安全法》等立法予以规范。

需要注意的是,《电子商务法》第五十一条第二款明确规定了合同标的为采用在线传输方式交付的情形,因此通过信息网络产生的音视频节目、出版以及文化产品等电子商务合同争议以及相应的消费者保护等问题,仍适用《电子商务法》的规定。例如,消费者支付费用观看网络影视节目产生的法律关系,可适用《电子商务法》调整。

三、我国《电子商务法》的主要内容

《电子商务法》共七章八十九条,主要从电子商务经营者、电子商务合同的订立与履行、电子商务争议解决、电子商务促进、法律责任等方面对相关的问题进行了规范。下面就《电子商务法》的几个主要方面进行阐述。

(一)市场主体登记方面

《电子商务法》第十条规定:电子商务经营者应当依法办理市场主体登记。但是,个人销售自产农副产品、家庭手工业产品,个人利用自己的技能从事依法无须取得许可的便民劳务活动和零星小额交易活动,以及依照法律、行政法规不需要进行登记的除外。

根据《电子商务法》电商平台内的个人卖家也必须取得营业执照,虽然这种提高门槛的监管方式增加了现有电商平台卖家的行政成本负担,但是对于越过门槛的商家而言可以获得小微经营者离场后的利润空间。

(二)税收方面

《电子商务法》第十一条规定:电子商务经营者应当依法履行纳税义务,并依法享受税收优惠。依照前条规定不需要办理市场主体登记的电子商务经营者在首次纳税义务发生后,应当依照税收征收管理法律、行政法规的规定申请办理税务登记,并如实申报纳税。

《电子商务法》第二十八条规定:电子商务平台经营者应当依照税收征收管理法律、行政法规的规定,向税务部门报送平台内经营者的身份信息和与纳税有关的信息,并应当提示依照本法第十条规定不需要办理市场主体登记的电子商务经营者依照本法第十一条第二款的规定办理税务登记。

《电子商务法》进一步明确了电子商务经营者的纳税义务以及电子商务平台向税务部门提供经营者纳税相关信息的义务。实际上,《电子商务法》并未加重电子商务经营者的负担,即使没有《电子商务法》,税务部门也会依据《税法》对所有的电商卖家征收企业所得税、增值税等税款。

(三)知识产权方面

《电子商务法》第四十一条规定:电子商务平台经营者应当建立知识产权保护规则,与知识产权权利人加强合作,依法保护知识产权。

《电子商务法》第四十二条规定:知识产权权利人认为其知识产权受到侵害的,有权通知电子商务平台经营者采取删除、屏蔽、断开链接、终止交易和服务等必要措施。通知应当包括构成侵权的初步证据。(节选)

《电子商务法》第四十三条规定:平台内经营者接到转送的通知后,可以向电子商务平台经营者提交不存在侵权行为的声明。声明应当包括不存在侵权行为的初步证据。(节选)

《电子商务法》第四十五条规定:电子商务平台经营者知道或者应当知道平台内经营者侵犯知识产权的,应当采取删除、屏蔽、断开链接、终止交易和服务等必要措施;未采取必要措施的,与侵权人承担连带责任。

《电子商务法》使得被投诉人有了对投诉信息的知情权。如果电商平台(如淘宝、京东等平台)依法执行,那么卖家们想要知道投诉人的投诉信息,就是一个完全合法的行为。《电子商务法》明确了投诉人的举证义务,在《中华人民共和国民法典》的基础上,要求投诉者须自证受害。同时确定了,卖家侵权,平台在知道或应当知道的情况下,未采取必要措施的,平台承担连带责任。

(四)隐私保护方面

《电子商务法》第十八条规定:电子商务经营者根据消费者的兴趣爱好、消费习惯等特征向其提供商品或者服务的搜索结果的,应当同时向该消费者提供不针对其个人特征的选项,尊重和平等保护消费者合法权益。电子商务经营者向消费者发送广告的,应当遵守《中华人民共和国广告法》的有关规定。

《电子商务法》第二十三条规定:电子商务经营者收集、使用其用户的个人信息,应当遵守法律、行政法规有关个人信息保护的规定。

《电子商务法》第二十四条规定:电子商务经营者应当明示用户信息查询、更正、删除以及用户注销的方式、程序,不得对用户信息查询、更正、删除以及用户注销设置不合理条件。电子商务经营者收到用户信息查询或者更正、删除的申请的,应当在核实身份后及时提供查询或更正、删除用户信息。用户注销的,电子商务经营者应当立即删除该用户的信息;依照法律、行政法规的规定或者双方约定保存的,依照其规定。

《电子商务法》第二十五条规定:有关主管部门依照法律、行政法规的规定要求电子商务经营者提供有关电子商务数据信息的,电子商务经营者应当提供。有关主管部门应当采取必要措施保护电子商务经营者提供的数据信息的安全,并对其中的个人信息、隐私和商业秘密严格保密,不得泄露、出售或者非法向他人提供。

根据《电子商务法》,电子商务经营者在根据用户个人信息提供个性化服务时,应当尊重用户的知情权和选择权,有保护用户个人信息的义务,并应在服务终结时即时删除用户的个人信息。同时,《电子商务法》也规定掌握用户个人信息的有关主管部门也有对个人信息、隐私和商业秘密进行保密的义务。

(五)商业欺诈方面

《电子商务法》第十六条规定:电子商务经营者自行终止从事电子商务的,应当提前三十日在首页显著位置持续公示有关信息。

《电子商务法》第十七条规定:电子商务经营者应当全面、真实、准确、及时地披露商品或者服务信息,保障消费者的知情权和选择权。电子商务经营者不得以虚构交易、编造用户评价等方式进行虚假或者引人误解的商业宣传,欺骗、误导消费者。

《电子商务法》第十九条规定:电子商务经营者搭售商品或者服务,应当以显著方式提醒消费者注意,不得将搭售商品或者服务作为默认同意的选项。

《电子商务法》第二十一条规定:电子商务经营者按照约定向消费者收取押金的,应当明示押金退还的方式、程序,不得对押金退还设置不合理条件。消费者申请退还押金,符合押金退还条件的,电子商务经营者应当及时退还。

《电子商务法》第三十三条规定:电子商务平台经营者应当在其首页显著位置持续公示平台服务协议和交易规则信息或者上述信息的链接标识,并保证经营者和消费者能够便利、完整地阅览和下载。

《电子商务法》第三十七条规定:电子商务平台经营者在其平台上开展自营业务的,应当以显著方式区分标记自营业务和平台内经营者开展的业务,不得误导消费者。电子商务平台经营者对其标记为自营的业务依法承担商品销售者或者服务提供者的民事责任。

《电子商务法》第三十九条规定:电子商务平台经营者应当建立健全信用评价制度,公示信用评价规则,为消费者提供对平台内销售的商品或者提供的服务进行评价的途径。电子商务平台经营者不得删除消费者对其平台内销售的商品或者提供的服务的评价。

《电子商务法》第四十条规定:电子商务平台经营者应当根据商品或者服务的价格、销量、信用等以多种方式向消费者显示商品或者服务的搜索结果;对于竞价排名的商品或者服务,应当显著标明"广告"。

《电子商务法》对信息披露的方式作出了明确的规定,保证消费者的信息知情权,不能误导和欺骗消费者。故意混淆信息、虚构交易、编造或删除用户评价记录都是违法行为。

(六)电子合同方面

《电子商务法》第四十八条规定:电子商务当事人使用自动信息系统订立或者履行合同的行为对使用该系统的当事人具有法律效力。在电子商务中推定当事人具有相应的民事行为能力。但是,有相反证据足以推翻的除外。

《电子商务法》第四十九条规定:电子商务经营者发布的商品或者服务信息符合要约条件的,用户选择该商品或者服务并提交订单成功,合同成立。当事人另有约定的,从其约定。电子商务经营者不得以格式条款等方式约定消费者支付价款后合同不成立;格式条款等含有该内容的,其内容无效。

《电子商务法》第五十条规定:电子商务经营者应当清晰、全面、明确地告知用户订立合同的步骤、注意事项、下载方法等事项,并保证用户能够便利、完整地阅览和下载。电子商务经营者应当保证用户在提交订单前可以更正输入错误。

《电子商务法》明确电子商务当事人使用自动信息系统订立或者履行合同的行为对使用该系统的当事人具有法律效力。对合同成立的条件也作了相应规定。电子商务中的订立和履行合同,同时也适用《中华人民共和国民法典》《中华人民共和国电子签名法》等法律的规定。

第三节 电子商务法应用

一、电子商务格式合同

(一)法条节选

《中华人民共和国民法典》(自2021年1月1日起施行)

第四百九十六条 格式条款是当事人为了重复使用而预先拟定,并在订立合同时未与对方协商的条款。

采用格式条款订立合同的,提供格式条款的一方应当遵循公平原则确定当事人之间的权利和义务,并采取合理的方式提示对方注意免除或者减轻其责任等与对方有重大利害关系的条款,按照对方的要求,对该条款予以说明。提供格式条款的一方未履行提示或者说明义务,致使对方没有注意或者理解与其有重大利害关系的条款的,对方可以主张该条款不成为合同的内容。

(二)案情简介

邬某通过 A 公司经营的旅游 APP 预订境外客房,支付方式为"到店支付",订单下单后即被从银行卡中扣除房款,后原告未入住。原告认为应当到店后付款,A 公司先行违约,要求取消订单。A 公司认为其已经在服务条款中就"到店支付"补充说明"部分酒店住宿可能会对您的银行卡预先收取全额预订费用",不构成违约,拒绝退款。邬某将 A 公司起诉至法院,请求判令退还预扣的房款。

(三)审理结论

法院经审理认为,对"到店支付"的通常理解应为用户到酒店办理住宿时才会支付款项,未入住之前不需要支付。即使该条款后补充说明部分酒店会"预先收取全额预订费用",但对这种例外情形应当进行特别提示和说明,如果只在内容复杂繁多的条款中规定,不足以起到提示的作用,A公司作为预订服务的提供者应当承担责任。最终,法院支持邬某退还房款的诉讼请求。

二、《中华人民共和国电子签名法》应用

(一)法条节选

《中华人民共和国电子签名法》(第二次修正,自 2019 年 4 月 23 日起施行)
第十三条 电子签名同时符合下列条件的,视为可靠的电子签名:
(一)电子签名制作数据用于电子签名时,属于电子签名人专有;
(二)签署时电子签名制作数据仅由电子签名人控制;
(三)签署后对电子签名的任何改动能够被发现;
(四)签署后对数据电文内容和形式的任何改动能够被发现。
第十六条 电子签名需要第三方认证的,由依法设立的电子认证服务提供者提供认证服务。

《最高人民法院关于互联网法院审理案件若干问题的规定》(自 2018 年 9 月 7 日起施行)
第十一条第二款 当事人提交的电子数据,通过电子签名、可信时间戳、哈希值校验、区块链等证据收集、固定和防篡改的技术手段或者通过电子取证存证平台认证,能够证明其真实性的,互联网法院应当确认。

(二)案情简介

用人单位北京新×公司与劳动者马某劳动争议案件,新×公司基于马某擅自安装与运行比特币采矿软件为个人谋利之违纪事实为由,依据《商业道德行为规范》与其解除劳动合同。马某现就新×公司作出的解除劳动合同决定不予认可,认为系违法解除双方劳动关系。案件争议焦点为双

方劳动关系解除的合法性问题。新×公司主张其通过电子签名系统向马某送达《商业道德行为规范》，为证明其主张提供了相关公证书。

(三)审理结论

案件经一、二审法院审理，二审法院判决认定，依据《中华人民共和国电子签名法》的相关规定，电子签名需要第三方认证的，由依法设立的电子认证服务提供者提供认证服务。现新×公司无证据证明其公司电子签名服务提供商取得我国主管部门许可，故在马某持有异议的情况下，相关电子签名证据合法性不足。通过该类电子邮件在中国境内开展电子签名业务，未对账户进行身份验证，不符合可靠的电子签名的法律规定。因此，以电子邮件方式通过境外公司的电子签名系统公示、送达的《商业道德行为规范》，相关电子签名证据合法性不足。最终认定新×公司解除行为缺乏事实依据，不属于合法解除。

三、《中华人民共和国个人信息保护法》应用

(一)法条节选

《中华人民共和国个人信息保护法》(自2021年11月1日起施行)

第十八条　个人信息处理者处理个人信息，有法律、行政法规规定应当保密或者不需要告知的情形的，可以不向个人告知前条第一款规定的事项。

紧急情况下为保护自然人的生命健康和财产安全无法及时向个人告知的，个人信息处理者应当在紧急情况消除后及时告知。

第三十五条　国家机关为履行法定职责处理个人信息，应当依照本法规定履行告知义务；有本法第十八条第一款规定的情形，或者告知将妨碍国家机关履行法定职责的除外。

第四十五条　个人有权向个人信息处理者查阅、复制其个人信息；有本法第十八条第一款、第三十五条规定情形的除外。

个人请求查阅、复制其个人信息的，个人信息处理者应当及时提供。

个人请求将个人信息转移至其指定的个人信息处理者，符合国家网信部门规定条件的，个人信息处理者应当提供转移的途径。

(二)案情简介

周某某因担心某电子商务公司运营的平台获取并记载的其本人信息有误或被泄露，致电该平台客服，希望平台披露收集到的其本人信息。该平台客服表示："用户所填写的信息，可以在APP个人中心予以查看，且这些信息采取了加密的保护措施，不会泄露；对于用户没有填写的信息，平台无法展示。"同日，周某某向该平台隐私专职部门邮箱发送电子邮件，请求披露其个人信息，平台未予回复。周某某遂诉至法院，请求某电子商务公司向其披露收集的个人信息。

(三)审理结论

法院判决认为，周某某要求平台向其披露个人信息，实质是主张个人信息查阅复制权。个人

信息查阅复制权是个人重要的法定权利,依法应予充分保障。周某某作为平台注册用户,有权要求平台披露收集的个人信息及相关处理情况。故根据案件具体情况,判决某电子商务公司提供其收集的周某某相关个人信息及其处理相关情况供周某某查阅、复制。

四、《中华人民共和国网络安全法》应用

(一)法条节选

《中华人民共和国网络安全法》(自2017年6月1日起施行)

第二十一条　国家实行网络安全等级保护制度。网络运营者应当按照网络安全等级保护制度的要求,履行下列安全保护义务,保障网络免受干扰、破坏或者未经授权的访问,防止网络数据泄露或者被窃取、篡改:

(一)制定内部安全管理制度和操作规程,确定网络安全负责人,落实网络安全保护责任;

(二)采取防范计算机病毒和网络攻击、网络侵入等危害网络安全行为的技术措施;

(三)采取监测、记录网络运行状态、网络安全事件的技术措施,并按照规定留存相关的网络日志不少于六个月;

(四)采取数据分类、重要数据备份和加密等措施;

(五)法律、行政法规规定的其他义务。

第五十九条　网络运营者不履行本法第二十一条、第二十五条规定的网络安全保护义务的,由有关主管部门责令改正,给予警告;拒不改正或者导致危害网络安全等后果的,处一万元以上十万元以下罚款,对直接负责的主管人员处五千元以上五万元以下罚款。

(二)案情简介

2021年6月,泸州某医院遭受网络攻击,造成全院系统瘫痪。泸州公安机关迅速调集技术力量赶赴现场,指导相关单位开展事件调查和应急处置工作。经调查发现,该医院未制定内部安全管理制度和操作流程,未确定网络安全负责人,未采取防范计算机病毒和网络攻击、网络侵入等危害网络安全行为的技术措施,导致被黑客攻击造成系统瘫痪。

(三)处理结论

泸州公安机关根据《中华人民共和国网络安全法》第二十一条和五十九条之规定,对该院处以责令改正并警告的行政处罚。

五、电子商务中知识产权保护

(一)法条节选

《中华人民共和国专利法》(自1985年4月1日起施行)

第六十五条　未经专利权人许可,实施其专利,即侵犯其专利权,引起纠纷的,由当事人协商解决;不愿协商或者协商不成的,专利权人或者利害关系人可以向人民法院起诉,也可以请求管理

专利工作的部门处理。管理专利工作的部门处理时,认定侵权行为成立的,可以责令侵权人立即停止侵权行为,当事人不服的,可以自收到处理通知之日起十五日内依照《中华人民共和国行政诉讼法》向人民法院起诉;侵权人期满不起诉又不停止侵权行为的,管理专利工作的部门可以申请人民法院强制执行。进行处理的管理专利工作的部门应当事人的请求,可以就侵犯专利权的赔偿数额进行调解;调解不成的,当事人可以依照《中华人民共和国民事诉讼法》向人民法院起诉。

《电子商务法》(自 2019 年 1 月 1 日起施行)

第四十二条 知识产权权利人认为其知识产权受到侵害的,有权通知电子商务平台经营者采取删除、屏蔽、断开链接、终止交易和服务等必要措施。通知应当包括构成侵权的初步证据。

电子商务平台经营者接到通知后,应当及时采取必要措施,并将该通知转送平台内经营者;未及时采取必要措施的,对损害的扩大部分与平台内经营者承担连带责任。

第四十五条 电子商务平台经营者知道或者应当知道平台内经营者侵犯知识产权的,应当采取删除、屏蔽、断开链接、终止交易和服务等必要措施;未采取必要措施的,与侵权人承担连带责任。

(二)案情简介

请求人温州市某汽车用品有限公司于 2016 年 2 月 24 日获得"汽车脚垫"的实用新型专利,专利号为 ZL201520789058.9。请求人发现被请求人林某未经其许可,擅自在某电商平台上销售涉案专利产品。2019 年 5 月,请求人请求浙江省温州市知识产权局依法处理,责令被请求人林某立即停止销售、许诺销售侵权产品的行为,并责令被请求人某电商企业对其经营的相关网站上的侵权产品链接作下架处理。温州市知识产权局在调查中发现,在该电商企业经营的网络交易平台上除涉案链接外,还存在与涉案产品相同或相似产品链接达上百条,侵权情节严重。

(三)处理结论

2019 年 10 月,温州市知识产权局根据专利法作出处理决定,责令被请求人林某立即停止销售、许诺销售侵权产品行为。同时为实现快速维权,温州市知识产权局要求被请求人某电商企业对平台进行自查。随后,被请求人某电商企业通过自查对其经营的网络交易平台上的 100 余条涉案侵权产品链接作删除、下架处理。

六、《电子商务法》应用

(一)法条节选

《中华人民共和国电子商务法》(自 2019 年 1 月 1 日起施行)

第三十五条 电子商务平台经营者不得利用服务协议、交易规则以及技术等手段,对平台内经营者在平台内的交易、交易价格以及与其他经营者的交易等进行不合理限制或者附加不合理条件,或者向平台内经营者收取不合理费用。

第八十二条 电子商务平台经营者违反本法第三十五条规定,对平台内经营者在平台内的交易、交易价格或者与其他经营者的交易等进行不合理限制或者附加不合理条件,或者向平台内经营者收取不合理费用的,由市场监督管理部门责令限期改正,可以处5万元以上50万元以下的罚款;情节严重的,处50万元以上200万元以下的罚款。

(二)案情简介

2019年1月7日,海东市市场监督管理局执法人员接到来自某区47名餐饮经营者对某公司外卖运营中心的联名投诉书,报经批准后立案调查。执法人员通过走访投诉户和查询该公司网络平台,进行调查取证,查明了当事人违法事实。

经查,当事人某公司存在随意限定或缩小配送范围的行为(即将外卖平台内经营者的配送区域划定到平台经营区外的西宁、青海湖等地,导致经营者无法配送;或将配送范围缩小限制至某一街、道),影响了外卖平台内经营者的正常配送和经营,违反了《电子商务法》第三十五条"电子商务平台经营者不得利用服务协议、交易规则以及技术等手段,对平台内经营者在平台内的交易、交易价格以及与其他经营者的交易等进行不合理限制或者附加不合理条件,或者向平台内经营者收取不合理费用"之规定,属利用网络技术手段对平台内经营者在平台内的交易进行不合理限制的违法行为。

(三)处理结论

海东市市场监督管理局依据《电子商务法》第八十二条"电子商务平台经营者违反本法第三十五条规定,对平台内经营者在平台内的交易、交易价格或者与其他经营者的交易等进行不合理限制或者附加不合理条件,或者向平台内经营者收取不合理费用的,由市场监督管理部门责令限期改正,可以处5万元以上50万元以下的罚款;情节严重的,处50万元以上200万元以下的罚款"之规定,责令当事人限期整改违法行为,并处以罚款5万元。

第四节　电子商务纠纷解决

一、电子商务纠纷常见类型

随着电子商务活动的不断发展,其导致的纠纷也逐渐增多。电子商务活动丰富多样,其中的纠纷也呈现多种类型。

(一)平台与商家的纠纷

电子商务平台与商家之间的纠纷主要是商家起诉平台,起因一般是商家对平台的处理方法有异议。若商家违约,电子商务平台也可起诉商家,审判机关将根据电子商务平台与商家之间的约定,判令违约商家承担违约或赔偿责任。

(二)消费者与商家的纠纷

消费者与商家的纠纷主要表现在商品质量、广告促销、合同条款、客户服务、订单问题等方面,如商品与描述不符、虚假促销、霸王条款、服务态度不好、退货退款难等。

(三)知识产权纠纷

知识产权纠纷主要发生在知识产权权利人与电子商务平台和商家之间,表现为平台和商家对知识产权的侵害,通常包括盗用、冒用图片,侵犯专利等。

二、电子商务纠纷解决的方式

(一)线下解决

1. 协商

协商是指在没有第三方的参与下,完全由争议的双方当事人自行协商,相互谅解以达成协议,从而解决纠纷的一种方式。协商是解决当事人之间纠纷最好的方式,它一方面能够解决当事人之间的纠纷,另一方面又能维持他们之间的友好合作关系。但通过协商解决电子商务纠纷也会存在缺乏协商平台,双方当事人会面成本高、不够便捷的弊端。

2. 线下调解与仲裁

替代性争议解决方式(Ahemative Dispute Resolution,ADR)又称为选择性争议解决方式,是指除诉讼以外的其他各种解决争议的办法或技术的总称,主要包括传统的仲裁、法院附属仲裁、建议性仲裁、调解仲裁、调解、微型审判、简易陪审审判、中立专家认定事实等。其中,最常用的两种方式是仲裁与调解。

(1)线下调解:调解即通常由第三人,调解人或调解员介入,帮助当事人通过谈判达成决定的程序或方法。调解的特点主要有:调解是在中立的第三人的介入下进行的,这是与和解的主要区别;调解必须以当事人的自愿为前提,双方就争议相互妥协与让步,其优势在于在中立的第三人的协调下,使当事人能够尊重与考虑对方的利益需求与合理期待,相互协调,各取所需,实现互赢。

(2)线下仲裁:仲裁是根据当事人的合意,把基于一定的法律关系而发生或将来可能发生的纠纷的处理委托给法院以外的第三方进行裁决的纠纷解决制度或方法。仲裁必须有当事人签订的仲裁协议,仲裁协议必须指明由某个具体的仲裁机构仲裁,否则不具有法律效力。仲裁裁决具有终局性与可执行性,一方不履行仲裁裁决的,另一方可以申请法院强制执行。

3. 向行政部门或行业协会投诉

投诉也是解决纠纷的常见方式。当事人之间发生电子商务纠纷,可以向有关行政部门、行业协会等机构投诉。当纠纷一方为消费者时,消费者可以向消费者协会投诉。

消费者协会在解决纠纷方面发挥着十分重要的作用。此外,在发生电子商务纠纷时,消费者也可向市场监督管理局投诉,具有处理权限的市场监督管理部门应当自收到投诉之日起七个工作日内作出受理或者不予受理的决定,并告知投诉人。

4. 诉讼

诉讼对于国家而言是一种职能,对于纠纷当事人而言是维护其权益的一种手段。诉讼包括刑事诉讼、民事诉讼和行政诉讼三种类型。电子商务纠纷的解决方式主要涉及的是民事诉讼。民事诉讼就其本质而言,是国家强制解决民事纠纷的一种方式,是权利主体凭借国家力量维护其民事权益的司法程序。

近年来,我国电子商务市场规模不断扩大,电子商务快速发展的同时也面临网络消费欺诈、投诉与纠纷不断增长等问题。但通过诉讼解决电子商务纠纷存在以下问题:效率低;取证难、诉讼成本高,法官专业技术缺失;互联网管理法律缺失;管辖权本身存在争议以及判决的执行困难;耗时长;保密性低以及伤害商业合作关系等。

(二)第三方交易平台在线纠纷解决

面对海量的电子商务业务,我国专门的在线解决争议机构还没有真正发展起来,网络零售电子商务纠纷更常见的解决方式是通过第三方交易平台在线处理争议。以淘宝平台为例。

淘宝平台将有关争议解决的服务作为提供给用户的各种服务之一规定在了《淘宝服务协议》(以下简称《协议》)中。在消费者注册时,必须点击"同意"按钮,在同意该协议的前提下才能成为淘宝会员。该《协议》规定:"您在淘宝平台上交易过程中与其他会员发生交易纠纷时,一旦您或其他会员任一方或双方共同提交淘宝要求调处,则淘宝有权根据单方判断作出调处决定,您了解并同意接受淘宝的判断和调处决定。"上述协议确定了平台经营者解决纠纷的权限。该《协议》明确规定:"上述协议内容包括协议正文及所有淘宝已经发布的或将来可能发布的各类规则。所有规则为本协议不可分割的组成部分,与协议正文具有同等法律效力。除另行明确声明外,任何淘宝及其关联公司提供的服务(以下称为淘宝平台服务)均受本协议约束。"如此一来,该《协议》将淘宝发布的所有规则并入进来,与争议服务有关的规则包括《淘宝规则》《天猫规则》《淘宝争议处理规则》等成为对当事人有约束力的合同条款,进而确定了当事人需要共同遵循的争议解决规则。

淘宝一般交易纠纷解决的流程为如下。

(1)投诉方发起投诉。买卖任何一方可以向平台发起投诉,平台有相应的投诉页面,投诉方按照要求提交相应信息。

(2)买卖双方自主协商。经过协商沟通,如能达成一致,卖家(买家)联系买家(卖家)撤销维权,双方按照协商一致的结果执行即可,纠纷解决。

(3)如果不能达成一致,则申请客服介入,客服在7个工作日内介入,通知双方三日内举证,客服作为中立的第三方进行核实与调解,并在举证完成后的4个工作日作出处理意见。

(4)平台工作人员证据核实。平台工作人员对投诉双方提供的证据进行核实。

(5)平台责任判定。投诉双方达成一致,解决纠纷。如果卖家不遵守,会遭到扣分处罚,扣分累积到一定数量可能会导致被逐出交易平台。如果买家不履行处理结果,卖家还可以向在线平台提供商提出申诉。如买卖双方仍无法就相关争议达成一致意见的,买卖双方应采用诉讼或仲裁等方式解决争议。

(三)在线争端解决机制(ODR)

随着电子商务,特别是跨境电子商务的发展,网络中形形色色的争议数量极速增长。地域的遥远、语言和文化的差异、法律适用的艰难、管辖权确定的复杂性以及判决承认和执行等问题成为传统诉讼在解决日益增长的网络争议过程中所面临的主要障碍,同时由于电子商务争议的解决对效率、成本、便利性和保密性方面也提出了更高要求。于是,人们开始将目光转向了诉讼以外的替代性争议解决方式,并且为了更好地与电子商务对接,将网络资源引入争议解决方法上,形成了在线争议解决方式。

1. 在线争端解决机制的界定

随着电子商务的发展,为了更加有效、公平、快捷、低成本地解决纠纷,ADR 被引入了网络空间,从而产生了在线的 ADR 纠纷解决方式——ODR。全球电子商务论坛对 ODR 作了定义:ODR 是指所有由法院以外的中立机构所主持的纠纷处理方式,用于解决专业的商品销售者或服务提供者与消费者间经由电子交易的方式所衍生的消费争议。联合国国际贸易法委员会(UNCITRAL)则从网络信息技术与 ADR 结合的角度来对 ODR 进行定义:ODR 是指纠纷在法院外、依靠网络信息技术来完成主要纠纷解决程序的纠纷解决机制。该定义通过考量在线技术或者线下技术在解决纠纷中的作用大小来区分 ADR 和 ODR。如果纠纷解决的主要程序是依靠在线技术来完成的,我们就称为 ODR;如果该纠纷解决的主要程序是依靠线下技术来完成的,我们就称为 ADR。

2. 在线争端解决机制的运行

ODR 主要包括在线和解、在线调解、在线仲裁和在线申诉等方式,仅利用网络技术实现文件管理功能,程序的其他部分仍用传统离线方式进行的不属于 ODR 范围。

(1)在线和解:在线和解是争议当事人通过网络平台,在没有第三方介入的情况下协商谈判解决其争议的和解方式。在没有第三人的参与下,利用电子邮件、电子布告栏、电子聊天室、语音设备、视频设备、网站系统软件等网络信息技术工具,在"屏对屏"的情形下进行解决纠纷的信息沟通、交流。在线和解包括辅助型在线和解和自动型在线和解,辅助型在线和解仅仅为双方的网上会面提供一个虚拟的空间,并不负责帮助当事人达成协议,自动型在线和解则会帮助当事人达成和解协议。

(2)在线调解:在线调解是指在第三人的协助下,当事人之间、当事人与第三人之间利用网络信息技术所打造的网络纠纷解决环境,在没有会面的情形下,利用网络信息技术进行解决纠纷的信息传输、交流、沟通,最后达成纠纷解决的协议并最终解决纠纷。在线调解可以是在线协商失败后的一个后续程序,当事人也可以不经过在线协商而直接启动在线调解程序。在线调解所达成的协议一般具有合同效力。

(3)在线仲裁:在线仲裁是指充分地利用网络信息技术工具,将仲裁机构、仲裁员和当事人三者之间资讯的处理和交换以电子方式通过互联网来进行,在网上进行案件的在线庭审以及仲裁员之间的在线合议等其他程序性事项,最后在线进行仲裁裁决的一种仲裁形式。

(4)在线申诉:在线申诉被政府机关、消费者保护团体等非营利性机构所采用,这些非营利性机构常常会制定某种电子商务公平交易准则或者是消费者隐私保护政策,对于同意采用及遵守其所制定的公平交易准则及消费者隐私保护政策的在线商店或者公司,可以在其交易网页放置认可遵守公平交易的标志,以获得消费者的青睐。

课程思政

电子商务从业人员应具备一定的职业道德、安全意识和法律意识,养成自觉学法、遵法、守法、用法的意识,并积极践行。只有立足本职、精通业务、按章办事、不谋私利、诚实守信,才能更好地维护电子商务环境,维护社会的健康、稳定发展。

课后练习

一、单项选择题

1. 我国首次承认电子签名法律效力的法律法规是有(　　)
   A.《中华人民共和国电子签名法》　　　　B.《中华人民共和国民法典》
   C.《中华人民共和国电子签章条例》　　　D.《电子签名示范法》

2. 电子合同的订立不包括(　　)
   A. 身份认证　　　　　　　　　　　　　B. 谈判定稿
   C. 电子支付　　　　　　　　　　　　　D. 存储调取

3. 电子支付法律关系的当事人不包括(　　)
   A. 付款人　　　　　　　　　　　　　　B. 认证机构
   C. 银行　　　　　　　　　　　　　　　D. 数据通信网络

4. 电子商务消费者享有的权利不包括(　　)
   A. 知情权　　　　　　　　　　　　　　B. 试用权
   C. 公平交易权　　　　　　　　　　　　D. 损害赔偿权

5. 关于数据电文的法律效力,正确的表述是(　　)
   A. 由于数据电文的易篡改性,其法律效力是不能确定的
   B. 由于数据电文是一种新的形式,其法律效力需要等待法律的明确规定
   C. 数据电文是否具有法律效力,由有关的当事人约定
   D. 不得仅仅以某项信息采用数据电文形式为理由,而否定其法律效力

6. 我国对数据电文形式问题的解决方案采取的途径是(　　)
   A. 合同解决途径　　　　　　　　　　　B. 法律解释途径
   C. 功能等同法　　　　　　　　　　　　D. 技术中立原则

7.《电子商务法》于(　　)起施行。
   A. 2019 年 1 月 1 日　　　　　　　　　B. 2018 年 10 月 1 日
   C. 2018 年 11 月 11 日　　　　　　　　D. 2019 年 1 月 11 日

8. 电子商务平台经营者应当记录、保存平台上发布的商品和服务信息、交易信息,并确保信息的完整性、保密性、可用性。商品和服务信息、交易信息保存时间自交易完成之日起不少于(　　);法律、行政法规另有规定的,依照其规定。
   A. 三年　　　　B. 四年　　　　C. 五年　　　　D. 二年

9. 电子商务在商务活动中的特点是非常突出的,以下活动中,不属于其特点的是(　　)

A. 交易无纸化　　　　　　　　　　　　B. 在很多环境下表现为"机对机"的交易

C. 信息本身成为交易标的物　　　　　　D. 在很多环境下表现为"面对面"的交易

10. 根据《中华人民共和国民法典》的相关规定,对格式条款的理解发生争议的,应当按照通常理解予以解释。对格式条款有两种以上解释的,应当作出(　　)的解释。

A. 有利于提供格式条款一方　　　　　　B. 不利于提供格式条款一方

C. 最符合经济效益原则　　　　　　　　D. 有利于双方当事人合法利益

二、多项选择题

1. 电子商务对以纸质文件为基础的传统法律规范带来的冲击表现为(　　)

A. 书面形式问题　　B. 主体资格问题　　C. 签名问题　　D. 证据效力问题

2. 符合下列哪些条件的数据电文,应当视为满足法律、行政法规规定的文件保存要求(　　)

A. 该文书可随时调取查用

B. 该文书所载内容能够准确地再现

C. 所呈现的文书内容同该文书最初形成时的内容是完全一致的

D. 最好能够保存与原始文书有关的各种信息

3. 世界上许多国家在近几年纷纷立法,规范电子商务活动。各国电子商务立法的特点有(　　)

A. 快捷　　　　B. 兼容　　　　C. 简洁　　　　D. 改、废相结合

4. 电子商务法律关系的构成要素有(　　)。

A. 电子商务法律关系主体　　　　　　B. 电子商务法律关系客体

C. 电子商务法律关系内容　　　　　　D. 电子商务法律关系对象

5. 电子商务中的认证,是指特定认证机构对(　　)所作的认证。

A. 传输方式的可靠性　　　　　　　　B. 电子签名的真实性

C. 签署者的真实性　　　　　　　　　D. 签署文件的合法性

6. 《中华人民共和国电子签名法》规定,电子签名不适用的文书有(　　)

A. 涉及婚姻、收养、继承等人身关系的

B. 涉及土地、房屋等不动产权益转让的

C. 涉及停止供水、供热、供气等公用事业服务的

D. 涉及金融、保险合同的

三、简答题

1. 什么是电子商务法?

2. 电子商务法的特点有哪些?

3. 电子商务法的作用是什么?

4. 简述我国《电子商务法》的适用范围。

5. 电子商务纠纷解决的方式有哪些?

四、主题讨论

1. 你在网络购买或出售物品的过程中是否与商家、买家或平台发生过纠纷?是如何解决的?

五、案例分析

华强北惊天走私案

2020年"中国电子第一街""美妆圣地"发展如日中天的华强北出大事了！一桩涉案金额超6亿元的惊天走私案，令华强北产生了史无前例的"大地震"。在年底，深圳海关缉私局联合当地公安部门，先是对华强北多座美妆城店铺展开了突袭。当中，摧毁了一个利用跨境电商平台"刷单"走私化妆品入境的犯罪团伙，抓捕犯罪嫌疑人36名，涉嫌犯罪金额超6亿元。随后，在2021年1月5日，深圳市市场监管局、公安等部门，针对华强北美妆档口走私和售假等行为，来了一次彻底的全面大排查。就在一夜之间，华强北98%的美妆店铺几乎全部关闭！一般来讲，如果从海外进口商品，经过海关，需要提供传输交易、支付、物流等"三单"信息，只有"三单"一致，海关才会放行。所以，这些走私的不法分子开始通过非法途径，来伪造虚假的"三单"信息，以此来骗过海关。2019年，海关税收政策作出了相应的调整。跨境电商进口商品单次交易在人民币5000元以内，并在个人年度交易限值人民币26000元以内的，关税税率为0%。于是，不法分子为了以低税费通关，便以税费较低的产品进行报关，但实际上呢？将低税费和高税费的商品混搭，以此来蒙混过关，进而达到逃避缴纳税款的目的。而那些小商家，大多都是利用"水客"从香港背货，来逃避缴纳税款。华强北的美妆商家，几乎都是利用跨境电商虚假交易、产品混搭报关以及"水客"偷运这三种方式，搭建起多条"走私"产业链，逃避缴纳税款，以非法手段牟利。

思考：如何重整华强北？

六、项目实训

1. 实操项目：网络销售合同纠纷评析。

网上标错售价，销售者能否变更撤销合同？

2. 实操项目情景设计

王某上网购物的时候发现，某科技公司在网上商城里新开设的惠普旗舰店正开展"全新惠普笔记本网上促销"活动，其中一款型号为ZBOOK14的惠普笔记本电脑，网页上显示市场价9999元，活动价899元。王某立刻提交了订单，系统提示订单有效。然而当天下午，某科技公司向王某发来电子邮件，声明因其疏忽，将笔记本电脑的实际价格8999元误写为899元，并表示王某所提交订单无效。

3. 实操任务

任务要求：请根据以下法律条款对案例进行分析，您认为该订单是否可以撤销？

《中华人民共和国民法典》（自2021年1月1日起施行）

第一百四十七条　基于重大误解实施的民事法律行为，行为人有权请求人民法院或者仲裁机构予以撤销。

第一百五十五条　无效的或者被撤销的民事法律行为自始没有法律约束力。

第一百五十七条　民事法律行为无效、被撤销或者确定不发生效力后，行为人因该行为取得的财产，应当予以返还；不能返还或者没有必要返还的，应当折价补偿。有过错的一方应当赔偿对方由此所受到的损失；各方都有过错的，应当各自承担相应的责任。法律另有规定的，依照其规定。

第五章 电子商务安全

《学习目标》

理解：电子商务安全的内涵；电子商务网络系统面临的安全威胁；电子商务交易面临的安全威胁；电子商务的安全需求；电子商务安全管理。

掌握：电子商务安全技术及应用；电子商务安全协议。

应用：能够利用电子商务安全管理体系分析和解决实际的安全问题，学会如何做好电子商务安全防范。

《思维导图》

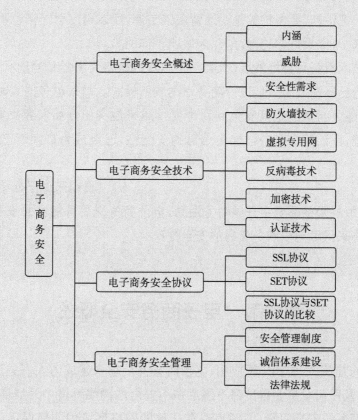

案例导读

你的脸正在被偷走,你却对此无能为力

2021年的3·15晚会上,央视告诉了普通消费者一个惊悚的事实——你的脸,随时都有可能被"偷"。你在这些商家面前,个人隐私暴露无遗。在央视的报道里,包括科勒卫浴、宝马、江苏大剧院在内的20多个知名品牌或机构,通过安装人脸识别摄像头,非法采集甚至滥用人脸信息。这些商家掌握了人脸信息,能洞察你的年龄、身份甚至情绪以及消费习惯。研究发现,不止是科勒卫浴,市面上的很多知名品牌,比如KFC、喜茶、良品铺子、顺电,甚至是小米、苹果线下门店……都曾安装过人脸识别摄像头。安装人脸识别摄像头,搜集消费者信息,似乎成为线下零售店公开的秘密。

事实上,在数字经济时代里,消费者一方面享受着极为便捷的服务,一方面又成为待宰的羔羊——在不知不觉间被窃取了人脸信息。由于人脸与个人身份信息绑定,一旦丢失人脸信息,个人将面临难以想象的后果。人脸信息是人独有的生物特征,目前已经成为很多人的支付密码、账号密码等,由于用户无法更改自己的人脸信息,一旦泄露,将严重威胁用户的财产安全、隐私安全。

"保护人脸识别信息不仅仅是保护我们的脸,更多的是保护脸背后的个人信息,人脸本身就相当于一把钥匙,要保护的是钥匙背后的宝库,所以再怎么严格也不过分。"

刷脸时代来了,请看好你的脸,别让人偷刷了你的脸。

随着信息技术日新月异地发展,人类正在进入以网络为主的信息时代,基于Internet开展的电子商务已逐渐成为人们进行商务活动的新模式。越来越多的人通过Internet进行商务活动,但随之而来的是其安全问题也变得越来越突出。如何建立安全、便捷的电子商务应用环境,保证整个商务过程中信息的安全性,已经成为广大商家和消费者都十分关心的焦点。

(资料来源于网络,作者有删改)

那么,在开放的网络环境中开展商务活动,电子商务交易可能会面临哪些安全威胁?应采取哪些措施来保障电子商务交易的安全性?

第一节 电子商务安全概述

随着电子商务的普及、发展和广泛应用,电子商务安全越来越成为人们关注的焦点,因为任何人、任何商业机构以及任何企事业单位都不愿意在不安全的网络环境中开展商务交易导致经济和精神的损失。电子商务的安全问题,主要表现在开放的网络环境中如何保证信息传输的有效性、机密性、完整性、可靠性以及预防未经授权的非法入侵者等方面的问题上。而解决这些问题的关键:一是技术上的安全性;二是安全技术的实用可行性;三是安全管理;四是安全立法。大量的事实表明,安全是电子商务的关键问题。安全得不到保障,即使使用Internet再方便,电子商务也无法得到广大用户的认可。如何建立一个安全、便捷的电子商务应用环境,保证整个商务过程中信息的安全性,使基于Internet的电子交易方式与传统交易方式一样安全可靠,已经成为在电子商务应用中所关注的重要问题。

一、电子商务安全内涵

电子商务的飞速发展和应用带来越来越多的安全、隐私问题。电子商务领域的安全问题,也在不断被曝光,为媒体所报道。对于参与者而言,电子商务到底是安全还是不安全。人们在开放的网络上进行商务活动,从早期的网上购物到基于位置的各种服务,进而延伸到社交、支付、金融、医疗等领域,电子商务安全的内涵和外延也在不断地发生变化。尽管有相当成熟的技术保障来保证网上交易的安全性,如用加密技术来传输数据,保证敏感数据在开放网络上的传输不被截获或窃取;用数字证书来验证参与交易各方的身份,来保证交易各方身份的真实性;用安全支付的协议框架,来保障网上支付过程中的实体和数据安全等,然而每年都有引人注目的安全事件被曝光,如2022年2月,北京某科技公司组建爬虫技术团队,在未取得求职者和平台直接授权的情况下,秘密爬取国内主流招聘平台上的求职者简历数据,获取2.1亿余条个人信息。2023年11月,ChatGPT遭黑客组织DDoS攻击,多次发生严重的业务中断,给依赖该公共大语言模型的开发者、创业公司、企业和用户敲响了警钟。电子商务到底是安全还是不安全呢?回答这个问题,需要正确理解电子商务安全的含义,电子商务安全是一个系统的、相对的概念,呈现很强的动态性。在电子商务发展的早期,人们主要采用技术手段保护自己的网上购物环节的信息安全;而随着互联网商务在全球范围内普及,以及数字化社会的逐步形成,信息成了具有极大价值的资源,安全面临的威胁也大大超越了电子商务发展的初期。

电子商务的开展离不开人,安全问题无法不考虑人的因素。长期以来在安全体系中技术因素被过分强调,而更容易遭受攻击的业务参与者,往往容易被忽视,利用社会化工程手段对人进行的攻击,已经成为不法分子惯常采用的手段,如电话诈骗、邮件诈骗、刷单、网络钓鱼、虚假中奖短信等,与需要花费大量计算资源才有可能攻破技术壁垒相比,对人的攻击更容易成功且成本低廉。因此,人已经成为安全系统的薄弱环节,加强教育和培训迫在眉睫。

电子商务安全的内涵和外延随着电子商务的飞速发展也在不断发展变化,电子商务安全问题不仅仅是技术问题,而是一个以人为核心、以技术手段为基础的管理问题。它不仅包括电子商务安全技术,还涉及复杂的安全管理和安全立法等多方位的保障,如图5-1所示。

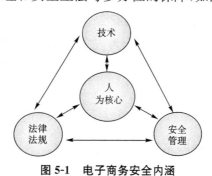

图5-1 电子商务安全内涵

二、电子商务的安全威胁

电子商务面临的安全威胁包括网络系统与商务交易两方面的安全威胁,网络安全尤其重要。电子商务安全问题也变得日益严重,安全问题也备受关注。

习近平总书记谈网络安全——没有网络安全就没有国家安全

在多次有关国家网络安全和信息化及其他的会议上,中共中央总书记习近平就树立正确的网络安全观,做好国家网络安全工作作出了部署。

早在2014年2月27日的中央网络安全和信息化领导小组第一次会议上,习近平总书记指出:没有网络安全就没有国家安全,没有信息化就没有现代化。建设网络强国,要有自己的技术,有过硬的技术;要有丰富全面的信息服务,繁荣发展的网络文化;要有良好的信息基础设施,形成实力雄厚的信息经济;要有高素质的网络安全和信息化人才队伍;要积极开展双边、多边的互联网国际交流合作。建设网络强国的战略部署要与"两个一百年"奋斗目标同步推进,向着网络基础设施基本普及、自主创新能力显著增强、信息经济全面发展、网络安全保障有力的目标不断前进。

在2017年2月17日国家安全工作座谈会上,习近平总书记强调:要筑牢网络安全防线,提高网络安全保障水平,强化关键信息基础设施防护,加大核心技术研发力度和市场化引导,加强网络安全预警监测,确保大数据安全,实现全天候全方位感知和有效防护。

在2018年4月20日全国网络安全和信息化工作会议上,习近平总书记指出:网络安全牵一发而动全身,深刻影响政治、经济、文化、社会、军事等各领域安全。没有网络安全就没有国家安全,就没有经济社会稳定运行,广大人民群众利益也难以得到保障。

在2019年1月25日十九届中央政治局第十二次集体学习时,习近平总书记指出:没有网络安全就没有国家安全;过不了互联网这一关,就过不了长期执政这一关。

在2020年11月16日中央全面依法治国工作会议上,习近平总书记指出:数字经济、互联网金融、人工智能、大数据、云计算等新技术新应用快速发展,催生一系列新业态新模式,但相关法律制度还存在时间差、空白区。网络犯罪已成为危害我国国家政治安全、网络安全、社会安全、经济安全等的重要风险之一。

举办网络安全宣传周、提升全民网络安全意识和技能,是国家网络安全工作的重要内容。国家网络安全工作要坚持网络安全为人民、网络安全靠人民,保障个人信息安全,维护公民在网络空间的合法权益。要坚持网络安全教育、技术、产业融合发展,形成人才培养、技术创新、产业发展的良性生态。

(一)电子商务网络系统面临的安全威胁

近年来,以云计算、大数据、人工智能、区块链、物联网为代表的新兴技术快速发展,网络安全风险全面泛化,复杂程度也在不断加深。近年来,在加速企业数字化转型进程的同时,也让网络系统面临的安全威胁开始遍布在越来越多的场景之中,网络安全威胁也逐渐多样化,主要包括黑客的攻击、计算机病毒、网络钓鱼、不受欢迎软件、系统漏洞、物理安全问题等。

1. 黑客的攻击

黑客泛指计算机系统的非法入侵者。黑客攻击可以分为非破坏性攻击和破坏性攻击两类。非破坏性攻击一般是为了扰乱系统的运行,但不窃取系统的资料,通常是采取拒绝服务攻击,所谓拒绝服务攻击就是对网站发起瞬间大量的访问,最后导致系统网络服务器瘫痪的一种攻击手段;另一种攻击是破坏性的攻击,是指非法入侵他人电脑系统,窃取系统保密信息、破坏系统的数据,通常是采取口令攻击和 IP 地址欺骗,进入系统或取得系统服务器的信任,从而窃取资料。随着信息技术的进步,黑客恶意的手段层出不穷、方式灵活多变,令人防不胜防。

2. 计算机病毒

计算机病毒是伴随着计算机技术的发展而发展的,各种各样的计算机病毒让人目不暇接,如蠕虫、木马病毒、黑色星期五、宏病毒、爱虫、CIH 病毒等。计算机病毒是编制者在计算机程序中插入的破坏计算机功能或者数据的代码,影响计算机使用,并能够自我复制的一组计算机指令或者程序代码。计算机病毒具有传染性、隐蔽性、潜伏性、可触发性、破坏性以及不可预见性等特点。计算机病毒频发,对计算机系统安全和用户的信息权益造成严重的危害。所以计算机病毒的防范、防治已属常态。

3. 不受欢迎软件

不受欢迎软件是介于正规软件与病毒之间的软件,如广告软件、流氓软件、间谍软件等。如果被安装了这些软件,可能会出现以下几种情况:用户使用计算机上网时,会有窗口不断弹出;浏览器被莫名修改;在浏览器中打开网页时,网页会显示不相干的奇怪画面,甚至是低俗广告。不受欢迎软件一般是在用户根本没有授权的情况下强制安装的,当出现上述情况时用户需要警惕,需要尽快清除网页中保存的账户信息资料,并通过安全管理软件进行清除。因为不受欢迎软件会恶意收集用户信息,并且不经用户许可卸载系统中的非恶意软件,甚至捆绑一些恶意插件,造成用户信息泄露、文件受损等。

计算机病毒

4. 系统漏洞

系统本身存在一些安全漏洞,一般是指应用软件或者是操作系统在设计上的缺陷或错误,可能被不法分子利用,或者是网络植入木马等方式来攻击或是控制电脑,盗取电脑中的重要资料,甚至是破坏系统。不管是计算机操作系统、手机运行系统,还是应用软件,都容易因为漏洞问题而遭受攻击。因此,建议用户使用最新版本的应用程序,并及时更新应用商提供的漏洞补丁。

俩大学生冒充客服网上"钓鱼",事情败露双双落入法网

5. 物理安全问题

物理安全问题是指计算机网络设备、设施以及其他媒体遭到地震、水灾、火灾等环境事故以及人为操作失误或错误及各种计算机犯罪行为导致的破坏,主要有设备安全问题、电源故障等。

6. 网络钓鱼

网络钓鱼是指攻击者利用欺骗性的电子邮件和伪造的 Web 站点进行的网络诈骗活动,受骗者

往往会泄露私人资料,如信用卡卡号、银行卡账户和身份证号等信息。攻击者通常会将自己伪装成网络银行、在线零售商和信用卡公司等,骗取用户的私人信息。经常将假冒网站、木马程序和黑客技术等手法配合使用,还有的会通过手机短信、微信、QQ等即时通信工具实施不法活动。除了传统的虚假网购、中奖诈骗等钓鱼欺诈手段外,仿冒手机银行和电信运营商等形式的钓鱼欺诈事件也很多。用户在进行电子商务活动时要细心留意,不要轻信他人发送的消息,不要随便点开陌生人发来的邮件、网址链接、二维码,不要轻易泄露私人资料,尽量降低交易的风险。

(二)电子商务交易面临的安全威胁

1. 信息的截获和窃取

在电子商务交易过程中,大量的商务信息是在开放的网络中进行传输的,如果交易各方彼此之间的网络通信不采取加密措施或加密强度不够,攻击者可能通过互联网、公用电话网、搭线或在电磁波辐射范围内安装截取装置等方式,截获传输的机密信息,如消费者的银行账户、密码以及企业的商业机密等。

2. 信息的篡改

攻击者为了自身的利益,在获取信息后对信息进行篡改和删除,从而破坏信息的完整性。

3. 信息的假冒

攻击者利用所掌握的技术和手段,在获取网络信息或商务信息后,假冒合法用户或商家虚开网站,发送虚假信息,以此欺骗消费者、商家,甚至银行。

4. 抵赖行为

抵赖行为包括两方面:发送方否认已发送的信息,接收方否认已接收的信息。

三、电子商务的安全性需求

信息安全是电子商务实施的前提。一次完整的电子商务活动包含客户、商家、银行等诸多参与者,涉及的信息有客户信息、商家信息、订购信息、支付信息、物流信息等。在交易过程中,各个参与者都会担心自己的利益受到威胁。如何确保电子商务活动的安全呢?保证电子商务安全的关键是保证交易信息和交易过程的安全。概括而言,电子商务的安全性要求包括信息的机密性、完整性、有效性、可靠性以及不可否认性等,如图5-2所示。

(一)机密性

机密性也叫保密性,是指信息在传输或存储过程中未被泄漏给非授权人,这要求电子商务系统应能对网络上传输的信息进行加密处理,防止非法截获或窃取。

电子面单破解了信息安全难题

(二)完整性

完整性是指交易信息在传输和存储过程中要保持一致,未被非授权者篡改、删除,这要求电子商务系统防止数据在传输过程中的丢失、重复和修改。

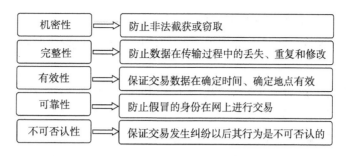

图 5-2 电子商务的安全性需求

(三)有效性

电子商务系统应该有效防止系统延迟和拒绝服务等情况的发生,要对网络故障、软件错误以及病毒所产生的潜在威胁加以控制,保证交易数据在确定时间、确定地点是有效的。

(四)可靠性

在交易之前必须首先确认对方的真实身份,这要求电子商务系统实现对用户的身份进行有效的确认,这样可以防止假冒的身份在网上进行交易。

(五)不可否认性

不可否认性也叫不可抵赖性,是指信息的发送方不可否认已经发出的信息,接收方也不可否认已经收到的信息,电子商务系统应该有效地防止商业欺诈行为的发生,交易各方都必须携有自己特有的无法被别人复制的信息,以保证交易发生纠纷以后其行为是不可否认的。

第二节 电子商务安全技术

电子商务安全技术在电子商务系统中的作用非常重要,它守护着商家和客户的重要秘密,维护着电子商务系统的信誉和财产,同时为服务方和被服务方提供了极大的便利。只有采取必要和恰当的技术手段,才能充分增强电子商务系统的可鉴别性和可靠性。电子商务系统的安全应该建立在网络安全的基础之上,通过信息安全技术的保障及安全协议的应用才能实现。电子商务安全是制约电子商务发展的一个核心和关键问题,电子商务安全技术也成为各界关注和研究的热点。常用的电子商务安全技术有防火墙技术、反病毒技术、加密技术、认证技术等。

一、防火墙技术

防火墙是一种将内部网和外部网(如互联网)相互隔离的技术,是防止非法用户入侵的有效措施,是最成熟的,也是最早产品化的网络安全技术。防火墙是一种行之有效且应用广泛的网络安全机制,可防止互联网上的不安全因素蔓延到局域网内部。防火墙可以从通信协议的各个层次以及应用中获取、存储并管理相关的信息,以便实施系统的访问安全决策控制。防火墙能保障网络用户访问公共网络时面临最低风险,与此同时,也保护专用网络免遭外部袭击。因此,买卖双方都应很好地使用这一技术,保障网络的安全运行。

安装防火墙时应遵循的两种基本准则:一是一切未被允许的应该是被禁止的;二是一切未被禁止的就是允许的。

防火墙的主要作用:通过过滤不安全的服务降低风险,强化网络安全;对网络存取和访问进行监控;防止内部信息外泄,防止外部用户非法访问或占用内部资源。从所采用的技术看,防火墙分为:包过滤型防火墙、代理服务器型防火墙、状态检测防火墙。

新一代防火墙产品已经呈现出一种集成多功能的设计趋势,具有虚拟专用网、认证、授权、互联网协议安全性等多项功能,甚至防病毒和入侵检测这样的主流功能也都被集成到防火墙产品中了。

二、虚拟专用网(VPN)

防火墙可以对进出网络的信息和行为进行控制,将用户内部可信任网络和外部不可信任网络隔离。然而越来越多的企业在全国乃至世界各地建立分支机构开展业务。随着办公场地和分支机构的分散化,以及日渐庞大的移动办公大军的出现,分散在不同地点的机构,也需要考虑安全传输的问题。虚拟专用网(Virtual Private Network,VPN)技术应运而生,它既可以实现企业网络的全球化,又能最大限度地利用公共资源。VPN技术的核心是在互联网上实现保密通信。

虚拟专用网技术是一种在公用互联网络上构造企业专用网络的技术。利用VPN技术可以建设用于Internet交易的专用网络,它可以在两个系统之间建立安全的信道(或隧道),用于数据信息交换。在VPN中通信的双方彼此都较熟悉,这意味着可以使用复杂的专用加密和认证技术,只要通信的双方默认即可,没有必要为所有的VPN进行统一的加密和认证。现有的或正在开发的数据隧道系统可以进一步增加VPN的安全性,因而能够保证数据的保密性和可用性。

三、反病毒技术

计算机病毒的防范是网络安全性建设中重要的一环。在网络环境下,病毒传播扩散加快,仅用单机版杀毒软件(如常见的杀毒软件有瑞星、金山毒霸、360安全卫士等)已很难彻底清除网络病毒,必须有适用于局域网的全方位杀毒软件。如果在网络内部使用电子邮件进行信息交换,还需要一套基于邮件服务器平台的邮件防病毒软件。所以,应使用全方位的防病毒产品,针对网络中所有可能的病毒攻击点设置对应的防病毒软件,并且定期更新病毒库,使网络免受病毒侵袭。

反病毒是一种安全机制,它可以通过识别和处理病毒文件来保证网络安全,避免由病毒文件而引起的数据破坏、权限更改和系统崩溃等情况的发生。反病毒技术主要有:预防病毒技术、检测病毒技术、消毒技术等。反病毒功能可以凭借庞大且不断更新的病毒特征库有效地保护网络安全,防止病毒文件侵害系统数据。将病毒检测设备部署在网络的入口,可以真正将病毒抵御于网络之外,为网络提供了一个坚固的保护层。

四、加密技术

加密技术是电子商务采取的主要安全技术手段,是实现电子商务信息机密性、真实性和完整性的前提。它是一种主动的安全防御策略,通过基于数学方法的程序和保密的密钥对信息进行编码,把原始信息变成一堆杂乱无章、难以理解的字符,即将明文变为密文,从而阻止非法用户对信息的窃取。

数据加密技术经常涉及的术语如下:

明文,指加密前的原始信息;

密文,指明文被加密后的信息;

加密,指将明文经过加密算法变换成为密文的过程;

解密,指将密文经过解密算法变换成为明文的过程;

密码算法是用于加密和解密的数学函数,如 Hash、DES、RSA 等;

密钥(key)指控制加密算法和解密算法实现的关键信息。没有它明文不能变成密文,密文也不能变成明文。

加密技术在电子商务领域里有非常广泛的应用,数据加密技术是保障信息安全的核心技术,已经渗透到大部分安全产品之中,并正向芯片化方面发展。目前,按照加/解密过程所使用的密钥是否相同,可以将加密技术分为两类,即对称加密技术和非对称加密技术。

(一)对称加密技术

对称加密技术又称私钥加密技术或单密钥加密技术,是指发送方和接收方使用相同的密钥,即文件加密与解密使用相同的密钥。常见的对称加密算法为 DES(Data Encrypt Standard)和 IDEA 等算法,目前广泛使用的是 3DES。由于对称加密的算法是公开的,因此对称加密技术的安全性依赖于密钥。采用这种方法进行信息加密,要求发送方和接收方在安全通信之前商定一个密钥,并将密钥通过安全可靠的途径发送给对方。对称加密的工作流程如图 5-3 所示。

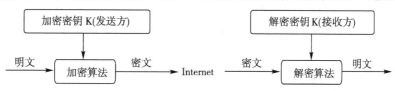

图 5-3 对称加密的工作流程

DES 算法的主要优点是算法相对简单,加密、解密速度快,效率高,安全性好,迄今为止尚未找到一种在理论上破译 DES 的行之有效的方法。其缺点是密码量短,容易被穷尽,在复杂的网络中难以实现密钥管理;难以进行用户身份的认定,加密技术只是解决了信息的机密性,并不能认定信息发送者的身份,因而无法对发送者身份的真实性和不可抵赖性进行确认。

(二)非对称加密技术

为了解决对称加密技术的密钥分发问题,满足对身份认证的需求,20 世纪 70 年代产生了非对称加密技术。

非对称加密技术也叫公钥密码技术,使用公开密钥(以下简称公钥)和私有密钥(以下简称私钥)来进行加密和解密。公钥与私钥是一对,公钥是公开的,而私钥只能由持有人绝对唯一拥有。如果用公钥对数据进行加密,只有用对应的私钥才能解密;反之亦然。因为加密和解密使用的是两个不同的密钥,并且从其中一个密钥无法推导出另一个密钥,所以称为非对称加密技术。通常用公钥加密、私钥解密来保证信息的机密性;用私钥加密、公钥解密来进行身份认证。目前最流行的非对称加密算法 RSA,既能用于加密也能用于数字签名。非对称加密的工作流程如图 5-4 所示。

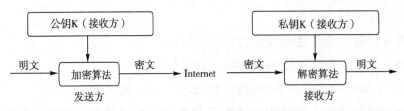

图 5-4　非对称加密的工作流程

非对称加密技术的优点:密钥管理方便、可以实现身份的识别。其缺点:算法强度复杂,加密解密花费时间长、速度慢,一般不适合对数据量较大的文件进行加密,而只适合对少量数据加密,如密钥。

(三)对称加密技术和非对称加密技术综合保密系统

为了保证电子商务系统的安全、可靠以及使用效率,一般可以采用由 DES 算法和 RSA 算法相结合实现的综合保密系统。对称加密技术和非对称加密技术的对比,如表 5-1 所示。

表 5-1　对称加密技术与非对称加密技术的对比

比较项目	对称加密	非对称加密
代表算法	DES	RSA
密钥数目	单一密钥	密钥是成对的
密钥种类	密钥是秘密的	公钥(公开),私钥(私有)
密钥管理	产生简单,管理困难	需要数字证书及可靠的第三方
相对速度	快	慢
主要用途	大容量数据加密	数字签名或对称密钥的加密

在该系统中,用 DES 算法作为数据的加密算法对数据进行加密,用 RSA 算法作为 DES 密钥的加密算法对 DES 的密钥进行加密。该保密系统既发挥了 DES 算法加密速度快、安全性好的优点,又能发挥 RSA 算法管理方便的优点,二者各取其优势,可扬长避短,更好地服务于电子商务活动。

五、认证技术

电子商务交易安全在技术上要解决安全传输和身份认证两大问题。数据加密能够解决网络通信中信息保密问题,但不能验证网络通信双方身份的真实性。因此,数据加密仅解决了电子商务交易安全问题的一半,另一半需要认证技术来解决。认证技术是防止信息被篡改、删除和伪造的一种有效方法,它能够使发送的信息具有被验证的能力,使接收者能够识别和确认信息的真伪。信息认证的目的有两个:一是确认信息发送者的身份;二是验证信息的完整性,即确认信息在传输或存储过程中未被篡改。认证是为了防止有人对系统进行主动攻击的一种重要技术。与认证相关的常见的电子商务认证技术主要包括身份认证技术、数字摘要、数字签名、数字信封、数字时间戳、数字证书与认证中心、公钥基础设施等。

(一)身份认证技术

身份认证也称为"身份验证"或"身份鉴别",身份认证技术是一种鉴别、确认用户身份的技术。通过对用户的身份进行认证,判断用户是否具有对某种资源的访问和使用权限,以保证网络系统的正常运行,防止非法用户冒充并攻击系统。

身份认证技术主要基于加密技术的公钥加密体制,普遍采用RSA算法。身份认证的过程只在两个对话者之间进行,它要求被认证对象提供身份凭证信息和与凭证有关的鉴别信息,且鉴别信息要事先告诉对方,以保证身份认证的有效性和真实性。身份认证是保证网络安全的第一道关口,其认证方法主要包括以下三种。

1. 根据所知道的信息认证

一般以静态密码(登录密码、短信密码)和动态口令等方式进行验证,但静态密码和动态口令容易泄露,安全性不高。

2. 根据所拥有的信息认证

通过用户自身拥有的信息,如网络身份证(Virtual Identity ElectronicIdentification,VIEID)、密钥盘(KeyDisk)、智能卡等进行身份认证。这样认证的安全性较高,但认证系统较为复杂。

3. 根据所具有的特征认证

通过用户的生物特征,如指纹、声音、视网膜、虹膜、DNA和行为特征(如笔迹)等进行认证,其安全性高,但实现技术更加复杂。

为了保证身份认证的有效性,认证系统往往不会采用单一的身份认证方法,而会采用2~3种认证方法结合的方式认证,通常采用后两种认证方法相结合的方式进行认证。

(二)数字摘要

数字摘要就是采用单向哈希(Hash)函数将需要加密的明文"摘要"生成一串固定长度(128位)的密文,这一串密文又称为数字指纹或数字手印,它有固定的长度,而且不同的明文摘要生成的密文,其结果总是不同的,而同样的明文其摘要必定一致。如图5-5数字摘要模型:数字摘要和明文一起发送给接收方,接收方收到明文后,用相同的方法进行变换运算,若得到的摘要码与发送来的摘要码相同,则可断定文件未被篡改,反之亦然。数字摘要可以用于证实信息来源的有效性,以防止数据的伪造和篡改。

(三)数字签名

传统书信、文件、契约和合同等是根据亲笔签名或印章来证明其真实性,但在虚拟的网络中传输的信息报文又是如何盖章以证明其身份呢?这就是数字签名要解决的问题。数字签名必须保证以下几点:

一是,发送方事后不能否认对报文的签名;

二是，接收方能够验证发送方对报文的签名；

三是，接收方不能伪造对报文的签名。

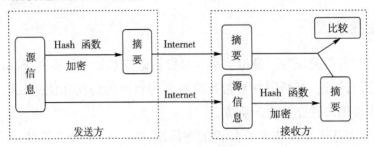

图 5-5　数字摘要的过程

数字签名（又称公钥数字签名、电子签名）是一种类似于写在纸上的普通物理签名，但是使用了公钥加密领域的技术，用于鉴别数字信息的方法。数字签名技术一般由签名算法和验证算法两部分组成，一个用于签名，另一个用于验证。签名算法和签名密钥是秘密的，只由签名人拥有；验证算法是公开的，以便他人进行验证。数字签名是指利用加密技术在要发送信息中附加一个特殊的唯一代表发送方身份的标记，用来证明信息是由发送方发出的。数字签名技术是实现交易安全的核心技术之一，它是非对称加密和数字摘要技术的联合应用，具体实现过程如图 5-6 所示。目前的数字签名均建立在公共密钥体制基础上。数字签名能够确认两点：其一，信息是由签名者发送的；其二，信息自签发后到收到为止未曾被做过任何修改。数字签名采用了双重加密的方法，来实现防伪造、防抵赖。

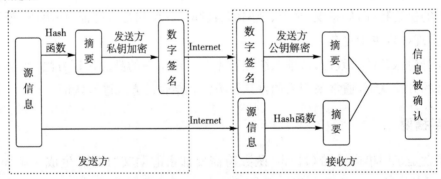

图 5-6　数字签名过程

（四）数字信封

数字信封是实现信息完整性验证的技术，用加密技术来保证只有指定的特定收信人才能阅读信的内容。信息发送方采用对称密钥加密信息内容，然后将此对称密钥用接收方的公钥加密，形成"数字信封"，并将它和加密后的信息一起发送给接收方，接收方先用相应的私有密钥打开数字信封，得到对称密钥，然后使用对称密钥解开加密信息。数字信封是综合利用对称加密技术和非对称加密技术两者优点进行信息安全传输的一种技术，它的安全性相当高，图 5-7 所示为数字信封过程。数字信封既发挥了对称加密算法速度快、安全性好的优点，又发挥了非对称加密算法密钥管理方便的优点。

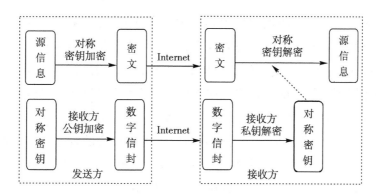

图 5-7 数字信封过程

(五)数字时间戳

在书面合同中,文件签署的日期和签名同等重要,是防止文件被伪造和篡改的关键性内容。在电子交易中,同样需要对交易文件的日期和时间信息采取安全措施,而数字时间戳服务(Digital Time-stamp Service,DTS)就能提供电子文件发表时间的安全保护。数字时间戳服务是网上安全服务项目,由专门的机构提供。数字时间戳被用来证明信息的收发时间,是一个经过加密后形成的凭证文档,它包括以下三个部分:一是需加时间戳的文件的摘要;二是 DTS 收发文件的时间;三是 DTS 的数字签名。

用户首先将需要加时间戳的文件用哈希(Hash)函数加密形成摘要,然后将该摘要发送到提供数字时间戳服务的权威机构 DTS,DTS 对原摘要加上时间后,再用哈希(Hash)函数和自己的私钥对加了时间戳的摘要进行数字签名,最后发送给原用户,如图 5-8 为数字时间戳的实现过程。数字时间戳广泛地运用在知识产权保护、合同签字、金融账务、股票交易等方面。

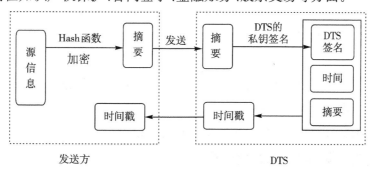

图 5-8 数字时间戳的实现过程

(六)数字证书与认证中心

通过数字签名技术,可以实现通信双方身份的确认和验证,但要求验证签名的一方必须知道签名和信息发送方的公开密钥;同时,如果想使用非对称加密技术给对方发送加密信息,也需要对方的公开密钥。这就涉及公开密钥的分发、管理和认证问题。数字证书就扮演此角色。

1. 数字证书

数字证书又称为数字凭证、数字标识,是一段包含用户身份信息、公钥信息以及证书认证中心数字签名的数据。证书认证中心的数字签名可以确保证书的真实性。数字证书是用电子手段来证实一个用户的身份及其对网络资源的访问权限,是各类终端实体和最终用户在网上进行信息交流及商务活动的身份证明,在电子交易的各个环节,交易各方都需验证对方数字证书的有效性,从而解决相互间的信任问题。数字证书是唯一用来确认安全电子商务交易双方身份的工具。

数字证书的内容格式是由 CCITT X.509 国际标准所规定的,它必须包含证书的版本信息、数字证书的序列号(每个证书都有一个唯一的序列号)、证书拥有者的姓名、证书拥有者的公开密钥、公开密钥的有效期、CA 所使用的签名算法、证书的有效期、颁发数字证书的单位等内容。

常见的数字证书有三种类型:个人证书(personal digital ID)、企业(服务器)证书(server ID)、软件(开发者)证书(developer ID),大部分认证中心提供前两类证书。

从证书的用途来看,数字证书可分为签名证书和加密证书。签名证书主要用于对用户信息进行签名,以保证信息的不可否认性;加密证书主要用于对用户传送信息进行加密,以保证信息的真实性和完整性。

有数字证书保护,骗子再也盗不了我的钱

2. 认证中心

电子商务授权机构(CA)也称为电子商务认证中心(Certificate Authority,CA),承担网上安全电子交易认证服务,是为交易各方提供身份认证服务的专门机构,主要职能是受理数字证书的申请、签发及对数字证书的管理。认证中心通常由权威的、可信赖的、公正的第三方机构来承担。

CA 有四大职能:证书发放、证书更新、证书撤销和证书验证。

(1)证书发放。接受个人、商家、银行等参与交易的实体申请数字证书,核实情况,批准申请或拒绝申请,并颁发数字证书。数字证书一般分为持卡人证书、支付网关证书、商家证书、银行证书、发卡机构证书。

(2)证书更新。认证中心可以定期更新所有用户的数字证书,或者根据用户的请求更新用户的数字证书。

(3)证书撤销。证书到期,用户的身份变化或终止使用,用户的密钥被泄露,身份信息的更新等原因,认证机构就应撤销原有的证书。

(4)证书验证。确定证书的有效性,确认交易双方身份的合法性。

3. 我国电子商务认证机构的设立问题

在我国,一些省、自治区、直辖市和一些行业都进行了认证中心的建设、推广和实际操作的工作。例如,中国国际电子商务中心组建了中国电子商务认证中心;中国银行建立了基于 SET 协议的认证中心;广东省成立了广东省电子商务认证中心,并参与电子商务地方性法规的建设。

1998 年 9 月,中国金融认证中心(China Financial Certification Authority,CFCA)由中国人民银行牵头,由中国工商银行、中国建设银行、交通银行等 14 家全国性商业银行联合共建,是保证网上交易和支付安全的国家级权威金融认证机构。CFCA 自成立以来,一直致力于金融认证体系的研究和数字证书的推广发放工作,取得了巨大成就。

当前,在国际上也已有一些 CA 建设方面的经验值得我们借鉴。VISA(维萨)和 MasterCard(万事达)在 1997 年 12 月共同成立安全电子交易有限公司,即 SETCO,专门从事管理与促进 SET

协议在全球的应用推广,被授权作为 SET 根 CA;香港电子商务认证中心 JETCO(银行卡联营组织)负责建设。银行卡联营组织由会员银行组成,银行作为认证中心有着固有的优势。

(七)公钥基础设施(PKI)

公钥基础设施(Public Key Infrastructure,PKI)是网络安全的基础。其原理是利用公钥技术所构建的,用来解决网络安全问题的一种普遍适用的基础设施。可以说 PKI 是目前电子商务和电子政务必不可少的安全基础。PKI 技术是目前国际上公认的技术最成熟、使用最广泛的电子商务安全问题的完整解决方案。

PKI 体系结构采用证书管理公钥,通过第三方的可信任机构——电子商务认证中心,把用户的公钥和用户的其他标识信息(如名称、电子邮件地址、身份证号等)捆绑在一起,在互联网上验证用户的身份。PKI 体系结构把公钥密码和对称密码结合起来,在互联网上实现密钥的自动管理。其主要目的是通过自动管理密钥和证书,为用户建立起一个安全的网络运行环境,使用户可以在多种应用环境下方便地使用加密和数字签名技术,从而保证网上数据的机密性、完整性和不可抵赖性。

PKI 是一种遵循标准的密钥管理平台,涉及多个实体之间的协作过程,它们包括认证中心(CA)、数字证书库、密钥备份及恢复系统(密钥管理系统)、证书作废系统、PKI 应用接口系统(Application Programming Interface,API)及最终用户。

(1)认证中心(CA)。认证中心是 PKI 系统的核心组成部分。CA 负责管理 PKI 结构下的所有用户(包括各种应用程序)的证书,并进行用户身份的验证。为了保证验证结果的准确性,CA 必须具备权威性。

(2)数字证书库。数字证书库用于存储已签发的数字证书及公钥,并为用户提供所需的其他用户的证书及公钥。

(3)密钥备份及恢复系统。为了避免用户丢失解密数据的密钥,导致数据无法解密,PKI 需要提供备份与恢复密钥的功能。并且,为了保证密钥的唯一性,只能使用解密密钥进行备份与恢复,不能将私钥作为其备份与恢复的依据。

(4)证书作废系统。与纸质证书一样,网络证书也有一定的有效期限,在有效期内,证书能够正常使用并用于用户身份的验证。但若发生密钥介质丢失或用户身份变更等情况,则需要废除原有的证书,安装新的证书。

(5)应用接口(API)。应用接口为众多应用程序提供了接入 PKI 的接口,使这些应用能够使用 PKI 进行身份的验证,以确保网络环境的安全。

第三节 电子商务安全协议

电子商务应用的核心和关键问题是交易的安全性,除了采用各种安全保障技术,如加密技术和认证技术外,网络通信中还需要制定各种安全协议,以确保商家、消费者、银行等在电子商务交易中传递信息的安全性。电子商务安全协议比较有代表性的有安全套接层(Secure Sockets

Layer,SSL)协议、安全电子交易(Secure Electronic Transaction,SET)协议等。

一、安全套接层(SSL)协议

安全套接层协议是由网景(Netscape)公司提出的基于 Web 应用的安全通信协议。SSL 协议制定了一种在应用层协议和 TCP/IP 协议之间提供数据安全性分层的机制,它为 TCP/IP 连接提供数据加密、服务器认证、消息完整性以及可选的客户机认证。安全套接层协议是一种国际标准的加密及身份认证通信协议,是在客户端和服务器端之间建立安全通道的协议。安全套接层协议被大部分 Web 浏览器和 Web 服务器所内置,比较容易应用,是目前购物网站中经常使用的一种安全协议。

SSL 协议工作在 TCP/IP 体系结构的应用层和传输层之间,利用传输层 TCP 提供可靠的端到端安全传输,并且与应用层协议独立无关,应用层协议(如 HTTPS、FTPS、Telnets 等)能透明地建立在 SSL 协议之上。SSL 协议不是一个单独的协议,而是两层结构,主要包括握手协议和记录协议两个子协议,如图 5-9 所示,为 SSL 协议与 TCP/IP 的关系。

应用层协议 HTTPS、FTPS、Telnets、IMAPS 等
SSL 握手协议
SSL 记录协议
传输层(TCP 传输控制协议)
网络层(IP 协议)

图 5-9 SSL 协议与 TCP/IP 的关系

SSL 协议主要提供以下三方面的服务。

认证性。SSL 协议使用数字证书来验证客户和服务器的合法身份,确保数据将被发送到正确的客户端和服务器端。

机密性。在客户端和服务器端之间建立安全通道,在安全通道中传输的所有信息都经过了加密处理,以防止数据中途被截获或窃取。

完整性。密码算法和哈希(Hash)函数,确保数据在传输过程中不被改变。

SSL 协议是一个面向连接的协议,在涉及多方的电子交易中,只能提供交易中客户与服务器间的双方认证,而电子商务往往由客户、商家、银行等多方协作完成,SSL 协议并不能协调各方间的安全传输和信任关系。因此,需要安全性更高的 SET 协议来解决这方面的问题。

二、安全电子交易(SET)协议

安全电子交易协议是由 VISA(维萨)、MasterCard(万事达)创建,结合 IBM、Microsoft、Netscape(网景)等公司制定的电子商务中安全电子交易的一个国际标准。它是一种专门应用于开放网络环境中解决消费者、商家、银行之间通过银行卡支付完成交易而设计的安全电子支付规范,即以信用卡为基础的安全电子支付协议。

SET 协议工作在应用层,提供消费者、商家和银行之间多方的认证,是目前公认的基于信用卡网上交易的国际标准。SET利用公开密钥加密、数字签名、电子信封、数字证书等保证支付信息的机密性、支付过程的完整性、商家及客户（持卡人）的合法身份以及不可否认性，保证了在互联网上使用信用卡进行在线购物的安全。SET使用时需在客户端安装专门的电子钱包软件，在商家服务器和银行网络上也需安装相应的软件，部署成本较高。

SET协议是一种基于信息流的协议，是一个多方的报文协议，它定义了银行、商家、持卡者之间必需的报文规范，SET协议允许各方之间的报文交换不是实时的。SET协议报文能够在银行内部网或其他网络上进行传输。

三、SET协议与SSL协议的比较

支付系统是电子商务的关键。安全套接层协议和安全电子交易协议是两种重要的通信协议，它们都提供了基于Internet的支付手段。虽然它们都普遍适用于电子商务交易中，但由于最初设计目的的不同，因此，除了都使用RSA公钥算法以外，两者在认证要求、安全性、运行效率、工作层次、应用领域、部署成本等方面有比较大的差异，如表5-2所示。

表5-2 SET协议和SSL协议的比较

比较项目	SET协议	SSL协议
认证机制	多方均需认证	双方认证
安全性	较高	较低
交易流程	复杂	简单
运行效率	低	高
工作层次	应用层	传输层和应用层
应用领域	信用卡支付交易	主要用于信息交流
设置成本	需安装电子钱包	大部分浏览器内置

从近期来看，SET协议与SSL协议共存，二者优势互补。由于SSL协议的成本低、速度快、使用简单，对现有网络系统不需进行大的修改，因而目前取得了广泛的应用。但随着电子商务规模的扩大，网络欺诈的风险性也在提高，在未来的电子商务中SET协议将会逐步占据主导地位。如美国较多采用的是"面向商家的SET协议"，即在银行与商家之间采用SSL协议，银行内部采用SET协议，但这对银行的要求就更高了。

从远期来看，开发一种能融合SET协议与SSL协议优点的安全协议和认证系统，即在深入剖析SET、SSL协议的基础上，建立一个公钥基础设施（PKI）与CPK（CPK是我国学者提出的一种新的组合公钥体制），以CPK体制建立一级信任（直接级信任）和二级信任，解决内部网的认证；以PKI建立二级和二级以上的信任，解决与外部网之间的认证，能兼容B2B、B2C的安全协议和认证体系，以适应银行卡、电子现金、电子支票等各种电子交易模式。其发展前景良好，将来必会取代SSL协议、SET协议成为电子商务的主流安全协议。

第四节　电子商务安全管理

在互联网上从事电子商务活动的前提是交易各个环节的安全性及可靠性。除了在技术上保障交易的安全性、可靠性和可用性外，还需要从制度上给予保障，主要涉及电子商务安全管理制度、电子商务的诚信体系建设、电子商务安全法律法规等。电子商务安全方面问题的预防和解决必须依赖制度的不断完善、相关法律的健全和实施。电子商务安全管理实践表明，大多数安全问题是由于管理不善造成的。健全的电子商务安全管理制度的科学制定和有效实施是保证网上交易和商务活动安全顺利进行的重要基础。

一、电子商务安全管理制度

电子商务安全管理制度是用文字的形式对各项安全要求所作的规定，是保证企业取得电子商务成功的基础，是企业电子商务人员工作的规范和准则。制定安全管理制度，规定电子商务从业人员安全工作的规范是很有必要的，这些制度主要包括人员管理制度、保密制度、跟踪审计制度、网络系统日常维护制度、数据备份制度、用户管理制度、应急制度等。

(一)人员管理制度

人员管理制度是从人员选拔、工作责任落实和安全运作必须遵循的基本原则方面制定的相应工作制度，同时要加强电商从业人员的教育与培训，强化责任心、保密意识、安全意识以及法律意识，提升从业人员的专业技能和职业道德。对电子商务从业人员的管理一般应遵循双人负责原则、任期有限原则和最小权限原则。

(二)保密制度

保密制度是电子商务系统涉及企业的市场、生产、财务、供应链等多方面的机密信息，如客户资料、公司财务状况、密钥等，需要建立完善的保密体系，对信息安全级别进行划分，通常将信息划分为三个安全级别：绝密级、机密级、秘密级。企业可根据划分后的安全级别，确定安全防范重点，提出相应的保密措施。绝密级信息如公司战略计划、公司内部财务报表等。此部分信息不在互联网上公开，只限于企业高层人员掌握。机密级信息如公司的日常管理情况、会议通知等，此部分信息不在互联网上公开，只限企业中层以上人员使用。秘密级信息如公司简介、新产品介绍及订货方式等，此部分信息在互联网上公开，供客户浏览，但必须设置保护程序，防止"黑客"入侵。

(三)跟踪审计制度

跟踪制度要求企业建立网络交易系统日志机制，记录操作日期、操作方式、登录次数、运行时间、交易内容等，以便对系统的运行进行监督、维护分析、故障恢复。审计制度是对系统日志的定期检查、审核，及时发现对系统有安全隐患的记录，监控各种安全事故，维护和管理系统日志。

(四)网络系统日常维护制度

网络系统的日常维护包括软、硬件的日常维护和管理。硬件的日常维护与管理是对网络设备、服务器、客户机,以及通信线路进行定期规范的巡查、检修。硬件设备分为可管设备和不可管设备。对于可管设备,通过安装网管软件进行系统故障诊断、显示及通告,网络流量与状态的监控、统计与分析,网络性能调优、负载平衡等。对于不可管设备,通过手工操作来检查状态,做到定期检查与随机抽查相结合,以便及时准确掌握网络的运行状况,一旦有故障发生能及时处理。软件的日常维护与管理主要是规范地对支撑软件作定期清理和整理、监测、处理特殊情况,以及对应用软件的升级等操作。对于系统软件,一般需要进行定期清理日志文件、临时文件,定期执行整理文件系统,检测服务器上的活动状态和用户注册数,处理系统运行的中断情况。

(五)数据备份制度

数据备份是利用多种介质对系统数据进行存储,定期为重要数据备份,为系统设备备份,并定期更新,以减少安全事故发生后的损失。重要数据的存储应采用只读式数据记录备份,备份的数据必须指定专人负责保管。数据保管员必须对备份数据进行规范的登记管理,备份数据保管地点应有防火、防热、防潮、防尘、防磁等措施。

(六)用户管理制度

每个系统都设置了若干角色,用户管理的任务就是添加或者删除用户和用户组号,并为用户分配权限。用户管理最重要的是要做到统一管理和配置。

(七)应急制度

在开展电子商务之初,就必须制订交易安全计划和应急方案,以防患于未然,如各种突发事件或灾难事件。一旦发生意外,可以最大限度地减少经济损失,使系统恢复正常,保证交易正常进行。

(八)做好电子商务安全问题的日常防范

对于普通用户来说,做好电子商务安全问题的日常防范很重要。它可以帮助用户在一定程度上降低安全风险,保证用户免受非法用户的侵害。常用的电子商务安全问题的日常防范手段如下。

(1)安装合适的防火墙与杀毒软件,阻挡来自外界的威胁。

(2)禁止磁盘或文件自动运行。对在网络中下载的文件、程序或手机应用软件,应该经过杀毒软件查杀后再打开。

(3)重要的文件要加密,并进行备份。

(4)密码设置尽量复杂,不要使用生日、身份证号码等容易被破解的密码,养成定期修改密码的习惯;输入密码时尽量使用"复制+粘贴"的方式,以防止键盘记录木马。

(5)不要因好奇随意接收和打开陌生文件,最好先进行病毒查杀或拒收。

(6)不要轻易访问不正规的陌生网站,或者轻易下载免费软件,否则极容易将木马程序引入自己的计算机中。

(7)使用手机上网时,不要随意连接公众场所的免费 Wi-Fi,避免信息泄露。

(8)及时更新运行系统,防止系统流动造成损失。

二、电子商务的诚信体系建设

电子商务领域的信用缺失是社会信用状况的集中体现。要解决这些问题,不仅需要电子商务平台不断完善相关机制设计,更需要将其纳入社会信用体系建设大局之中。国家发展和改革委员会联合相关部门于 2016 年 12 月 30 日发布了《关于全面加强电子商务领域诚信建设的指导意见》(以下简称《意见》),明确表示通过多种手段、发挥多方力量着力解决该领域的诚信缺失问题,无论是对于遏制电子商务活动中的失信行为,还是提高市场监管和社会治理水平,都有着重要意义。

(一)构建全流程电子商务信用体系

加强电子商务领域诚信建设靠的是信用体系建设,是制度性的,而不是临时性的,既针对现有问题,也注重强化长效机制建设。梳理《意见》所提措施一个突出特点是对信用体系建设各个环节、电子商务活动各个环节都作了明确部署,构建了全链条的电子商务信用体系。同时应加强诚信教育,建立诚信联合组织,加强社会文化的建设,为电子商务的诚信创造良好的社会文化环境。

(二)注重发挥多主体力量协同治理

信用体系建设是一项系统工程,需要多主体共同发力、协同推进。《意见》对政府、电子商务平台、第三方机构和社会组织等都赋予了较为明确的角色,充分发挥上下联动、多方协同的合力,落实电子商务平台主体责任。电子商务平台是该领域诚信建设的重要主体,具有相当程度的监管职能。平台通过相应的机制设计能够在很大程度上规范相关活动主体的诚信行为。充分发挥平台作用是构建新型监管体系应重点考虑的。《意见》明确要强化落实电子商务平台的主体责任,对不积极履行主体责任的电子商务平台,要及时采取约谈、通报等措施,并依法做出行政处罚。

(三)联合奖惩是重要抓手

联合奖惩措施意在优化信用主体进行诚信度决策的制度条件,也就是提高守信的收益而增大失信的成本,使各主体更倾向于选择守信而不是失信。实施电子商务信用联合奖惩将大大增强信用约束的力量,通过监管部门、金融机构、平台企业等多个主体综合发力,让守信者一路畅通,失信者寸步难行。在信用信息全面真实的基础上,切切实实的收益成本显而易见,将会很明显地推动行为主体自觉守信,形成良好的电子商务信用环境。《意见》提出的信用联合奖惩措施强调加大力度,包括公示力度、激励力度、惩戒力度和对违法失信行为的打击力度。目前,已发布《关于对电子商务及分享经济领域炒信行为相关失信主体实施联合惩戒的行动计划》,专门针对电子商务及分享经济领域非常典型的"炒信"行为开展联合惩戒,落实到"炒信"行为责任单位及其法定代表人、主要负责人、直接责任人,效果反应良好。

总体上,《意见》对电子商务领域的信用问题作了全面系统的布局,既针对现阶段的典型行为,也注重构建长效机制。同时,电子商务领域的互联网技术应用比较深入,各政府部门、平台及其他社会组织既有意愿,也有相对先进的技术方法来落实相关部署,相信能够从根本上更长远地提高电子商务领域诚信水平,促进我国电子商务产业健康发展。

三、电子商务安全法律法规

电子商务的安全运行仅从技术和管理角度防范还远远不够,必须完善电子商务立法,以应对飞速发展的电子商务实践中存在的各类问题,引导和促进电子商务快速、健康发展。电子商务安全法律法规通过法律制度来规范和约束在线商务活动中人们的思想和行为,将电子商务安全纳入规范化、法治化和科学化的轨道,是保障电子商务长远发展的根本。如我国2005年4月1日起施行的《中华人民共和国电子签名法》、2017年6月1日起施行的《中华人民共和国网络安全法》、2019年1月1日起施行的《电子商务法》、2021年11月1日起施行的《中华人民共和国个人信息保护法》等。

《中华人民共和国电子签名法》规定,可靠的电子签名与手写签名或者盖章具有同等的法律效力,标志着中国电子签名领域有法可依,也标志着我国首部"真正意义上的信息化法律"正式诞生,而且推动了数字证书的普及和使用,对我国电子商务、电子政务的发展起到极其重要的促进作用。

《中华人民共和国网络安全法》作为我国第一部全面规范网络空间安全管理问题的基础性法律,该法坚持以总体国家安全观为指导,认真落实习近平总书记就网络安全问题提出的一系列新思想新观点新论断,直面解决当前我国网络安全领域的突出问题,必将成为我国维护国家网络空间主权、安全和发展利益的重要保障,同时明确加强对个人信息保护,打击网络诈骗。

《电子商务法》是我国电商领域首部综合性法律,是保障电子商务各方主体的合法权益、规范电子商务行为的一部专门法。对于消费者权益、电商平台权益及经营者权益来说都是强有力的法律支柱,更能有效规范当前行业弊端与整治市场乱象。

《中华人民共和国个人信息保护法》集中体现了以人民为中心的立法理念,并在国家层面建立健全个人信息保护制度,预防和惩治侵害个人信息权益的行为。《中华人民共和国个人信息保护法》切实将广大人民群众网络空间合法权益维护好、保障好、发展好,使广大人民群众在数字经济发展中享受更多的获得感、幸福感、安全感。

因此,政府应加快制定有关网上知识产权保护、隐私权保护、网上信息管制、虚拟财产保护等方面的法律法规,不断完善我国电子商务法制环境,大力推动我国电子商务的发展。

目前,世界上的电子商务相关法律主要涉及计算机犯罪立法、计算机安全法规、隐私保护、网络知识产权保护、电子合同相关法规等,初步满足了电子商务机密性、有效性、完整性、可认证性、可控性和抗抵赖性的安全需求。但是,电子商务安全不可能一劳永逸,必须以发展的眼光来看待,做好应对新问题的准备。

《课后练习》

一、单项选择题

1. 电子商务顺利开展的核心和关键问题是(　　)
   A. 交易的安全　　　　　　　　B. 交易的流程

C. 交易的网络环境   D. 交易实现的技术

2. 网络安全面临的威胁不包括（   ）
   A. 黑客攻击   B. 计算机病毒
   C. 系统本身存在安全漏洞   D. 抵赖行为

3. 交易信息在传输和存储过程中保持一致，这是指电子商务需求的（   ）
   A. 信息的机密性   B. 信息的完整性
   C. 信息的不可否认性   D. 交易者身份的真实性

4. 在电子商务的交易安全中，可能面临的威胁不包括（   ）
   A. 信息篡改   B. 假冒他人身份   C. 抵赖行为   D. 计算机病毒

5. 下列有关防火墙安全策略的说法，正确的选项是（   ）
   A. "一切未被禁止的都是允许的"安全性高
   B. "一切未被允许的都是禁止的"安全性低
   C. "一切未被禁止的都是允许的"灵活性高
   D. "一切未被允许的都是禁止的"便捷性高

6. 用散列函数对明文进行处理后，生成（   ）
   A. 数字签名   B. 数字证书   C. 数字摘要   D. 密文

7. 用于开放网络进行信用卡电子支付的安全协议是（   ）
   A. SSL   B. TCP/IP   C. SET   D. HTTPS

8. 下列关于 SSL 协议与 SET 协议的比较的说法，错误的是（   ）
   A. SET 协议安全性更高
   B. SET 协议效率相比 SSL 协议更高
   C. SSL 协议的工作层次在传输层和应用层之间
   D. 大部分浏览器都支持 SSL 协议，主要用于信息交流

9. 下列有关对称密钥加密技术，错误的选项是（   ）
   A. 对称加密的密钥管理简单
   B. 对称加密技术无法解决数字签名验证的问题
   C. 已知加密密钥可推导出解密密钥
   D. 对称加密的速度快、效率高

10. （   ）是网络通信中标志通信各方身份信息的一系列数据，提供一种在 Internet 上验证身份的方式。
    A. 数字认证   B. 数字证书
    C. 电子证书   D. 电子认证

二、多项选择题

1. 下列关于电子商务安全内涵的说法正确的有（   ）
   A. 电子商务安全问题关键是技术问题
   B. 电子商务安全不仅包括电子商务安全技术，还涉及复杂的管理和安全立法等多方位的保障
   C. 电子商务安全从来就是一个系统的、相对的概念

D. 电子商务安全是有成本和代价的

2. 电子商务安全交易的关键是在开放的网络环境中如何保证信息传递（　　），以及预防未经授权的非法入侵者入侵。

  A. 完整性   B. 有效性

  C. 机密性   D. 可靠性

3. 进行用户身份认证时，可能通过（　　）生物特征进行验证。

  A. 声音   B. 指纹

  C. 虹膜   D. 签名

4. 数字签名可用来（　　）

  A. 防止电子信息因易被修改而有人伪造

  B. 防止冒用别人名义发送信息

  C. 防止发出信件后又加以否认等情况发生

  D. 防止收到信件后又加以否认等情况发生

5. 加密技术为电子商务安全提供的服务有（　　）

  A. 机密性   B. 完整性

  C. 进行身份鉴别   D. 提供抗抵赖服务

三、简答题

1. 举例说明电子商务面临的主要安全威胁有哪些。

2. 比较分析对称加密和非对称加密。

3. SSL、SET、PKI分别是什么？有什么作用？

4. 用户进行日常电子商务活动时，应该如何采取措施来进行安全维护？

四、主题讨论

1. 电商时代，你有隐私吗？请谈谈你的观点。

2. 电子商务安全还是不安全？请谈谈你的观点。

五、项目实训

1. 结合具体案例，分析目前电子商务面临的主要安全问题，并根据真实案例，设计出有针对性的应对措施。

2. 为消除移动支付带来的安全隐患，在手机端的移动支付平台上进行如下操作：

（1）开启数字证书，记录操作过程，并解释说明为什么要开启数字证书；

（2）关闭一些服务：支付宝"免密支付/自动扣款"功能。

第六章　电子支付

学习目标

理解：电子支付的定义、特点；第三方支付的定义、类型；移动支付；网上银行；数字人民币的定义、功能及特点。

掌握：电子支付的一般流程；电子支付系统的构成和分类；不同的电子支付工具、第三方支付的类型。

应用：了解各类支付方式及其使用方法。

思维导图

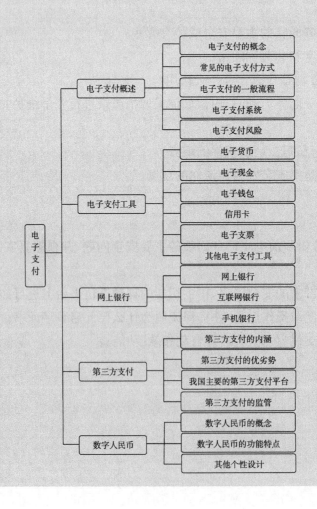

案例导读 1

全球数字支付公司排名：前五名中国占三席 支付宝排第一

2022年6月，英国的市场调研机构Juniper Research公布了一份二维码支付的市场调研报告。据悉，这份报告评估了全球市场上大约15家知名数字支付公司，从而得出了一些数据和排名。Juniper Research在报告中预测，到2025年，全球通过二维码完成的支付消费将会取得较大幅度的增长，总量将会超过3万亿美元(约20万亿元人民币)。

在数字支付公司排名方面。Juniper Research通过综合分析得出了全球前五的数字支付公司，它们分别为支付宝、PayPal、微信支付、谷歌支付以及银联中国。我们可以看到，在全球前五的数字支付公司中，有三家来自于中国，都是大部分中国人经常接触到的。

其中，支付宝在2021年12月的月度活跃用户规模达到了7.96亿人，日度活跃用户规模已经达到了3.57亿人，月人均使用时长为113.14分钟，各项数据均居国内市场的前列。而微信的月度活跃用户数量在2021年初就达到了12亿人，依托微信平台的微信支付，其用户活跃数量和支付规模也是相当可观的。

案例导读 2

中国电商网络零售市场、移动支付规模等稳居世界第一

商务部副部长盛秋平在2022年服贸会"中国电子商务大会"上表示，中国电子商务在网络零售市场、网购人数、数字化快递业务以及移动支付规模方面稳居世界第一，成为畅通国内国际双循环的重要力量。

盛秋平表示，推动电子商务高质量发展是时代所需、大势所趋。2021年以来，尽管面临诸多超预期因素影响，中国电子商务仍展现出极强韧性，全国网上零售额达13.1万亿元，跨境电商进出口额达1.92万亿元，电子商务从业人数超过6700万人。2023年1—7月，继续呈现强劲活力，全国网上零售额达7.3万亿元，其中实物商品网上零售额6.3万亿元，占社会消费品零售总额的比重为25.6%，高出全球平均水平约6个百分点，农产品网上零售额增长10.2%。

课程思政

新时代我国电子支付发展居于世界领先地位，并为世界电子支付发展做出了贡献，通过对电子支付章节的学习，让学生们了解电子支付演变及发展特征，主要的电子支付工具，我国电子支付领先技术，通过与国际电子支付发展现状对比，让学生在感受国家改革发展巨大成就的同时，进一步提升大学生的中国自信。

第一节　电子支付概述

随着电子商务的迅猛发展,支付问题成了电子商务发展遇到的瓶颈之一。电子支付构成了电子商务的核心环节,如果没有支付,整个电子商务过程无法完成。只有安全、快捷地实现电子支付才能实现电子商务涉及的信息流、商流、资金流和物流的有机结合,才能确保电子商务交易顺利进行。

一、电子支付的概念

目前,我国的电子商务正处于蓬勃发展的黄金时期,电子商务已经融入企业生产和流通的各个环节。电子商务作为一种全新的商务模式,为全球客户提供了一种成本低廉、操作便捷的交易方式。交易资金的流转效率是决定电子商务交易系统能否快捷、安全、低成本运行的关键,资金流动与处理的效率和成本的高低将直接影响到电子商务的执行效率,因此电子商务对交易的结算方式提出了更高的要求。早期电子商务难以快速发展的根本原因,即支付问题没有有效解决,这也是阻碍电子商务迅速发展的问题。

20世纪90年代,国际互联网迅速走向普及化,逐步从大学、科研机构走向企业和家庭,其功能也从信息共享演变为一种大众化的信息传播手段,商业贸易活动逐步进入这个王国。使用因特网,既降低了成本,也造就了更多的商业机会,电子商务技术从而得以发展,使其逐步成为互联网应用的最大热点。为适应电子商务这一市场潮流,电子支付随之发展起来。

2005年10月,中国人民银行公布《电子支付指引(第一号)》,规定了电子支付的定义,是指单位、个人直接或授权他人通过电子终端发出支付指令,实现货币支付与资金转移的行为。电子支付的类型按照电子支付指令发起方式分为网上支付、电话支付、移动支付、销售点终端交易、自动柜员机交易和其他电子支付。简单来说电子支付是指电子交易的当事人,包括消费者、厂商和金融机构,使用安全电子支付手段,通过网络进行的货币支付或资金流转。电子支付是电子商务系统的重要组成部分。

我国支付行业的发展

二、常见的电子支付方式

按照中国人民银行对电子支付业务渠道细分,分为网上支付、移动支付、电话支付和其他(包括销售网点终端支付、自动柜员机支付、智能电视支付等)。网上支付和移动支付是我国主要电子支付方式。据统计,2021年我国网上支付业务数量为1022.8亿笔,占比37.2%,移动支付为1512.3亿笔,占比55.0%,电话支付2.7亿笔,占比0.1%。2014—2021年我国网上支付业务数量趋势如图6-1所示。

图 6-1 我国网上支付业务数量趋势图

(一)网上支付

网上支付是指用户通过互联网实现的资金转移,也称互联网支付。网上支付采用先进的技术通过数字流转来完成信息传输,客户和商家足不出户即可完成交易。网上支付的手段主要有银行卡网上支付与第三方网上支付。

1. 银行卡网上支付

银行卡网上支付是指通过商业银行提供的银行卡为网上交易的客户提供电子结算的手段。银行卡网上支付具有方便、快捷、高效、经济、安全、可靠的优势,是目前应用广泛的电子支付模式。

2. 第三方网上支付

第三方网上支付是指具备一定实力和信誉保障的第三方独立机构采用与银行签约的方式,提供与银行支付结算系统接口的交易支持平台的网上支付方式。有关第三方支付的内容我们将在第四节中重点介绍。

(二)移动支付

1. 移动支付的定义

移动支付,是指用户使用移动终端设备(包括智能手机、掌上电脑、移动 PC 等)为载体进行支付的一种支付方式。移动支付允许用户借助于移动终端对所消费的商品或服务进行款项支付,同时允许单位或个人通过移动设备、互联网或者近距离传感,以直接或间接的方式向银行发送支付指令,进而进行货币支付与资金转移。手机是目前移动支付中使用最普遍的移动设备,利用手机进行支付的支付方式称为手机支付。移动支付系统为每个移动用户建立一个与其手机号码关联的支付账户,为移动用户提供了一个通过手机进行交易支付和身份认证的途径。

整个移动支付价值链包括移动运营商、支付服务商(如银行、银联等)、应用提供商(如公交、校园、公共事业等)、设备提供商(如终端厂商、卡供应商、芯片提供商等)、系统集成商、商家和终端用户。

Huawei Pay"零钱卡"上线

2. 移动支付的特点

移动支付的特点主要包括以下几点。

(1)安全性好。移动支付采用了高技术的加密措施,其解密密钥保留在支付中心的主机里而非通信网络中,解密过程也在支付中心的主机中进行,能够有效保证客户资金的安全和信息的保密。

(2)操作简单。移动支付主要由菜单和人机对话框组成,业务提示主要通过发送短信或拨打电话来实现。

(3)不受地域限制。移动支付可以依据需要随时随地完成,相对于电话支付和网上支付不受到地域的限制。

(4)兼容性较好。由于移动运营商相对数量较少,所使用的通信标准也相同,很容易解决兼容性问题。

3. 移动支付的分类

依据不同的分类方式,可将移动支付分为以下几类。

(1)依据支付金额的大小,可以将移动支付划分为大额支付和小额支付。大额支付是指用户将银行账户和手机账户进行绑定,用户可以通过多种方式对和手机捆绑的银行卡进行交易操作;小额支付业务主要是指移动运营商与银行合作,建立预测费用账户,用户可以通过移动通信平台发送划账指令实现费用的代缴。

(2)依据支付时交易双方是否在同一现场,可以将移动支付划分为远程支付和现场支付。远程支付指的是用户使用移动终端在移动商务平台中选购商品或服务,在支付时通过无线通信网络与后台服务器之间进行交互,由服务器端完成支付,如使用手机购买铃声就属于远程支付;现场支付是指移动终端通过非接触受理终端在本地或者接入收单处理网络完成支付过程的支付方式,如手机公交一卡通就属于现场支付。按照业务模式和产品形态的不同,远程支付还可以进一步分为手机银行、手机钱包、终端 POS 机、手机圈存以及手机一卡通等。

(3)根据实现方式的不同,可以将移动支付分为两种:一种是通过短信、WAP 等远程控制完成支付;另一种是通过近距离非接触技术完成支付,主要的近距离通信技术有蓝牙、RFID 和 NFC 等。

4. 移动支付的典型形式

移动支付的典型形式主要包括扫码支付、指纹支付、刷脸支付、NFC 手机钱包四种。

(1)扫码支付。在该支付方案下,商家可把账号、商品价格等交易信息汇编成一个二维码,并印刷在各种报纸、杂志、广告、图书等载体上发布。用户通过手机客户端扫二维码,便可实现与商家支付宝、微信账户的支付结算。商家根据支付交易信息中的用户收货、联系资料,就可以进行商品配送,完成交易。

(2)指纹支付。指纹支付即指纹消费,是采用目前已成熟的指纹系统进行消费认证,即顾客使用指纹注册成为指纹消费折扣联盟平台会员,通过指纹识别即可完成消费支付。

(3)刷脸支付。刷脸支付是基于人工智能、机器视觉、3D 传感、大数据等技术实现的新型支付方式,具备更便捷、更安全、体验好等优势。

(4)NFC钱包。通过在手机中植入NFC芯片或在手机外增加NFC贴片等方式,将手机变成真正的钱包。在付钱时,需要商户提供相应的接收器,"刷一下"用户手机,便捷付款,整个过程很像是在刷公交卡。

移动支付无处不在

(三)销售网点终端支付

销售网点终端支付是指通过销售场所的POS机实现电子资金转账的电子支付方式。POS机是一种多功能终端,可被安装在信用卡的特约商家和受理网点中与计算机联成网络,为客户提供现场购物刷卡服务,实现电子资金的自动转账。销售网点终端POS机具有消费预授权、查询支付名单等功能,避免了验钞、找零等手续,使购物方便、安全、快捷。

(四)自动柜员机支付

自动柜员机支付是指通过商业银行的自助银行系统与银行的网络完成资金转账的支付方式。自动柜员机是一种高度精密的机电一体化装置,利用磁性代码卡或智能卡实现金融交易的自助服务。自助银行借助于ATM等设备为客户提供实时的现金支取、资金转账等金融服务,还可以完成现金存款、存折补登等工作。自动柜员机支付是被消费者较早接受的电子支付方式,并且在大中型城市中已经得到普及。

(五)其他电子支付方式

随着网络的发展,越来越多的电子支付方式应运而生,如电视银行。电视银行是依托数字电视运营商的双向数字网,是以有线电视机与机顶盒为客户终端,以电视遥控器为操作工具的"家居银行"。通过技术创新,增加浏览器软件二次加密技术,保证了客户信息的安全,解决了跨系统、跨网络的数据安全问题,使广大市民在欣赏电视节目的同时,足不出户就可以享受费用交纳、电视购物、资金转账等现代金融服务。

电子支付的其它分类

三、电子支付的一般流程

电子支付的一般流程是,消费者浏览在线商店的商品目录,通过与商家协商选定商品,选择结算方式,填写订单提交给商家。销售商据此要求消费者的银行对支付指令进行审核和授权。得到授权后,销售商向消费者发出装运和结算的确认。接着,销售商按订单装运货物或提供所要求的服务。最后,销售商要求消费者的银行进行结算,如图6-2所示。

简言之,电子支付的流程主要包括支付的发起、支付指令的交换与清算、支付的结算等环节。清算,指结算之前对支付指令进行发送、对账、确认的处理,还可能包括指令的轧差。轧差,指交易伙伴或参与方之间各种余额或债务的对冲,以产生结算的最终余额。结算,指双方或多方对支付交易相关债务的清偿。

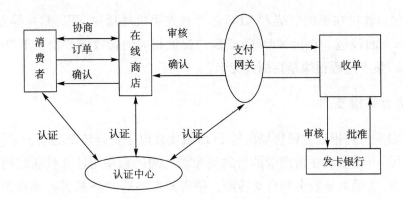

图 6-2 电子支付一般流程示意图

四、电子支付系统

电子支付系统是采用数字化、电子化形式，通过网络完成电子货币数据交换和结算等金融活动的业务系统。电子支付系统能够把新型支付手段，包括电子现金、信用卡、借记卡、智能卡等的支付信息通过网络安全传送到银行或相应的处理机构，实现电子支付。电子支付系统是实现网上支付的基础。

（一）电子支付系统的构成

电子支付系统是集购物流程、支付工具、安全技术、认证体系、信用体系及金融体系为一体的、综合的大系统，分为支付服务系统、支付清算系统、支付信息管理系统三个层次，具体包括参与者、支付工具与支付协议等几个部分。电子支付系统的基本构成如图 6-3 所示。

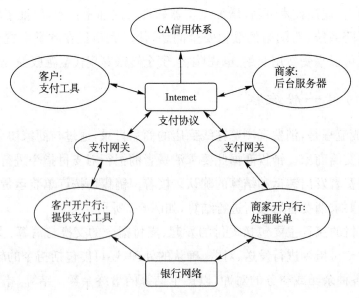

图 6-3 电子支付系统的基本构成

电子支付系统包括以下组成要素。

1. 客户

客户是指与某商家有交易关系并存在未清偿的债权债务关系（一般是债务）的一方。客户用自己拥有的支付工具(如信用卡电子钱包等)发起支付,是支付体系运作的原因和起点。

2. 商家

商家是拥有债权的商品交易的另一方,他可以根据客户发起的支付指令向金融体系请求获取货币给付。商家准备了优良的服务器来处理这一过程,包括认证以及不同支付工具的处理。

3. 支付网关

支付网关是公用网和金融专用网之间的接口,支付信息必须通过支付网关才能进入银行支付系统,进而完成支付的授权和获取。支付网关的建设关系着支付结算的安全及银行自身的安全,关系着电子商务支付结算的安排以及金融系统的风险,必须十分谨慎。因为电子商务交易中同时传输了两种信息——交易信息与支付信息,必须保证这两种信息在传输过程中不能被无关的第三者阅读,包括商家不能看到其中的支付信息(如信用卡号、授权密码等),银行不能看到其中的交易信息(如商品种类、商品总价等)。

4. 客户开户行

客户开户行是指客户在其中拥有账户的银行,客户所拥有的支付工具就是由开户行提供的。客户开户行在提供支付工具的时候也同时提供了一种银行信用,即保证支付工具的兑付。在卡基支付体系中,客户开户行又被称为发卡行。

5. 商家开户行

商家开户行是商家在其中开设账户的银行,其账户是整个支付过程中资金流向的地方。商家将客户的支付指令提交给其开户行后,就由开户行进行支付授权的请求以及行与行间的清算等工作。商家的开户行是依据商家提供的合法账单(客户的支付指令)来工作的,因此又称为收单行。

6. CA 中心

CA 中心即认证机构,负责为参与商务活动的各方(包括客户、商家与支付网关)发放数字证书,以确认各方的身份,保证电子商务支付的安全性。认证机构必须确认参与者的资信状况(如通过在银行的账户状况,与银行交往的信用历史记录等)。因此认证过程也离不开银行的参与。

7. 金融专网

金融专网是银行内部及银行间进行通信的网络,具有较高的安全性,包括中国国家现代化支付系统、中国人民银行电子联行系统、中国工商银行电子汇兑系统、银行卡授权系统等。中国银行的金融专用网发展很迅速,为逐步开展电子商务提供了必要的条件。

除以上参与各方外,电子商务支付系统的构成还包括支付中使用的支付工具以及遵循的支付协议,是参与各方与支付工具、支付协议的结合。其中目前经常被提及的电子支付工具有银行卡、电子现金、电子支票等。在网上交易中,消费者发出的支付指令,支付网关之前,是在公用网中传送的。考虑公用网上支付信息的流动及其安全保护,就是支付协议的责任。目前已经出现了一种比较成熟的支付协议(如 SET 协议、SSL 协议等)。一般一种协议针对某种支付工具,对交易中的购物流程、支付步骤、支付信息的加密认证等方面作出规定,以保证在复杂的公用网中的交易双方能快速、有效、安全地实现支付与结算。

(二)电子支付系统的功能

虽然货币的不同形式会导致不同的支付方式,但安全、有效、便捷是各种支付方式追求的共同目标。对于一个支付系统而言(可能专门针对一种支付方式,也可能兼容几种支付方式),它应有以下的功能。

1. 实现对各方的认证

网上交易商场是一个虚拟的、开放的市场,为保证交易的安全性,电子支付系统可以通过认证机构或注册机构对网上参与交易活动的各方发放数字证书,并在交易过程中使用数字签名来进行身份的有效性认证,以防止交易欺诈。

2. 实现对数据的加密

网上交易传输的信息都是关于各方身份、交易内容、资金等的私密内容,为了防止这些信息泄露,电子支付系统可以使用私有密钥加密法和公开密钥加密法进行信息加密与解密,并采用数字信封、数字签名等技术来加强数据传输的保密性,以防止未被授权的第三者获取信息的真正含义。商家一般可以利用加密和消息摘要算法进行数据的加密,以确保数据的完整性。

3. 确保业务的不可否认性

在交易过程中双方出现纠纷时,如果某一方对交易情况予以否认,如客户对他所发购买消息的否认、支付金额的否认,以及商家对他接收订单的否认等,就会使另一方的权益受到威胁。电子支付系统可以采用数字签名等技术保证业务的不可否认性。

4. 确保数据的完整性

在网上传输交易信息的过程中,数据有可能被未授权者非法篡改,为保护数据完整无缺地到达接收者,电子支付系统可以采用消息摘要算法以确保数据的完整性。

5. 支持多边支付

由于网上交易牵涉客户、商家和银行等多个对象,商家只有确认了订单信息后才会继续交易,银行也只有确认了支付信息后才会支付相应金额,因此,买卖信息与支付结算信息的传送必须连接在一起。同时,商家不能读取客户的支付信息,银行不能读取商家的订单信息,电子支付系统可以采用双联签字等技术来处理这种交易中多边支付的问题。

(三)电子支付系统的分类

目前,电子支付系统主要分为大额支付系统、小额支付系统、联机系统和电子货币四种类型。

1. 大额支付系统

大额支付系统主要处理各银行间大额资金转账,是一个国家支付体系的核心应用系统。大额支付系统通常由中央银行运行,采用实时支付模式,处理贷记转账,也有少数由私营部门运行。大额支付系统处理的业务量很少但资金额大,因此风险管理特别重要。

大额电子资金划拨系统(High Value Payment System,HVPS)是逐笔实时处理的全额清算系统,用于处理同城和异地的跨行与行内的大额贷记支付,以及时间紧急的其他贷记业务,主要用于行际和行内的清算资金余额转账、企业间的资金调拨以及投资支付和其他大额资金支付。

在图6-4中,中国工商银行北京市分行通过大额支付系统向中国农业银行上海市分行支付一笔金额为100万元的大额汇款,具体步骤如下。

中国工商银行北京市分行将大额支付指令实时发送至北京CCPC(城市处理中心)。

北京 CCPC 将大额支付指令实时转发至 NPC(国家金融清算总中心)。

NPC 实时全额完成资金清算后转发至上海 CCPC(城市处理中心)。

上海 CCPC 将大额支付指令实时转发至中国农业银行上海市分行,完成资金汇划。

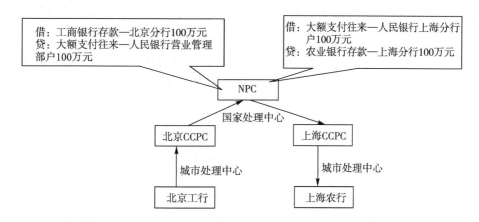

图 6-4　大额电子资金划拨系统的业务处理流程

2. 小额支付系统

小额支付系统指自动清算所(Automated Clearing House,ACH),以净额结算的形式进行批量支付处理,主要处理预先授权的小额支付业务。小额电子资金划拨系统(Bulk Electronic Payment System,BEPS)适用于诸如付款到收款存在时间差的支付,预先授权的循环支付(如代发工资、代付房租、水电费、电话费、税金和保险费等),截留票据的借记和贷记支付等。这类支付金额不大,时间要求不高,但交易笔数大,为提高效率和降低成本,一般采用批处理方式,净额结算资金。BEPS 可有效地加快资金流动,减小现金、支票和各类票据的流通量,降低风险,节约转账成本,方便客户。

3. 联机系统

联机系统主要指自动取款机(Automated Teller Machine,ATM)系统,其支付工具为银行卡(信用卡、借记卡或 ATM 卡和电子现金等),主要特点是金额小、业务量大,交易资金采用净额结算。

4. 电子货币

电子货币指以数据形式存储在计算机中并通过计算机网络来使用的资金形式。常见的电子货币类型有储值和信用卡型、智能卡型、电子支票型、数字现金型和比特币等。2020 年,深圳市人民政府联合中国人民银行发放了数字人民币红包,在全球范围内率先进行数字货币公测,对于推行数字货币意义重大。

电子诈骗案例

五、电子支付风险

(一)计算机网络风险

计算机网络风险包括计算机网络设备风险、计算机网络系统风险、数据库风险等。其特征是针对计算机网络本身可能存在的安全问题,实施网络安全增强方案,以保证计算机网络自身的安全性为目标。

(二)商务交易风险

商务交易风险是传统商务在互联网络上应用时产生的各种安全问题,在计算机网络安全的基础上保障电子商务过程的顺利进行,即实现电子商务的保密性、完整性、可鉴别性、不可伪造性和不可抵赖性。电子商务的形式多样,涉及的安全问题各不相同,但其中最核心和最关键的问题就是交易的安全性。一般来说商务安全中普遍存在着以下几种安全隐患:窃取信息、篡改信息、假冒、恶意破坏。

第二节 电子支付工具

随着市场经济的不断发展,支付方式及支付工具也在不断变革。传统的现金与支票等支付工具已不能满足市场需要。19世纪末20世纪初,一些商户开始自行设计和使用各种结算卡,开始了对支付手段的变革。除了各种卡支付方式,电子货币、电子现金、电子支票及其他各种电子支付工具应运而生。

随着计算机技术的发展,电子支付的工具越来越多。这些支付工具可以分为三大类:电子货币类,如电子现金、电子钱包等;电子信用卡类,包括智能卡、借记卡、电话卡等;电子支票类,如电子支票、电子汇款(EFT)、电子划款等。这些方式各有自己的特点和运作模式,适用于不同的交易过程。下面我们介绍几种常见的电子支付工具。

一、电子货币

(一)电子货币的概念

电子货币是指以计算机网络和通信网络为基础,以电子化工具和各类金融卡为媒介,以电子数据形式存储在计算机系统中,并通过计算机网络以电子信息传递形式,实现资金流通、转移和支付功能的虚拟化货币。电子货币是在电子支付过程中所涉及的货币,它是随着网络经济的发展而产生发展的,相对于各种实体货币,如金属货币、纸币和各类票据,电子货币更为方便、快捷。

(二)电子货币的特征

与传统的货币相比,电子货币具有以下特征。

电子货币的本质是一种电子符号,它以二进制数据的形式存储在计算机中,没有具体的表现形式;而传统的货币是以纸质或者金属介质的实物形式存在的。

电子货币的安全是依靠用户账户/密码、软硬件加密/解密系统等信息安全技术实现的;而传统货币的安全实现主要依赖于普通的防伪技术。

电子货币的传递依赖于网络技术,它以数字化的形式通过互联网进行传输;而传统货币是通过现金和票据的传递来实现转移的。

相对于传统货币而言,电子货币的使用更加快捷、方便、安全、可靠。

(三)电子货币的功能

电子货币是以传统货币为基础而发展起来的,在本质、职能与作用上与传统货币相同,都可以充当一般等价物;具有价值尺度、支付功能、储藏功能、流通功能和世界货币这五种职能。

二、电子现金

(一)电子现金的概念

电子现金(E-cash),又称为数字现金,是一种以电子数据形式存储、流通且能够被消费者和商家普遍接受,通过互联网购买商品和服务时所使用的货币,它将现金数值转化成一系列的电子加密序列数,通过这些序列数来表示现实中各类交易金额的币值。电子现金可以理解为是现实现金的电子化表现形式,与其他电子货币相比,电子现金更能体现出货币的特点与等价物的特征。

电子现金在使用过程中主要有两种表现形式,即纯电子系统形式和预付卡形式。

纯电子系统形式。此类形式的电子现金不体现出明确的物理形式,仅以用户数字号码的形式存在、使用,适用于交易双方处于不同的地理位置且通过互联网进行支付的情况,电子现金可以直接在互联网上流通使用。在支付过程中,通过互联网将电子现金从买方的账号中扣除并传输给卖方。在传输的过程中,通过各类安全加密措施保证支付的安全性。

预付卡形式。此类形式的电子现金采用有形的 IC 卡作为电子现金的存储介质,如手机 SIM 卡、电话 IC 卡等。用户在使用预付卡形式的电子现金时,首先要将取得的电子现金存储在 IC 卡中,在支付时通过自动读取设备读取 IC 卡中的信息并扣除相应的费用,常用于小额支付中。

(二)电子现金的特点

1. 独立性

电子现金不依赖于所用的计算机系统。银行和商家之间应有协议和授权关系,客户、商家和 E-cash 银行都需要使用 E-cash 软件,E-cash 银行负责客户和商家之间资金的转移。在此过程中,身份验证是由 E-cash 本身完成的,E-cash 银行在发放电子货币时使用了数字签名。商家在每次交易中将电子货币传送给 E-cash 银行,由 E-cash 银行验证用户支付的电子货币是否无效(伪造或使用过等)。

2. 匿名性

与现金的使用类似,当消费者利用电子现金向商家支付时,只是将电子现金在支付的各方之间进行分散处理,而关于交易者的信息不需要由第三方管理和掌握,只有买卖双方才了解交易者的具体信息。

3. 不可追踪性

不可追踪性在一定程度上可以保证交易的保密性,也维护了交易双方的隐私权。在使用电子现金时,除了双方的个人记录之外,并没有业务记录,因此很难对资金的流向进行识别和分析,这也造成了电子现金一旦丢失,也会同纸质货币一样难以追回。

4. 无限可分性

由于电子现金的本质是数据,可以进行无限的分割并采用多种货币单位进行计量。

5. 经济性

普通现金的传输费用较高,尤其是大额现金的保管和传输需要耗费大量的成本,而电子现金通过互联网进行传输,所以传输成本较低。

6. 便利性

电子现金的使用范围较信用卡而言更为广泛,银行卡支付仅仅限于有合作关系或授权的商户,而电子现金支付不受此限制。

需要注意的是,虽然电子现金使用起来具有方便、灵活、费用低的优点,但存在着不利于追踪违法用户、用户承担的风险较大等问题。

三、电子钱包

(一)电子钱包概述

电子钱包(E-wallet 或 E-purse),是一种用于进行完全网络支付的特殊的计算机软件和设备,它能够用以存放客户的个人信息、信用卡信息、电子现金和交易信息,适用于小额交易的电子化的钱包,使用起来非常的方便、高效。电子钱包是电子商务活动中网上购物顾客常用的一种支付工具,是在小额购物或购买小商品时常用的新式钱包。

电子钱包主要分为两种形式:一种是以软件形态存在的虚拟电子钱包,其本质是一种特殊的加密银行账户软件,主要用于账户管理、网上消费等用途,此类电子钱包往往是与电子现金卡、银行卡和IC卡结合使用的,例如IBM公司的Consumer Wallet、微软公司的Microsoft Wallet等。另一种是以实物形态存在的电子钱包,其本质是一种常用于小额支付的智能(IC)储值卡,持卡人预先在IC卡中存入一定量的资金,交易时直接从储值账户中扣除费用。此类电子钱包近些年来发展较快,主要由非金融机构发行,例如VISA Cash和Mondex等。

(二)电子钱包的主要功能

用户资料管理。用户在成功申请电子钱包后,电子钱包系统会在服务器为用户建立一个属于用户的个人电子钱包档案,记录用户的基本资料,如用户的账号、密码、真实姓名等,用户可以在该档案中增加、删除和修改个人资料。

在线支付。用户利用网络平台选择购买需要的商品或服务后,可以登录电子钱包,从电子钱包中选择关联的入网银行卡,向支付网关发出支付指令来进行支付。

交易记录查询。用户可以通过电子钱包对所有完成支付的历史交易记录进行查询。

银行卡余额查询。用户可以通过电子钱包查询与电子钱包关联的银行卡的卡内余额。

商户站点链接。电子钱包内设置了许多商户站点链接,用户可以通过点击链接直接登录商户的站点进行购物。

四、信用卡

(一)信用卡的定义

信用卡是银行或公司向持有人签发的,证明其具有良好的信誉,并可以在指定的商户或场所进行记账消费的一种信用凭证。信用卡的实体是一张附有信用证明和防伪标志的特殊卡片,可被视为一种特殊的金融商品和金融工具。

(二)信用卡的支付流程

信用卡支付流程中的参与者包括:发卡行,即向持卡人签发信用卡的银行;收单行,即接收商家账单并向商家付款的银行;信用卡组织,由于发卡行和收单行往往不是同一家银行,需要通过信用卡组织的国际清算网络进行身份信息的认证及授权信息的传递,如 VISA 国际组织等。

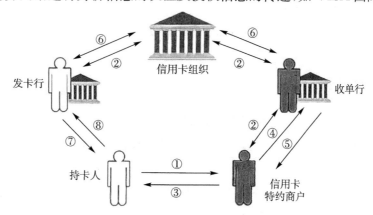

图 6-5　信用卡的支付流程

信用卡的支付流程如图 6-5 所示。

从图 6-5 中可以看出,信用卡的支付流程共有八个环节,具体如下:①持卡人到信用卡特约商家处消费。②特约商家向收单行要求支付授权,收单行通过信用卡组织向发卡行要求支付授权。③特约商家向持卡人确认支付及支付金额。④特约商家向收单行请款。⑤收单行付款给特约商家。⑥收单行与发卡行通过信用卡组织的清算网络进行清算。⑦发卡行向持卡人发送账单。⑧持卡人付款。

五、电子支票

电子支票是纸质支票的电子替代物,它与纸质支票一样是用于支付的一种合法方式,它使用数字签名和自动验证技术来确定其合法性,是网络银行常用的一种电子支付工具。

(一)电子支票的概念

电子支票,又称为数字支票,它将传统支票的全部内容进行电子化和数字化处理,形成标准格式的电子版,并借助于计算机网络完成其在客户与客户之间、银行与客户之间以及银行与银行之间的传递与处理,从而实现银行客户间的资金支付结算。电子支票的外观与样式与纸质支票非常相似,填写的方式也几乎相同。电子支票包含了与纸质支票同样的支付信息,包括支票编号、收款人姓名、签发人账号、金额、签发日期、签发人开户银行名称等。电子支票的样式如图6-6所示。

(①使用者姓名及地址;②支票号;③传送路由号;④账号)

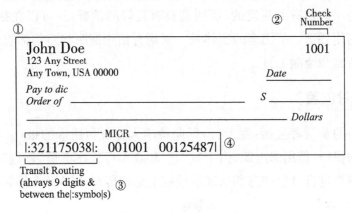

图6-6 电子支票

(二)电子支票的特点

电子支票作为传统支票的电子化表现形式,具有下列特点:

(1)使用方便。电子支票的工作方式与传统支票相同,容易理解并接受,用户无须接受专门的培训便可以使用。

(2)安全性高。电子支票采用了密钥认证技术,使得收款人、收款人银行和签发人银行均可以使用密钥来验证电子支票的真伪,比传统支票更加安全可靠。

(3)加速资金周转。使用电子支票方便了对支票的处理,降低了处理成本,同时减少在途资金,提高资金利用率。

(4)适用于EDI(电子数据交换)。由于支票的内容可以附在贸易双方的汇票资料上,因此电子支票方便与EDI之间实现应用集成,推动基于EDI基础上的电子订货和支付快速发展。

六、其他电子支付工具

(一)储值卡

储值卡,又称预付卡、消费卡、智能卡、积分卡等,是发卡银行或者其他经中央银行认可有权发卡的企业单位将持卡人预先支付的货币资金转至卡内储存,交易时直接从卡内扣款的电子支付卡片。

储值卡正在不断发展与创新,使用领域越来越广。除了银行发行的储值卡外,还有电信行业发行的移动、联通手机卡;商场、超市,以及餐饮、娱乐、美容、理发等商业机构发售的优惠卡、购物卡、会员卡、加油卡等;事业单位发行的公交IC卡、水费卡、天然气费卡、电费卡、医疗卡、社保卡等;不销售商品或提供服务的机构发行的第三方机构储值卡等。

(二)虚拟卡

虚拟卡是互联网服务提供商为了方便消费者网上购物(包括购买实体物品和增值服务)而设立的虚拟账户,代替实物卡片成为电子商务中重要的支付工具。一些知名的网络服务商纷纷推出了自己的虚拟货币,如腾讯的Q币、百度的百度币、新浪的U币等,虚拟卡作为网络虚拟货币的载体,使用账户中的虚拟货币进行网上消费。

比特币是货币吗

第三节 网上银行

1995年10月,全球第一家网上银行第一安全网络银行(security first network bank,SFNB)在美国诞生,它的出现对传统金融业带来了巨大的冲击,促进了网上银行的快速发展。目前,网上银行已经彻底融入人们的日常生活,使人们足不出户就能安全、便捷地完成各项金融业务。

一、网上银行

(一)网上银行的概念

网上银行又称网络银行、虚拟银行或在线银行,是指金融机构利用网络技术在互联网上开设的银行。网上银行实质上是传统银行业务在网络中的延伸,它采用互联网数字通信技术,以互联网为基础的交易平台和服务渠道,为用户提供开户、销户、查询、对账、转账、信贷、网上证券和投资理财等全方位的服务。

网上银行也可以理解为传统银行柜台的网络化,它不用像传统银行柜台那样设置众多的分支机构,只要建立一个统一的网上银行网站,就能使用户通过互联网在任何地点、任何时刻获得银行提供的个性化全方位服务。

(二)网上银行的特点

与传统银行柜台相比,网上银行具有以下几个特点。

1. 个性化

网上银行是银行根据自身市场定位和用户需求,为用户量身打造的具有自身特色的银行,以增强银行在各大商业银行中的竞争力,提高银行效益。

2. 智能化

第一,网上银行借助于互联网和数字技术,使用户无须银行工作人员的帮助就能在短时间内完成各项金融业务,如资金转账、账户查询等。第二,网上银行还提供了和用户的交互沟通渠道,使用户可以在访问网上银行时根据需要提出具体的服务要求,网上银行将给出对应的解决方案,这一过程完全通过互联网完成,充分实现了银行业务的智能化。

3. 多样化

网上银行在传统柜台业务的基础上延伸和创新，不断设计出新的业务品种和新的业务方式，以满足用户多元化的需求；同时，网上银行不断扩大银行的业务范围，增强银行的竞争力。

4. 简单化

网上银行的使用十分简单，用户只要在互联网环境下根据网上银行网页的提示即可选择自己需要的各项业务。网上银行的操作界面一般都十分简单、清晰，方便用户查看和操作，任何具有互联网基础知识的用户都能够很快掌握网上银行的操作方法。

随着互联网的快速普及，网上银行的使用范围更加广泛，越来越多的银行业务被整合到网上银行中，以便为用户提供更加快捷、高效和可靠的全方位服务，同时也促进了银行在服务质量、用户满意度等方面的提高，增强了银行的核心竞争力，最终使银行向业务综合化、国际化和高科技化的方向发展。

(三) 网上银行的分类

按照不同的标准，网上银行可以分为不同的类型。

1. 按服务对象进行分类

按照服务对象，网上银行可以分为个人网上银行和企业网上银行。

(1) 个人网上银行。个人网上银行主要用于为个人提供网上银行服务，如账户查询、投资理财和在线支付等，使个人用户足不出户就能安全、便捷地完成各项金融服务的操作。个人网上银行一般可以满足 B2C、C2C 网上支付的需求。个人使用网上银行需要持持卡人本人身份证、银行卡到开卡银行申请开通个人网上银行，获得电子证书并成功安装后即可通过互联网进行访问。

(2) 企业网上银行。企业网上银行主要用于为企业、政府部门等企事业单位服务。企事业单位通过企业网上银行可以了解自己的财务运作情况，进行内部资金调配、账户管理、收付款、贷款和投资理财等金融服务。企业网上银行一般可以满足 B2B 网上支付的需求。

2. 按经营组织形式分类

按照经营组织形式，网上银行可以分为分支型网上银行和纯网上银行两类。

(1) 分支型网上银行。分支型网上银行是指现有的传统银行利用互联网作为新的服务手段，建立银行站点、提供在线服务而设立的网上银行。这种类型的网上银行可以看作传统银行的一个特殊分支机构或营业点，又称为网上分行、网上柜台或网上分理处等。

分支型网上银行不仅可以独立开展金融业务（主要包括财务查询、转账和在线支付等），还能为其他非网上机构提供辅助服务。并且，随着互联网技术和电子商务的快速发展，网上银行和电子支付工具已经逐渐被人们所熟知并熟练使用，分支型网上银行的业务也随之更加丰富。目前除了不能进行现金的存取外，其他的业务基本能实现，如网上开户、网上贷款、电子支付或资产、证券交易等。分支型网上银行已经成为一种十分常见的网上银行。

(2) 纯网上银行。纯网上银行又称互联网银行，是指仅以互联网为依托提供服务的网络银行。除了后台处理中心外，纯网上银行一般只有一个具体的办公场所，没有具体的分支机构、营业柜台和营业人员，所有的业务都通过网络来完成。SFNB 就是完全依赖互联网发展起来的纯网上银行，用户进入该网站后即可选择所需服务的业务。腾讯的微众银行是中国第一家正式获准开业的网上银行，主要为用户提供消费金融、财富管理和平台金融三大服务。

另外，按业务渠道网上银行还可以分为：电话银行、手机银行和 PC 端网上银行。

对于互联网银行和手机银行将在下文的两个小节中深入介绍。

（四）网上银行的支付系统构成及支付流程

网上银行可以说是为用户提供金融服务的虚拟银行柜台，而网上支付是网上银行最基本的业务功能，同时也是国内企业线上交易业务不可或缺的功能之一。下面将对网上银行支付系统的构成和支付流程进行介绍。

网上银行支付过程涉及客户、商家、银行或金融机构、商务认证管理机构之间的安全商务互动，其支付系统是基于 Internet 公共网络平台的，融购物流程、支付工具、安全技术、认证体系、信用体系与金融体系为一体的大系统。总的来说，网上银行支付系统由 Internet、认证中心、客户、商家、开户行、支付网关和银行网络七大要素组成，该支付系统中各要素之间的关系如图 6-7 所示。表 6-3 所示是对这些构成要素的说明。

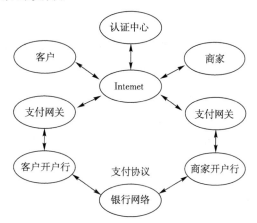

图 6-7 网上银行支付系统中各要素之间的关系

表 6-1 网上银行支付系统中各要素的说明

构成要素	说明
Internet	Internet 是进行电子商务活动的基础，是网上支付的载体
认证中心	认证中心又称为数字证书授权中心，它是法律承认的权威机构，用于对电子商务各参与方进行身份认证，发放数字证书，以保证电子商务咨询和支付能安全、可靠地进行
客户	客户指与商家有着交易关系并存在未清偿的债权债务关系的一方，也指一般意义上的消费者
商家	商家则是拥有债权的商品交易的另一方
开户行	网上银行支付系统的开户行包括客户开户行和商家开户行，分别指客户和商家在其中拥有账户的银行
支付网关	支付网关是 Internet 公用网和银行网络之间的接口，是由银行操作的将 Internet 上传输的数据转换为金融机构内部数据的一组服务器设备，也可由指派的第三方支付平台处理商家支付信息和顾客的支付指令。其可用于处理所有 Internet 支付协议、Internet 安全协议、交易交换、本地授权和结算处理等。离开支付网关，网上银行的电子支付功能将无法实现
银行网络	银行网络属于金融专网，是银行内部及银行间进行通信的网络，具有较高的安全性

二、互联网银行

(一)互联网银行的定义

互联网银行(Internet bank or E-bank)是指借助于现代数字通信、互联网、移动通信及物联网技术,可以吸收存款,可以发放贷款,可以做结算支付,通过云计算、大数据等方式在线实现为客户提供存款、贷款、支付、结算、汇转、电子票证、电子信用、账户管理、货币互换、P2P金融、投资理财、金融信息等全方位无缝、快捷、安全和高效的互联网金融服务的机构。

(二)互联网银行的主要特点

互联网银行概念由互联行创始人林立人先生率先提出,并付诸实施,互联网银行是对传统银行颠覆性的变革,是未来金融格局的再造者,通俗来说,就是把传统银行完全搬到互联网上,实现银行的所有业务操作。互联网银行有如下特点。

一是,互联网银行和传统银行之间最明显的区别是,互联网银行无须分行,服务全球,业务完全在网上开展。

二是,拥有一个非常强大安全的平台,保证所有操作在线完成,足不出户,流程简单,服务方便、快捷、高效、可靠,真正的7×24小时服务,永不间断。

三是,通过互联网技术,取消物理网点和降低人力资源等成本,与传统银行相比,具有极强的竞争优势。

四是,以客户体验为中心,用互联网精神作金融服务,共享,透明,开放,全球互联,是未来银行的必然发展方向。

(三)互联网银行业务模式

互联网银行在监管上持有银行经营牌照,本质仍是银行,经营业务的种类与传统银行的资产、负债和中间业务三大板块无异。互联网银行取得盈利的主要来源为存贷款业务的利息差和中间业务所产生的手续费与佣金收入等,赢利创造来源与传统银行相近,但相对集中在支付、融资、理财等小额高频且需求广阔的业务领域。

目前,定位普惠金融的互联网银行依托各自的技术优势和渠道优势,逐渐探索出了特色的经营模式。

1. 资产业务平台化

我国互联网银行资产业务呈现平台化的特征。我国互联网银行的产生大多源自互联网或科技巨头金融业务的进一步拓展。

2. 负债业务创新化

互联网银行纯线上化运营的特征导致其无法开设Ⅰ类存款账户,造成吸储困难。在成立初期,互联网银行的存款来源主要包括三部分,即自身吸储、同业拆借和资产证券化,其中同业拆借占据互联网银行负债业务的较大比例。为了缓解流动性风险,提高存款业务在负债中的比例,互联网银行在摸索中开辟了创新互联网存款产品。

3. 中间业务便捷化

传统银行中间业务的局限性为互联网银行发展中间业务提供了机遇。依托强大的第三方支付平台,互联网银行可以通过向客户提供线上支付业务和理财代销业务,收取手续费及佣金,扩大盈利并将优势定位于中间业务。同时,互联网银行可以借助于支付软件和社交平台进行客户引流。互联网银行可以借助于互联网及数据优势,对中间产品及服务进行创新,促进中间业务的多元化发展。

微众银行的技术优势

三、手机银行

手机银行又称移动银行,指银行通过移动终端设备(主要是手机)为个人与企业客户提供各项金融服务的一种方式。手机银行是网上银行的延伸,也是继网上银行、电话银行之后又一种方便银行客户的金融业务服务方式。手机银行按照服务对象分为个人手机银行与企业手机银行,其功能分别如下。

(一)个人手机银行的功能

手机银行是网上银行的精简版,除了具有网上银行的业务功能,还具有一些特殊功能。

以中国工商银行为例,个人手机银行的功能有账户服务、转账支付、投资理财、信用卡、存贷款、生活缴费、金融助手、专属服务、本地服务及其他功能。其中"账户服务"包括我的账户、随心查、工银信使、电子工资单、扫码取款、无卡取现、住房公积金、养老金等;"转账支付"包括转账汇款、资金自动归集、工银e支付、云闪付、一键绑卡等;"投资理财"包括理财、基金、证券、结售汇、债券等。

(二)企业手机银行的功能

对公客户可使用通用U盾直接登录企业手机银行,或前往柜台换领通用U盾证书,还可设置使用手机号或银行账号进行登录。登录后,对公客户可通过手机银行快捷办理账户管理、转账汇款、指令授权、资产分析、定期存款、通知存款、投资理财、融资、对账、电子回单、网点预约等业务。

综上所述,网上银行实质上是银行为客户提供的电子结算手段,客户只要拥有账号和密码,便能在世界各地通过互联网进入网上银行办理有关业务。

第四节 第三方支付

由于网络购物中商家和消费者之间是通过互联网完成交易的,双方并不见面,而且物流与资金流在时空上处于分离的状态,在缺少信用保证的环境下就造成了商家与消费者之间的相互不信任:商家担心在向消费者提供商品后,消费者不支付相应的费用;消费者担心在支付费用后,收不到商品。第三方支付平台的出现在一定

第三方支付行业产业

程度上解决了这一问题,它满足了网络购物中交易双方对交易安全的要求,为电子商务的发展提供了有力的保证。

一、第三方支付的内涵

第三方支付是指具有一定实力和信誉保障的公司,采用与各大银行签约的方式,提供与银行支付结算系统对接的交易支持平台。也就是说,在交易过程中除买卖双方外,存在第三方提供支付中介服务。

第三方支付平台是买卖双方在缺乏信用保障或法律支持的情况下的资金支付"中间平台"。第三方支付本质上是一种支付中介,扮演着代替收款人向付款人收取款项,并最终将款项支付给收款人的角色。在使用第三方支付的交易中,消费者选择商品并进行支付,将相应的货款交到第三方支付平台,由第三方支付平台通知商家发货,消费者在收到货检验无误后就可以通知第三方支付平台将货款打给商家。第三方支付平台需要与各个银行都签订相应的协议,帮助第三方机构和银行进行信息与数据的相互确认。第三方支付平台在消费者、商家、银行之间建立了一个支付流程,确保电子商务的安全有效运行。第三方支付流程如图6-9所示。

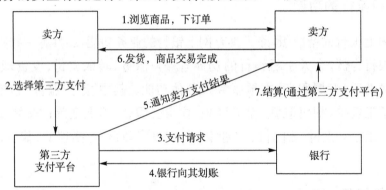

图6-9 第三方支付流程

根据所依托的第三方支付平台,第三方支付可以分为独立支付网关模式、账户支付模式和银联电子支付三种类型。

1. 独立支付网关模式

独立支付网关模式是指支付平台作为支付通道将客户发出的支付指令传递给银行,银行完成转账之后再将信息传递给支付平台,由支付平台通知商户并进行结算。在这种模式下,第三方支付平台不依附于电子商务网站,不具有担保功能,而是扮演着"通道"角色——前端联系着消费者提供支付服务,后端联系着银行提供清算服务。独立第三方支付运营平台主要面向B2B、B2C和C2C市场,直接面向企业并通过企业间接面向消费者。这种类型的第三方支付平台业务流程相对简单、操作更加灵活,能针对大客户提供更多个性化的服务。但由于其技术含量相对较低,容易被同行模仿,进入门槛低,附加值和增值空间较小,收益主要来自银行的收入分成及客户的服务费,对银行依赖性强,利润空间低。目前来看,独立支付网关模式的平台市场份额并不高。独立支付网关模式的典型代表有首信易支付。

2. 账户支付模式

账户支付模式可以细分为平台交易型账户交易模式和无平台交易型账户交易模式。前者是指第三方支付平台捆绑着大型电子商务网站，作为一种信用中介为买卖双方暂时保管资金，以防止欺诈和拒付行为出现。客户可以利用网上账号和绑定的银行卡直接在该平台内完成交易，并且享受平台推出的多种增值服务。这种模式可满足客户的需求，因此占据了我国第三方支付大多数市场，典型代表是支付宝。后者是指第三方支付平台不依托独立的交易平台，需要消费者和商家均在该第三方支付平台开设账户、完成支付和交易。在这种模式下，整个交易只在该平台内循环，典型代表有易宝支付。

3. 银联电子支付

银联电子支付是一种特殊的第三方支付，由银联电子支付有限公司作为第三方支付平台，依托中国人民银行和中国银联的平台与资源得到迅速发展。自1999年成立以来，银联电子支付就定位为以互联网等新兴渠道为基础的支付服务公司，为客户提供安全、便捷、高效的网上手机充值缴费、网上信用卡还款、网上交水电煤费、便民缴费及公共事业缴费等网上缴费服务。经过20多年的发展，银联电子支付建设了面向全国的统一支付平台，目前为客户提供涵盖个人网银支付、企业网银支付、协议支付、移动支付、商业委托支付、代付等综合支付服务，并涵盖了网购、移动通信、民航等多个领域。

目前我国主要的第三方支付平台有支付宝、微信、百度钱包、拉卡拉等。

现阶段，在互联网线上交易中，买卖双方无法实现面对面交易，同时所购买的货物从商家转移至消费者需要一定的时间和成本。其最大的缺点是不能同时保证买卖双方的利益，所以需要第三方支付平台作为信用中介保障交易的顺利进行。因此，以支付宝为代表的第三方支付平台应运而生。消费者支付的资金会暂存于该平台，待消费者验证货物后，平台才会将支付款项转至商家账户。

二、第三方支付的优劣势

第三方支付的优势有：首先，第三方支付解决了物流和资金流时空不对称的问题。相比于传统线下购物的"一手交钱，一手交货"，网络购物的资金划拨与货物收发并不同时进行。第三方支付能够突破时空限制，为商家和客户暂时保管资金，待交易完成后再进行划拨，保障网络购物顺利进行。其次，第三方支付较好地解决了电子交易过程中的信任问题，减少电子商务中的欺诈行为，保证交易公正进行。与传统线下购物相比，网络购物存在更大的交易风险，如卖家不发货、货物有瑕疵、买家不付款等。第三方支付平台是中立性质的中介，在交易过程中作为信用担保，分别帮助商家规避无法收到客户货款的风险与帮助客户规避无法收到货物的风险，也为客户提供了多样化的支付选择。而且，第三方支付平台详细记录了双方交易过程中的细节，如付款时间及金额、物流信息等，追踪整个交易过程，一旦发生纠纷，第三方平台中记录的信息就为解决纠纷提供了证据。此外，第三方交易节约了交易成本，缩短了交易周期。借助于第三方平台，银行无须开发过多对接商家的接口，节省了开发与维护的费用，商家和客户也免去了到银行进行一系列操作和手续的费用，降低了整个交易过程中的成本，缩短了交易周期，提高了交易的效率。

然而,随着第三方支付的快速发展,一些问题也逐渐涌现:第三方支付平台存在洗钱和套现风险。不法分子可以通过买卖或者盗取他人第三方支付账号进行非法交易。近年来,利用第三方支付平台进行资金非法转移、集资诈骗、恶意套现的案例层出不穷,对我国的金融监管造成了巨大威胁。第三方支付平台中存储着大量的用户信息、交易数据,一旦发生数据泄露,那么用户的个人隐私就可能会遭到侵犯,进而引发一系列信任问题,还有可能引起各类诈骗和犯罪。第三方支付平台暂存货款资金,交易周期的不确定性,容易引起资金沉淀。第三方支付平台可能对这些资金存在越权调配的行为,对沉淀资金的处理和分配目前仍存在诸多争议与纠纷。第三方支付行业同质化竞争严重。经过10多年的发展,第三方支付市场已经趋近饱和,并呈现以支付宝、财付通为代表的双寡头竞争局面。根据艾瑞咨询的统计数据,2019年,支付宝和财付通占据了90%以上的中国第三方支付交易规模市场份额,二者的市场地位在短时间内难以被撼动。第三方支付平台又面临着银行的强势竞争。第三方支付平台与银行是相互竞争、相互制约的关系。它们之间的业务有交叉之处,业务细分市场不明确,势必存在竞争。中国银联依托中国人民银行,以国家信用为担保,具有天然的流量优势,而第三方支付平台纷纷推出代缴水电费、存款等业务,在一定程度上吸引了银行的流量。

三、我国主要的第三方支付平台

从用户侧的支付方式来看,支付媒介从现金到刷卡再到移动(网络)支付的趋势已不可逆,第三方支付的支付宝和财付通以绝对优势领先,整体结构趋于稳定,移动支付端规模大,增长速度较快,集中度高。

(一)银联商务

银联商务股份有限公司是中国银联控股的从事银行卡收单专业化服务的全国性公司,成立于2002年12月,总部设在上海。

自成立以来,在中国人民银行和中国银联的指导下,银联商务一直致力于中国的银行卡受理市场建设,着力改善银行卡受理环境、着力解决公民的支付便利、着力提高企业的资金运转效率。

2011年5月26日,银联商务首批获得中国人民银行颁发的支付业务许可证,涵盖了银行卡收单、互联网支付、预付卡受理等支付业务类型。支付业务许可证的颁发体现出监管机构对银联商务业务模式与合规措施的充分认可,更为公司拓展服务领域、提升服务水平创造了更为有利的发展条件。银联商务已在全国除台湾以外的所有省级行政区设立机构,在国内银行卡专业化服务领域占据了近50%的市场份额,是国内最大的银行卡专业化服务机构,处于行业领先地位。

(二)支付宝

支付宝(Alipay)(中国)网络技术有限公司(以下简称"支付宝")是国内独立的第三方支付平台,由阿里巴巴集团创办,致力于为我国电子商务提供"简单、安全、快速"的在线支付解决方案。支付宝从2004年建立开始,始终以"信任"为产品和服务的核心,旗下有"支付宝""支付宝钱包"两个独立品牌。2013年,余额宝上线,"双11"期间支付宝交易量增加,手机交易量突破100多亿次。2013年11月30日,12306购票网站和支付宝合作,支付宝新增购买车票业务。自2014年第2季度开始,支付宝成为全球最大的移动支付平台之一。

(三)微信支付

微信(WeChat)支付是腾讯公司和财付通联合推出的移动支付平台,通过微信支付平台,微信用户和商家可进行无现金的支付活动。2014年3月,微信5.0版开放微信支付功能,使用户可以通过手机快速完成支付。微信支付以绑定银行卡的快捷支付为基础,向用户提供安全、快捷、高效的支付服务。微信支付不需要使用实体的银行卡和POS机,这样可以使支付和接收的过程更为简捷、便利。2015年我国很多大型连锁超市、小型便利超市和快餐连锁都与微信支付达成合作共识。用户在超市或餐饮店无须现金即可进行支付。在微信APP中,用户只要将自己的一张开通了网银的银行卡与微信的钱包绑定,并完成相应的身份认证,就可以将作为社交工具的微信软件变为具有支付、转账、提现等功能的钱包。

2022年1月,微众银行(微信支付)数字人民币钱包上线。实名开通微众银行(微信支付)数字人民币钱包后,可以使用数字人民币APP或微信进行支付。

目前微信支付已实现刷卡支付、扫码支付、公众号支付、APP支付等方式,并提供企业红包、代金券、立减优惠等营销新工具,支持用户及商家的不同支付场景。另外,跨境支付的时候,微信用户不再需要兑换外币,在结账时使用微信支付,系统将自动使用外币支付,省去了兑换货币的麻烦。

四、第三方支付的监管

随着第三方支付的迅速发展,对第三方支付平台进行监管的重要性日益凸显。自2010年起,我国陆续颁布了针对第三方支付行业监管的相关法规政策,对第三方支付中涌现的问题逐渐做出规范与整改,相应监管政策也不断建立健全,部分重要政策见表6-2。

表6-2 第三方支付行业相关监管政策

发布时间	文件名称	摘　　要
2010.6	《非金融机构支付服务管理办法》	指出非金融机构从事支付业务需持支付业务许可证
2010.12	《非金融机构支付服务管理办法实施细则》	配合《非金融机构支付服务管理办法》的实施工作,对其做详细解读
2011.6	《非金融机构支付服务业务系统检测认证管理规定》	说明相关检测、认证、监督与管理等制度
2012.1	《支付机构互联网支付业务管理办法(征求意见稿)》	规定相关支付业务范围、账户管理、特约商户风险管理等内容
2015.7	《非银行支付机构网络支付业务管理办法(征求意见稿)》	规定第三方支付作为纯粹的支付渠道
2015.12	《非银行支付机构网络支付业务管理办法》	明确规定业务范围、客户支付账户定义及分级、支付机构分级、对个人客户使用支付账户余额支付按安全等级进行交易限额等内容
2016.11	《中国人民银行关于落实个人银行账户分类管理制度的通知》	明确账户数量、身份校验规则、支付限额、银行账户及支付机构支付账户间关系等内容

续表

发布时间	文件名称	摘　　要
2017.11	《中国人民银行办公厅关于进一步加强无证经营支付业务整治工作的通知》	检查持证机构为无证机构提供支付清算服务的违规行为类型：彻查"二清"行为，彻查通过代收付业务为无证机构提供资金转移服务，变相实现商户结算业务
2017.12	《中国人民银行关于规范支付创新业务的通知》	对开展支付创新业务作出规定
2018.8	《中华人民共和国电子商务法》	对电子支付服务提供者的义务和责任做出具体规定
2019.1	《条码支付受理终端检测规范》《条码支付移动客户端软件检测规范》	制定条码支付受理终端检测规范，统一条码支付标准
2019.3	《中国人民银行关于进一步加强支付结算管理防范电信网络新型违法犯罪有关事项的通知》	要求健全紧急止付和快速冻结机制，加强账户实名制管理、转账管理，强化特约商户与受理终端管理，落实责任追究机制，防范新型的电信犯罪
2019.4	《支付机构外汇业务管理办法》	规定支付机构制定交易信息采集制度
2021.1	《非银行支付机构条例（征求意见稿）》	对第三方支付牌照重新分类，首次提及支付领域反垄断

（资料来源：中国人民银行，国盛证券研究所）

第三方支付和移动支付的联系

第五节　数字人民币

一、数字人民币的概念

数字人民币，字母缩写按照国际使用惯例暂定为"e-CNY"，是由中国人民银行发行的数字形式的法定货币，由指定运营机构参与运营并向公众兑换，以广义账户体系为基础，支持银行账户松耦合功能，与纸钞硬币等价，具有价值特征和法偿性，支持可控匿名。

数字人民币的概念有两个重点，一个是数字人民币是数字形式的法定货币；另一个是和纸钞、硬币等价，数字人民币主要定位于 M0，也就是流通中的现钞和硬币，主要用于满足公众对数字形态现金的需求，助力普惠金融。2022年8月23日，数字人民币（试点版）APP 上新"随用随充"功能，即银行卡账户资金与数字人民币钱包之间的自动充钱功能，如图 6-10 所示。

中国银行发行徽章式硬件钱包

图 6-10　数字人民币 APP 内容页展示

在不同的维度下数字人民币具有多样的属性,从货币角度来看,数字人民币定位于 M0,具有无限法偿性等属性;从账户角度来看,数字人民币具有支付即结算,多种钱包等属性;从支付角度看,具有可控匿名、双离线支付等属性,如图 6-11 所示。总的来看,数字人民币是定位 M0,采用中心化管理,具有账户管理功能,双离线支付功能,可控匿名且可编程的高安全性央行数字货币(CBDC)。

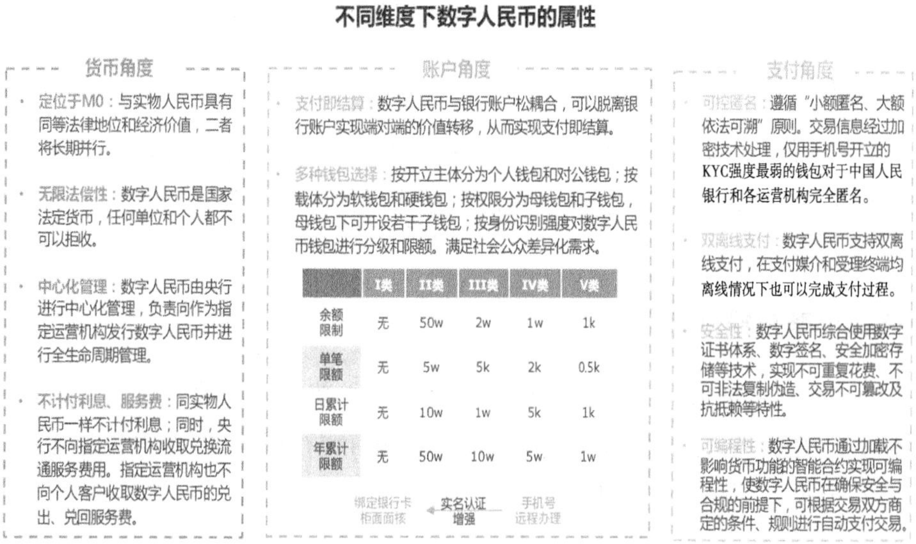

图 6-11　不同维度下数字人民币的属性

二、数字人民币的功能特点

(一)法定货币

数字人民币由中国人民银行发行,是有国家信用背书、有法偿能力的法定货币。数字人民币是法币,与法定货币等值,其效力和安全性是最高的。

(二)双层运营体系

数字人民币采取了双层运营体系,如图 6-12 所示。即中国人民银行不直接对公众发行和兑换央行数字货币,而是先把数字人民币兑换给指定的运营机构,比如商业银行或者其他商业机构,再由这些机构兑换给公众。运营机构需要向人民银行缴纳 100%准备金,这就是 1∶1 的兑换过程。采用双层运营模式,不对商业银行的传统经营模式构成竞争,同时能充分发挥商业银行和其他机构在技术创新方面的积极性;数字货币投放系统保证不超发,当货币生成请求符合校验规则时才发送相对应的额度凭证。

央行保持技术中性方针,数字人民币技术路线持续探索中

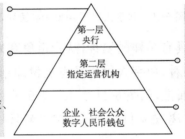

图 6-12 数字人民币双层运营体系下的发行和流通

(三)以广义账户体系为基础

在现行数字货币体系下,任何能够形成个人身份唯一标识的东西都可以成为账户。比如说车牌号就可以成为数字人民币的子钱包,通过高速公路或者停车的时候进行支付。这就是广义账户体系的概念。

(四)支持银行账户松耦合

支持银行账户松耦合是指不需要银行账户就可以开立数字人民币钱包。对于一些农村地区或者边远山区群众,来华境外旅游者等,不能或者不便持有银行账户的,也可以通过数字钱包享受相应的金融服务,有助于实现普惠金融。

三、其他个性设计

(一)双离线支付

像纸钞一样实现满足飞机、邮轮、地下停车场等网络信号不佳场所的电子支付需求。

(二)安全性更高

如果真的发生了盗用等行为,对于实名钱包,数字人民币可提供挂失功能。

(三)多终端选择

不愿意用或者没有能力用智能手机的人群,可以选择IC卡、功能机或者其他的硬件。

(四)多信息强度

根据掌握客户信息的强度不同,把数字人民币钱包分成几个等级。如大额支付或转账,则必须通过信息强度高的实名钱包。

(五)点对点交付

通过数字货币智能合约的方式,可以实现定点到人交付。民生资金,可以发放到群众的数字钱包上,从而杜绝虚报冒领、截留挪用的可能性。

(六)高可追溯性

在有权机关严格依照程序出具相应法律文书的情况下,进行相应的数据验证和交叉比对,为打击违法犯罪提供信息支持。即使腐败分子通过化整为零等手段,也难以逃避监管。

【思考】数字人民币和微信、支付宝有何不同?

微信、支付宝是数字化的支付形式。第三方支付平台运营商和银行的对接,把传统支付方式搬到了网上,可以提升支付效率,在它的后端实际流通的还是人民币,只是在它的前端实现了渠道的网络化。

数字人民币,本身发行就是数字形式的货币,和纸币是两个截然不同的概念。数字人民币使用了加密技术,由央行主导,涉及数字货币的安全算法及存储。不同于微信、支付宝、银联钱包等第三方支付机构的产品,数字人民币是真正意义上的法定数字货币,可实现安全程度更高的离线支付,如表6-3所示为数字人民币与其他货币形态的区别。

表6-3 数字人民币与其他货币形态的区别

	现钞	银行账户余额	第三方支付账户余额	数字人民币	Libra	比特币
定位	M0	M1、M2	M1、M2	M0	/	/
发行主体	央行	央行	央行	央行	Libra协会	无
准备金率	100%	部分	100%	100%	100%	无
信用背书	国家信用	银行信用	企业信用	国家信用	企业信用	算法信用
无限法偿性	是	否	否	是	否	否
中心化	中心化	中心化	中心化	混合框架	混合框架	完全中心化

续表

	现钞	银行账户余额	第三方支付账户余额	数字人民币	Libra	比特币
是否付息	否	是	是	否	否	否
是否匿名	是	否	否	可控匿名	可控匿名	完全匿名
双离线	支持	不支持	不支持	支持	不支持	不支持
适用范围	中国境内	中国境内	中国境内	主要为中国境内	全球各国	全球各国

课后练习

一、单项选择题

1. 不属于现金支付的特点的是（　　）
 A. 交易时匿名进行　　　　　　　　　　B. 交易双方必须同时处于同一个具体的地理位置
 C. 支付流程简单、灵活　　　　　　　　D. 不会受到其不同发行主体的限制

2. （　　）负责为参与商务活动的各方（包括客户、商家与支付网关）发放数字证书。
 A. 商家开户行　　　B. CA 中心　　　C. 金融专网　　　D. 客户开户行

3. （　　）是指交易伙伴或参与方之间各种余额或债务的对冲，以产生结算的最终余额。
 A. 清算　　　　　　B. 支付　　　　　C. 轧差　　　　　D. 结算

4. （　　）是持卡人利用银行发行的银行卡在自动存款机或自动取款机上，执行存取款和转账功能的一种自助银行系统。
 A. ATM　　　　　　B. 电话银行　　　C. POS　　　　　D. EFT

5. 通过使用（　　），用户可以实现跨银行的移动支付服务。
 A. 银行　　　　　　　　　　　　　　　B. 第三方的交易平台
 C. 移动终端设备　　　　　　　　　　　D. 移动运营商

6. 电子支付是一种以（　　）流通的货币，它把现金数值转换成一系列的加密数据序列，通过这些序列数来表示现实中各种交易金额的币值。
 A. 纸币　　　　　　B. 银行卡　　　　C. 电子货币　　　D. 数据形式

7. 数字人民币是（　　）的法定货币。
 A. 虚拟形式　　　　B. 数字形式　　　C. 实物形式　　　D. 资金形式

8. 目前应用最为广泛的支付方式是（　　）
 A. 银行卡　　　　　B. 电子货币　　　C. 电子支票　　　D. 电子本票

9. 数字人民币是由（　　）发行，由国家信用背书、有法偿能力的法定货币。
 A. 商业银行　　　　B. 商业机构　　　C. 中国人民银行　D. 中国银行

10. 在电子商务中，电子钱包是一种（　　）
 A. 电子货币　　　　　　　　　　　　　B. 所有电子货币的总称
 C. 电子支付工具　　　　　　　　　　　D. 用于保存电子现金的装置

二、多项选择题

1. 电子支付系统的功能包括：（　　）
   A. 实现对各方的认证　　　　　　B. 实现对数据的加密
   C. 确保业务的不可否认性　　　　D. 确保数据的完整性
2. 电子现金的特点包括（　　）
   A. 独立性　　　B. 匿名性　　　C. 可追踪性　　　D. 经济性
3. 我国主要的第三方支付平台包括（　　）
   A. 支付宝　　　B. 汇付天下　　　C. 微信支付　　　D. 云闪付
4. 常见的电子支付方式有（　　）
   A. 网上支付　　B. 销售网点终端支付　　C. 自动柜员机支付　　D. 第三方平台支付
5. 移动支付的风险包括（　　）
   A. 业务风险　　B. 技术风险　　C. 控制体系风险　　D. 行业监管风险

三、简答题

1. 简述电子支付的流程。
2. 为什么说电子支付比传统支付方式更加安全？
3. 近场移动支付的方式都有哪些？刷脸支付和指纹支付属于此类吗？

四、主题讨论

1. 日常生活中，你最常使用的第三方支付平台是哪家？区别于其他的第三方支付平台，你觉得它的哪些优势让你产生使用偏好呢？
2. 结合课程学习，查阅相关资料，请谈谈电子货币、虚拟货币、数字货币和数字人民币四者有何区别。

五、项目实训

实操项目：电子支付系统分析
实操目的：分析电子支付系统的功能与组成。
实操项目情景设计

中国电子口岸网上支付系统

网上支付系统作为中国电子口岸的配套服务项目，与中国电子口岸其他业务系统以及银行内部已有的业务系统相连接，改变传统的税费支付方式，为用户提供准确、方便、快捷的网上缴纳税费服务。采用网上支付的用户，通过中国电子口岸网上支付系统查询到税费通知后，可在网上发布支付指令，银行接到支付指令后，可直接从用户在银行开设的预储账号中划转税费，划转成功后，用户可直接办理相关通关手续。网上支付业务的推出将缩短通关时间，提高通关效率，降低贸易成本。网上税费支付系统具有高强度的身份认证功能，有效地防止篡改和抵赖，保证支付交易的完整性，体现交易双方明确的意愿、承诺和责任，并提供充分的存证审核功能。

（资料来源于网络，作者有删改）

实操任务

1. 试分析案例中所述电子支付系统主要具有哪些功能。
2. 试分析案例中所述电子支付系统主要由哪些部分组成。

第七章 电子商务物流管理

学习目标

理解：物流的内涵；电子商务物流的内涵；电子商务物流信息技术；跨境电商物流的内涵及模式。

掌握：电子商务物流模式；电子商务供应链管理。

应用：对电子商务物流系统、电子商务物流信息技术应用及电子商务供应链管理进行分析。

思维导图

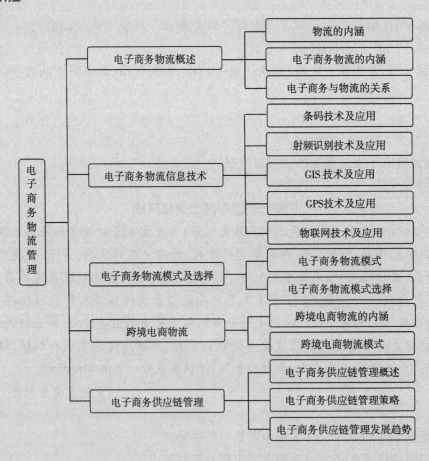

京东一体化供应链助产业升级

作为目前中国领先的技术驱动型供应链解决方案及物流服务提供商,京东物流充分发挥"以实助实"的新型实体企业属性,不仅能通过扎实的基础设施,高效的数智化社会供应链,创新的技术服务能力,助力农贸、交通、通信、制造等实体经济行业大型企业数智化转型,还能不断开放完善的跨行业、跨产业、全球化的产业生态资源体系,通过多元化的解决方案帮助中小微企业降本增效。更能将专业化服务向下兼容,以数智化社会供应链为基础,从发展数智农业和物流、提升乡村治理和服务水平等方面入手,打通农村全产业链条,为乡村振兴提供解决方案。

1. 跨业务、全球化服务能力

业内领先的大规模、高智能的物流仓配网是京东物流持续高质量发展的核心竞争力。京东物流建立了包含仓储网络、综合运输网络、配送网络、大件网络、冷链网络及跨境网络在内的高度协同的六大网络,具备数智化、广泛和灵活的特点,且服务范围覆盖了中国几乎所有地区、城镇和人口,由此成为可实现多网、大规模一体化融合的供应链与物流服务提供商。

2. 新一代数智信息技术驱动

新发展阶段下,随着传统物流弊端的不断显现,京东物流前瞻性布局各类新一代数智技术,用科技手段赋能供应链和物流服务,突破行业发展瓶颈,提升长期竞争力,助力高效流通体系建设。

3. 一体化供应链物流服务解决方案

作为一家供应链和物流头部企业,京东物流长期致力于供应链和物流服务的专业化、标准化与模块化深耕,关注客户所在产业链的脉络及变化,提供一体化供应链物流服务柔性解决方案,以满足客户差异化和定制化需求。首先是"方案一体化"或"垂直一体化",即提供从产品制造到仓储、配送的一整套解决方案,使企业客户能够避免为协调多家服务供应商而产生的成本。其次是"网络一体化",即通过京东物流的六大网络,全面满足企业物流活动需求。最后是"运营一体化",即基于不同环节进行集中化运营,依托京东物流的服务网络形成规模化效应,帮助客户进一步降低供应链与物流成本。

4. 行业影响与整合能力

京东物流在提供社会化开放服务的过程中十分重视关键客户(KA)。这些关键客户在行业中具有风向标意义。京东物流为之提供涉及多个链条,包括商业咨询、库存优化、全国网络规划、仓库管理、运输配送以及退换货等在内的全套定制化服务,能够产生重要的行业影响力。

(资料来源于网络,作者有修改)

请问,京东物流是什么模式?京东供应链物流服务解决方案有哪些优缺点?

第一节 电子商务物流概述

电子商务时代,越来越多的传统企业纷纷进入电子商务领域,如海尔、苏宁,还有一些新型企业从诞生之日起就重视线上与线下的高度融合,如盒马鲜生。只要涉足电子商务的企业都会面临一个问题:如果没有高效、合理、畅通的物流系统的支持,网购产品就难以到达消费者手中,订单履行就难以顺利进行,电子商务所具有的优势就难以有效发挥。由此可见,现代化的物流是电子商务的重要组成部分。

一、物流的内涵

物流起源于营销领域,发展于流通领域。物流的产生可以追溯到 20 世纪初,1915 年美国学者阿奇·萧在《市场流通中的若干问题》一书中首先提到了"Physical Distribution PD"(简称 PD,一般译成"实物分配"),并指出物资经过时间和空间的转移,会产生附加价值。但完整的物流概念和理论的雏形是在第二次世界大战中形成的。二战期间,美国军队为了改善战争中的物资供应状况,研究和建立了"后勤(Logistics)"理论,形成了物流的基础思想和理论框架。战后美国又将物流概念和思想方法运用到生产和流通领域,取得了很好效果。1956 年,日本将物流理论和运作方法从美国引入国内,经过不断地研究创新,掀起了流通领域的一场革命。

而我国在 20 世纪 80 年代初从日本将"物流"这一概念引入中国。相对美国和日本,我国物流的发展虽然起步较晚,但物流的发展速度比较快,水平和效率显著提升、功能逐渐完善。

(一)物流的定义

关于物流的定义有很多,国内外许多学者从不同的角度对物流的定义进行了界定。《物流术语》(GB/T18354—2021)给出了现在普遍接受并使用的物流定义:根据实际需要,将运输、储存、装卸、搬运、包装、流通加工、配送、信息处理等基本功能实施有机结合,使物品从供应地向接收地进行实体流动的过程。

(二)物流的功能

从物流的定义可知物流所具备的基本功能包括运输、储存、装卸、搬运、包装、流通加工、配送、信息处理,如图 7-1 所示。其中运输、储存、装卸搬运属于传统的物流功能要素;而包装、流通加工、配送、信息处理是随着现代物流发展逐步发展起来的,尤其是流通加工、配送、信息处理功能是现代物流最重要的特征。

1. 运输

运输是指采用一定的设备和工具,实现货物从一个地点到另一个地点运送的物流活动,可以创造物品的空间效用。运输的方式主要有铁路运输、公路运输、航海运输、航空运输和管道运输等。

2. 储存

储存是指对进入物流系统的货物进行堆存、管理、保管、保养、维护等一系列活动。储存以改变"物"的时间状态为目的，在克服供需之间时间差异的同时，创造物品的"时间效用"。

3. 包装

包装是指为在流通过程中保护产品、方便储运、促进销售，按一定的技术方法而采用的容器、材料和辅助物等的总体名称；也指为了达到上述目的而采用的容器、材料和辅助物过程中施加一定技术方法等操作活动。

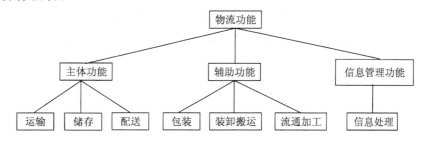

图 7-1 物流功能框架示意图

4. 装卸搬运

装卸搬运是在同一地域范围内进行的，以改变物料的存放状态和空间位置为主要内容和目的的活动，它是随运输和储存而产生的必要物流活动，是将运输、储存、包装、流通加工等物流活动衔接起来的中间环节，也是在储存和运输等活动中为进行商品检验、维护和保养所进行的支持性活动。

5. 流通加工

流通加工是指在商品已经离开生产领域，进入流通领域，但还未进入消费的过程中，为了促进商品销售、维护商品质量和实现物流效率化，对商品进行加工处理，使商品发生物理或化学性变化，具体包括再包装、分割、计量、分拣、刷标志、拴标签、组装等简单作业。

6. 配送

配送是指根据客户要求，对物品进行分类、拣选、集货、包装、组配等作业，并按时送达到指定地点的物流活动。配送是物流系统中由运输派生出的功能，是短距离、小批量、多批次、多品种的运输。

7. 信息处理

物流信息是反映物流各种活动内容的知识、资料、图像、数据的总称。物流信息处理是物流活动的神经中枢。在物流各环节的活动中，会产生大量的信息，如运输工具选择、运输路线选择、库存决策、订单管理等，同时还有来自物流系统以外的信息，如市场信息、商品交易信息等，要进行有效的物流管理，提高物流活动的效率和效益，就必须要有物流信息处理的高效和准确作为保证。

除以上功能外，电子商务还需要增值物流服务，所谓增值物流服务是指在完成物流基本功能的基础上，根据客户需求提供的各种延伸业务活动。

增值物流服务包含以下几层含义和内容：首先是增加便利性的服务，即使人变懒的服务，如自动订货系统、全过程跟踪服务等，可以使人们简化手续、方便操作；二是加快反应速度的服务，即使流通过程变快的服务,如京东为实现快物流服务,推出了急速达配送服务,实现100分钟内送达,这些都是建立在发达的配送中心网络和全渠道整合上;三是降低成本的服务,即挖掘"第三利润源泉"的服务,由于物流成本在企业总生产成本中占比较高,企业在开展电商业务后,都在积极的应用智能化信息系统、智能化设备,来提高物流的效率和效益,降低物流成本;四是延伸服务,即将供应链集成在一起的服务,新型物流强调物流服务功能的精确定位与完善化、系列化。通过向上和向下的延伸,实现网链结构,达到供应链高度集成的目的。

总的来说,物流的基本功能"储存"和"配送"解决了电子商务过程中供给者和需要者之间场所和时间的分离问题,创造"场所效应"和"时间效应",因而在物流系统中处于主要功能要素的地位。而延伸服务最具增值性,但需要智慧和远见,能否提供此类增值服务,已成为衡量一个物流企业是否真正具有竞争力的标志。

二、电子商务物流的内涵

(一)电子商务物流的定义

电子商务物流是在电子商务迅速发展的基础上产生和发展起来的,它不是简单的"物流运输+电子商务"的应用,而是集电子商务企业、物流企业、信息技术企业的优势于一体。电子商务物流是指在电子商务条件下,依靠计算机技术、互联网技术、电子商务技术以及信息技术等所进行的物流活动。电子商务物流的研究对象是物流在电子商务和现代科学技术条件下的运作与管理,将信息流、商流、物流、资金流进行完美整合,实现企业间物流资源共享和优化配置的物流方式。

(二)电子商务物流的特点

电子商务的快速发展和应用,既为物流业的发展带来新的契机,也对物流服务提出了新的要求,为适应新的环境发展需要,需与信息流、商流、资金流进行完美对接,电子商务物流具有以下新特点:

1. 信息化

电子商务时代,物流信息化是电子商务的必然要求。物流信息化主要表现为:物流信息的商品化、物流信息收集的数据库化和代码化、物流信息处理的电子化和计算机化、物流信息传递的标准化和实时化、物流信息存储的数字化等。信息技术及计算机技术在物流中的应用将会彻底改变物流的面貌。

2. 自动化

自动化的基础是信息化,其外在表现是无人化。物流自动化的设施非常多,如条码技术/语音识别技术/射频自动识别系统、自动分拣系统、自动存取系统、自动导向车及货物自动跟踪系统等。在发达国家这些设施已经普遍应用于物流作业流程中,而在我国由于物流业起步晚,发展水平低,自动化技术的全面普及还需要时间。

3. 网络化

物流领域网络化有两层含义:一是物流配送系统信息的网络化;二是组织的网络化,即建立企业内部网(Intranet)。网络化的基础也是信息化,是电子商务环境下物流活动的主要特征之一,物流的网络化是物流信息化的必然结果。当今世界Internet等全球网络资源的可用性及网络技术的普及为物流的网络化提供了良好的外部环境,物流网络化是发展的必然趋势。

4. 智能化

智能化是物流自动化、信息化的一种高层次应用。物流作业过程大量的运筹和决策,如库存水平的确定、运输(搬运)路径的选择、自动导向车运行轨迹和作业控制、自动分拣机运行、物流配送中心经营管理的决策支持等问题都需要借助智能计算才能解决。为了提高物流现代化的水平,物流的智能化已成为电子商务环境下物流发展的一个新趋势。

5. 柔性化

柔性化是为实现"以顾客为中心""敏捷制造"理念而在生产领域提出的,但要真正做到柔性化,即真正地能根据消费者需求的变化来灵活调节生产工艺,没有配套的柔性化的物流系统是不可能达到目的的。柔性化的物流概念和技术的实质是要将生产、流通进行集成,根据需求端的要求组织生产,安排物流活动,是适应生产、流通与消费的需求而发展起来的一种新型物流模式,要求物流配送中心根据消费需求"多品种、小批量、多批次、短周期"的特点,灵活组织和实施物流作业。

6. 绿色化

绿色化主要表现为物流过程中减少对环境造成的危害,如废弃物的排放、资源的消耗、噪声污染、交通堵塞、碳的排放等,同时实现对物流环境的净化,使物流资源得到充分利用。

另外,物流设施、商品包装的标准化,物流的社会化、共同化也都是电子商务物流的新特点。

三、电子商务与物流的关系

电子商务在改变传统商业模式的同时,对物流也产生了深刻的影响,为物流企业提供了一个空前发展的机遇;而现代物流的发展又促进了电子商务的飞跃。

菜鸟打造"双11"绿色物流主阵地

(一)物流对电子商务的影响

没有高效、合理、畅通的物流系统支持,电子商务所具有的优势就难以得到有效发挥;没有与电子商务相适应的物流体系,电子商务就难以得到长远发展。物流的信息化、技术现代化以及管理现代化提高了电子商务的效率和效益,极大影响用户的体验,是电商发展的重要基础。物流自身体系的不断完善将会进一步促进电子商务的发展和应用。物流对电子商务的影响主要表现在以下方面:一是物流是实施电子商务的重要保证;二是物流提高了电子商务的效率和效益;三是物流促进了电子商务的发展。

(二)电子商务对物流的影响

电子商务对物流的影响主要表现在以下方面:一是电子商务为物流业的发展提供了新的机遇;二是电子商务拓展了物流服务的空间;三是电子商务提升了物流效率;四是电子商务实时控制物流环节;五是电子商务促进了物流技术水平的提高。

综上所述,电子商务与物流的关系是相互影响、相互促进、共同发展。电子商务促进了现代物流的发展,而物流是电子商务能够得以发展的重要保障。

第二节 电子商务物流信息技术

物流信息技术是指现代信息技术在物流各个作业环节中的应用,各种新兴的信息技术是电子商务物流得以实现的基本前提。

一、条码技术及应用

(一)条码及条码技术的概念

条码又称条形码,是由一组按特定规则排列的条、空及对应字符组成的表示一定信息的符号。"条"对光线反射率较低,"空"对光线反射率较高。这些条和空组成的数据表达一定的信息,并能够用特定的设备识读,转换成与计算机兼容的二进制和十进制信息。

条码技术是为实现对信息的自动扫描而设计的一种基于计算机的自动识别技术,核心内容是通过利用光电扫描设备识读这些条形码符号来实现机器的自动识别,并快速、准确地把数据录入计算机进行数据处理,从而达到自动管理的目的,是实现快速、准确而可靠地采集数据的有效手段,解决了数据录入和数据采集的"瓶颈"问题,为供应链管理提供了有力的技术支持。

与其他输入技术(键盘输入、OCR 输入、磁卡输入、射频输入等)相比,条码技术具有识别速度快、误码率低、设备便宜、应用成本低廉和技术成熟等优点,目前已被广泛应用于各领域,更是物流管理现代化的重要技术手段之一。

(二)条码的分类

根据编码方式的不同,条码可以分为一维条码和二维条码。

1. 一维条码

一维条码是只在一个方向上存储和表达信息的条码,可用作商品条码和物流条码。

一个完整的一维条码的组成次序依次为静区(前)、起始符、数据符、中间分割符,主要用于 EAN 码、校验符、终止符、静区(后)。静区指条码左右两端外侧与空的反射率相同的限定区域,它能使阅读器进入准备阅读的状态。起始/终止符指位于条码开始和结束的若干条与空,标志条码的开始和结束。数据符位于条码中间的条、空结构,包含条码所表达的特定信息。常用的一维码的码制包括:EAN 码、39 码、交叉 25 码、UPC 码、128 码、93 码、ISBN 码,及 Codabar(库德巴码)等。不同的码制有它们各自的应用领域:EAN 码是国际通用的符号体系,是一种长度固定、无含意的条码,主要应用于商品标识,如图 7-2 所示;39 码和 128 码为国内企业内部自定义码制,主要应用于工业生产线领域、图书管理等;交叉 25 码主要应用于包装、运输等;Codabar 码应用于图书馆、包裹等的跟踪管理;ISBN 码主要用于图书管理。

图 7-2 一维条码(EAN-13 码)

(1)商品条码。商品条码是用于标识国际通用商品代码的一种条码。目前,条码的码制多种多样,欧洲物品编码(European Article Number,EAN)是国际上通用的商品代码,我国通用商品条码也采用 EAN 条码结构,它通常由 13 位数字及相应的条码符号组成,分为国家代码、厂商代码、商品代码和校验码四个部分,如图 7-3 所示。

图 7-3 EAN13A 结构

国家代码:由 3 位数字组成,我国为 690~695,它是国际物品编码协会(EAN International,简称 EAN)统一分配的。

厂商代码:由 4 位数字组成,由我国物品编码中心统一分配并统一注册,一厂一码。

商品代码:由 5 位数字组成,表示每个制造厂商的商品,由厂商自行编码确定。在编制商品代码时,厂商必须遵守商品编码的基本原则:对同一商品必须编制相同的商品代码;对不同的商品必须编制不同的商品代码。保证商品与其标识代码一一对应,即一种商品只有一个代码,一个代码只标识一种商品。

校验码:由 1 位数字组成,用以校验前面各码的正误。

例如,听装健力宝饮料的条码为 6901010101098,其中 690 代表我国 EAN 组织,1010 代表广东健力宝公司,10109 是听装饮料的商品代码。这样的编码方式就保证了无论在何时何地,6901010101098 唯一对应该种商品。

另外,图书和期刊作为特殊的商品也采用了 EAN13 码表示 ISBN 和 ISSN。前缀 977 用于期刊号 ISSN,前缀 978 用于图书号,我国被分配使用 7 开头的 ISBN 号,因此我国出版社出版的图书上的条码全部为 9787 开头。

(2)物流条码。根据国际物品编码协会和美国统一代码协会(Uniform Code Council,UCC)的编码规范,国际上通用的物流条码码制有 EAN 条码(消费单元条码)、ITF 条码(储运单元条码)、EAN/UCC 条码(物流条码)三种。

物流条码是物流过程中以商品为对象,以集合包装商品(如纸箱、集装箱等)为单位使用的条形码。物流条码所表示的物品信息内容主要有两部分:一是固定项目标识,如厂商信息、产品编码信息等;二是动态项目标识,如系列货运包装箱代码信息、生产日期、有效期、批号、数量、参考项目

(客户购货订单代码)、位置码、特殊应用(医疗保健业等)以及内部使用信息等。

2. 二维条码

随着条码技术应用领域的不断扩大,传统的一维条码渐渐表现出它的局限性:

(1)一维条码通常仅仅是对物品的标识,而不能对物品进行描述。因此,使用一维条码必须通过连接数据库的方式提取信息才能明确条码所表达的信息含义,对商品信息,如生产日期、价格等的描述必须依赖数据库的支持,因此在没有数据库或不方便联网的地方,一维条码的使用就受到了限制。

(2)一维条码表达的只能是字母和数字,而不能表达汉字和图像,在一些需要应用汉字的场合,一维条码就不能满足要求。

随着电子商务的发展,人们迫切需要用条码在有限的空间内表达更多的信息,以满足千变万化的信息表示需要。二维条码是能够在横向和纵向两个方向同时表达信息的条码,不仅能在很小的面积内表达大量的信息,而且可以表达汉字和存储图像信息,从而解决了一维条码难以解决的问题。因此,从应用角度看,一维条码用于对物品进行标识,二维条码用于对物品进行描述。

目前,二维条码主要分为行排式和矩阵式两大类,分别如图7-4、图7-5所示。

四一七条码
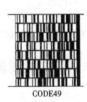
CODE49

CODE16K

图7-4 行排式二维条码

图7-5 矩阵式二维条码(QR码)

二维码的特征如下。

①可以表示大量信息。二维码从纵向和横向两个方向储存信息,一个二维码可以表示数百行或数千行的信息。相对于一维条码作为识别用的ID条码而言,二维码相当于一个小型数据库。

②高密度印刷。二维码可以用相当于一维条码数10倍的密度印刷,而且可以根据信息量的多少扩大和缩小面积。

③订正功能。由于可以包含大量信息,因此其中也有用来订正错误的数据。在二维条码部分受损或粘污迹的情况下,可以自动复原,正常读取数据。

④全方位读取。一维条码只可以在横向读取,而二维码可以在360度的范围内全方位读取

数据。

⑤信息种类多样化。一维条码只能使用英文数字和记号表示信息,而二维码除此之外,还可以用汉字以及图片表示信息。

相对于一维条码,二维条码大大提高了信息密度,实现了用条码对物品进行"描述",可表示多种语言文字及图像数据,纠错功能强。作为一种全新的信息存储、传递和识别技术,二维条码因其储存量大、保密性高、追踪性高、抗损性强、备援性大、成本低等特性,被广泛应用于海关、税务、外交、军事、工业生产等领域的管理中。中国物品编码中心最先对几种常用二维条码的技术规范进行了翻译和跟踪研究。随着对二维条码的需求与日俱增,中国物品编码中心又制定了两个二维码的国家标准,即二维码网格矩阵码和二维码紧密矩阵码,大大促进了我国具有自主知识产权技术的二维条码的研发。

(三)条码应用系统

条码本身必须与其他计算机设施结合组成条码应用系统才能发挥功效。条码应用系统是由条码标签、条码识读设备、计算机处理系统(包括数据库)等组成的条码识读和数据处理信息系统,如图7-6所示。

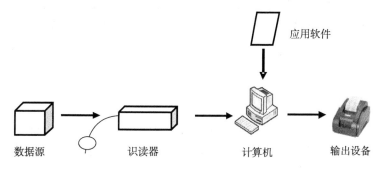

图7-6 条码系统工作原理

在具体应用中,当条码识读设备扫描条码时,条码将被一种红外线或可见光源照射,黑色的条吸收光,空则将光反射回扫描器中;扫描器将光波转译成模仿条码中的条与空的电子脉冲,一个解码器用数学程序将电子脉冲译成一种二进制码,并将译码后的资料信息传递给计算机处理系统进行后续信息处理。因此,对条码信息的完整处理需要多个组件共同协作才能完成。

对于普通的一维条码来说,人们必须事先通过数据库建立条码与商品信息(如商品名称、单价、库存等)的对应关系,如当条码数据传到计算机上时,计算机上的应用程序才能从数据库中找到该条码对应的商品记录,对数据进行操作和处理。因此,普通的一维条码在使用过程中仅作为识别信息,它的意义是通过在计算机系统的数据库中提取相应的信息。对于二维条码,无需在数据库中建立条码与商品信息的对应关系,即可实现对数据的操作和处理。

(四)条码技术在物流中的应用

1. 在包装环节的应用

在包装环节中应用物流条码,可通过数据采集器对产品外包装进行扫描,采集货物的相关信息,例如:货物的生产日期、出厂地址、厂家、保质期等信息,便可查询来源于厂家或销售部门关于产品的信息,信息采集后会反馈到电脑,自动录入数据并存档。通过使用条码技术,企业可以快速地采集货物的信息,提高作业的效率,同时通过结合信息系统,利用网络技术,可以做到整个供应链信息实时共享。

2. 在运输环节的应用

结合 GPS、GIS 等信息技术,通过在运输车辆上装上条形码,能实现合理的调度和管理车辆,工作人员利用设备扫描车辆上的条码,录入车辆的信息后,在行驶过程中结合 GPS,可以进行实时的监控,当任务完成后,系统会自动进行车辆的调度,使得车辆的管理效率大大地提高。此外,二维码为运输业务过程中发货单据的处理提供了一个很好的解决方案。通过将单据的内容编成一个二维条码,打印在发货单据上,在运输业务的各个环节中使用二维条码阅读器扫描条码,信息便可录入计算机管理系统中,既快速又准确。

3. 在仓储配送环节的应用

仓储配送是产品流通的重要环节。美国最大的百货公司沃尔玛在全美有 25 个规模很大的配送中心,一个配送中心要为 100 多家零售店服务,日处理量为 20 多万个纸箱。在收货区,用手持式扫描器分别识别运单和货物上的条码,可获得货物的信息;在拣货区,用手持式扫描器识读标签,根据标签上的信息,计算机随即发出拣货指令,装满货品的纸箱经封箱后运到自动分拣机,在全方位扫描器识别纸箱上的条码后,计算机指令拨叉机构把纸箱拨入相应的装车线,以便集中装车运往指定的零售店。

4. 在流通加工环节的应用

通过对产品进行编码、贴标签,当产品在加工线上流动时,流水线上的设备迅速地扫描、采集相关数据,实现产品在生产线上每一步骤的实时跟踪,找出生产的瓶颈,快速地统计和查询数据,为生产的调度、排单提供科学的依据,对于不合格品,可以迅速查询生产过程中的原因,解决产品质量追溯问题。

二、射频识别技术及应用

(一)射频识别技术的概念

射频识别(Radio Frequency Identification,RFID)技术是 20 世纪 90 年代兴起的一种非接触式的自动识别技术,主要通过射频信号自动识别目标对象并获取相关数据,通过感应无线电波或微波能量进行双向通信,无须人工干预,保密性和抗恶劣环境的能力较强,可工作于各种恶劣环境。

RFID 技术最突出的特点是可以非接触识读(识读距离可从 10 厘米到几十米),与条码技术相比,RFID 技术优势非常明显:

(1)不需要光源,甚至可以透过外部材料读取数据;

(2)使用寿命长,能在恶劣环境下工作;

(3)能够轻易嵌入或附着在不同形状、类型的产品上;

(4)读取距离更远;

(5)可以写入及存取数据,写入时间相比打印条形码更少;

(6)标签的内容可以动态改变;

(7)能够同时处理多个标签;

(8)标签的数据存取有密码保护,安全性更高;

(9)可以对RFID标签所附着的物体进行追踪定位。

(二)RFID应用系统

1. RFID应用系统的构成

RFID应用系统由电子标签、阅读器、天线和数据处理系统四部分构成。

(1)电子标签。电子标签(Tag)也称射频识别卡,用来存储需要识别和传输的信息。与条码不同的是,电子标签须能够自动或在外力的作用下,把存储的信息主动发射出去。有些RFID标签支持读写功能,目标物体的信息能随时更新。

(2)阅读器。阅读器是读取(在读写卡中还可以写入)标签信息的设备,可无接触地读取并识别电子标签中所保存的电子数据,从而达到自动识别目标的目的。它可进一步与计算机系统(即数据处理系统)相连,将识别的数据传递给数据处理系统。有些阅读器有内置天线,有些阅读器必须外接天线。

(3)天线。天线是电子标签和阅读器之间传输数据的发射、接收装置。

(4)数据处理系统(中央信息系统)。数据处理系统主要接收阅读器发送的识别数据,并进行相应的处理。

2. RFID应用系统的工作原理

RFID应用系统的工作原理如图7-7所示。

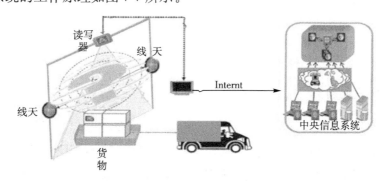

图7-7 RFID应用系统工作原理

(1)阅读器通过天线发送一定频率的射频信号,当电子标签进入天线发射信号区域时会产生感应电流,此时电子标签获得能量被激活。

(2)电子标签将自身编码等信息通过卡内置天线发送出去。

(3)天线接收到电子标签发送来的载波信号,经天线调节器传送给阅读器。

(4)阅读器对接收的信号进行解调和解码,然后送到数据处理系统进行相关处理。

(5)数据处理系统针对不同的设定作出相应的处理和控制。

(三)射频识别技术在物流中的应用

1. 在库存管理中的应用

RFID能够改进零售商的库存管理,实现适时补货,对运输与库存进行有效跟踪,提高效率,减少出错。同时,智能标签能对某些时效性强的商品是否在有效期限内进行监控;商店还能利用RFID系统在付款台实现自动扫描和计费。RFID标签在供应链终端的销售环节,特别是在超市中,免除了跟踪过程中的人工干预,并能够使得生成的业务数据达到100%准确率。

2. 在仓储中的应用

企业仓储管理过程中,RFID技术广泛地使用于存取货物与库存盘点,实现存货和取货等操作的自动化。将RFID技术与供应链计划系统制定的收货、取货、装卸搬运等结合,不仅增强了作业的准确性和快捷性,提高了服务质量,降低了成本,节省了劳动力和库存空间,同时减少了整个物流过程中商品误置、送错、偷窃、损害和库存、出货错误等造成的损耗,提高了物流管理的透明度和库存周转率以及企业内的物流效率。

3. 在运输中的应用

运输管理过程中,在货物和运输车辆上贴上RFID标签,运输线的一些检查点上安装RFID接收转发装置。在接收装置中收到RFID标签信息后,连同接收地的位置信息上传至通信卫星,再由卫星传送给运输调度中心,送入数据库中,即可完成对运输全过程的追踪。

4. 在配送中的应用

配送环节采用RFID技术能大大提高分拣的效率与准确率,并能减少人工、降低配送成本。系统将读取到的信息与发货记录进行核对,就能够检测可能出现的错误,然后将RFID标签内的信息更新为最新的商品状态。同时,库存控制得到精确管理,可以确切了解处于转运途中货箱数量、转运的始发地和目的地,以及预期的到达时间等信息。

三、GIS技术及应用

(一)地理信息系统简介

地理信息系统(Geographic Information System,GIS)是20世纪60年代迅速发展起来的地理学研究成果,是多种学科交叉的产物,它以地理空间数据为基础,采用地理模型分析方法,适时地提供多种空间动态的地理信息,是一种为地理研究和地理决策服务的信息技术系统。

GIS的基本功能是将表格型数据(来自数据库、电子表格文件或直接在程序中输入)转换为地理图形显示,然后对显示结果浏览、操作和分析。其显示范围可以从洲际地图到非常详细的街区地图,显示对象包括人口、销售情况、运输线路以及其他内容。

(二)GIS技术在物流中的应用

1. 仓库规划中的应用

地理信息系统是把计算机技术、地理信息和数据库技术紧密结合起来的新型技术,其特征非常适合仓库建设规划,从而使仓库建设规划走向规范化和科学化,使仓库建设的经费得到最合理的使用。仓库地理信息系统作为仓库管理信息系统的一个子系统,依据地理坐标、图标的方式更直观地反映仓库的基本情况,如仓库建筑情况、仓库附近公路和铁路情况、仓库物资储备情况等,是仓库管理信息系统的一个重要分支和补充。

2. 在铁路运输中的应用

铁路运输地理信息系统便于销售、市场、服务和管理人员查看客运站、货运站、货运代办点、客运代办点之间的相对地理位置以及运输专用线和铁路干线之间的相对地理位置。不同颜色和填充模式区分的各种表达信息,方便用户识别销售区域、影响范围、最大客户、主要竞争对象、人口状况及分布、工农业统计值等,分析增加运输收入的潜在地区,从而扩大延伸服务。通过这种可视方式,可以更好地制定市场营销和服务策略,有效地分配市场资源。

3. 车辆监控系统

车辆监控系统是集全球定位系统、地理信息系统和现代通信技术于一体的高科技系统。其主要功能是对移动车辆进行实时动态的跟踪,利用无线技术将目标的位置和其他信息传送至主控中心,在控制中心进行地图匹配显示监控和查询,从而科学地进行调度和管理,提高运营效率。车辆监控系统应用广泛,如能够提供车辆安全服务,移动车辆如果遇到麻烦或者其安全受到侵害,可以向控制中心发送报警信息,及时得到附近相关部门的支援。

4. 在物流分析中的应用

利用地理信息系统强大的地理数据功能来完善物流分析技术。完整的地理信息系统物流分析软件集成了车辆路线模型、最短路径模型、网络物流模型、分配集合模型和设施定位模型等。

四、GPS 技术及应用

(一)全球定位系统简介

全球定位系统(Global Positioning System,GPS)是具有海、陆、空全方位三维导航与定位能力的新一代卫星导航和定位系统。GPS 系统包括三大部分:空间部分——GPS 星座;地面监控部分;用户部分——GPS 信号接收机。GPS 系统构成示意图如图 7-8 所示。

1. GPS 空间部分

GPS 空间部分包括由 21 颗工作卫星和 3 颗在轨备用卫星组成的 GPS 卫星星座,卫星高度为 20200km,运行周期 12h。24 颗卫星均匀分布在 6 个轨道平面内,轨道倾角为 55 度,各个轨道平面之间相距 60 度,即轨道的升交点赤经各相差 60 度。每个轨道平面内各颗卫星之间的升交角距相差 90 度,轨道平面上的卫星比西边相邻轨道平面上的相应卫星超前 30 度。这种结构与设备配置使 GPS 具有全天候、高精度、自动化、高效益等显著特点,能在全球绝大多数地方进行全天候、高精度、连续实时的导航定位测量。

2. GPS 地面监控部分

地面监控部分由监测站、主控站、注入站组成。监测站的主要任务是跟踪 GPS 卫星;主控站作用是收集监测站的 GPS 信息,对卫星的轨道、卫星系统时间进行修正,并生成每颗卫星的星历等;

注入站作用是进行地面和卫星进行数据传输。

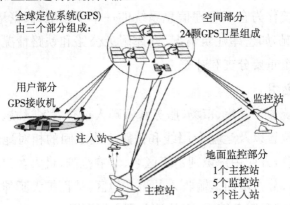

图 7-8　GPS 系统构成示意图

3. GPS 信号接收机

其主要功能是能够捕获到按一定卫星截止角所选择的待测卫星,并跟踪这些卫星的运行。当接收机捕获到跟踪的卫星信号后,即可测量出接收天线至卫星的伪距离和距离的变化率,解调出卫星轨道参数等数据。根据这些数据,接收机中的微处理计算机就可按定位解算方法进行定位计算,计算出用户所在地理位置的经纬度、高度、速度、时间等信息。

(二)GPS 技术在物流领域的应用

1. 物流查询

利用 GPS 查询功能可以直观地从电子地图上获取运输车辆详细的位置信息、行驶方向、速度等,还可以记录路线、发车时间、任务完成情况等。通过利用计算机程序将车辆实时运行信息与预设的信息比较,对行车线路时间出现的问题及时处理,以便管理人员准确及时了解运输状况。在物流运输中,对运送危险品的车辆,可以配备额外的监测装置,管理者能够获取更多的运输信息,以确保运送过程的安全,保证货物按时抵达。

2. 铁路运输方面的管理

利用 GPS 的计算机管理信息系统,实时收集全路车辆、集装箱及所运货物的动态信息,实现对列车、货物追踪管理。只要知道货车的车种、车型、车号,就可以立即从近 10 万千米的铁路网上流动着的几十万辆货车中找到该货车,还能得知这辆货车在何处运行或停在何处,以及所有的车载货物发货信息。铁路部门运用这项技术可大大提高其路网及运营的透明度,为货主提供更高质量的服务。

3. 应用于军事物流

全球定位系统最初是因军事目的而建立的,在军事物流中,如后勤装备的保障等方面应用相当普遍。通过 GPS 技术及系统,可以准确地掌握和了解各地驻扎的军队数量与要求,无论是在战时还是在平时,都能及时地进行准确的后勤补给。

BDS(北斗系统)——"中国的北斗,世界的北斗、一流的北斗"

"复移小凳扶窗立,教识中天北斗星"。自古以来,北斗七星就被赋予了司南功能,用以指引方向、分辨四季、标定时刻,中国人对北斗有着熟悉而亲切的认知。北斗卫星导航系统是中国着眼于国家安全和经济社会发展需要,自主建设运行的全球卫星导航系统,是为全球用户提供全天候、全天时、高精度的定位、导航和授时服务的国家重要时空基础设施。北斗三号卫星导航系统由24颗中圆地球轨道卫星、3颗地球静止轨道卫星和3颗倾斜地球同步轨道卫星,共30颗卫星组成。

BDS由空间段、地面段和用户段三部分组成。北斗三号卫星导航系统可在全球范围内全天候、全天时提供两种服务方式,即开放服务和授权服务。开放服务是在服务区中免费提供定位、测速和授时服务,定位精度为10m,授时精度为50ns,测速精度为0.2m/s。授权服务是向授权用户提供更安全的定位、测速、授时和通信服务以及系统完好性信息。

北斗卫星导航系统是继GPS、GLONASS之后的第三个成熟的卫星导航系统。北斗卫星导航系统(BDS)和美国GPS、俄罗斯GLONASS、欧盟GALILEO,是联合国卫星导航委员会已认定的供应商。中国高度重视北斗系统建设发展,自20世纪80年代开始探索适合国情的卫星导航系统发展道路,形成了"三步走"发展战略:2000年年底,建成北斗一号系统,向中国提供服务;2012年年底,建成北斗二号系统,向亚太地区提供服务;2020年,建成北斗三号系统,向全球提供服务。

2007年4月14日4时11分,我国在西昌卫星发射中心用"长征三号甲"运载火箭,成功将一颗北斗导航卫星送入太空。这颗卫星的成功发射,标志着我国自行研制的北斗卫星导航系统进入新的发展建设阶段。这次发射的卫星和用于发射的"长征三号甲"运载火箭分别由中国航天科技集团公司所属中国空间技术研究院和中国运载火箭技术研究院研制。

2017年11月5日,我国在西昌卫星发射中心用长征三号乙运载火箭,成功发射两颗北斗三号全球组网卫星。这是北斗三号卫星的首次发射,标志着中国北斗卫星导航系统步入全球组网新时代,也标志着中国正式开始建造"北斗"全球卫星导航系统。

2018年8月19日晚,中国在西昌卫星发射中心用长征三号乙运载火箭及远征一号上面级,以"一箭双星"方式成功发射第37、38颗北斗导航卫星。这两颗卫星属于中圆地球轨道卫星,是中国北斗三号全球系统第13、14颗组网卫星。在这两颗北斗导航卫星上,还首次装载了国际搜救组织标准设备,将为全球用户提供遇险报警及定位服务。

2018年12月27日,中国卫星导航系统管理办公室主任冉承其在中华人民共和国国务院新闻办公室新闻发布会上宣布:北斗三号基本系统已完成建设,北斗系统服务范围由区域扩展为全球,标志着北斗系统正式迈入全球时代。

2020年7月31日,习近平总书记出席北斗三号全球卫星导航系统建成暨开通仪式,宣布北斗三号全球卫星导航系统正式开通。这标志着我国建成了独立自主、开放兼容的全球卫星导航系统,中国北斗从此走向了服务全球、造福人类的时代舞台。北斗三号系统继承北斗有源服务和无源服务两种技术体制,能为全球用户提供基本导航(定位、测速、授时)、全球短报文通信、国际搜救服务,中国及周边地区用户还可享有区域短报文通信、星基增强、精密单点定位等服务。

目前,北斗卫星导航系统与美国、俄罗斯、欧盟卫星导航系统的兼容与互操作持续深化,可以让全球用户享受到多系统并用带来的好处。已有120余个国家和地区使用北斗系统,中国北斗作为国家名片的形象持续深入人心。中国建设北斗卫星导航系统完全依靠自己的力量,建成之后却主动向全世界开放。这种开放融合的胸怀和理念,让北斗卫星导航系统的"朋友圈"越来越大,也将进一步锤炼北斗卫星导航系统服务全球的能力。

进入全球服务的新阶段,北斗卫星导航系统有着广阔前景,也面临全新挑战。脚踏实地、行稳致远,走向全球的中国北斗大有可为。作为新时代大学生,也要大力弘扬"自主创新、开放融合、万众一心、追求卓越"的新时代北斗精神,不忘初心、牢记使命,不懈探索、砥砺前行。

五、物联网技术在物流领域的应用

物联网是指通过感应设备将交通、建筑、电力、医疗、家居等生活方方面面的多种物体与互联网整合起来,从而实现现实社会与虚拟网络的融合;并通过集成强大的计算机群,对整个网络内部的所有人员和设备实施精细、动态和实时的管理与控制,从而使人类社会进入"智能化"阶段,促进人与自然的和谐发展。

(一)在仓储中的应用

现代技术水平在不断进步,基于物联网技术的库存管理模式更能适应市场需求的变化,实时掌握物流过程中产品的品质、标识、位置等信息已经成为现代物流管理的新要求。例如,通过识别电子标签,在自动化生产线上实现自动跟踪与识别,提高了生产效率和效益;在托盘上安装阅读器便可以读取到所有物品的标签信息,信息中心系统将这些信息与发货清单进行核对后便可以发货;货物出入库时,利用带有阅读器的拖车即可分门别类地送入指定仓库,并实现物品登记自动化;当零售商的货架上商品缺货时,货架会自动通知仓库及时补货,商品库存信息自动更改,保证了商品的及时供应。

(二)在运输中的应用

基于物联网的车辆运行安全管理系统可实现实时定位跟踪查询、车速监测、事故处理、历史数据查询打印、数据统计、系统设置和联网等功能。同时,利用某些物联网技术对高速移动物体识别的特点,可以对运输工具进行快速有效的定位与统计,方便对车辆的管理和控制,为实现交通的信息化和智能化提供技术保障。

第三节 电子商务物流模式及选择

采用哪种物流模式,是每个电商企业都会面临的抉择。电子商务企业需要依据主营业务和核心竞争力、物流管理能力等具体情况,作出科学合理地选择,选择最适合自身发展的物流模式。

一、电子商务物流模式

物流模式,又称物流管理模式,是指根据现实的需要,构建相应的物流管理系统,形成有目的、有方向的物流网络,采用某种物流形式的解决方案。电商企业目前可供选择的物流模式主要有企业自营物流、第三方物流、第四方物流、物流联盟和物流一体化。

(一)自营物流

自营物流是指电子商务企业为了满足自身物流业务的需要,自行组建物流配送系统,经营管理企业的整个物流运作过程。随着电子商务的发展,物流显得越发重要。一些大型的电商平台为了使用户有更好的购物体验,保证产品的物流配送时间及配送品质,纷纷建立自己的物流系统,如京东商城、唯品会、美团等属于自营物流模式。

自营物流的优势:一是对物流有较强的控制力,有利于企业有效地协调物流活动各个环节;二是能大幅度提升消费体验,增加客户黏性;三是直接面向客户、服务客户,为客户提供最优质的服务,维护企业和客户间的长期关系,提升企业形象,提高企业品牌价值。

自营物流的劣势:不仅要求企业具备雄厚的资金和技术实力,还要求企业有较强的管理能力。企业要自营物流就必须投入大量资金、时间、精力以及人员,对于像苏宁、海尔、京东等大型制造企业或电商企业来说符合其发展需求,但对于中小规模电商企业,这些前期的投入无疑增加了企业负担,削弱了企业的竞争力,严重的会导致企业无法正常运营。

(二)第三方物流

第三方物流在国外又称为契约物流或合同物流。《物流术语》(GB/T18354-2021)对第三方物流定义是:由独立于物流服务供需双方之外且以物流服务为主营业务的组织提供物流服务的模式。相对于"第一方"发货人和"第二方"收货人而言的,它不拥有商品,也不参与商品的买卖。

相较自营物流而言,第三方物流可以为企业提供更加专业的服务,具有以下明显的优势。

(1)电商企业将有限资源集中于自己的核心业务上,增强企业的核心竞争力。

(2)灵活运用新技术,实现以信息换库存,降低成本。

(3)能够充分利用专业物流企业的信息网络、配送网络及物流设施,弥补自身不足,提供更加灵活多样的服务,为客户创造更多的价值,提高客户服务水平。

(4)减少固定资产投资,加速资本周转。企业自建物流需要投入大量的资金购买物流设备,建设仓库和信息网络等专业物流设备。这些资源对于缺乏资金的企业特别是中小企业是个沉重的负担。而如果使用第三方物流公司不仅减少设施的投资,还减少了仓库和车队方面的资金占用,加速了资金周转。

第三方物流的劣势:体现在电商企业不能及时获取物流信息和客户反馈信息,信息融合程度也不足,会增大对物流外包依赖的风险。

(三)第四方物流

第四方物流(fourth party logistics,4PL)是1998年美国埃森哲咨询公司率先提出的,与第一方物流、第二方物流及第三方物流的最大不同在于,其本身不承担具体的物流活动,是一个供应链集成商,对企业内部和具有互补性的服务供应商所拥有的不同资源、能力和技术进行整合和管理,提供一整套供应链解决方案。第四方物流通过整合供应链,提高物流运作效率,降低物流运营成本,为客户带来利益。

第三方物流主要为企业提供实质性的具体的物流服务,而第四方物流不提供实质性的具体的物流服务,专长是供应链技术。第四方物流思想必须依靠第三方物流的实际运作来实现并得到验证,第三方物流需依靠第四方物流提供供应链物流解决方案。如表7-1所示,第三方物流和第四方物流在服务目的、服务范围、服务对象等方面均存在一定的差异。

表7-1 第三方物流与第四方物流的区别

物流模式	服务目的	服务范围	服务对象
第三方物流	降低单个企业的物流运作成本	为单个企业采购或销售物流提供的全部或部分物流服务	各种类型的企业
第四方物流	降低整个供应链的物流运作成本	提供供应链解决方案,并负责实施监督	大、中型企业

(四)物流联盟

物流联盟是以物流为合作基础的企业战略联盟,是指两个或两个以上的经济组织为实现特定的物流目标,通过各种协议、契约而形成的优势互补、风险共担、收益共享的物流伙伴关系。物流联盟具有相互依赖、核心专业化、强调合作的特点,是介于自营物流和第三方物流之间的物流模式,可以降低前两种模式的风险。物流联盟比单独从事物流活动取得更好的效果,成员之间相互取长补短,要素双向或多向流动,从整体上提高物流服务水平。

物流联盟的优势:可以降低经营风险和不确定性;减少投资,降低物流成本;从联盟企业获得物流管理经验和物流技术,提升物流服务水平。

物流联盟的劣势:联盟是动态的;选择、更换物流企业比较困难,过度依赖物流企业;由于信息不对称,企业可能蒙受损失,甚至丧失核心竞争力。

(五)物流一体化

物流一体化是基于供应链管理的思想,以物流系统为核心,从生产企业经由物流企业、销售企业直至消费者的供应链的整体优化和系统化。其目的是使产品在供应链内迅速有效地移动,使各参与方企业都能获益,使整个社会获得明显的经济效益。物流一体化是在第三方物流的基础上发展起来的多边共赢的供应链物流模式。在这种模式下,物流企业通过与生产企业建立广泛的代理关系,与销售企业形成较为稳定的契约关系,从而将生产企业的商品或信息进行统一组合处理后,按订单要求配送到店铺。

物流一体化是物流业发展的高级和成熟阶段,是物流产业化的发展形式,它必须以第三方物流充分发育和完善为基础。物流业高度发达,物流系统完善,物流业成为社会生产链条的领导者和协调者,能够为社会提供全方位的物流服务。

绿色物流和社会化物流

二、电子商务物流模式选择

以上物流模式各有优缺点,企业在进行电子商务物流决策时,应立足自身实际需要和资源条件,以市场为导向,综合考虑以下因素。

(一)物流模式的发展现状

电子商务物流模式的选择受制于目前物流模式的发展现状和水平。电子商务企业在选择物流模式时,要认真研究各种物流模式的利弊和发展现状,并针对企业发展需要选择适合自己的物流配送模式。

(二)企业对物流控制力的要求

企业对物流控制力的要求是企业选择物流模式时考虑的重要因素之一。物流服务对一个企业的成功与否影响重大,如果企业需要控制整个物流环节,最好选择自建物流,这样可以更好地保护自己的销售渠道,控制对客户的服务水平。

(三)物流对企业的影响度

如果物流业务对企业的影响重大,企业资金雄厚,又掌握专业的物流知识,则可以建立自营物流体系,为客户提供专业化的服务,提升企业的形象;如果物流业务对企业的影响能力比较弱,企业规模也很小,比较适合选择外包的形式,来获得更加专业化的服务。

(四)企业规模

企业规模是影响和决定企业选择物流模式的主要因素。如果企业的资金实力雄厚,且掌握先进的物流技术,则可以建立自营物流,并利用过剩的资源为其他企业提供服务。比如,海尔物流和京东物流经常为第三方提供服务,提高资源的利用率。对一些中小企业而言,由于资金周转困难,缺少专业人才,无法建立自己的物流体系,适合选择第三方物流来提供服务。

(五)企业产品自身的物流特点

对于大宗工业品原料的回运或鲜活产品的分销,应利用相对固定的专业物流服务供应商和短渠道物流;对全球市场的分销,宜采用地区性的专业第三方物流企业提供支援;对产品线单一的企业,应在龙头企业统一下发展自营物流;对于技术性较强的物流服务,如口岸物流服务,企业应采用委托代理的方式;对非标准设备的制造商来说,应选择第三方物流企业。

(六)物流系统总成本

物流系统总成本由运输总成本、库存维持费用、批量成本、总固定仓储费用、总变动仓储费用、信息费用及顾客服务费用等构成。这些成本之间存在效益背反现象,如减少库存数量时,可降低库存费用及仓储费用,但会带来缺货率上升,导致运输费用及订货费用的增加。如果运输费用及订货费用的增加部分超过了库存费用及仓储费用的减少部分,物流总成本反而增大。因此,企业在选择物流模式时,必须考虑物流系统的总成本。

第四节 跨境电商物流

跨境电商物流是在跨境电商行业基础上发展起来的新生事物,正呈现蓬勃发展态势。随着跨境电商市场的发展和成熟,跨境电商物流行业存在着巨大的发展空间和市场,同时也会面临严峻的挑战和危机。面对复杂的国际物流运营环境,跨境电商物流需要整合上下游全球供应链的资源,从而深度触达厂商的仓配和库存管理,连接消费需求,实现整个物流协调运作和一体化整合。

一、跨境电商物流的内涵

(一)跨境电商物流概念

跨境电商物流是为了完成跨境电商交易中商品的运输交付任务而建设的物流运输体系,包括服务体系和各类交通配置等。与国内电商物流不同的是,跨境电商物流是发生在两个或两个以上国家之间的快递和物流业务。由于跨境电商交易双方分属于不同国境或关境,商品需要通过跨境物流方式从供应方国家转移到需求方国家,然后在需求方国家实现最后的物流和配送。根据商品的空间位移轨迹,跨境物流可分为输出国物流、国际物流、输入国物流三大模块。相比于国内物流,跨境物流链条多了海关、商检、税务、外汇等多个复杂环节,工作内容较为繁琐。

(二)跨境电商物流特点

跨境电商物流是依托跨境电商而存在的,因为跨境电商的交易模式有别于传统商务模式,相应的物流模式和物流服务也表现出突出特点:物流环节复杂、物流周期长、物流成本高、退换货率高。

二、跨境电商物流模式

与国内电商物流不同的是,跨境电商物流需要跨越边境,将商品运输到境外国家。目前常见的跨境电商物流模式主要有邮政包裹、国际快递、国内快递、专线物流、海外仓和FBA。

(一)邮政包裹

邮政包裹又称邮政小包,具有覆盖全球的特点,是一种主流的跨境物流运输方式。据不完全统计,中国出口跨境电商 70%的包裹都是通过邮政系统投递。目前常用的邮政运输方式包括中国邮政小包、新加坡邮政小包和一些特殊情况下使用的邮政小包。邮政小包是目前中国跨境电商物流最主要的物流方式。邮政包裹价格便宜、运送范围广;但速度较慢、难跟踪、丢包率高。邮政小包却越来越无法满足跨境电商的发展,因为其物流时效太慢,严重制约了其发展。

(二)国际快递

国际快递主要是通过国际知名的四大快递公司,即美国联邦快递(FedEx)、联合国包裹速递服务公司(UPS)、TNT 快递和敦豪航空货运公司(DHL)来进行国际快递业务的邮寄。国际快递具有速度快、服务好、丢包率低等特点,如使用 UPS 从中国寄送到美国的包裹,最快 48 小时内可以到达,但价格较贵。企业一般只在客户要求时才使用该方式发货,且要求客户自己承担费用。

(三)国内快递

国内快递主要是指 EMS、顺丰、"四通一达"等国内快递公司来进行国际快递业务的邮寄。随着跨境电商火热程度的上升,国内快递也开始加快国际业务的布局,比如 EMS、顺丰均在跨境物流方面下功夫。由于依托着邮政渠道,EMS 的国际业务相对成熟,可以直达全球 60 多个国家。顺丰也已开通了到美国、澳大利亚、韩国、日本、新加坡、马来西亚、泰国、越南等国家的快递服务,并启动了中国往俄罗斯的跨境 B2C 服务,发往亚洲国家的快件一般 2~3 天可以送达。国内快递速度较快,费用低于国际快递巨头,EMS 在中国境内的出关能力强;但相对缺乏经验,对市场的把控能力有待提高,覆盖的海外市场也比较有限。

(四)专线物流

专线物流一般是通过航空包舱的方式将货物运输到境外,再通过合作公司进行去往目的地的派送,具有送货时间基本固定、运输速度较快和运输费用较低的特点。目前,常见的专线物流产品是美国专线、欧美专线、澳洲专线和俄罗斯专线等,也有不少物流公司推出了中东专线、南美专线和南非专线等。整体来说,专线物流能够集中将大批量货物发往某一特定国家或地区,通过规模效应来降低成本,但具有一定的地域限制。

(五)海外仓

海外仓是指在其他国家(或地区)建立境外仓库,货物从本国出口通过海运、陆运和空运等形式储存到其他国家(或地区)的仓库。当消费者通过网上下单购买所需物品时,商家可以在第一时间做出快速响应,通过网络及时通知海外仓进行货物的分拣、包装,并且从该仓库运送到其他国家或地区,大大缩短了物流的运输时间,保证了货物安全、及时、快速到达消费者手中。

中欧班列我国海外仓发展的现状

(六)FBA

FBA 是亚马逊的官方物流,即亚马逊将自身平台开放给第三方卖家,将其库存纳入亚马逊全球的物流网络,为其提供拣货、包装以及终端配送的服务,亚马逊则收取服务费用。FBA 能够帮助卖家成为特色卖家和抢夺购物车,提高客户的信任度,提高销售额;配送时效超快,但整体费用偏高、操作繁琐,且不为卖家的头程发货提供海关服务。

第五节　电子商务供应链管理

电子商务的发展必然要引入供应链管理思想,电商企业应充分重视供应链管理,站在供应链的高度建立良好的上下游关系,处理好相关的问题。未来社会的竞争不再是企业之间的竞争,而是供应链与供应链之间的竞争,这更要求电子商务企业充分重视供应链管理,把供应链管理思想贯彻到企业经营的方方面面,用供应链管理来保证电子商务的顺畅运作。

一、电子商务供应链管理概述

随着全球一体化的程度越来越高,跨国经营越来越普遍。以制造业为例,产品的设计工作可能在德国完成,而原材料的采购工作可能在巴西完成,零部件的生产可能在印度尼西亚等地完成,然后在中国组装,最后销往世界各地。在产品进入消费市场之前,相当多的公司参与了产品的制造过程,这些地理位置不同、竞争优势各异的企业形成了复杂的产品生产供应链网络。

(一)供应链与供应链管理

1. 供应链及其特征

供应链(supply chain,SC)的概念是在 20 世纪 80 年代末提出来的。我国《物流术语》国家标准(GB/T18354—2021)将其定义为:生产及流通过程中,围绕核心企业的核心产品或服务,由所涉及的原材料供应商、制造商、分销商、零售商直到最终客户等形成的网链结构,如图 7-9 所示。

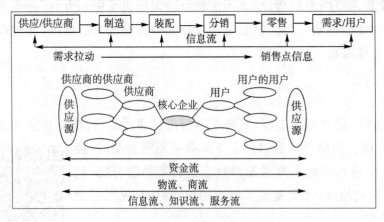

惠普打印机的供应链系统

图 7-9　供应链网链结构示意图

由此可见,供应链是一个网链结构,由围绕核心企业的供应商、供应商的供应商和用户、用户的用户组成。一个企业是一个节点,节点企业和节点企业之间是一种供需关系。供应链主要具有以下特征:

(1)复杂性。因为供应链节点企业组成的跨度(层次)不同,供应链往往由多个、多类型甚至多国企业构成,所以供应链结构模式比一般单个企业的结构模式更为复杂。

(2)动态性。由于企业战略和市场需求不断变化,供应链中的节点企业时刻处于动态更新状态,这就使得供应链具有明显的动态性。

(3)面向用户需求。供应链的形成、存在、重构,都是基于一定的市场需求而发生的,并且在供应链的运作过程中,用户的需求是供应链中信息流、物流、资金流运作的驱动源。

(4)交叉性。供应链中的节点企业可以是这个供应链的成员,同时又是另一个供应链的成员,众多的供应链形成交叉结构,增加了协调管理的难度。

2.供应链管理

供应链管理(Supply Chain Management,SCM)是一种集成的管理思想和方法,它执行供应链中从供应商到最终用户的物流的计划和控制等职能。我国《物流术语》国家标准(GB/T18354—2021)将其定义为:供应链管理是从供应链整体目标出发,对供应链中采购、生产、销售各环节的商流、物流、信息流及资金流进行统一计划、组织、协调、控制的活动和过程。其目的是将顾客所需的正确的产品(right product),能够在正确的时间(right time),按照正确的数量(right quantity)、正确的质量(right quality)和正确的状态(right status),以合适的成本(right cost),送到正确的地点(right place),即"7R",并使总成本最小。它从整体的观点出发,寻求建立供、产、销企业间的战略伙伴关系,最大限度地减少内耗与浪费,实现供应链整体效率的最优化。

供应链管理主要涉及四个领域:供应、生产作业、物流、需求。供应链管理是以同步化、集成化生产计划为指导,以各种技术为支持,尤其以 Internet 或 Intranet 为依托,围绕供应、生产作业、物流、需求来实施的,如图 7-11 所示。

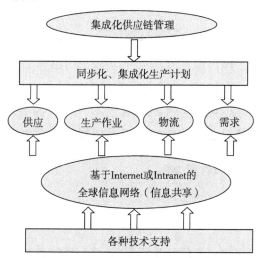

图 7-11 供应链管理涉及的领域示意图

(二)电子商务供应链管理的概念

电子商务供应链管理是将电子商务与信息管理进行融合,并将电子商务与供应链的管理方法进行整合,从而实现一种集成式的管理方法与思想。互利共赢是企业之间进行战略合作的目标,增强供应链管理是企业实现发展的重要环节。通过加强供应链管理,可以合理控制物流信息和资金。在这个过程中,电子商务以提高供应链效率为目标,通过电子商务供应链管理为企业管理和交易提供了辅助工具。电子商务供应链管理技术得到了广泛应用,集中整合了供货商、制造商以及分销商等,实现企业之间的通力合作,进而彰显强大的竞争优势;同时也改变了传统供应链信息传递机制,采用网状结构传递信息,以核心企业为中心,将上游供应商、物流运输商、经销商、零售商、客户以及银行进行整合,构成一个电子商务供应链网络。

(三)电子商务供应链集成的优势

电子商务供应链集成是指电子商务与供应链管理的有机结合,它以顾客为中心,集成整个供应链过程,信息共享,充分利用外部资源,做出快速敏捷反应,极大地降低库存水平。电子商务供应链集成具有以下优势。

(1)有利于建立新型的客户关系。电子商务使供应链管理者通过与它的客户和供应商之间构筑信息流与知识流来建立新型的客户关系,基于电子商务的供应链管理直接沟通了供应链中企业与客户间的联系,从而有利于满足客户的各种需求,留住现有客户。

(2)有利于保持现有业务增长。通过实施基于电子商务的供应链管理,可以实现供应链系统内的各相关企业对产品和业务进行电子化、网络化的管理。供应链中各企业通过电子商务手段实现有组织、有计划的统一管理,减少流通环节,降低成本,提高效率,使供应链管理达到更高的水平。

(3)有利于开拓新的客户和业务。实施基于电子商务的供应链管理,不仅可以实现企业的业务重组,提高整个供应链效率,留住现有客户,通过提供更多的功能、业务,吸引新的客户加入供应链,同时也带来新的业务。

(4)有利于分享需要的信息。基于电子商务的供应链交易涉及信息流、产品流和资金流。供应链中的企业借助于电子商务手段可以在互联网上实现部分或全部的供应链交易,从而有利于各企业掌握跨越整个供应链的各种有用信息,及时了解顾客的需求以及供应商的供货情况。

(5)具有大规模定制能力。大规模定制要求低成本、快速、高效地提供各种定制化产品或服务。基于电子商务的供应链管理对成功地实施大规模定制起着重要作用。

二、电子商务供应链管理策略

(一)零库存

零库存是一种特殊的库存概念,零库存并不是等于不要储备或没有储备。所谓的零库存,是指物料(包括原材料、半成品和产成品等)在采购、生产、销售、配送等一个或几个经营环节中,不以仓库存储的形式存在,而都是处于周转的状态。从物流运动合理化的角度来看,零库存管理包含两层意义:一是库存货物的数量趋于零或等于零;二是库存设施、设备的数量及库存劳动耗费同时趋于零或等于零,这是社会库存结构的合理调整和库存集中化的表现。

(二)快速反应

快速反应(Quick Response,QR)是在 20 世纪 70 年代后期从美国纺织服装业发展起来的一种供应链管理方法,是美国零售商、服务制造商及纺织品供应商开发的整体业务概念,以减少原材料到销售点的时间和整个供应链上的库存,最大限度地提高供应链的运作效率为目的。QR 实施可以分为三个阶段:一是对所有的商品单元条码化,即对商品消费单元用 EAN/UPC 条码标识,对商品贸易单元用 ITF-14 条码标识,而对物流单元则用 UCC/EAN-128 条码标识,利用 EDI 传输订购单报文和发票报文;二是在第一阶段的基础上增加与内部业务处理有关的策略,采用 EDI 传输更多的文档,如发货通知、收货通知等;三是与贸易伙伴密切合作,采用更高级的策略,如联合补货系统等,以对客户的需求作出迅速的反应。

(三)有效客户反应

有效客户反应(Efficient Customer Response,ECR)是 1992 年从美国食品杂货业发展起来的一种供应链管理方法。《物流术语》(GB/T 18534-2021)将 ECR 定义为:以满足顾客要求和最大限度降低物流过程费用为原则,能及时作出准确反应,使提供的物品供应或服务流程最佳化的一种供应链管理战略。ECR 最终目的是建立一个具有高效反应能力和以客户需求为基础的系统,使零售商及供应商以业务伙伴方式合作,提高整个食品杂货业供应链的效率,而不是单个环节的效率,从而降低整个系统的成本。ECR 的四大要素是高效产品引进、高效商店品种、高效促销及高效补货,具体如表 7-2 所示。

表 7-2 ECR 四大要素

要素	内容
高效产品引进	通过采集和分享供应链伙伴时效性强、更加准确的购买数据,提高新产品的成功率
高效商店品种	通过有效地利用店铺的空间和店内布局,最大限度地提高商品的获利能力,如建立空间管理系统、有效的商品品种等
高效促销	通过简化分销商和供应商的贸易关系,使贸易和促销的系统效率最高
高效补货	从生产线到收款台,通过 EDI、以需求为导向的自动连续补货和计算机辅助订货等技术手段,使补货系统的时间和成本最优化,从而降低商品的售价

QR 和 ECR 在侧重点、管理方法、适用的行业、改革的重点等方面均存在一定的差异,具体如表 7-3 所示。

表 7-3 QR 与 ECR 的区别

供应链管理策略	侧重点	管理方法	适用的行业	改革的重点
QR	缩短交货提前期,快速响应客户需求	借助于信息技术实现快速补发,通过联合产品开发缩短产品上市时间	单位价值高,季节性强,可替代性差,购买频率低的行业	补货和订货的速度,最大程度消除缺货
ECR	减少和消除供应链的浪费,提高供应链运行的有效性	除快速有效引入新产品外,还实行有效商品管理	单位价值低,库存周转率高,毛利少,可替代性强,购买频率高的行业	效率和成本

(四)企业资源计划

20世纪90年代初,美国著名的计算机技术和评估集团Gartner Group Inc.根据当时的计算机信息处理技术的发展和企业对供应链管理的需要,对制造业管理信息系统的发展趋势作了预测,提出了企业资源计划(Enterprise Resource Planning,ERP)这个概念。ERP的核心思想是供应链管理。它跳出了传统企业边界,从供应链范围去优化企业的资源,是基于网络经济时代的新一代信息系统。《物流术语》(GB/T18354—2021)将其定义为:在制造资源计划(MRPⅡ)的基础上,通过前馈的物流和反馈的信息流、资金流,把客户需求和企业内部的生产经营活动以及供应商的资源整合在一起,体现按用户需求进行经营管理的一种管理方法。

(五)EOS

电子订货系统(electronic ordering system,EOS)是指不同组织间利用通信网络和终端设备以在线连接方式进行订货作业及订货信息交换的体系,即将批发、零售商场所发生的订货数据输入计算机,通过计算机通信网络连接的方式将资料传送至总公司、批发商、商品供货商或制造商处。因此,EOS能处理从新商品资料的说明直到会计结算等交易过程中的作业。EOS按应用范围可分为:企业内的EOS系统(如连锁店经营中各个连锁分店与总部之间建立的EOS系统)、零售商与批发商之间的EOS系统以及零售商、批发商和生产厂家之间的EOS系统。

三、电子商务供应链管理发展趋势

(一)敏捷供应链

敏捷供应链(agile supply chain,ASC)是一种动态网链模式,指在动态的市场环境中,企业通过对信息技术的运用,建立虚拟的供需关系网络,实现对环境变化的敏捷反应。与一般供应链相比,敏捷供应链可以根据动态联盟的形成和解体进行快速的重构和调整。

如表7-4所示,敏捷供应链和快速反应既存在共同点,又存在一定区别。

表7-4 敏捷供应链和快速反应的关系

关系	比较项目	敏捷供应链	快速反应
相同点	出发点	针对环境变化	
	行为	作出迅速反应	
	手段	信息技术	
	结果	抓住市场机遇或减少风险	
区别	构建方式	虚拟	现实
	持续时间	暂时性	长期性

(二)绿色供应链

绿色供应链(Green Supply Chain,GSC)是指在整个供应链的建设过程中,以绿色制造理论和供应链管理技术为基础,综合考虑各节点对环境的影响以及资源的利用率,使得产品从物料获取、加工、包装、仓储、运输、使用到报废处理的整个过程中对环境的影响最小,而资源利用率最高的供应链网络。绿色供应链的内容具体如图7-12所示。

(三)全球供应链

全球供应链(Global Supply Chain,GSC)又称全球网络供应链,是指各节点成员由全球范围内企业构成,使供应链中生产资源和信息资源的获取、产品生产的组织、货物的流动和销售等职能均在全球范围内进行的供应链网络。全球供应链管理强调在全面、迅速地了解世界各地消费者需求的同时,对其进行计划、协调、操作、控制和优化,在供应链中的核心企业与其供应商以及供应商的供应商、核心企业与其销售商乃至最终消费者之间,依靠现代网络信息技术支撑,实现供应链的一体化和快速反应,达到商流、物流、资金流和信息流的协调通畅,以满足全球消费者需求。

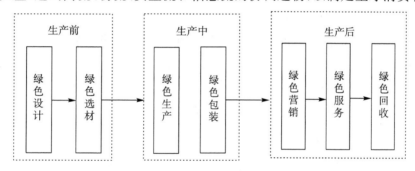

图7-12 绿色供应链内容

(四)闭环供应链

闭环供应链(Closed Loop Supply Chains,CLSC)是指企业从采购到最终销售的完整供应链循环,包括了产品回收与生命周期支持的逆向物流。它的目的是对物料的流动进行封闭处理,减少污染排放和剩余废物,同时以较低的成本为顾客提供服务。闭环供应链除了传统供应链的内容,还对可持续发展具有重要意义。闭环供应链在企业中的应用越来越多,市场需求不断增大,成为物流与供应链管理的一个新的发展趋势。

《课后练习》

一、单项选择题

1. 物流的概念最早出现在(　　)
   A. 军事　　　　　　B. 后勤　　　　　　C. 企业管理　　　　　　D. 生产环节
2. EAN-13检验码由一位数组成,用于检验厂商识别代码、商品项目代码的正确性。厂商在对商品项目编码时,检验码的值(　　)

A. 由厂商计算 B. 由条码管理机构统一分配
C. 系统自动生成 D. 由商品种类确定

3. 能实现信息的自动扫描,快速准确而可靠地采集数据的自动识别技术是(　　)
　A. 条码技术　　　B. GPS技术　　　C. GIS技术　　　D. 物联网

4. 主要应用于运输工具自动定位、跟踪调度的信息技术是(　　)
　A. 射频识别技术　B. EDI技术　　　C. GIS技术　　　D. GPS技术

5. 我国高速公路收费站使用的ETC技术和(　　)技术有关。
　A. RFID　　　　　B. EDI　　　　　C. GIS　　　　　D. GPS

6. 目前我国最大的自营物流电商企业是(　　)
　A. 苏宁物流　　　B. 京东物流　　　C. 美团物流　　　D. 顺丰物流

7. 电子商务企业实施物流较为可行的解决方案是(　　),也是跨国公司管理物流的通常做法。
　A. 自营物流　　　B. 第三方物流　　C. 物流联盟　　　D. 物流一体化

8. (　　)是一个提供全面供应链解决方案的供应链集成商。
　A. 自营物流　　　B. 第三方物流　　C. 物流一体化　　D. 第四方物流

9. 下列关于第三方物流的说法错误的是(　　)
　A. 以合同或契约的方式提供的一系列服务　B. 提供个性化、专业化服务
　C. 拥有并控制商品　　　　　　　　　　　D. 可以提高竞争力、降低成本

10. 下列关于供应链管理说法错误的是(　　)
　A. 供应链管理的内容主要包括供应、生产计划、物流、需求
　B. 供应链管理是企业快速响应市场的需求
　C. 供应链管理的目的是实现物流最优化
　D. 供应链管理可细分为职能领域和辅助领域

二、多项选择题

1. 下列关于物流的产生说法正确的有(　　)
　A. 物流起源于营销领域,发展于流通领域
　B. 物资经过时间和空间的转移,会产生附加价值
　C. 真正完整的物流概念、理论的雏形是在第二次世界大战中形成的
　D. 我国在20世纪80年代初从美国将"物流"这一概念引入

2. 对于跨境物流服务,卖家最关心的有(　　)
　A. 运费　　　　　B. 时效　　　　　C. 通关能力　　　D. 售后能力

3. 电子商务物流的特点包括(　　)
　A. 信息化　　　　B. 柔性化　　　　C. 网络化　　　　D. 智能化及自动化

4. 电子商务物流模式主要包括(　　)
　A. 第三方物流　　B. 第四方物流　　C. 物流联盟　　　D. 自营物流

5. 增值物流服务包含的内容有(　　)
　A. 增加便利性的服务　　　　　　　B. 加快反应速度的服务
　C. 降低成本的服务流　　　　　　　D. 延伸服务

三、简答题

1. 电子商务供应链管理内容有哪些？
2. 电子商务企业选择物流模式应考虑哪些因素？
3. 跨境电商物流与国内电商物流有哪些区别？
4. 第四方物流与第三方物流有什么关系？

四、主题讨论

1. 目前，绝大多数电商平台都选用第三方物流，而京东却坚持自营物流模式。请结合实际，谈谈你的理解。
2. 后疫情时代，跨境电商出口呈现出诸多新特征。请结合实际，论述此背景下跨境电商物流面临的挑战与机遇。

五、案例分析

盒马鲜生：鲜美生活

盒马鲜生（以下简称"盒马"）是国内首家新零售商超，创立于2015年，首店在2016年1月开出，被视为阿里巴巴新零售样本。截至2022年8月，据盒马官网公布的相关数据，盒马在北京、上海、深圳等28个城市，总共拥有各类门店达329家。

盒马是阿里巴巴对线下超市完全重构的新零售业态。盒马是超市，是餐饮店，也是菜市场，但这样的描述似乎又都不准确。消费者可到店购买，也可以在盒马APP下单。而盒马最大的特点之一就是快速配送，门店附近3公里范围内，30分钟送货上门。

盒马多开在居民聚集区，线上下单购物需要下载盒马APP。实际上，在强推支付宝支付背后，是盒马未来对用户消费行为大数据挖掘的野心。阿里巴巴为盒马的消费者提供会员服务，消费者可以使用淘宝或支付宝账户注册，以便从最近的商店查看和购买商品。盒马可以跟踪消费者购买行为，借助于大数据提出个性化的建议。

2022年11月15日，盒马在杭州的自建供应链中心投产，这是盒马供应链在全国布局的8座供应链中心之一，此前武汉、成都两座供应链中心已陆续投入使用。该供应链中心储备的商品种类超过行业30%。盒马已在全国构建五大枢纽中心，8个供应链运营中心、百余个产地仓、销地仓，仓储面积超过100万平方米，此外还配备110条干线线路。

与传统零售的最大区别是，盒马运用大数据、移动互联、智能物联网、自动化等技术及先进设备，实现人、货、场三者之间的最优化匹配，从供应链、仓储到配送，盒马都有自己的完整物流体系。不过，这一模式也给盒马的前期投入带来巨大成本。公开报道显示，侯毅曾透露，盒马的单店开店成本在几千万元不等。盒马能做到30分钟配送，在于算法驱动的核心能力。据店员介绍，店内挂着金属链条的网格麻绳是盒马全链路数字化系统的一部分。盒马的供应链、销售、物流履约链路是完全数字化的。从商品的到店、上架、拣货、打包、配送任务等，作业人员都是通过智能设备去识别和作业的，简易高效，而且出错率极低。整个系统分为前台和后台，用户下单10分钟之内分拣打包，20分钟实现3公里以内的配送，实现店仓一体。

2020年万禾与盒马开展合作，成为盒马有机农产品的供应商。盒马人工智能算法技术能提前24小时实现95%的需求预测准确度，即能够提前24小时向万禾提供准确的采购订单，万禾按照订单数量精准安排采摘，并于当天直接冷链配送至上海市内的盒马门店，减少产品仓储成本，损耗度能够降低三分之一,产品价格也相应降低,产品竞争力得以提升。更重要的是,万禾根据盒马供应链的年度需求规模,将种植品类从之前分散的 30 多个调整到如今集中的 10 多个,极大地优化了产品种植结构,企业有限资源与优势产品得以精准匹配,显著提升了企业整体收益。

盒马通过建立以标准化生产为前提、以基地直采为核心、以高效冷链物流网络为支撑的供应链模式,推进"需求定制型"优质农产品生产基地建设,加大与品牌商、生产商联合开发盒马专供的定制商品力度,形成了"生鲜电商+直采基地"高附加值供应链,成为推动"数商兴农"落地的实践样板。

思考:

1. 盒马物流的优势是什么?
2. 盒马如何整合供应链资源提供一体化供应链物流服务?

六、项目实训

1. 选择某一电子商务公司,分析其物流模式、特点及发展阶段,并针对存在的问题提出相应解决措施。
2. 联想集团连续八年入选全球供应链 TOP20,请分析其供应链运营成功的原因,并针对存在的问题提出相应供应链解决方案。

第八章　网络营销

学习目标

理解：网络营销的概念、特征、产生的基础以及功能。
掌握：网络营销常用工具和方法；搜索引擎营销、新媒体营销、数智营销的基本逻辑。
应用：根据企业需要和实际应用合适的网络营销工具与方法。

思维导图

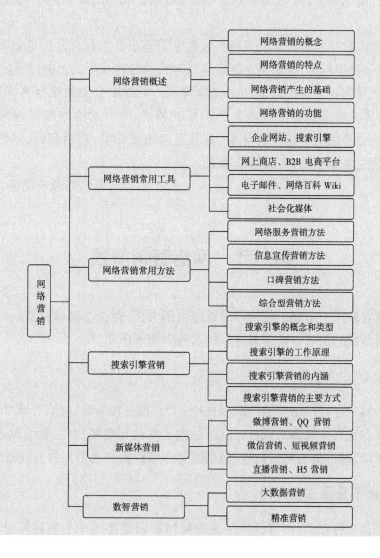

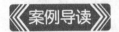

国潮涌动下新国货崛起的营销密码

人们通常把数字经济赋能中国制造的创新产品称为新国货。新国货的强势崛起,其市场营销创新可谓功莫大焉。

其一,许多新国货品牌致力于加强渠道再造和运营变革,以线上促销和线上购买带动线下体验,构建多元购物场景,开展精准化、数字化、个性化全渠道运营。新国货依托淘宝、小红书、抖音、微博、B站、快手等平台,积极开创直播带货、短视频广告、内容营销等新的营销模式,有效抢占消费者心智和市场制高点。

其二,打造数实共生的购物场景。以淘宝、京东、天猫和拼多多等传统电商为代表的数字平台,直接连接了买家和卖家,买家通过网络搜索就可以迅速找到自己心仪的商品,越来越多的新国货在淘宝、抖音、快手和小红书等数字平台上直播,引发消费者关注。建设线上线下相结合的渠道体系。线下门店已经不再仅仅是产品销售场所,而已成为传统门店、电商和社群的结合体。一旦社群形成规模,线上线下流量互动,将会成为新的业务增长点。

其三,注重大数据营销技术的应用。大数据营销是在大数据分析的基础上,描述、预测、分析、引导消费者行为,帮助企业制定有针对性的营销战略战术的过程。

其四,强化贯穿客户全生命周期的体验管理。新国货企业要根据客户获取、客户提升、客户成熟、客户衰退等全生命周期各阶段的特点,有针对性地推送内容或者推荐产品,在注重客户体验的同时提高转化率,并且可对市场环境、营销实情、消费过程进行跟踪,从而不断优化营销策略,提高营销效果。

(资料来源于网络,作者有修改)

第一节 网络营销概述

网络营销是以互联网为主要手段的一种新型营销方式,在企业整体营销活动中发挥着愈来愈重要的作用。网络营销的价值也被越来越多的实践应用所证实。

一、网络营销的概念

与许多新兴学科一样,"网络营销(E-marketing)"目前还没有统一的、公认的定义,网络营销的概念仍在快速发展和完善。总体来说,以互联网(包括移动互联网)为主要手段进行的为达到一定营销目的的营销活动,都可称为网络营销,但是需要注意辨析与之相关的一些概念。

(一)网络营销不是孤立存在的

网络营销不是孤立存在的,网络营销是企业整体营销战略的一个组成部分,是为实现企业总体经营目标所进行的,以互联网为基本手段营造网上经营环境的各种活动。在营销实践中,传统营销和网络营销往往是并存的。

(二)网络营销不等于电子商务

网络营销和电子商务均基于互联网而开展,电子商务的核心是电子化交易,强调的是交易方式和交易过程;而网络营销不是一个完整的交易过程,它只是电子商务中的一个重要环节,为促成电子化交易提供服务支持,尤其在电子化交易发生之前,网络营销发挥着重要的信息传递作用。

(三)网络营销不等于网络销售

实现网上销售是网络营销的重要目标之一,但不是唯一的目标。网络营销不仅可以促进网络销售,还有助于加强企业与消费者之间的沟通、改善消费者服务、拓展对外信息发布的渠道、促进线下销售、提升企业的品牌价值等。

(四)网络营销是手段而不是目的

网络营销是综合利用各种网络营销工具、方法、环境并协调它们之间的关系,从而更加有效地实现企业营销目的的手段。

(五)网络营销的主体不局限于企业

除了企业之外,网络营销也应用在事件网络营销、城市网络营销、旅游景区网络营销、理念网络营销等领域。

随着网络营销环境的不断发展变化,如何在大数据、社交媒体、移动终端等环境下去丰富和拓展网络营销的内涵与外延,将是未来需要持续关注的问题。

二、网络营销的特点

网络营销随着互联网的变化而发展衍生。相比于传统营销手段,网络营销具有以下特点。

(一)互动性

微博、微信、视频直播等形式的出现使得顾客在产生购买需求时,就能有针对性地及时主动了解产品和服务;商家也能快速了解消费者的需求,通过提供良好的在线服务增强客户信赖感,提高成交率。

(二)个性化

网络营销可以为个人定制信息,商家根据网络大数据描绘消费者的画像,有针对性地推送营销信息,实现精准营销。比如淘宝网的"千人千面"等。另外,消费者利用网络可以更便捷进行个性化定制产品或服务。比如某花店通过微博进行个性化定制购买鲜花。

(三)多媒体

互联网使得企业可以制作灵活多变的信息,尤其是网络视频和直播平台的兴起,如"抖音""快手"等平台进行直播营销。头部主播的销售转化率达到前所未有的高度。

(四)整合性

互联网为整合营销沟通提供了更宽的范围。在与传统的沟通渠道整合时,它不但可以对传统营销的多种营销手段和营销方法进行整合,还可以对整个网络上的传播资源进行整合。例如:百度广告联盟的成功运作,友情链接的交换都体现了网络资源的整合性这一特点。

(五)全球性

网络信息的全球传播性决定了网络营销效果的全球性。比如跨境电商平台亚马逊海外购可以足不出户购买全世界的好产品。而阿里巴巴的速卖通可以将中国的产品信息展示给全世界。这是任何传统营销都不可能达到的。

(六)低成本

网络的开放性和全球传播性,同时也决定了网络营销的低成本性。例如:业务开发的费用降低,网络广告的价格相对于传统媒体较低,有时可能只需要一篇微博就可以低成本地带来很多客户。又如电子邮件营销、网络直播营销成本低,效果明显。

三、网络营销产生的基础

网络营销的产生是由科学技术的发展、消费者价值观念的变革和激烈的商业竞争等因素共同促成的。

(一)技术基础

以互联网技术为代表的新一代信息技术的应用和发展极大地改变了人类社会信息交流的方式和商业运作的模式。这促使企业积极利用新技术来变革企业经营理念、经营方式和营销方法。

(二)观念基础

当今企业正面临前所未有的激烈竞争,市场正在由卖方市场向买方市场演变,消费者主导的营销时代已经来临。面对更为纷繁复杂的产品和品牌,消费者心理主要表现为个性化消费回归、消费者主动性增强以及消费者忠诚度下降。

(三)现实基础

随着商业竞争的日益加剧,企业为了在竞争中保持优势,迫切需要进行营销模式变革,以尽可能降低产品在整个供应链上所占有的成本和费用,缩短运作周期。而网络营销可以降低销售成本和经营成本,增强了企业的竞争力。

四、网络营销的功能

网络营销具有很强的实践性,开展网络营销的意义在于充分发挥网络营销的各种职能。归纳起来,网络营销的功能体现在以下十个方面。

(一)网站建设

企业网站建设应以网络营销策略为导向,从网站总体规划、内容、服务和功能设计等方面为有效开展网络营销提供支持。

(二)网站推广

网站推广的目的是让更多的用户对企业网站产生兴趣并通过访问企业网站、使用网站的服务来达到提升品牌形象、促进销售、维护客户关系、降低客户服务成本等目的。

(三)信息发布

无论采用哪种网络营销方式,网络营销的最终目的都是将信息快速、有效地传递给目标人群,包括潜在消费者、顾客、媒体、合作伙伴和竞争者等。通过网络发布信息后,企业可以主动进行跟踪,及时与消费者进行交互。

(四)销售促进

销售促进是网络营销的基本目的。网络营销会极大地增加企业的销售量,提高营销者的获利能力。促进销售并不仅限于促进网上销售,网络营销也间接地对线下销售产生巨大的影响。

(五)网上销售

网络营销在电子交易之前,通过信息传递把消费者引导到企业网站购买产品,以实现网上销售的职能。网上销售渠道不限于企业网站本身,还包括建立在电商平台的网上商店,以及与其他电子商务网站的合作经营等。

(六)顾客服务

企业可以通过网站FAQ(常见问题解答)、即时通信工具、微博、微信、智能客服等进行客服服务。

例如京东客服服务的价格保护,如同一商品出现降价,顾客可以提交价格保护申请,京东将依据相关规定赠送与差额部分等值的款项或京券、京豆。

(七)客户关系

良好的客户关系是网络营销取得成效的必要条件,在开展顾客服务的同时,也增进了顾客关系。企业可通过互联网实现建立客户关系、维护客户忠诚度、提升客户满意度等营销目的。

(八)网络调研

企业可以利用互联网技术进行网上调研,为相关营销决策提供依据。相对于传统调研,网络调研具有成本低、更便捷、受众广泛等诸多优势。

(九)网络品牌

企业通过网站或多媒体等形式,运用一系列的推广措施,达到让受众对品牌认知和认可的目的,从而提升企业的品牌形象。网络品牌既包括线下品牌在网络的延伸,也包括依托线上网络渠道建立的网络品牌。

(十)数据统计

数据统计不仅有助于了解和评价网络营销效果,同时也为发现问题和进行营销决策提供依据。

第二节 网络营销常用工具

网络营销的实现需要借助于多种工具和方法,理解并掌握各种工具和方法是学习与应用网络营销的基础。借助于这些网络营销工具,才能实现营销信息的发布、传递、与用户之间的交互,最终为实现企业总体经营目标创造有利的环境。

一、企业网站

企业网站是最基本、最重要的网络营销工具。从营销策略来看,企业网站是一个开展网络营销的综合性工具。企业网站的营销功能只有通过有效的运营维护才能体现出来,网站规划与建设、运营维护、网站推广及管理工作是企业网站发挥应有作用的基础。

企业网站的网络营销价值主要表现在八个方面:网络品牌、信息发布、产品展示、顾客服务、顾客关系、资源合作、网络调研、在线销售。企业网站的网络营销功能并不是固定不变的,需要与企业的整体经营策略相适应。

美的商城网站首页网页标题、关键词、网页描述的变迁

二、搜索引擎

搜索引擎属于诞生时间较早,但目前仍然发挥着不可或缺作用的网络营销工具。这部分内容在本章第四节搜索引擎营销中详细阐述。

三、网上商店

网上商店(或称为网络商店、网上开店、网店等)是指建立在第三方电子商务平台上的一种店铺形式。网上商店的类型很丰富,以在B2C平台天猫入驻的网上商店为例,就包括旗舰店、专营店、专卖店等类型。

网上商店的网络营销价值体现在如下几个方面:第一,网上商店可以快速实现从网络推广到网上销售的飞跃;第二,提升网络可见度,发挥网络推广作用;第三,网上商店平台有利于增加企业产品的可信度;第四,实现网络调研及购物用户行为研究;第五,网上商店可实现对企业官方网站、产品的辅助推广。

四、B2B 电商平台

B2B 平台的网络营销价值体现在如下几个方面。

第一,可以增加企业信息的外部网络可见度。尤其一些大型 B2B 平台,具有良好的搜索引擎优化基础,相比发布在企业网站的信息,更容易被搜索引擎检索到。如图 8-1 所示,在百度的检索结果首页中排名靠前的链接来自 1688。

图 8-1 阿里巴巴在百度的搜索引擎自然检索结果靠前

第二,提升企业信息在 B2B 平台内部的可见度。B2B 平台内部的用户形成了"内部交易市场",企业充分利用 B2B 平台站内搜索、站内推广、博客、论坛、社交网络 SNS、在线问答等,扩大站内信息可见度,获得潜在用户。例如综合型 B2B 平台 1688、垂直型 B2B 平台中国化工网。

第三,借助于大型 B2B 网站,可在一定程度上提高企业的网络可信度。例如:阿里巴巴的"诚信通""金牌供应商"认证标识对信息发布者获得潜在用户的信任具有明显的作用。

五、电子邮件

电子邮件（E-mail）是最典型的直接信息传递工具。电子邮件营销与其他网络营销工具相辅相成，本身又自成体系，成为一个相对完整的内容营销分支。

电子邮件的网络营销价值体现在：第一，电子邮件是企业网络品牌的组成部分；第二，电子邮件作为在线顾客服务工具；第三，电子邮件作为在线市场调查的手段；第四，用电子邮件进行网站推广；第五，电子邮件可实现网站产品/服务的一对一直接传递；第六，提供专业的电子邮件广告，例如 HTML 邮件广告比纯文本广告转化率更高。

六、Wiki

Wiki 是由多人协作/协同的超文本写作系统，在一定范围内含有网络推广信息。例如百度百科、互动百科等。

Wiki 的网络营销价值包括以下几个方面。

第一，可通过百科词条内容直接展示企业的信息。知名企业、产品品牌等通常直接创建为词条，达到网络推广的目的，而一些非知名的产品或企业则可以通过在相关词条内容中适当包含某企业或者产品信息，在读者阅读这些内容时实现产品或品牌信息传播的目的。

第二，通过百科词条的知识分享达到推广的目的。可以在编辑某些知识性词条内容时适当引入某些企业或产品的信息。例如：在介绍数码相机原理的词条中，提及某个品牌的数码相机就是一种比较隐晦的网络推广方式。

第三，通过词条正文、参考文献或者扩展阅读等方式添加网址链接。网址链接也是直接的网站推广形式，不仅可以为相关网站带来直接的用户点击访问的机会，对于网站的搜索引擎优化也有一定的价值。

七、社会化媒体

社会化媒体是 web2.0 时代的产物，作为网络营销工具的社会化媒体主要包括微博、微信、短视频、直播平台等。这部分内容将在本章第五节新媒体营销中详细阐述。

第三节 网络营销常用方法

网络营销各项职能的实现需要借助于各种营销工具，并通过各种营销手段来实现。本节将这些营销手段系统整理成网络营销的方法体系。

一、网络服务营销方法

网络服务营销方法包括邮件列表营销、IM 营销、RSS 营销、数据库营销和网络会员制营销等。

(一)邮件列表营销

邮件列表营销是许可电子邮件营销的一种具体表现形式,是在用户自愿加入的前提下,通过为用户提供有价值的信息,同时附带一定数量的商业信息,实现网络营销的目的。例如:跨境电商平台邮件列表营销。

(二)IM 营销

IM 营销(instant messaging,IM)是企业通过即时工具 IM 帮助企业推广产品和品牌的一种手段。主要工具有 QQ、微信、MSN、阿里旺旺等。

(三)RSS 营销

RSS 营销是企业在开发网站时利用 XML 技术添加 RSS 订阅功能,用户在访问网站时可以订阅企业新闻,当有新内容发布时,用户的 RSS 阅读器就会显示。

(四)数据库营销

数据库营销是指将营销数据创建数据库,并根据对数据库内数据的分析,进行市场营销活动。数据库营销的核心是挖掘数据。

(五)网络会员制营销

会员制营销是企业通过发展会员,提供差别化服务的精准营销,提高顾客忠诚度,长期增加企业利润。

网络会员制营销(Affiliate Programs)是一种常用的利益分享模式的网络营销方法,在大型电子商务网站得到广泛应用,如亚马逊网站联盟、Google AdSense、当当联盟、百度联盟、携程网站联盟、网易网站联盟、淘宝客等。

二、信息宣传营销方法

信息宣传营销方法有网络广告营销、搜索引擎营销、Wiki 营销、企业博客营销、交换链接营销和电子书营销等。

(一)网络广告营销

网络广告是指利用网站上的广告横幅、文本链接、多媒体等方法,在互联网发布广告,通过网络传递到互联网用户的一种广告运作方式。例如新浪网首页的 Banner 广告、微信朋友圈的信息流广告等。

(二)搜索引擎营销

搜索引擎营销(Search Engine Marketing,SEM)是指根据用户使用搜索引擎的方式,利用用户检索信息的机会尽可能地将营销信息传递给目标用户。常用的搜索引擎营销方式有竞价排名、搜索引擎优化、网盟推广等。

(三) Wiki 营销

Wiki 营销(维基营销)是一种建立在 Wiki 工具上的,以关键字为主,将关键字作为入口,建立产品或公司品牌相关链接的一种新型营销手段。著名的 Wiki 平台有百度百科、互动百科等。

(四) 企业博客营销

企业博客营销指的是企业通过博客进行企业或产品宣传、企业信息发布、品牌营销等活动的方式。博客营销是以知识信息资源为基础的内容营销模式。例如,通用汽车的 Fastlane 博客是最受欢迎的企业博客之一,内容集中在汽车设计、新产品、企业战略等方面,提升了通用汽车的企业形象。

(五) 交换链接营销

交换链接也称为友情链接、互惠链接、互换链接等,是具有一定资源互补优势的网站之间的合作形式,即分别在自己的网站上放置对方网站的超级链接,使得用户可以从合作网站中发现自己的网站。

(六) 电子书营销

电子书营销是指企业借助于电子书这种媒介和手段进行营销活动的形式。例如阿里巴巴是最擅长电子书营销的中国企业之一,曾发布《外贸网络营销手册》和《阿里巴巴:让天下没有难做的生意》等电子书,结合搜索引擎进行网络营销。

三、口碑营销方法

口碑营销方法是基于社会关系网络的口口相传而开展营销的方式。口碑传播以其免费性和可行度较高而为企业所推崇,互联网时代加快了其传播的速度。口碑营销包括网络社区营销、病毒式营销、微博营销、微信营销等营销方法。

(一) 网络社区营销

网络社区营销是把具有共同兴趣的访问者或相互熟悉的人群集中到一个虚拟空间,达到成员相互沟通、资源分享的目的,实现商品的营销效果。网络社区的主要形式有论坛、聊天室、讨论组、贴吧、QQ 群、微信群、社会性网络服务等。蘑菇街、美丽说等社区电商导购平台也是采用口碑营销方式。

(二) "病毒"式营销

"病毒"式营销指的是信息通过用户的口碑宣传网络,像病毒一样传播和扩散,利用快速复制的方式传向数以千计乃至数以百万计的受众。病毒式营销的主要形式有免费邮箱、免费空间、免费域名等。例如,微软通过免费邮箱宣传 hotmail 邮件系统。

(三)微博营销

微博营销是指企业通过微博建立起的用户关系进行信息分享、传播以及获取的营销模式。目前国内主要的微博平台是新浪微博。例如,2012年京东、苏宁、国美通过微博进行电商价格战。通过微博,企业和用户之间的沟通更便捷、互动性更强,企业可以根据客户反馈及时调整产品策略。微博营销还可以用于危机公关、舆情监测、客户关系管理和品牌建设等。

(四)微信营销

微信是腾讯公司推出的提供即时通信服务的免费聊天软件,支持发送语音、视频、图片和文字,可以群聊。微信营销包括个人账号营销、微信公众平台营销、微信视频号营销等。

四、综合型营销方法

综合型网络营销方法有网络活动营销、网络事件营销、网络视频营销、网络软文营销以及大数据营销等。

(一)网络活动营销

网络活动营销是指通过精心策划的、具有鲜明主题的、能够引起轰动效应的、具有较大新闻价值的营销活动,达到有效品牌传播和销售促进的营销方式。活动营销一般是"造事且造势"。

(二)网络事件营销

网络事件营销借助于已有的重大事件或具有某种重要新闻价值事件来达到其营销目的。事件营销更多的是"借事而造势"。

(三)网络视频营销

网络视频营销是通过数码技术将产品营销现场实时视频图像信号和企业形象视频信号传输至互联网上,以达到一定宣传目的的营销活动。"抖音""快手""小红书""哔哩哔哩"等平台都支持视频营销,视频营销已成为应用比较成熟的营销方法。

(四)网络软文营销

网络软文营销又叫网络新闻营销,指通过门户网站、地方或行业网站等平台传播一些具有阐述性、新闻性和宣传性的文章,及时、全面、有效、经济地向社会公众广泛传播的新型营销方式。软文是相对硬性广告而言的,是网络平台上发布的具有营销性质的以文字或图片为主的"软文"。

(五)大数据营销

大数据营销让一切营销行为和消费行为都数据化;大数据营销让社交网络营销等渠道更具价值;大数据营销实现线上线下结合后进入多屏时代;大数据营销并非"量"的存在而在于"智慧的数字生态";大数据营销是"大规模个性化互动"实现高效转化的基础;大数据营销中的数据建模让营

销更加精准、有效。

第四节 搜索引擎营销

如何让客户找到你的企业？如何将营销信息传递给受众？搜索引擎营销是其中一个有效的推广手段，实践已经证明它可以为企业的发展带来莫大的效益。

一、搜索引擎的概念和类型

(一)搜索引擎的概念

搜索引擎(Search Engine)是指根据一定的策略，运用特定的计算机程序从互联网上搜集信息，在对信息进行组织和处理后，为用户提供检索服务，将相关检索结果展示给用户的系统。图8-2是目前常用的搜索引擎。

图8-2 常用搜索引擎

(二)搜索引擎的类型

随着互联网和搜索引擎技术的发展，搜索引擎的种类也越来越丰富。按照其工作方式可以分为全文搜索引擎、分类目录索引搜索引擎和元搜索引擎。按照其搜索内容，可分为通用搜索引擎和垂直搜索引擎。

1. 全文搜索引擎

全文搜索引擎又称为关键词搜索引擎，是目前应用最为广泛的搜索引擎。当我们用Google或百度等全文搜索引擎进行搜索时，实际上搜索的并不是网页，而是在网页索引库中搜索。它的工作原理是计算机索引程序通过扫描文章中的每一个词，对每一个词建立一个索引，指明该词在文章中出现的次数和位置。当用户查询时，检索程序就根据事先建立的索引进行查找，并将查找的结果反馈给用户。这个过程类似于通过字典中的检索字表查字的过程。例如百度、Google都属于全文搜索引擎。

2. 分类目录索引搜索引擎

分类目录索引搜索引擎是搜索引擎按照各个网站的性质，把其网址分门别类收集起来，可以是网站自己提交，也可以是搜索引擎提取。目录索引以人工方式或半自动方式搜集信息，由编辑员查看信息之后,人工形成信息摘要,并将信息置于事先确定的分类框架中。信息大多面向网站,提供目录浏览服务和直接检索服务。例如:DMOZ、Yahoo目录、搜狐目录等都是分类目录索引搜索引擎。

通常目录索引有几级分类,然后是各个网站的详细地址,还会提供各个网站的内容简介。用户在目录索引中查找网站时,可以使用关键字进行查询,也可以根据相关目录逐级查询,也能找到相关的网站。

从严格意义上来说,目录索引并不是真正的搜索引擎。目录索引与全文搜索引擎有着很大的差别。

第一,目录索引通常是网站提交,或者目录索引人工添加。在添加时,目录索引编辑员会根据收录规则对网站进行检查,然后判断是否进行收录。全文搜索引擎是通过蜘蛛程序抓取网页进行收录。

第二,目录索引收录的内容通常只有网站的名称、网址、简介等,而网站内各网页的内容是没有的。全文搜索引擎是通过蜘蛛程序爬行抓取网页,所以会抓取网站内所有可以抓取的网页内容。

第三,目录索引收录对网站要求更高,评判标准很严格,一般质量较高的网站才能被收录。而全文搜索引擎通常要求不高,收录的网站数量更多。

目录索引在搜索引擎发展初期发挥了一定的作用,但是现在已经远远不能满足大部分人的需求了,像Yahoo等目录索引,也开始与全文搜索引擎Bing合作。同时,很多全文搜索也加入了目录索引的搜索形式,例如Google运用ODP数据库提供分类查询。

3. 元搜索引擎

元搜索引擎是建立在独立搜索引擎之上的搜索引擎。它通过一个统一的用户界面帮助用户在多个搜索引擎中选择和利用合适的(甚至是同时利用若干个)搜索引擎来实现检索操作,是对分布于网络的多种检索工具的全局控制机制。元搜索引擎将检索式提交给不同的搜索引擎,并搜集各独立搜索引擎所匹配的信息显示给用户。此外,元搜索引擎还有去重的功能,做到全面而不重复。

国际知名的元搜索引擎有Dogpile、Infospace、Metacrawler、Vivisimo等,中文元搜索引擎有搜星、元搜等。在搜索结果排列方面,有的直接按来源引擎排列搜索结果,如Dogpile、Metacrawler,有的则按自定的规则将结果重新排列组合,如Vivisimo。图8-3是元搜索引擎Dogpile的搜索结果页,如果某网页在其调用的各搜索引擎排名靠前,在Dogpile中也会有好的排名。

元搜索引擎和全文搜索引擎的区别如下。

第一,全文搜索引擎通过蜘蛛程序爬行抓取网页后建立索引数据库,而元搜索引擎是调用其他独立搜索引擎的数据,更不可能有蜘蛛程序爬行抓取网页。

第二,全文搜索引擎的数据只来自一个搜索引擎索引数据库,元搜索引擎的搜索结果通常来自多个独立搜索引擎。

元搜索引擎依赖于数据库选择技术、文本选择技术、查询分派技术和结果综合技术等。用户界面的改进、调用策略的完善、返回信息的整合以及最终检索结果的排序,仍然是未来元搜索引擎不断进步的方向。

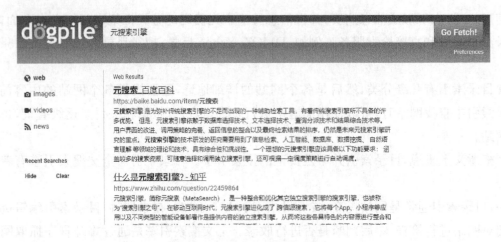

图 8-3　元搜索引擎 Dogpile

4. 垂直搜索引擎

垂直搜索引擎是针对某一个行业、事物进行专业搜索的搜索引擎,是对通用搜索内容的细分。垂直搜索引擎对网页数据库中的某类专门的信息进行整合,定向分字段抽取出需要的数据,经过处理后以某种形式返回给用户。

简而言之,通用搜索引擎是搜索所有类型的信息,而垂直搜索引擎只搜索某一部分内容,如图片、视频、法律、专利、新闻等某一类信息。垂直搜索引擎针对性更强,更能满足用户的特定需求。例如 Google 学术、百度专利、搜农网(图 8-4)、印搜等。

垂直搜索引擎是相对于通用搜索引擎而言的,垂直搜索引擎是对行业及专业内容的整合。目前知名通用搜索引擎如 Google、Baidu 等已经融合了垂直搜索引擎,这也导致专业垂直搜索引擎的市场被挤占,但是,垂直搜索引擎的作用却依然明显。

二、搜索引擎的工作原理

接下来以百度、Google 这类全文搜索引擎为例,阐述搜索引擎的工作原理。网络蜘蛛抓取网页,建立索引数据库,根据用户输入的检索词在索引库中检索,并对检索结果进行相关性排序,最后将结果返回给用户。简言之,搜索引擎的工作原理可以分为三个重要的步骤,即抓取—索引—排序。

(一)抓取

每个独立的搜索引擎都有自己的网页抓取程序爬虫(称为"蜘蛛"程序或 Spider)。网络爬虫顺着网页中的超链接,从一个网站到另一个网站,通过超链接分析连续访问抓取更多网页。被抓取的网页被称为网页快照。

由于互联网中超链接的应用很普遍,理论上来说,从一定范围的网页出发,就能搜集到绝大多数的网页。但是互联网非常庞大,索引中有上万亿个网页,即使更新最频繁的基础索引也有 100 亿个网页。一个商业的网络爬虫需要成千上万个服务器,并且通过高速网络联系起来。

图 8-4　农业垂直搜索引擎:搜农网

(二)索引

搜索引擎抓取网页后,还要做大量的预处理工作,才能提供检索服务。其中,最重要的就是对抓取的网页分解及分析,提取关键词,建立网页-关键词的关联矩阵,建立索引库和索引。其他还包括去除重复网页、中文分词、判断网页类型、超链分析、计算网页的重要度和丰富度等。

(三)排序

搜索引擎如何提供给我们想要的检索结果呢?是通过关键字在网页出现的频率,还要看关键字是出现在标题中还是内容或是网址中,包括有没有同义词等一系列的条件层层筛选。

排序还要考虑页面的 PR 值,PR 值就是 PageRank,意思是页面等级,PR 值越高页面的质量就越高。PageRank 的核心思想如下。

第一,如果一个网页被很多其他网页所链接,说明它受到普遍的承认和信赖,那么这个网页质量就高。

第二,高质量的网页贡献的链接权重大。

除了网页质量,在对网页排序时还要考虑网页与检索方式的相关性。搜索引擎在用户提交搜索后从索引数据库中找到匹配该关键词的网页,并立刻把搜索结果呈现出来。

经过排序,检索结果页就呈现在搜索用户面前,为了方便用户判断,除了网页标题和 URL 外,搜索引擎还会提供一段来自网页的摘要以及其他信息。

三、搜索引擎营销的内涵

(一)搜索引擎营销的定义

搜索引擎是三边平台,包括网站、搜索用户和广告主。搜索引擎通过提升搜索质量吸引用户流量,然后通过广告获得收益。

搜索引擎营销(Search Engine Marketing),简称 SEM,是基于搜索引擎平台的网络营销,企业根据用户使用搜索引擎的方式,尽可能地在用户检索信息的各个环节,将营销信息传递给目标用户。

(二)搜索引擎的网络营销价值

1. 搜索引擎对网站推广的作用

搜索引擎是绝大多数网民经常使用的网络服务,是他们查找自己所需信息的重要工具。企业使自己的网站信息出现在搜索结果的前列,是取得好的搜索引擎营销效果的基础。

2. 搜索引擎对产品促销的作用

搜索引擎已经成为有效的产品促销工具,而且,搜索引擎带来的流量转化率较高。

3. 搜索引擎对企业品牌的影响

搜索引擎的网络营销价值还表现在企业网络品牌的创建和提升。

某航空公司:优化关键词选取,达成机票销量翻番增长

网站的搜索引擎可见度对网络品牌产生直接影响,尤其对于大型企业和知名企业,有必要对网站在搜索引擎中的表现给予充分关注,品牌推广和销售促进都是其搜索引擎营销的主要目标。

除此之外,搜索引擎还可以用于网络调研、竞争者研究以及用户行为研究等方面。例如通过搜索引擎可以方便地了解竞争者的产品信息、用户反应、市场动向等,配合专业的网站分析跟踪,还可以对行业竞争状态作分析。

在搜索引擎营销中,如果企业信息不能出现在搜索结果的前 30 位,就意味着几乎不能被用户发现。因此,对搜索引擎结果排名位置的争夺成为许多企业网络营销的重要任务之一。

另外,为了了解和评估一个网站的优化情况,出现了各种"搜索引擎优化工具",主要功能在于:检测网站链接数量、网络被搜索引擎收录网页数量、网站的 PR 值、反向链接数等。例如"站长之家"和"爱站网"就提供相应的服务。但就搜索引擎优化的结果看,用搜索引擎检测是最直接、最有效的方式,可以直接判断出网站对搜索引擎的友好程度。

四、搜索引擎营销的主要方式

搜索引擎营销主要有四种方式,分别为搜索引擎登录、竞价排名、网盟推广和搜索引擎优化。

(一)搜索引擎登录

在网站建设完成后,想要让用户搜索到相关网站结果,就要把所推广的网站提交到搜索引擎

目录中,这称为搜索引擎登录,又称提交搜索引擎目录。搜索引擎登录包括免费登录、付费登录,目的是让网站中尽可能多的网页被搜索引擎收录,增加网页的搜索引擎可见性。

虽然搜索引擎中有一些允许用软件自动提交新的网站,但是多数情况下,手工提交才有可能保证提交成功,只是不能保证提交成功就会得到较好的排名。

以百度为例,搜索引擎登录的步骤如下。

第一步,注册百度账号。

在百度页面找到登录页面,点击"立即注册"链接进入注册页面,填写用户名、手机号,输入密码和验证码,勾选阅读并接受《百度用户协议》及《百度隐私权保护声明》。点击"注册"按钮。注册成功。

第二步,登录百度账号。点击左上方"更多"(图 8-5)。

图 8-5　点击左上方"更多"

第三步,提交网站网址。

(1)下拉页面找到"站长与开发者服务",点击"百度搜索资源平台"(如图 8-6)。

图 8-6　点击"百度搜索资源平台"

(2)进入"百度搜索资源平台"链接后,点击右上方的"用户中心",点击"站点管理"(图 8-7)。

图 8-7　站点管理

(3)填写链接地址,点击"提交"(图 8-8)。

图 8-8　链接提交

(4)添加网址后查看网站在百度的各项数据(图 8-9)。

图 8-9　站点信息

第四步,查看提交的网站是否被搜索引擎收录。

查看百度是否收录了已提交的网站(假设网址为:www.baitu.com),可在搜索文本框中输入"site:网址",然后按 Enter 键即可。

例如查看 www.baitu.com 是否被百度收录,可以在搜索框中输入"site:www.baitu.com",然后按 Enter 键。结果显示"没有找到相关网页"(图 8-10),也就是提交的网站没有被百度收录。

图 8-10 提交结果查询(没有找到相关网页)

再比如查看京东商城是否被百度收录,可在搜索框中输入"site：www.jd.com",然后按 Enter 键。结果返回京东商城的官网链接(图 8-11),也就是京东商城被百度收录。

图 8-11 提交结果查询(找到相关网页)

(二)竞价排名

竞价排名,顾名思义,就是网站付费后才能在搜索引擎的检索结果中有靠前的排名。竞价排名本质上是一种关键字广告。

搜索引擎检索结果中包含自然检索结果和关键字广告两部分。竞价排名服务是客户为自己的网页购买关键字排名,按点击付费的一种服务。客户可以通过调整每次点击付费价格,控制自己在特定关键字搜索结果中的排名,并通过设定不同的关键字捕捉到不同类型的目标访问者。

但是,如果只是通过价格一个要素来排名会引发质量不高的网页因为出价很高而排名靠前,典型案例是虚假医药广告。这是《中华人民共和国广告法》《电子商务法》的监管范围。目前搜索引擎通过出价、点击率、账号历史表现等多种因素综合决定关键字广告的排序和每次点击费用。

(三) 网盟推广

由于网民的搜索行为非常零散,仅仅从检索关键字能挖掘出的潜在目标用户比例仍然是相当有限的。有些用户习惯使用某些词组去搜索,有些可能习惯用另一些词组。这让广告主通过几十个、几百个甚至上千个关键字都无法覆盖所有潜在用户群体。低覆盖率是关键词广告的弊端之一。而网盟推广则有效弥补了关键词广告这一缺陷。

网盟推广,即网站联盟营销(affiliate marketing),1996年起源于亚马逊。网盟推广的三要素是广告主、联盟会员和联盟营销平台。广告主通过联盟营销平台在网站上投放广告,网站通过加入联盟会员获得企业的利润。常见的网盟平台有百度网盟、搜狗网盟、淘宝网盟等。广告主按照网络广告的实际效果(如销售额、引导数等)向联盟会员支付合理的广告费用,节约营销开支,提高营销质量。

网盟推广是一种定向投放的联盟广告,通过分析受众的自然属性(如地域、性别)、长期兴趣爱好和短期特定行为,将企业推广的信息以固定、贴片、悬浮等丰富多样的创意形式展现给网友,帮助企业获取更多的订单和转化。网盟推广定向投放包括地域定向、网站定向、内容定向、行为定向和人群定向五个方面。

第一,地域定向。地域定向是在指定的区域内进行广告投放。

第二,网站定向。针对目标人群的兴趣和活动网站,根据企业所在行业,把广告投放在关联度最高的网站上。

第三,内容定向。实时分析用户当前访问网页的内容,把握目标人群活动内容,投放与内容匹配的广告。如图8-12所示,通过对网页内容的语义分析,确定该页面为中高档汽车信息页面,通过广告与媒体内容匹配,确定该页面投放Volvo新车广告。

图 8-12 内容定向

第四,行为定向。根据每个访客的页面活动记录,分析用户行为、兴趣等,有针对性地投放用户感兴趣的广告,直接锁定广告受众(图8-13)。

图 8-13 行为定向(1)

另外,通过智能选取分析,将用户所有兴趣点、媒体关注点、品牌关注点、产品关注点、价位关注点分类汇总,确定每一位独立广告受众的兴趣标签(图 8-14)。

图 8-14 行为定向(2)

第五,人群定向。根据广告受众的基础属性(如性别、年龄、收入、学历、行业)、环境属性(如上网时间、城市、操作系统、语言环境)、媒体属性(如浏览的媒体、浏览的内容、兴趣关注点、当前的需求)、消费属性(关注哪些品牌、关注什么产品、消费水平、消费心态)等(图 8-15),投放与之匹配的广告(图 8-16)。

图 8-15 人群定向(1)

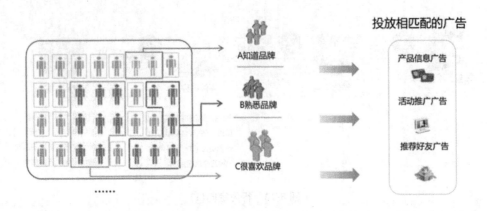

图 8-16　人群定向(2)

(四)搜索引擎优化

搜索引擎优化(search engine optimization)简称 SEO,它是从自然检索结果获得网站流量的技术和过程。搜索引擎优化是站在网络营销的高度,把一个对搜索引擎不够友好的网站改进到值得排在搜索引擎的前列,并且值得用户购买产品或服务的网站。搜索引擎优化是一个长期的过程,需要长期创造高质量的内容及外链、站内优化等,内容优化是核心。

搜索引擎优化与关键字广告的区别体现在如下三个方面。

第一,展现形式不同。SEO 是自然检索结果;关键字广告是一种按点击付费的广告。

第二,优劣势不同。SEO 的优势体现在展示企业实力树立企业形象、在各搜索引擎通用、管理成本较低。SEO 的不足是见效慢、关键字有数量限制、关键字优化有难易之分,比如竞争激烈的关键字优化难度大、时间长。

关键字广告的优点是见效快、关键字没有数量限制可灵活替换、操作简单;关键字广告的缺点是在各搜索引擎相对独立,比如在百度做了关键字广告后,在其他搜索引擎不会呈现靠前排名;而且竞争激烈、排名波动大;还会存在无效点击和恶意点击的现象。

第三,每次点击成本 CPC 不同。SEO 的成本会逐渐下降;而关键字广告中排名越高、被越多企业购买的关键字每次点击成本越高。

第五节　新媒体营销

现如今,新媒体营销已成为现代营销的重要组成部分。新媒体营销是借助于社交、视频、直播、问答、社区、自媒体等新媒体平台进行的网络营销。

新媒体营销的优势体现在用户的自主选择性、营销成本的低廉性、目标用户的精准性、企业与用户的互动性以及营销内容的创意性。

接下来以现阶段主要的新媒体工具为线索,探讨新媒体营销的思路和方法。

一、微博营销

微博即微型博客的简称,是基于用户关系的社交媒体平台,用户可以通过 PC、手机等多种移动终端接入,以文字、图片、视频等多媒体形式,实现信息的即时分享、传播互动。微博营销最大的特点就是信息传递速度快和传播范围广。

(一)微博注册及推广

1. 微博注册

以新浪微博为例,微博注册分为个人注册和官方注册。官方认证类型包括:政府、企业媒体、网站、应用、机构、公益、校园组织。微博注册按照提示步骤即可完成,注册完后登录。

2. 微博推广

微博推广有如下几个步骤:第一步,微博账号相关设置;第二步,主动关注别人;第三步,编写优质内容;第四步,转发与互动;第五步,申请认证。

第一步,微博账号相关设置。

登录新注册的账号,可以进行一系列设置,如点击头像,在打开的个人主页的头像上点击更换头像,还可以对绑定手机、账号安全、信息屏蔽、偏好设置等进行设置。在设置中要尽可能与推广的产品和服务相关联。

第二步,主动关注别人。善用关注,在微博推广的前期,关注能够迅速聚集粉丝。新浪微博每天最多关注 500 人,关注的上线人数为 2000 人。

第三步,编写优质内容。

一般来说,微博内容中系统的知识占 40%,个性化回答占 30%,资料、工具提纲占 20%,粉丝福利占 10%。

另外,在编写微博内容前,要先了解一下人们感兴趣的热门话题,然后将其策划进营销内容,这样可以增加被用户搜索到的概率,从而达到营销的目的。最好内容有连载,这有助于提高粉丝的活跃度。微博可以发广播也可以发头条文章。一般发广播时,在热门话题关键词上加"#"。

除了微博发广播外,还可以发布头条文章。运营者也要学会利用这个功能,通过话题把有相同爱好或相同观点的人聚集到一起。

第四步,转发与互动。

在微博推广中可利用转发功能提升人气。另外,当别人点评了微博,博主可以与之对话。博主还可以创办一些活动让他人参与,这样可以吸引客户和潜在客户进行交流,分享微博内容。

第五步,申请认证。

微博认证常见类型有:个人认证、企业认证、媒体认证、政府认证等。个人认证包括黄 V、橙 V、金 V 三层标识体系;企业、媒体、政府认证是蓝 V 标识。

(二)微博推广技巧

第一,重点突出。企业和个人要想丰富地表达内容,可加入相应的网页链接、视频、图片、音乐,图文并茂,声画一体,可以很好地接近读者,但是要使用尽可能少的字数突出重点和主题。

第二,内容准确。在实名制的基础上,无论是企业还是个人,开设微博都应尽可能地提供最准确的资讯,服务于网友,也能让微博获得信任。

第三,信息有趣。企业微博发布的信息如果太商业化,很容易被看作广告而被选择性无视。从原则上来说,发布企业微博就是单向地把企业的内容(如企业新品发布、企业新闻等)告知网友,以达到扩大宣传范围、提高知名度的效果。要保证这些信息有阅读价值,应多发一些有趣、有特色的信息,才会得到转载,提高微博的关注度。

第四,有图有转发。在微博上,每分钟都会有数以万计的内容发布出来,如果企业发一篇纯文字的微博,看的人可能很少。企业应该附上和文字相关的图片,让微博变成图片新闻,有图的微博转发率更高一些。但是图片也不能滥用,图片在大多数情况下是起画龙点睛的作用,因此图片一定要和文字契合。

第五,抓住热点。微博上网友讨论最多的就是热门话题,企业可以在软文中加入"♯热门话题♯",积极参与这些话题的讨论。因为这些热门话题有成百上千的微博用户订阅,参与之后,自己的言论就会展现在订阅用户面前,他们有可能关注或转发微博,传播效率就比只面对自己的粉丝要高许多。

第六,巧用@赢得热推。企业可以在微博中巧用@,但不要滥用,如果企业在某个领域有一定的知名度,则可以在发微博时@知名媒体、@名人。这些媒体或名人会在考虑企业影响力的前提下回复微博,企业就可借助于他们的粉丝扩大自己的影响力。但大多数微博用户是不具备这个条件的,普通微博用户可以选择@以下对象:互粉的网友、平时经常转发自己微博的朋友和粉丝中被关注人数最多的几位。

二、QQ营销

目前国内常见的IM工具包括腾讯QQ、微信、阿里旺旺、新浪UC等。在各种即时通信工具中,腾讯QQ的市场占有率最高。

接下来以QQ营销为例,阐述即时通信营销的思路和方法。

(一)QQ营销的步骤

第一步,腾讯QQ注册和登录。

腾讯QQ-AR火炬
在线传递活动

在腾讯QQ官方网站找到"注册",点击进入,然后根据提示填写信息,点击"立即注册"即可完成。找到已经下载好的即时通信软件,输入账号和密码,点击"登录"。

第二步,腾讯QQ设置。

一是个人基本资料的设置。基本资料包括昵称、头像、个性签名、地区、年龄等。如果是为工作注册的QQ,昵称可以修改为某某公司张三、某某公司李四,既正式,又避免了客户没有改备注而不知道该昵称是谁。可以将头像设为自己公司的Logo,或自己修改的图片,目的是让对方记住自己的企业。个性签名中可以添加网站的链接、公司的简单介绍等。可以经常更新,这样会在空间及动态里体现出来,增加自己的曝光率。地区可设置为公司所在地。关于年龄设置,如果不想透露自己的年龄,可以设置出生年为1900年等,用幽默的方式避免年龄问题。

二是更多资料的设置。更多资料包括语言、职业、个人主页、个人说明等。内容的真实有助于建立有效联系。

三是QQ空间设置。完善的QQ资源会给人留下良好的第一印象。因此QQ空间设置也是推广的关键。空间名称可与企业名称相同。空间说明可以留下企业的主营项目及自己的联系方式。可以利用日志推广企业或产品。日志可填写自己的心路历程、工作环境、公司主营项目。写日志贵在坚持,刚开始的时候,不可能每天都有原创产生,多去看别人的营销文章,进行转发,转发时要加入自己企业产品的元素。另外,相册也是推广的重要设置。可以在相册中放照片,增加真实感,例如加入企业产品、企业团建等照片。

第三步,查找客户并加群与建群。

查找方式可以通过空间可能认识的人;也可以通过查日志相关关键词获得;或者加群,在群里寻找。找到客户后可以建群。

在QQ推广过程中,要充分利用好群动态与群相册来推广自己的产品或品牌;群名要有针对性,便于搜索;要请专业、负责、在群里活跃且擅长沟通和聊天的成员担任管理员,增加群的关注度和活跃度。

第四步,发起话题互动。

在QQ推广中不能一直沉默,也不能直接推广产品,应在熟悉以后再进行渗透。首先,可选择与产品相关的话题展开讨论,慢慢地将话题引导到产品中去。其次,要定期发一些企业的最新动态,引起关注,保持联系。最后,要注意交流的方式方法,切勿给客户造成困扰,注意称呼与礼貌用语的使用。

第五步,客户管理与维护。

一是修改客户备注名称。修改备注名称可防止遗忘客户姓名,避免尴尬。备注容纳的字数有限,不过可将客户简单介绍和电话号码加到这里,一目了然。

二是客户分组。当客户积累到一定数量时,要记得把客户分类,方便沟通。如可将客户分为"合作单位""可能会合作""可能没有兴趣"等组别,点击某一个分组就可以快速找到客户。

(二)QQ营销的技巧

QQ营销应掌握一些推广技巧才能事半功倍。

第一,先建立感情再推广。推广者要先与客户建立感情,再做推广,等和大家熟悉了,再慢慢植入广告,才能取得一定的成效。

第二,长期奋战,积极活跃。推广者要本着具体到人的原则,与客户和群里成员保持一段时间的互动,建立良好的信任感,长期坚持,保证信息传递的有效性。

第三,在聊天中植入广告。聊天时是植入广告的最佳时机,利用语言把聊天内容与要推广的内容融合在一起,这样广告意图不会显得很明显,让大家自然而然地接受信息。

第四,广告少而精。在作推广时,不要每时每刻都在发布广告信息,否则会使群员厌烦。每天最多发一次广告,而且广告要做得精致,不能太生硬,这样才容易让人接受。

第五,利用QQ邮件。如使用腾讯QQ进行推广,可利用QQ邮件功能,它可以把邮件发到客户的邮箱中,并且只要发过去新的邮件,就会及时提醒,这样每个客户都能及时看到邮件信息。

第六,利用公告平台和分享功能。公告平台可以发文字和图片,是较好的广告位置。也可以利用分享功能将产品信息制成幻灯片、图片、文档、表格等形式发给目标客户或者目标群。

三、微信营销

(一)微信营销及其特点

微信营销是借助于微信个人号、微信公众平台、微商城、微会员、微推送、微活动、微支付、视频号等功能开展的营销活动。微信营销的特点体现为形式多样、曝光率高、精准营销等。

(二)微信营销的平台结构

微信营销平台主要包括微信个人账号、微信公众平台、第三方接口、微信视频号、直播等组成部分。

1. 微信个人账号

微信个人账号要先设置好头像、昵称和个性签名,再通过朋友圈进行微信营销。微信个人账号营销要注重好友关系管理,包括日常互动、朋友圈互动和微信群互动。

2. 微信公众平台

微信公众平台是运营者通过公众号为用户提供资讯和服务的平台,当前的微信公众平台主要分为订阅号、服务号、企业微信(原企业号)、小程序四种。

(1)订阅号。微信订阅号主要功能是向用户传达资讯(功能类似报纸、杂志,提供新闻信息或娱乐趣事),为媒体和个人提供一种新的信息传播方式,适用人群为个人、媒体、企业、政府或其他组织。

(2)服务号。微信服务号只能企业或组织申请,为企业和组织提供更强大的业务服务与用户管理能力,主要偏向于服务类交互(功能类似12315、114,银行,提供绑定信息,服务交互);适用人群为媒体、企业、政府或其他组织。

企业开通微信公众号时,是选择服务号还是订阅号要从以下五个方面着手考量。

第一,从服务号和订阅号的主要用途来看,如果是想要内容的传播,那么可以优先选择订阅号,如果是想要实现管理企业的业务、为关注的用户提供便利的服务等,可以优先选择服务号。企业在选择订阅号和服务号时还应考虑企业的商业模式与客户数量。如果企业公众号专业性强,如房地产、金融证券企业,需要处理很多咨询服务,则可以选择服务号。如果需要通过信息资讯引导消费者,则可选择订阅号。

第二,从服务号和订阅号的消息展示来看,服务号消息是单独展示在微信的聊天列表上,曝光率和打开率更高,而订阅号消息则会折叠到一起,曝光率和打开率不如服务号。从公众号的消息传播上讲,用户如果想要自己的消息不被折叠让用户都能看到,对比订阅号来说,可以选择曝光率更高的服务号。

第三,从服务号和订阅号的推送频次来看,订阅号比服务号推送频繁,如果想要起到屡次触达、及时传递资讯、增加用户黏性的效果,选择订阅号是一个比较好的选择。

第四,从服务号和订阅号的微信支付来看,订阅号不能进行微信支付,而服务号认证后可以开通微信支付。需要开通微信商场、会员系统或者支付小程序等工具的用户,只能通过服务号才能实现在线支付的功能。所以对于有微信支付需求的用户可以选择服务号。

第五,从小工具功能上来看,还有一些工具比如多客服管理、模板消息(给用户发通知)、获取用户地理位置(LBS服务)、打通CRM等功能和开发端口,这些只能由认证了的服务号来实现,这对于一些电商企业、实体连锁店等的管理和服务有很大作用。

是选择服务号还是订阅号最重要的是了解开通微信公众号的需求,从而选择合适的公众号类型。

(3)企业微信(原企业号)。企业微信是一个面向企业级市场的产品,企业微信有与微信一致的沟通体验,提供丰富免费的办公应用,并与微信消息、小程序、微信支付等互通,助力企业高效办公和管理。企业微信主要用于企业内部通信使用,需要先有成员的通信信息验证才可以关注成功。

企业微信与服务号的区别体现在三个方面。

一是概念不同。微信服务号是给企业和组织提供更强大服务与用户管理能力的公众平台。企业微信是微信为企业客户提供的移动应用入口。有企业通讯录的成员才能关注企业号,分级管理员、保密消息等各种特性确保企业内部信息的安全。

二是功能不同。微信服务号包括群发消息、微信认证、高级接口、广告主、流量主、多客服、自定义菜单、微信支付、微信小店等。企业微信号账号完成企业认证后可以将所有企业员工微信导入,微信打卡、微信报销、微信会议等企业功能都可以在微信上完成。一个企业号可配置多个类似服务号的应用,发送信息条数无限制。

三是群发次数不同。企业微信群发次数远远超过服务号。

总而言之,企业可以注册微信服务号实现移动电商业务,也可以注册企业微信,从而快速、低成本实现高质量的移动管理轻应用,实现生产、管理、协作、运营的移动化。

(4)小程序。微信小程序是一种不需要下载安装即可使用的应用,通过点击"发现"——"小程序"进行搜索或点击已用小程序、附近的小程序可以打开小程序页面。

小程序基于微信的社交属性,依托微信庞大的活跃用户群体,可以在微信生态圈内完成裂变。

微信小程序营销策略重点在于通过小程序进行客户引流;小程序的及时服务;并与公众号双剑合璧、实现黏性服务,最终实现微信营销闭环。

第一,通过小程序进行客户引流。小程序拥有二维码扫描、关键词搜索、微信群分享、朋友聊天分享、附近的小程序、公众号关联等入口。利用小程序,企业可以通过多种方式展示想要传递的内容、提供的服务,甚至可以通过小程序商城进行商品售卖、服务预订等。基于微信庞大的用户流量,企业能够通过小程序的开发与运营,便捷地获得更多的用户资源。

第二,小程序的及时服务。小程序以二维码扫描为主要入口,用户通过微信"扫一扫"进入应用,享受及时服务,省去了APP等的下载、安装、注册等环节。因此,将会有更多用户通过不同的服务场景进入小程序,体验企业提供的线上服务和产品。利用场景化功能引导用户使用小程序,可以提高线下服务效率,优化服务体验。用完即走的便捷操作方式,也避免了用户下载、注册、卸载应用软件的繁琐操作。

第三,配合公众号实现黏性服务。企业品牌可以通过会员系统或公众号,将系统中的消息推送功能和小程序用完即走的服务相结合,进行粉丝和会员的二次开发,在增强用户黏性的同时,创造更多商业价值。一方面,公众号中可以加入小程序入口,与小程序关联后,公众号可以选择向关注者发送一条关联通知,通过关联的方式将公众号的粉丝引入小程序中,为其提供更多的增值服务,以此增强用户黏性并增加销售转化。另一方面,在公众号运营中,可结合用户在小程序中的行为数据,为其提供精准的个性化服务,如通过用户在小程序中的行为辨别用户价值和产品购买倾向。对于有价值的用户,可利用优惠手段在小程序中吸引其关注公众号,并利用公众号实现针对性的服务,进行折扣券推送等。

3. 微信视频号

微信视频号是一个短视频平台,支持点赞、评论进行互动,也可以转发到朋友圈,与好友分享。当一个公众号与视频号实现绑定后,打开公众号的粉丝可以打开视频号;同样,进入视频号也可以在屏幕下方打开公众号。

视频号直播间上线链接推送功能,主播可在直播间直接推送五类链接,包括直播预告、公众号文章、红包封面、企业微信名片、微信广告。2022年9月23日,微信视频号上线"丰收节助农直播"活动,联手京东共同号召商家、达人主播通过视频号直播推广乡村好物,全方位助力乡村振兴。

四、短视频营销

(一)短视频营销的定义

短视频营销是指企业或个人,借助于短视频平台,通过发布优质内容的短视频以吸引粉丝、推广品牌、宣传产品等,进而最终达到产品销售目的的营销活动。

(二)短视频营销的主要模式

1. 广告植入营销模式

在短视频中植入广告,通过短视频促进传播给目标受众,以实现宣传品牌和销售目的的一种营销方式。

2. 场景式营销模式

场景式营销是指实施短视频营销的企业,通过在短视频中营造特定的购物场景,给用户以身临其境的感受,并在线与感兴趣的用户实时互动,从而达到营销目的的一种新的网络营销方式。

3. 情感共鸣式营销模式

情感共鸣式营销是指企业从消费者的情感需求出发,借助于短视频引发用户情感共鸣与反思,从而实现情感于营销之中的一种营销方式。

在短视频中植入电商营销元素,在给电商平台带货、缓解引流压力的同时,也可以实现短视频平台的流量变现,达成双赢。如消费者在快手或抖音观看短视频时,有的短视频下方会显示对应产品的链接,消费者点击产品链接即可进行购买,同时不会中断短视频播放。短视频带货注重结合如使用场景、体验场景、情绪场景等各类场景来展示产品的卖点、细节,在强大的平台流量的助推下,短视频带货的曝光价值、推荐价值要大于转化价值。

(三)打造短视频矩阵

1. 多平台矩阵
短视频多平台矩阵就是在多个平台建立账号,制作内容并发布短视频。多平台运营,需要熟悉多个平台的规则。如果资金、人力充足,可以选择打造多平台矩阵。

2. 多账号矩阵
打造多账号矩阵,在短视频平台上建立多个账号,形成一个矩阵,可以通过不同账号之间"粉丝"流量的相互引流,扩大影响力。

五、直播营销

(一)直播营销的概念和优势

网络直播是一种新的高互动性视频娱乐方式和社交方式,具体形式有游戏直播、才艺直播、电视剧直播、电影直播和体育直播等。借助于网络直播平台,网络主播可以将现场的画面实时展现给目标用户,并与目标用户进行双向的互动交流。网络直播具有直观形象、互动性强等优点,已成为大众娱乐消遣、获取信息的重要途径之一。

直播营销是指开展网络直播的主体借助于直播平台对产品进行多方位展示,并与用户进行双向互动交流,通过刺激用户的购买欲望来引导用户产生购买行为,从而实现营销目标的一种新型网络营销方式。

直播营销具有门槛低、投入少、覆盖面广、直达目标用户、直接的营销反馈、能够营造场景式营销和沉浸体验式营销的效果等诸多优势。

(二)直播营销的四要素

直播营销的要素包括人物、产品、场景和创意。人物是指直播的主角,可以是主播或直播嘉宾,以展示内容与用户互动。产品要与直播中的道具或互动有关,以软广告植入的方式达到营销产品的目的。场景是指营造直播的氛围,让用户身临其境。创意是指企业在开展直播营销时要有创造性的想法和新颖的构思,提升直播效果,并以此来吸引目标用户。

(三)直播营销的主要平台

直播平台主要包括专业垂直直播平台、短视频直播平台、电商直播平台和综合视频直播平台等。

(四)直播营销主要模式

1. "直播＋电商"

"直播＋电商"是直播和电商相结合,是一种以直播的方式销售实体和虚拟产品的经营活动。从直播形式上看,"直播＋电商"主要有店铺直播、KOL(key opinion leader,关键意见领袖)直播带货和佣金合作三种模式。

2. "直播＋发布会"

"直播＋发布会"已经成为众多品牌抢夺人气、制造热点的主要营销模式。直播地点不再局限于会场,互动方式也更多样和有趣。如小米为无人机举办的在线直播的新品发布会。

3. "直播＋企业日常"

为拉近与消费者之间的距离,企业可以分享日常点滴,与公众建立密切的联系。

4. "直播＋广告植入"

直播中的广告植入能够摆脱生硬感,原生内容的形式能收获粉丝好感,在直播场景下能自然而然地进行产品或品牌的推荐。

5. "直播＋活动"

"直播＋活动"的魅力在于通过有效的互动将人气与品牌链接。直播时的互动形式多样,如弹幕互动、产品解答、打赏粉丝、分享企业的独家情报等。

6. "直播＋访谈"

采访营销是从第三方的角度来阐述观点和看法,如可采访行业意见领袖、特邀嘉宾、专家、路人等,利用第三方的观点来增加产品信息的可信度。

六、H5 营销

(一)H5 营销的概念和特点

从词源上讲,H5 是 HTML5 的缩写,也就是第 5 代的 HTML,但是在生活、工作中接触使用的 H5,实际上已经超越了 HTML5 的范畴。就 H5 营销而言,H5 并不是指 HTML5 这种语言本身,而是指运用 HTML5 制作出的移动网页。

H5 营销就是通过将营销内容制作成 H5 的形式,发布到微信朋友圈、微博等新媒体平台以吸引用户查看内容、参与互动等,达到提高品牌知名度、营销产品的目的。H5 营销的特点包括跨平台性、本地存储性、创新性和品牌性等。

(二)H5 营销的优势

1. 成本

企业或品牌利用 H5 进行营销时,需要支付的仅有 H5 页面设计和维护成本,其投入成本较低,并且不需要特意进行宣传推广。

2. 开发

H5 的开发可直接在浏览器中完成,没有各种复杂的应用平台,且其开源库的调用及制作方法都较为简单。

3. 运营

利用 H5 进行营销时,由于其开发优势,H5 开发的效率更高,快速实现 H5 的更新。此外,营销人员只需要通过 H5 开发平台的后台就可以查看 H5 营销的数据。

4. 应用

H5 支持大部分设备、平台进行浏览,在应用时也比其他应用更简单方便。

5. 推广

H5 营销可以借助于各大平台,其流量入口用户基数足够大,且随着 H5 内容的强化,用户的主动分享率、转化率均有所提升。

6. 维护

H5 代码可以进行全部加密,在维护时,只需将其解密就可以了,并且提供了本地数据库的支持,可以对临时资料进行存储。

(三)H5 营销的类型

1. 展示型 H5

展示型 H5 常常表现为静态页面,在制作时,只需将单独制作的静态页面,利用动态效果连接起来即可,制作简单且成本低廉,并且由于是静态页面的连接,其加载速度也比较快,主要用于展示各种信息,以进行产品推广和品牌宣传。

2. 交互型 H5

交互型 H5 常常以动态的视频、动画等形式,来加强 H5 的交互性,并通过引导用户的自发分享,将营销信息传递给更多用户,吸引用户了解并参与进来。交互型 H5 适用于品牌宣传、产品上新、活动推广等不同营销目的的营销活动。

3. 游戏型 H5

游戏型 H5 强调用户的互动性,通过将产品或品牌信息植入 H5 中,以趣味性的游戏吸引用户参与并转发,提高产品或品牌的影响力。游戏型 H5 常常具有高参与度、易连接性、强分享性、低成本和易转化的特点。

4. 技术型 H5

技术型 H5 可以通过不同的技术展现不同的动态效果,吸引人们的关注和使用。技术型 H5 常用的技术有动态展示技术和交互行为技术两种,其中,动态展示技术包括不同的切换特效、菜单、效果等,交互行为技术包括全景展示、AR、VR、指纹解锁等。

5. 模拟型 H5

模拟型 H5 是指通过营造某种真实的特定场景,将产品或品牌融入场景中,提高用户查看 H5 时的代入感,以增强 H5 的推广效果。模拟型 H5 较为常用的场景有朋友圈场景、微信群聊场景和指纹解锁场景三种。

(四) H5 营销的发展趋势

智能手机的广泛应用及发展,带动了 H5 在互联网平台的发展,H5 的竞争也越来越激烈。百度、腾讯、阿里巴巴等互联网公司针对 H5 也纷纷推出了不同的营销策略。百度收购了 91 手机助手、安卓市场等移动 APP 分发平台;推出了百度手机卫士、百度搜索等移动入口产品;推出了"百度 H5"开发平台,为个人用户和企业用户提供了 H5 技术的接口。阿里巴巴在支付宝上搭建了许多 H5 小程序,如蚂蚁森林、蚂蚁庄园等;收购 UC 并成立了 UC 移动事业群,开发 UC 浏览器的 H5 应用;每年定期推出集福卡、双十一集喵币等活动。腾讯根据其不同社交软件的特征,分别推出了 H5 营销的策略,如 QQ、微信上的各种小程序,腾讯视频、腾讯动漫的推广活动。

H5 的发展与智能手机息息相关,随着 5G 时代的到来,移动智能手机将进入下一个发展阶段,而 H5 营销也将随之为个人用户及企业用户带来更多的营销机会。H5 营销的发展趋势有以下几点:

1. H5 引擎

越来越多的互联网企业针对 H5 推出了更多、更新的引擎,为 H5 的制作提供了更多的平台。

2. 应用市场

未来 H5 应用将以微信、QQ、支付宝等 APP 为连接入口。

3. 开源技术

H5 的开放性,能够为 H5 带来更多的开源产品。

4. 开发工具

随着技术的发展,H5 能够支持的功能、达到的效果将会越来越多,如数据收集、地图导航、专业级制作等。

5. 安全问题

H5 越来越快地发展,势必引出其潜在的安全问题,对于安全厂商来说,不乏是一个很好的机会。

第六节　数智营销

随着信息技术和互联网的发展,海量数据时代已经到来,数据所蕴含的巨大价值逐渐得到认可。尤其在云计算、物联网、社交网络等新兴服务的影响下,人与人之间、人与机器之间以及机器与机器之间产生的数据信息规模正在以前所未有的态势增长,数据开始从简单的处理对象转变为一种基础性资源。

一、大数据营销

(一)大数据营销的概念

大数据营销是通过互联网采集大量的行为数据,帮助企业找出目标消费者,以此为基础对广告投放的内容、时间、形式等进行预判与调配,完成广告精准投放的营销过程。

(二)大数据营销的特点

1. 全样本调查

大数据技术的发展,使得人们对由感应器、移动终端、网站点击等所采集的大数据进行分析,从中获取有价值的信息成为现实。在大数据时代,商务数据分析不再以抽样调查的方式降低数据处理难度,而是对所采集的全部数据进行分析,能够有效避免抽样自身存在的误差,甚至以偏概全等缺陷。

2. 强调时效性

在大数据时代,网民的消费行为和购买方式极易在短的时间内发生变化。在网民需求点最高时及时进行营销非常重要。全球领先的大数据营销企业 AdTime 对此提出了时间营销策略,它可通过技术手段充分了解网民的需求,并及时响应每一个网民当前的需求,让用户在决定购买的"黄金时间"内及时接收到商品广告。

3. 数据化决策

在大数据时代,事物之间的因果关系已不是数据分析的重点,识别需求才是信息的价值所在。大数据营销将让一切消费行为与营销决策数据化,最终形成一个营销的闭环体系,即"消费—数据分析—营销活动—效果评估—消费"。预测分析成为大数据营销的核心。全面、及时的大数据分析,能够为企业营销决策制定提供更好的支撑,从而提高企业的营销竞争力。

4. 个性化营销

所谓个性化营销,最简单的理解就是量体裁衣,就是企业面向消费者,直接服务于顾客,并按照顾客的特殊要求制作个性化产品的新型营销方式。互联网提供了大量消费者信息数据,企业可以利用网络资源对顾客的各渠道行为数据、消费者生命周期各阶段的行为数据进行记录,制定高度精准、绩效可高度量化的营销策略。

5. 营销大数据的来源

一是企业系统,例如,客户关系管理系统、企业资源计划系统、库存系统、销售系统等;二是机器系统,例如,智能仪表、工业设备传感器、智能设备、视频监控系统等;三是互联网,例如,电商系统、服务行业业务系统、政府监管系统等;四是社交网络,例如,微信、QQ、微博、博客、新闻网站、朋友圈等。

二、精准营销

在具体的商业场景和产业生产中数据才能发挥其重要作用。"得数据者得用户"的说法是片面的,只有将其运用到实际场景中,数据才能产生价值。所以,企业应该将其应用到产业化场景中,强化企业核心竞争力,建筑企业竞争壁垒。

企业根据市场需求进行生产,然而却总是出现生产过剩或者商品滞销等问题。根本原因是产品或服务与消费者之间有"一堵墙",也就是说,产品或服务与消费者之间缺乏近距离沟通。大数据对目标消费群体多维度的特征描述可以帮助企业推翻产品或服务与消费者之间的"墙"。互联网时代,各种大数据手段能够捕捉到用户的个人数据以及网络行为数据,并通过数据化处理手段将其保留在云端。用户每一次在互联网上出现都能被监测到,将用户产生的数据不断累积最终形成精准的用户画像。企业通过大数据对用户定位可以实现精准营销,促进利润增长。

大数据的挖掘成本和价值含量,直接影响着企业的未来发展。大数据存在的意义就是应用,大数据高层级的产业化应用是当下数据发展的方向。数据产业化是一个市场机遇,而中国正在经历着数据时代的变迁,企业应当抓住这个千载难逢的机遇。

360推广的全场景跨屏定向唤醒

大数据营销是一把"双刃剑"

大数据的发展和应用为企业实施精准营销提供了极大的便利,数据成了重要的商业资源,其价值不可估量。但是大数据的应用也存在以下一些不利因素。

1. 大数据杀熟问题

所谓"大数据杀熟"指的是开展网络营销的商家利用所拥有的用户数据对老客户实行价格歧视的行为。具体表现为商家为获得利润最大化,对购买同一件商品或同一项服务的消费者实行差别定价,给予老客户的定价要高于新客户。

大数据杀熟实际上是企业根据用户的画像,综合购物历史、上网行为等大数据轨迹,利用老用户的"消费路径依赖"专门"杀熟"。

2. 消费者信息安全问题

虽然个人所产生的数据包括主动产生的数据和被动留下的数据,其删除权、存储权、使用权、知情权等本属于个人可以自主的权利,但在很多情况下却难以得到保障。一些信息技术本身就存在安全漏洞,可能导致数据泄露、伪造、失真等问题,影响信息安全。此外,大数据使用的失范与误导,如大数据使用的权责问题、相关信息产品的社会责任问题以及高科技犯罪活动等,也是信息安全问题衍生的问题。

解决途径:面临这些问题,要求企业具备社会责任感并做到以下几点:第一,明确大数据技术(包括其他数字技术)发展的根本目的是促进人类发展,数据采集和挖掘应合法、合乎情理;第二,企业应支持消费者知情同意,即企业要在消费者知情授权的情况下进行数据采集和数据处理;第三,企业要保护和维护消费者的个人信息,并建立相应的保护和维护措施,防止信息泄露等。

《课后练习》

一、单项选择题

1. 以下关于网络营销的表述,错误的是(　　)
   A. 网络营销是企业整体营销战略的组成部分
   B. 市场营销理论对于网络营销已不适用
   C. 网络营销是为实现企业总体经营目标,以互联网为基础营造网上经营环境的各种活动
   D. 网络营销最重要的是企业、用户及公众之间的连接

2. 关于搜索引擎优化,说法正确的是(　　)
   A. 搜索引擎优化是按点击付费的广告
   B. 搜索引擎优化是按展示付费的广告
   C. 搜索引擎优化是从自然检索结果中获得网站流量的技术和过程
   D. 搜索引擎优化简称 SEM

3. 下列描述不能体现网络营销职能的是(　　)
   A. 服装公司参加展会宣传产品
   B. 利用阿里云大数据服务分析行业现状
   C. 天猫"双十一"购物狂欢节,优惠力度巨大
   D. 利用达摩盘分析客户案例,细分客户

4. 有关网络营销与传统营销的区别和联系,下列说法不正确的是(　　)
   A. 网络营销以传统营销为理论基础
   B. 网络营销无法摆脱营销的本质
   C. 网络营销终将取代传统营销
   D. 二者都需要满足顾客需要和欲望,进行宣传和销售

5. 在所有的网络营销工具中,(　　)是最基本、最重要的一个。
   A. 网上商店　　　　B. 企业网站　　　　C. 电子邮件　　　　D. 搜索引擎

6. (　　)是基于 Wiki 的应用。
   A. 可扩展标识语言　　　　B. 客户关系管理
   C. 网络百科　　　　D. 网摘

7. 以下关于微信订阅号和服务号,说法错误的是(　　)
   A. 内容的传播优先选择订阅号,客户服务优先选择服务号
   B. 订阅号曝光率和打开率更高
   C. 订阅号比服务号推送频繁
   D. 服务号认证后可以开通微信支付

8. 以下网络营销职能中最基本、最重要的是(　　)
   A. 销售促进　　　　B. 网络品牌　　　　C. 信息传递　　　　D. 客户关系

9. 以下不属于专业垂直网络直播平台的是(　　)
   A. 斗鱼　　　　B. 小红书　　　　C. 花椒　　　　D. 虎牙

10. 美食短视频创作者在抖音平台和网易云音乐都有账号,这属于( )
   A. 多账号矩阵营销 B. 场景式营销
   C. 多平台矩阵营销 D. 情感共鸣式营销

二、多项选择题

1. 网络直播营销的要素有( )
   A. 人物 B. 产品 C. 场景 D. 创意

2. 关于营销型企业网站建设,以下说法正确的有( )
   A. 企业网站是最基本、最重要的一个综合性营销工具
   B. 企业网站建设要把管理思维和营销策略贯穿始终
   C. 企业网站建设与优化的最终目标是获得流量
   D. 用户视角下的企业网站建设要符合可用性和易用性

3. 关于搜索引擎的盈利模式,说法正确的有( )
   A. 搜索引擎向搜索用户收取检索费 B. 搜索引擎向收录网站收取收录费
   C. 搜索引擎向广告主收取广告费 D. 通过提升搜索质量吸引用户流量

4. 搜索引擎优化 SEO 与付费关键字广告 PPC 的区别有( )
   A. SEO 见效快,PPC 见效慢
   B. SEO 关键词优化有难易之分,PPC 关键词可灵活替换
   C. SEO 有无效点击现象,PPC 不存在无效点击
   D. SEO 是自然检索结果,PPC 是按点击付费的广告

5. 大数据营销的特点有( )
   A. 抽样调查 B. 强调时效性 C. 个性化营销 D. 数据化决策

三、简答题

1. 请阐述网络营销与电子商务的关系。
2. 请阐述网络营销与传统营销的关系。
3. 请列举网络营销的常用工具。
4. 请列举网络营销常用方法。
5. 请介绍你常用的微信小程序。

四、主题讨论

1. 请谈谈你对"搜索改变营销"的理解。
2. 请谈谈如何选择合适的微信公众平台类型进行网络营销。

五、案例分析

2019 年 6 月,《能进互联网公司的个个都是人才》微信公众号推文刷屏朋友圈,文章借助于漫画的形式,以诙谐的语言,将互联网行业中不同岗位的面试情景展示给用户,引出营销主题。

思考:在互联网上搜索该推文的完整内容,以及新媒体平台上对其的描述、评论,分析该文章能够引起用户广泛关注的原因。

六、项目实训

实训目的：选择某一服装企业，通过直播营销进行引流，并促进流量到销量的转化。

实训内容：

1. 选择合适的直播营销平台。
2. 确定直播营销的模式。
3. 策划并实施直播营销。

第九章 电子商务典型业态

学习目标

理解：社交电商、直播电商、跨境电商、农村电商以及新零售的内涵。
掌握：社交电商、直播电商、跨境电商、农村电商、新零售的业务模式。
应用：典型电子商务网站的商业模式。

思维导图

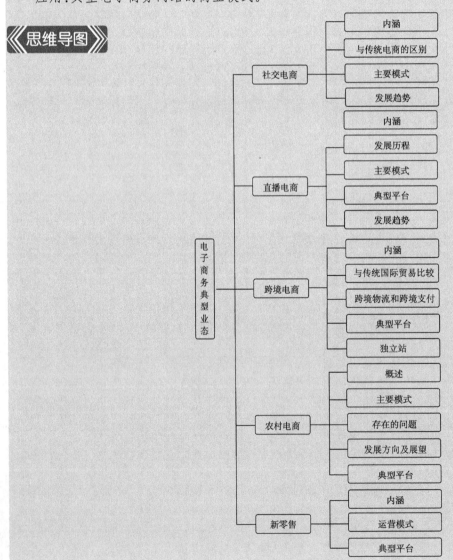

习近平点赞柞水木耳——"史上最强带货"红遍全网

小木耳、大产业。习近平总书记2020年4月20日下午来到陕西省商洛市柞水县小岭镇金米村的电商中心直播平台前,点赞当地特产柞水木耳,成了"最强带货员"。他强调,电商作为新兴业态,既可以推销农副产品、帮助群众脱贫致富,又可以推动乡村振兴,是大有可为的。

8万多包、12.2吨柞水木耳,瞬间售罄。

连日来,柞水木耳成为新晋网红。4月21日,《人民日报》直播间上线8万多包、12.2吨柞水木耳,瞬间售罄。柞水木耳也成为淘宝等电商平台最热销的商品。

不少网友称:"抢得刺激,买得上头,收得开心""电商+农副产品+脱贫攻坚,必须支持"。习总书记点赞柞水木耳,更被称为"史上最强带货",成为各大网络平台的热搜话题,红遍全网。

4月23日晚,最大规模的陕西农产品公益直播举行。柞水木耳10秒光、陕西擀面皮8秒光、肉夹馍16秒光……一晚上3800多家陕西商家农户带着5万多款农产品集体开播,"史上最强带货"带来的引领效应持续扩大。

直播带货提供发展新思路。

柞水木耳也是人民网综合性消费服务平台"人民优选"上的扶贫产品之一。乘着"史上最强带货"的东风,"人民优选"其他扶贫地区的木耳产品销量也有明显提升。新冠病毒感染疫情对经济社会冲击不小,但也催生出不少新业态,"数字成为新农资,手机成为新农具,直播成为新农活"就是其中之一。网友"闻所未文"说,习近平总书记点赞农村电商,令人鼓舞。贯彻以人民为中心的发展思想,让"三农"借助于互联网的东风,让广大农民尽快富裕起来,一直是习近平总书记关心的事情。

央视新闻频道主持人李梓萌认为,习近平总书记不仅仅是带货,更带出一种思路:新业态要结合实际用起来!只要思维活起来,对新业态、新操作因地制宜用起来,就一定能找到新的增长点。

那么,"直播带货"模式构成要素都有哪些?如何通过"直播带货"助农兴农、促进乡村振兴?"直播带货"前景又如何?

(资料来源于网络,作者有删改)

第一节　社交电商

以社交为主要特点的移动互联网时代,消费呈场景化、社交化趋势,同时消费人群更加细分,移动电商社交化成为一种趋势。中国社交电商经过十多年不断地探索、尝试、发展、纠错,已经全面发力,成为电子商务领域不可分割的一部分。

一、社交电商的内涵

社交电商作为一种去中心化的新型商业模式,具有信息内容化、流量场景碎片化、推广渠道媒体化、用户管理大数据化的特点,在渠道深度、品类广度和流通速度上有独特优势,成为电子商务创新的重要力量。

2021年中国社交电商交易规模达到25323.5亿元,同比增长10.1%。社交电商已成为电子商务不可忽视的规模化、高增长的细分市场。

社交电商是基于人际关系网络,借助于社交媒体传播途径,以"用户裂变""粉丝种草""社交互动""用户自生内容"等手段来辅助商品交易或服务提供的经营活动,同时是将关注、分享、互动等社交化元素应用于交易过程中的新型商业模式。社交电商以用户为中心,以社群为载体,形成人与人之间的深度精准营销,从而降低用户搜索和浏览信息的时间成本,是新型电子商务的重要表现形式之一。

社交电商案例—拼多多

二、社交电商与传统电商的区别

如图9-1所示,传统电商以货为中心,社交电商以人为中心。

从内容主体来看,传统电商是企业发布信息;社交电商是用户生成信息。

从问题解决方式来看,传统电商是依托企业自身或咨询顾问;社交电商采用众包模式,即借助于社交网络利用群体智慧解决问题。

从交易市场来看,传统电商主要通过网络销售商进行,如淘宝、京东、亚马逊等;社交电商主要通过社交网络进行,如微信、小红书、拼多多、在线社区等。

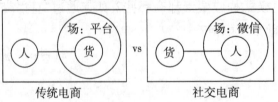

图 9-1　社交电商与传统电商的区别

从获取产品信息来看,传统电商依据平台上的产品说明,如淘宝网的商品详情页;社交电商则根据用户的消费行为和商品评论、转发。

从网络营销策略来看,传统电商采取网站销售方式;社交电商采用多渠道策略,如在社交网络直接销售。社交商务平台是基于用户互动关系建立的,因此,很大程度上用户的购买行为会依赖于其他用户对其施加的影响,并且商品信息的获得不再是简单地搜索过程,而是兴趣匹配、关系耦合、社群中用户共同完成的过程。

综上所述,社交电商的特点主要体现在三个方面。

一是,用户有多重角色。用户不仅是消费者,而且可以分享信息,带动社交流量进行口碑传播。

二是,营销方式的社会化。通过已有用户与潜在用户的交流互动增加交易。

三是,多渠道信息的获取。不再只是单向通过商家获取产品和信息,还可以通过挖掘和利用用户生成内容提高品牌知名度和美誉度。

三、社交电商的主要模式

如图 9-2 所示,社交电商的主要模式有:内容型、拼团型、直播型、会员分销型和社区团购型。

图 9-2　社交电商的主要模式

(一)内容型社交电商

内容型社交电商是指以消费者为中心,基于社交媒体传播与创作者的亲身经历和体验相关的内容,以激发消费者体验和购买意愿,并最终实现营销目标。其典型案例是创办于 2013 年的小红书,它基于大 V、达人等关键意见领袖的粉丝营销模式,通过深耕用户生产内容的购物分享社区,目前已经发展成全球最大的消费类口碑库。小红书通过内容和商品让志趣相投的消费者聚集并获得生活方式认同感,属于基于弱关系的社交电商,其优势在于信息的传播广度与速度。

(二)拼团型社交电商

拼团型社交电商通过特色、低价商品吸引社交流量参与拼团、砍价消费。例如,拼多多以拼团为核心特色,将网购与社交无缝连接,将社交属性融入购买行为,加上低廉的价格和爆款产品,迅速引爆社交流量。拼团型社交电商有助于低价市场和下沉市场的拓展。这种模式利用好友分享、传播与购买,属于基于强关系的社交电商,其优势是增加用户对可靠信息的接受度。

(三)直播型社交电商

直播型社交电商通过关键意见领袖、"网红"在视频直播过程中向粉丝群体推荐商品,提升电商流量转化率。2018年,抖音开放购物车功能,并允许个人账号开通商品橱窗。2019年,淘宝直播上线独立APP,同年淘宝直播平台销售额超过千亿元。直播型社交电商的优势在于粉丝群体对于网红或关键意见领袖信任度高,实时互动的营销模式提升了购物体验,消费者更容易融入购物场景。粉丝运营、IP打造和优质创意视频内容是影响直播型社交电商转化率的关键因素。

(四)会员分销型社交电商

会员分销型社交电商通常采用S2b2C模式,社交电商企业(S)整合电商要素,包括采购、仓储、物流、客服、信息系统等,为会员(b)提供平台化支持,会员(b)通过社交媒体向消费者(C)传播商品信息并完成营销过程。云集是会员分销型社交电商之一,它是一家由社交网络驱动的会员电商平台,通过会员制来增加客户黏性,并设置分销佣金,让用户成为小B端分销节点,形成裂变式传播。云集通过连接价值链的两端,即品牌制造商和会员,激发会员的商业潜力,同时为品牌的渠道下沉注入活力。会员分销型社交电商中会员(b)是平台和消费者的纽带,会员黏度、忠诚度影响平台的营销效果。

(五)社区团购型社交电商

社区团购型社交电商融合拼团型和会员分销型社交电商模式,围绕线下生活社区,以熟人社交关系为纽带,以社群为主要交易场景。各电商平台竞相推出线下社区团购电商功能,例如:阿里盒马APP设置"盒社群"模块,京东上线"友家铺子"小程序,拼多多投资"虫妈邻里团"等。社交电商模式精准定位社区流量,依靠微信等社群巨大的流量红利,获客成本低,本地化特征明显。

四、社交电商的发展趋势

社交电商是移动互联网背景下电子商务发展的新方向。社交购物、社交公关、社交协作模式、社交企业等是其重点应用领域。社交电商的发展趋势如下。

第一,随着政策监管不断完善,《中华人民共和国电子商务法》和《社交电商经营规范》的实施将推动社交电商规范有序发展。

第二,围绕社交商务的生态体系逐渐成型,行业快速发展催生新的创业机会,推动一系列服务商出现。这为企业社交商务渠道探索提供了便利条件。

第三,社交电商将成为电商企业标配,越来越多的参与者尝试通过多样化的社交营销方式来降低获客成本、提升用户黏性。拼团、分销和内容都逐渐成为电商营销的一种常规手段。

第四,企业获取社交流量并不能一劳永逸,商业模式才是其核心竞争力。初创期依靠社交网络进行成功引流可为企业带来流量红利,但流量来源相对碎片化且受制于社交平台,消费者在平台产生交易并不代表消费者和平台产生了黏性,后续如何巩固和扩大流量以及提高其变现能力,将考验社交商务的精细化运营能力,商业模式创新才是核心竞争力。

第二节　直播电商

直播电商作为电商的一种新业态,已经逐步被人们接纳。近年来,随着直播电商行业"人、货、场"的扩展,直播电商规模呈快速增长态势。特别是自 2020 年以来,直播电商成为许多线下企业应对疫情影响、开辟线上市场的重要手段。综合性电商平台、短视频平台、社交平台加大对直播电商的投入,网红直播、明星直播、店主直播、导购直播等多样化的直播电商形式纷纷涌现。"直播+电商"新零售业态的加速兴起,不仅影响了人们的消费方式,还助推了企业拓展境内外市场。无论是中国还是海外,直播已成当下颇受关注的流量新风口。以"去中心化"为显著特征的直播教育、直播航天、直播自驾游等不断破层出圈。

一、直播电商的内涵

(一)直播电商的概念

直播电商是利用网络直播手段提供个性化、定制化的产品或服务,引导消费者在电商或直播平台下单来变现转化的新型商业模式。从发展现实来看,一方面,直播电商作为连接社交流量与电商平台的桥梁为电商带来新的流量,由此呈现电商直播化趋势;另一方面,直播社交平台依托流量高地实现商业变现,由此呈现直播电商化趋势。直播电商以消费者为中心、以主播为纽带、以货为基础,构建起精准挖掘消费诉求的"货到人"场景,驱动高效精准供需匹配链路的形成。

直播电商为消费者提供了更真实的购物体验,优化了线上产品的展示,增加了线上消费的互动。依托平台流量,借助于网络达人的影响力,企业将社交平台积累的粉丝转变为产品消费者,将随机性的需求转变为现实购买力。对消费者来说,主播严格筛选试用商品,大幅降低了消费者的选品决策成本。对平台来说,传统电商平台由于直播注入一定的内容属性,大幅提高了用户黏性和使用时长;短视频内容平台由于直播带货加速商业化变现进程,进一步提升平台流量价值。对品牌商来说,更是点燃传统品牌的变革之火,特别是珠宝、玉石等品类的商家原本只在线下渠道进行销售,但直播基地的运营模式带动了一批线下的珠宝商家转型。

(二)直播电商的本质

直播电商是直播与电商的结合,即"直播+电商",直播是工具,电商是基础,直播为电商带来流量,从而达到为电商销售的目的。直播电商围绕"人、货、场"核心要素重构,优化"成本、效率、体验",其本质在于在技术赋能和消费升级背景下,融购物需求与情感需求于一体,建构"货到人"沉浸式商业场景,满足消费者购物、娱乐、社交多维一体需求。

直播电商以直播的方式,通过 UGC(用户生产内容)、PGC(专业生产内容)、PUGC(专业用户生产内容或专家生产内容)等形式生成传播内容,充分挖掘用户和社群价值,以低成本和高效传播的优势,为传统电商获取新流量,提升电商变现的

内容电商

效率。直播电商其实是内容电商与社交电商的叠加,相比图文、动画、短视频等,其用现场实时互动视频的形式传播内容(促销内容、专业内容、娱乐内容),从而促成商品成交。

(三)直播电商与传统电商的区别

1. 内容呈现

直播电商依靠主播导购与用户互动来呈现相关内容,而传统电商则依靠商品详情页及图文信息;

2. 属性特征

直播电商强调"娱乐+营销",而传统电商仅强调营销;

3. 商业逻辑

直播电商是"货找人",由主播将商品呈现给用户,而传统电商是"人找货",由用户自行搜索所需商品;

4. 商品价格

直播电商的商品价格具有一定优势,日常通过秒杀、礼赠、降价等手段吸引用户,传统电商的价格优势则不明显,价格比较稳定,日常折扣小;

5. 互动性

直播电商的互动性强且是实时互动,传统电商的互动性弱;

6. 转化率

直播电商的转化率较高,传统电商的转化率较低。

(四)直播电商的优势

1. 缩短供应链

区别于流程烦琐、环节众多的传统电商,直播电商通过主播及其选品团队的严格筛选和推荐,商品的性能对比、口碑验证、决策购买等环节几乎能够在短时间内同时完成。缩短供应链意味着更高的效率和更大的利润空间。

2. 沉浸式场景营销

直播电商推动了商品描述的升级,从文字、图片、视频到直播互动,直播电商能够带给用户沉浸式的购物体验。主播通过全方位展示商品并亲自试用得到及时反馈,直观地还原现实购物场景,让用户感受到商品的真实效果。

3. 多元化主体参与

直播的低门槛吸引了大量个人和商家进入直播电商领域。直播与各个行业融合发展,成为促进消费、推动经济发展的新引擎。

二、直播电商行业发展历程

真正的直播电商起源于2016年,由淘宝直播推出,2019年因快速发展而被称为直播电商元年,2020年其狂飙猛进,歌手、演员、主持人、企业家等纷纷走上前台直播带货。从2016年发展至今,我们把它归结为四个时期,依次是 2016 年的红利期、2017－2018 年的蓄能期、2019 年的爆发期以及 2020 年至今的持续发展期。

(一)红利期:2016 年

2016 年,电商行业投资者看到了直播电商发展前景纷纷加入直播大军,直播电商行业生态开始建立。2016 年代表性的电商平台与短视频平台陆续上线直播功能,其中标志性事件有:1 月,快手上线直播功能;3 月,蘑菇街上线直播功能;5 月,淘宝开通直播平台;9 月,京东上线直播功能。2016 年,直播电商处于红利期,淘宝、蘑菇街、京东等电商平台率先探索"电商＋直播"模式。

(二)蓄能期:2017－2018 年

直播电商行业经过两年的探索发展已经相对成熟,各个平台不断尝试力求探索出"直播＋电商"新的商业模式,直播电商产业链更加完善,主播类型和带货商品种类也更加多元。2018 年淘宝"双十一"活动正式引爆直播带货概念,平台开始推出直播电商发展战略。2018 年直播电商行业发展的标志性事件有:3 月,抖音推出购物车功能,开启直播带货;5 月,抖音上线店铺入口;6 月,快手与有赞合作推出"短视频导购",增加"快手小店"。同时,淘宝直播、蘑菇街等传统电商平台着手孵化直播红人体系、供应链整合等。

(三)爆发期:2019 年

2019 年,直播电商行业进入爆发期发展阶段。直播带货商品交易总额暴增,淘宝直播领跑;引入明星主播、发展村播等辐射增量人群;各个平台加码头部主播培养,流量扶持;拼多多、小红书、知乎等平台相继上线直播功能。艾瑞咨询《2020 年中国直播电商生态研究报告》显示,2019 年,直播电商整体成交额达 4512.9 亿元,同比增长 200.4%。

(四)持续发展期:2020 年至今

直播电商方兴未艾,巨头领跑;直播的新业态不断涌现,产业带直播、老字号直播、健康直播、非遗直播、文化旅游导览直播、教育公开课直播等层出不穷;直播电商生态日趋完善,平台、MCN 机构、网店、主播、消费者、供应商、服务商、政府等角色,通过相互配合、相互合作,共同为用户提供更好的消费体验,形成一个快速发展活力十足的新生态。直播电商市场规模继续保持高增,有望拓宽品类,直播行业向平台化、产业化、专业化发展。

三、直播电商的主要模式

(一)直播电商的运营模式

直播电商的运营模式,根据主播主体的不同,可以分为商家自播和达人直播两种模式。

1. 商家自播

商家自播是指由商家组建直播团队开展直播。主播一般由商家内部人员担任,观看直播的用户基本上是品牌的粉丝,他们对品牌有一定的忠诚度,对品牌的商品有一定的需求。商家依托自身的品牌效应,可以将非粉丝用户沉淀为自己的粉丝,其商品展示方式较为固定,直播内容表现形式较为单一。商家自播可由多人轮流直播,以实现24小时在线直播。

2. 达人直播

达人直播是指由主播汇聚各类商品开展直播。主播一般没有自己的货源,需要与商家对接后在直播间内销售商家的商品。商品品牌多样,上新速度快,但受限于商家提供的商品款式。主播需要凭借自身积累的粉丝和较强的内容生产能力实现流量转化。主播可以通过直播与观众互动,回答他们的问题,并通过直播间内的购物链接或二维码引导观众进行购买。用户购买商品除了基于对品牌的信任和对商品的需求外,也基于对主播的信任。达人直播分为单人直播和团队直播,直播时长有限。

(二)直播电商的发展模式

直播电商的发展模式有两种。一种是电商平台增加直播模块,探索电商内容化,通过直播增加电商平台流量,如淘宝、拼多多、京东等。直播作为电商平台的一部分,为商家提供了更多的销售渠道和增加用户黏性的机会。另一种是内容平台增加电商模块,探索内容电商化,为已有流量变现,如抖音、快手等。内容生产者创造针对特定消费需求的个性化内容,以其关联可销售的实物商品或服务,由平台基于精准的数据匹配机制分发内容给目标受众,通过内容引导商品和服务的销售获利。

四、直播电商典型平台

(一)淘宝直播

淘宝直播于2016年开通,定位是购物类直播,它是覆盖面最广的一个平台。消费者在直播间看中商品后,可以直接在淘宝下单,平台给予消费者保障。淘宝对于直播商家的审核非常严格,对其资质、商品、地理位置等都有要求,并要求其有幕后运营团队支持。

(二)快手直播

快手直播兴起于2017年,它的规则不同于淘宝直播。快手直播基于比较受欢迎的快手短视频平台,因此,快手直播也比较热门。

2020年5月26日,快手与京东商城就电商直播业务达成战略合作,通过快手直播购买京东自营商品将不需要跳转。

(三)抖音直播

抖音的定位是娱乐直播,2022年抖音日活跃用户超7亿,其不允许留微信和联系方式,对流量控制很严格。抖音直播需要主播有很强的创意,对内容质量要求很高,和粉丝互动率比较低。

(四)腾讯直播

腾讯直播在2019年3月就已经启动内测计划,于2019年12月16日正式推出。微信有超过10亿的用户量,而腾讯直播作为微信生态下的直播平台,人气毋庸置疑。

(五)其他直播平台

其他比较有影响的直播平台还有斗鱼直播、蘑菇街直播、熊猫直播、虎牙直播、东方甄选等。

五、中国直播电商的发展趋势

目前,政府监管与扶持多措并举、商家与平台先后入局、消费者参与和购买热情不减等因素的影响下,直播电商迎来新的发展热潮,发展趋势如图9-3所示。

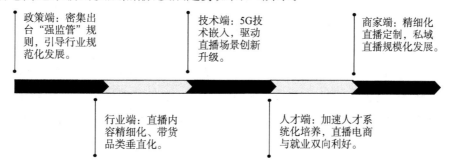

图 9-3 直播电商的发展趋势

(一)政策端:密集出台"强监管"规则,引导行业规范化发展

在直播电商强劲的风口之上,层出不穷的行业乱象不容忽视,国家和地方监管力度持续加大。未来随着直播电商的升级发展,相关监管措施将更加完善有效,直播电商将加速告别野蛮生长状态,步入规范化、可持续化发展的正轨,成为经济双循环的新引擎。

(二)行业端:直播内容精细化、带货品类垂直化

未来,整个直播电商行业将从规模化走向精细化、垂直化。首先,在直播电商的内容层面做"加法"。不难发现,当前环境下纯带货模式的直播电商模式已经难以打动消费者、刺激消费需求,直播内容需朝向精细化、品质化发展,才能重新释放吸引用户的活力。"直播+泛娱乐"为直播电商的内容创新提供了一个思路。其次,在直播电商的业务范围层面做"减法"。垂直化将成为从现在到未来很长一段时间内的竞争点。垂直化策略中,商家通过消费者定位,能够精准掌握其需求和特征,同时根据消费者需求,进行定向选品和产品升级,从而提升消费者满意度,实现品牌可持续发展。不管是平台、商家还是主播,只有垂直化深耕自己的粉丝,聚集忠诚度高、消费力强的私域流量,才能提高直播转化率,突出重围。

(三)技术端:5G技术嵌入,驱动直播场景创新升级

随着5G技术与直播电商的深度融合,展示清晰化、场景多元化、体验沉浸化将成为直播电商新的发展方向。首先,云计算、大数据、AI、AR、VR等技术的突破,为商品全面、清晰地展示提供了技术支持。其次,技术升级扩大了直播场景的范围,直播场景多样化已经成为用户的重要诉求,5G技术推动无人机360度全景直播、超高清8K画面直播的普及,画面传输信息将更丰富,开拓更多直播场景成为可能。最后,技术升级带来的沉浸式观看与互动增强了直播带货的真实感和趣味性。

(四)人才端:加速人才系统化培养,直播电商与就业双向利好

人才端是直播电商产业的中心环节,直播电商产业的井喷式发展对人才需求猛增。强化人才培养主要体现在以下三点。一是很多院校开始探索校企融合、协同育人的培养方式,通过与MCN机构和品牌方合作,给学生提供实践机会。二是各地纷纷开展线上与线下的培训活动,以加速直播电商人才的系统化培养。三是各方"差异化"培养人才的意识较强,直播电商行业不断注重产业链上各环节人才培养,如文案策划人才、运营管理人才等,以期实现整个行业均衡发展。随着市场对人才的需求增大、国家规范和监管力度加大,直播电商行业的人才培养将加速朝向规范化、系统化方向发展。

(五)商家端:精细化直播定制,私域直播规模化发展

对于品牌来说,商家正在从清库存、低价走量阶段,转变为根据用户的需求精细化直播定制,推进私域直播的规模化运营。私域直播即个人或者企业在去中心化流量平台(主要是利用微信小程序或第三方专业运营工具)进行直播带货。小程序私域直播的优势不断显现,成为商家优化投入产出比和人员组织结构的有效途径,并正在重塑电商直播带货的格局。微信小程序等工具介入直播电商,真正目的是实现去中心化流量的私域直播运营。随着直播环境的变化,部分商家逐渐意识到公域直播或许并不适用于其自身产品定位和经营现状,积蓄私域流量的价值大于短时爆款商品的营收。商家只有掌握更多的私域流量,才拥有更大的可能性实现转型升级。

第三节 跨境电商

《2020年国务院政府工作报告》指出:"加快跨境电商等新业态发展,提升国际货运能力。"可见,跨境电商是我国近几年特别扶持的行业。2020年,新冠病毒感染疫情突发给全球经济带来了巨大冲击,国际贸易面临严峻挑战。作为新兴贸易业态,跨境电商凭借其线上化、多边化、本地化、非接触式交货、交易链条短等优势,呈现高速增长态势,在外贸企业应对疫情冲击中发挥了积极作用,成为稳外贸的重要力量、拉动"双循环"新格局的关键纽带。

一、跨境电商的内涵

(一)跨境电商的概念

电商时代,消费者和商家可以在无国界的在线市场上完成商品交易,由于跨境电商具有竞争力的价格和更丰富的产品种类,对于消费者的吸引力越来越大,已被视为电商领域的下一个增长点。跨境电商就是跨境电子商务(Cross-border E-commerce)的简称,是指分属不同关境的交易主体,通过电商平台达成交易、进行电子支付结算,并通过跨境电商物流及异地仓储送达商品、完成交易的一种国际商业活动。具体来说,跨境电商的概念有狭义和广义之分:狭义的跨境电商特指跨境网络零售,广义的跨境电商基本等同于外贸电商。

(二)跨境电商的分类

依据不同的标准,跨境电商可以划分为不同的类型。如表 9-1 所示。

表 9-1 跨境电商的分类

划分依据	类型	特点	典型代表
交易主体	B2B	大批量、小批次、大额交易、订单集中,处于市场主导地位	阿里巴巴国际站、敦煌网、中国化工网等
	B2C	小批量、多批次、订单分散,市场占比并不大,但发展空时巨大	速卖通、天猫国际、亚马逊、Wish、兰亭集势等
	C2C	小额贸易、用户较多,其商品以长尾非标品为主	淘宝全球购、洋码头、eBay、海蜜等
商品流向	进口跨境电商	模式多元化,机遇多,问题也很多	天猫国际、网易考拉、小红书、洋码头等
	出口跨境电商	区位因素、供应链因素作用比较大	阿里巴巴国际站、速卖通、敦煌网、兰亭集势等
平台运营方式	自营型平台	搭建平台、整合供应商资源,低价采购商品,高价出售商品,主要以赚取商品差价为盈利模式	亚马逊、兰亭集势、米兰网、大龙网等
	第三方开放平台	搭建商城,整合物流、支付、运营等服务资源,吸引商家入驻,提供跨境电商交易服务,主要以收取交易佣金以及增值服务费为盈利模式	eBay、速卖通、敦煌网、阿里巴巴国际站等
涉及的行业范围	垂直型跨境电商平台	专注于某一类产品或某一地域的跨境电子商务;均为某一特定行业提供跨境电商服务	俄顺通、日贸通、执御等
	综合型跨境电商平台	提供全品类跨境电商服务,涉及产品和行业众多	阿里巴巴国际站、速卖通、亚马逊、eBay、Wish、兰亭集势、敦煌网等

需要说明的是,以上分类方法具有交叉性,如阿里巴巴国际站既属于 B2B 跨境电商,又属于出口跨境电商,还是综合型跨境电商平台。

(三)跨境电商一般流程

跨境电商的交易流程,包括进口交易流程和出口交易流程。进口和出口贸易方式相似,方向相反。以出口跨境电商为例,如图 9-4 所示,一般流程为:生产商或制造商将生产的商品在跨境电商平台线上展示,在商品被选购、下单并通过第三方支付平台完成支付后,跨境电商企业将商品交付给跨境物流企业进行投递,经过两次(出口国和进口国)海关通关商检后,最终送达消费者或企业手中。也有的跨境电商企业直接与第三方综合服务平台合作,让第三方综合服务平台代办物流、通关、商检等一系列环节,从而完成整个跨境电商交易的过程。

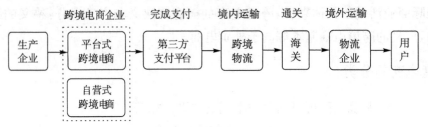

图 9-4　出口跨境电子商务的一般流程

二、跨境电商交易流程与传统国际贸易流程的比较

以出口为例,如图 9-5 所示,出口跨境电商交易流程更为简洁。简洁的流程意味着效率高、成本低。

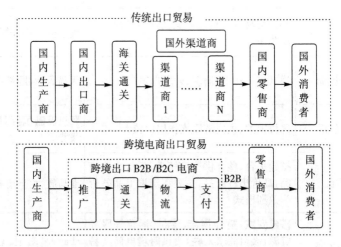

图 9-5　传统出口贸易与跨境电商出口贸易交易流程对比

两者差异主要体现在以下四个方面。

(一)贸易方式

B2B 成交和通关流程基本在线下完成,纳入海关统计;B2C 完全在线上完成,大部分未纳入海关统计。而传统国际贸易全部在线下完成。

(二)通关模式

跨境电商通关模式为:网上进行三单(订单、运单、支付单)比对,通关快速;传统国际贸易进出境须向口岸海关申报。

(三)物流方式

跨境电商物流方式更多地使用航空小包、邮寄、海外仓以及专线物流等,而传统国际贸易则更多使用集装箱海运和空运。

(四)支付结算方式

跨境电商需要借助于第三方平台支付工具,传统国际贸易结算方式多为信用证、汇付、托收等。

三、跨境物流和跨境支付

在跨境电商的贸易中,跨境物流和跨境支付都是非常重要的环节。跨境物流是跨境电商的重要组成部分,是跨境电商运营的关键。跨境支付为买卖双方的支付结算提供支持,支付方式不仅会影响买家的购物体验,还会影响卖家提现收款的成本,因此选择正确的支付方式对卖家来说非常重要。

(一)跨境物流方式

与国内物流运输不同的是,跨境物流需要跨越边境,将商品运输到境外国家。目前常见的跨境物流模式主要有邮政包裹、国际快递、国内快递、专线物流、境外仓储和FBA,具体内容详见第七章第四节。

(二)跨境支付

跨境支付作为跨境电子商务资金流动的主要形式,承担着保障交易资金安全、保护买卖双方合法权益的责任。跨境支付大体分为收、支两条线,收款是指国内卖家通过跨境支付机构回笼销售商品或服务货款的收结汇业务;支出是指国内买家通过跨境支付机构支付购买境外商品或服务货款的购付汇业务。

跨境支付方式主要分为线上与线下两种。在线支付包括各种第三方平台、国际信用卡、银行转账等多种支付方式,在线支付受到额度管制,适用于小额跨境电商零售。特别是第三方平台支付,随着跨境电商的发展,人们对其需求日益增多。国际上常用的第三方平台支付工具有eBay的PayPal以及西联汇款等。线下支付包括电汇、信用证,大多适用于大额跨境电子商务交易。

在进口跨境电商业务中,当境内买家下单并通过第三方支付机构支付货款后,由我国第三方支付机构代客户申请将人民币兑换为外币向境外商户支付。

在出口跨境电商业务中,中国第三方支付机构主要负责将外汇结算成人民币付给境内商户。

我国跨境支付实体主要有两类:一类是以电商平台为依托的自有支付品牌如支付宝;另

一类是独立的第三方支付机构,如银联、快钱等。银联较早开展跨境电商支付业务,其他支付工具紧随其后。无论是何种类型的跨境支付企业,都是以支付圈覆盖达到一定程度为基础的。跨境支付的竞争舞台不只在国内,我国跨境支付企业应积极参与国际竞争,努力为国内外客户提供价值。

2015年1月,我国国家外汇管理局正式发布了《国家外汇管理局关于开展支付机构跨境外汇支付业务试点的通知》和《支付机构跨境外汇支付业务试点指导意见》,开始在全国范围内开展部分支付机构跨境外汇支付业务试点,允许支付机构为跨境电商交易双方提供外汇资金收付及结售汇服务。此举对跨境支付的发展意义重大,不仅能大大增强跨境电商及跨境购物用户操作上的便利性,而且能在一定程度上提升跨境支付的安全性,保证国家税收。2019年4月,国家外汇管理局发布了《支付机构外汇业务管理办法》,旨在便利跨境电子商务结算和促进支付机构外汇业务健康发展,防范跨境资金流动风险。跨境支付的发展不仅为国内第三方平台支付企业打开了新的广阔市场空间,帮助其获取相对更高的中间利润,也有利于第三方平台支付企业对跨境商家进行拓展并简化支付的结算流程。对于境内消费者来说,由于无须再为个人结售汇等手续困扰,可以直接使用人民币购买境外商家的商品或服务,因此大大简化了交易流程。截至2020年,国内拥有跨境支付资格的支付企业数量达30家,常见的支付工具包括支付宝、银联、财付通、网银在线、快钱和易宝等。

四、典型跨境电商平台

跨境电商平台的主要作用是信息展示、在线匹配和撮合交易。对跨境电商卖家来说,促进在线渠道多元化是拓展和扩大网络销售渠道与规模的重要途径。对某些商品或品牌来说,选择合适的目标市场进行深入探索也是一种重要的策略。各大跨境电商平台都有自己的特点、行业优势以及客户群,因此,选择适合自己的行业、商品、销售计划的跨境电商平台显得尤为重要。国内外跨境电商平台有很多,典型的跨境电商平台有阿里巴巴国际站、中国化工网、中国制造网、敦煌网、速卖通、兰亭集势、Amazon、eBay、Wish等。

(一)阿里巴巴国际站

阿里巴巴国际站(Alibaba)成立于1999年9月,是阿里巴巴集团旗下业务,也是跨境B2B电子商务平台,服务全世界数以万计的采购商和供应商,是目前全球最大的商务交流社区和网上交易市场。阿里巴巴国际站提供一站式的店铺装修、产品展示、营销推广、生意洽谈及店铺管理等全系列线上服务和工具,帮助企业降低成本、高效率地开拓外贸大市场。阿里巴巴国际站是出口企业拓展国际贸易的首选跨境电商平台之一,具有互动、可信、专业和全球化四个特点。阿里巴巴国际站专注于服务全球中小微企业,在这个平台上,买卖双方可以在线更高效地找到适合的卖家或买家,并更快、更安心地达成交易。阿里巴巴的理念是"让天下没有难做的生意",致力于"良好的定位,稳固的结构,优秀的服务",成为全球商人网络推广的首选网站。

(二)速卖通

速卖通(AliExpress)也称"全球速卖通",创建于2009年,2010年4月正式上线,是阿里巴巴旗下面向国际市场打造的在线交易跨境电商平台,被广大卖家称为"国际版淘宝"。一开始,速卖通就将业务定位于跨境网络小额批发或零售,卖家以国内中小企业和个人为主,买家则为境外消费者。速卖通的核心优势是在全球贸易的新形势下,打造融订单、支付、物流于一体的国际小额批发在线交易平台,让没有外贸经验的人能够轻松实现全球跨境交易。目前,速卖通已成为中国最大、全球第三大英文在线购物电商平台,覆盖220多个国家和地区的海外买家。速卖通在俄罗斯是最受欢迎的跨境网购平台,交易额占俄罗斯跨境网购市场总值的35%。

(三)亚马逊

亚马逊(Amazon)是美国最大的一家网络电子商务平台,总部位于美国华盛顿州的西雅图。亚马逊创立于1995年,是网络上最早开始经营电子商务的公司之一,最初只经营书籍网络销售业务,现在经营范围相当广,已成为全球商品品种最多的网上零售商之一和全球第二大互联网企业。亚马逊以优质的仓储物流系统和售后服务体系闻名于世,除了自营业务还对第三方卖家开放。亚马逊的优势在于品牌国际影响力和优质的买家服务体系以及领先的国际物流仓储服务。平台提供免费的站内推广服务及向消费者精准推荐商品的服务。2004年8月,亚马逊全资收购卓越网,更名为"卓越亚马逊",正式进入中国市场,即亚马逊中国。2012年,亚马逊通过"全球开店"项目,对中国卖家开放出口跨境电商项目。2014年,亚马逊上线进口跨境电商项目"海外购"。越来越多的中国买家尝试注册亚马逊卖家账户,在其美国、英国、德国、西班牙、意大利、加拿大等站点销售产品。

(四)eBay

eBay是全美最大的在线商品交易平台,是一个面向全球线上拍卖及购物的网站,1995年9月创立于美国加利福尼亚州。与亚马逊一样,eBay在中国也有独立的网站,致力于为中国商家开辟境外网络直销渠道。eBay最初是一个拍卖网站,其创办的初衷是让美国人把家中的闲置物品放到网络上买卖。这种拍卖模式很容易吸引流量,同时每一个商家都可以将商品价格设置为最低0.01美分的底价,再让消费者竞相加价。由于创办时间早,国际知名度高,所以eBay上的商家非常多,商品也是琳琅满目。eBay对入驻平台进行跨境电商交易的商家收取两笔费用:一笔是刊登费用,即商品上传展示费用;另一笔是成交费,即交易完成后,收取一定比例的佣金。在物流方面,eBay联合第三方合作伙伴——中国邮政速递,为中国消费者提供经济、便捷的国际e邮宝货运服务,并逐渐向俄罗斯、巴西等新兴市场延伸。目前,eBay在全球数十个国家和地区都拥有本地站点,全球活跃消费者总数超过1.5亿人,其核心市场是美洲和欧洲地区。

(五)Wish

Wish是一款专注于移动端APP的B2C跨境电商平台,是北美和欧洲最大的移动电子商务平台之一,被评为硅谷最佳创新平台和欧美最受欢迎的购物类APP。买家基本完全通过移动端进行浏览和购物,这是该平台与其他电商平台最大的区别。Wish于2011年12月创建于美国旧金山,最初只是向用户推送信息,并不涉及商品交易,从2013年3月起升级为购物平台,同年6月推出移动端APP,是跨境电商移动端平台的一匹黑马,仅三年时间,就成为北美最大的移动购物平台,

95%的订单量来自移动端,89%的卖家来自中国。Wish平台淡化了商铺的概念,注重商品本身的区别和用户体验的质量。在商品相同的情况下,以往服务记录好的卖家会得到更多的推广机会;Wish会根据买家的体验来优化产品推送的计算方法。

五、独立站

(一)独立站定义

跨境电商独立站是指分属不同关境的交易主体,通过具有独立域名的电子商务平台达成交易、进行支付结算、并通过跨境物流送达商品、完成交易的在线交易平台。中国独立站总数已达20万个,独立站已成为跨境电商的重要渠道。

(二)独立站建站方式

1. 自建站

自建站又分为开源建站和自主开发。开源建站指的是用户获取网站程序的源代码,通过二次开发实现网站功能。主流的开源系统有Opencart、Woocommerce、ECshop、Magengo、Wordpress等。自主开发指的是不依赖任何建站平台,自有或外包技术团队开发网站。

2. SaaS建站

SaaS建站服务商将应用软件统一部署在自己的服务器上,卖家根据自己的需求订购不同服务。通过成熟的模块化系统,快速帮助用户从网站开发、设计和集成等维度搭建站点。主流SaaS建站服务商有Shopify、BigCommerce、Xshoppy、Ueeshop、Shopyy、有赞AllValue等。此类独立站建站系统后台操作便捷,同时与部分社交平台有合作,有利于商品推广,是大多数卖家首选的建站系统。

(三)跨境电商独立站案例

1. SHEIN

SHEIN是跨境电商快时尚服饰品牌希音自建的独立站。业务覆盖230多个国家和地区,2021年商品交易总额过千亿元。2022年2月,SHEIN独立站月流量达115.5M,网页平均浏览时间约为8分43秒,跳出率为37.87%。访问流量主要来自美国。其直接流量占比36.81%;搜索流量占比44.01%;社交流量占比8.4%,主要来自Facebook和Youtube。

2. Florasis

Florasis是国货美妆花西子的独立站。花西子选择SaaS服务商Shopify建设独立站,并通过Instagram和TikTok双向"种草"。该独立站56.86%的流量来自直接访问,其次是自然搜索,占比18.06%,再次是社交渠道流量,占比为10.19%,其中73.7%来自Youtube,其次是Instagram和Facebook。

当前,跨境电商已经步入跨越式发展的红利期,随着关税、物流、支付等各个环节的不断完善、结构优化升级、电商法和跨境电商系列新政的出台,中国跨境电商市场将进一步规范,跨境电商行业将健康发展;同时全球化趋势、消费升级将推动中国跨境电商交易规模持续增长,其强劲的发展势头将在未来较长时间内延续下去,并在稳外贸、稳企业、促数字化转型等方面发挥着重要作用。

第四节 农村电商

党的二十大报告提出,要全面推进乡村振兴,加快建设农业强国。农村电子商务作为数字经济的重要组成部分,已经成为助推"三农"高质量发展的强劲动力。2022年中央一号文件进一步强调农村电子商务的重要作用,提出实施"数商兴农"工程,推进电子商务进乡村。各地政府积极推进"数商兴农"工作,以电子商务为抓手促进农业产业化、品牌化发展,推动农村电子商务产业数字化程度不断提高。电子商务企业通过提供平台、物流、推广、金融和培训等多种支持,帮助农村电商提高市场规模和竞争力,推动农村电商的发展。

全面推进乡村振兴 为实现农业农村现代化而不懈奋斗

2022年10月26—28日,中共中央总书记、国家主席、中央军委主席习近平在陕西省延安市、河南省安阳市考察时强调,全面建设社会主义现代化国家,最艰巨最繁重的任务仍然在农村。要全面学习贯彻党的二十大精神,坚持农业农村优先发展,发扬延安精神和红旗渠精神,巩固拓展脱贫攻坚成果,全面推进乡村振兴,为实现农业农村现代化而不懈奋斗。

乡村振兴战略是习近平同志2017年10月18日在党的十九大报告中提出的战略。党的十九大报告指出,农业农村农民问题是关系国计民生的根本性问题,必须始终把解决好"三农"问题作为全党工作的重中之重,实施乡村振兴战略。乡村振兴战略五个振兴是产业振兴、人才振兴、文化振兴、生态振兴、组织振兴。

中共中央、国务院连续发布中央一号文件,对新发展阶段优先发展农业农村、全面推进乡村振兴作出总体部署,为做好当前和今后一个时期"三农"工作指明了方向。2018年3月5日,《政府工作报告》提到,大力实施乡村振兴战略。2018年5月31日,中共中央政治局召开会议,审议《国家乡村振兴战略规划(2018—2022年)》。2018年9月,中共中央、国务院印发了《乡村振兴战略规划(2018—2022年)》,并发出通知,要求各地区各部门结合实际认真贯彻落实。2021年2月21日,《中共中央 国务院关于全面推进乡村振兴加快农业农村现代化的意见》,即中央一号文件发布,这是21世纪以来第18个指导"三农"工作的中央一号文件;2月25日,国务院直属机构国家乡村振兴局正式挂牌。要做好乡村振兴这篇大文章,2021年3月,中共中央、国务院发布了《关于实现巩固拓展脱贫攻坚成果同乡村振兴有效衔接的意见》,提出重点工作。

2021年4月29日,十三届全国人大常委会第二十八次会议表决通过《中华人民共和国乡村振兴促进法》。2021年5月18日,司法部印发了《"乡村振兴 法治同行"活动方案》。2022年全国两会调查结果出炉,"乡村振兴"关注度位居第八位。

党的二十大报告提出,全面推进乡村振兴。坚持农业农村优先发展,坚持城乡融合发展,畅通城乡要素流动。

一、农村电商的概述

(一)农村电商的兴起

伴随着电子商务的飞速发展和应用,电商正在向农村加速渗透,甚至对电商概念都不甚了解的边远山村也借助于手机上网的渠道开始了网络购物的历程,更有一大批先知先觉者,掀起了自2009年以来的农产品电商新热潮。中共中央、国务院和相关部委先后出台了一系列扶持农村电商发展的政策,如《关于加快发展农村电子商务的意见》《关于促进农村电子商务加快发展的指导意见》《关于实施"互联网+"农产品出村进城程的指导意见》)等文件,助推农村电子商务有序、健康发展。特别是2014年下半年以来,农村电商得到各界空前关注,上到总理,下到普通创业者,还有各级官员、各类企业家,都不约而同地将目光投向农村,聚焦农村电商。从"互联网+"行动方案到电商"国八条",新兴的农村电商频频被列入发展重点;从财政部、商务部的电子商务进农村综合示范试点到农业农村部的农业电子商务促进行动,再到2022年中央一号文件提出实施"数商兴农"工程,一系列政策推动农村电商加快发展;从阿里巴巴的"千县万村"计划到京东的"星火燎原",再到苏宁的"易购农村"、拼多多的"爱心助农",还有邮政的邮乐购大举进村、山西乐村淘引导农民网上赶集等,众多知名互联网企业将触角伸向农村;从首届县域电商大会的爆棚到十大县域电商模式的快速出炉,再到淘宝大学县长培训班的火爆,诸多县委书记、县长也将目光投向了农村电商。与此同时,农村和农民运用电子商务的意识和能力不断增强,借助于农村电商模式获得全新的致富机会,促进农民就业增收、加快农业供给侧结构性改革、赋能乡村振兴,带动农村经济发展。

(二)农村电商的概念

农村电商的全称是农村电子商务,是指涉农领域的生产经营主体借助于网络,通过计算机、移动终端等设备,运用现代信息技术,完成产品或服务的购买、销售、运输、支付等活动的过程。农村电商生产经营主体不仅包括农民,还包含发展农村电子商务的各类电子商务平台、农村物流企业、配送中心、农资生产企业等。因此,在认识农村电商时,不能仅局限于农产品上网销售这一个方面,工业品下行也是其中的一个重要组成部分,即农村电商开展的两条线:城市工业品的下行和农村农产品的上行。

(三)农村电商发展的现状

1. 农村网民规模持续扩大

近年来,我国大力推动农村互联网建设,目前已初步建成融合、泛在、安全、绿色的宽带网络环境,基本实现"城市光纤到楼入户,农村宽带进乡入村"。截至2023年6月,我国现有行政村已全面实现"县县通5G、村村通宽带";农村网民规模为3.01亿,占网民整体的27.9%;农村地区互联网普及率为61.9%。

2. 农村电商规模稳步提升

随着农村电商的不断发展,越来越多的农民借助于电商脱贫致富,农村市场渐渐被"唤醒"。全国农村网络零售额从2015年的0.35万亿元猛增到2022年的2.07万亿元,同比增长3.6%,占全国网络零售额的15.7%。

3. 新业态、新模式助力农产品进城

社区团购加速进入下沉市场。阿里巴巴、腾讯、美团、拼多多、滴滴等互联网巨头开展社区团购业务,社区团购竞争加剧。基于社区团购的低价和低成本特性,为了扩大与增加用户规模和黏性,众多社区团购平台加快在下沉市场的布局和投入。社区团购平台通过预售模式、微信私域获客、农村小店数字化改造等手段,让农村地区拥有了品类日益丰富的"云货架",扩大与增加了农民采购商品的范围和种类,帮助村民们享受到了更多的实惠好货和便利服务,进一步缩小了城乡差距,提升了农民的幸福感。

4. 助力乡村振兴进一步凸显

农村电商作为精准扶贫的重要载体,对推进乡村振兴、推动农业产业转型升级、促进农村商贸流通跨越式发展、带动农民返乡就业创业和脱贫增收发挥了重要作用,为巩固脱贫攻坚成果提供了新路径、增添了新动力。近年来,农村电商模式不断创新,越来越多的农民通过电子商务实现了脱贫致富。尤其是迅速兴起的各类"淘宝村""淘宝镇""微商村",充分展示了贫困落后地区借助于互联网实现跨越式发展的巨大潜力。淘宝村、淘宝镇数量增长再次印证,电子商务在推动乡村振兴、共同富裕的过程中发挥着重要作用。过去,淘宝村、淘宝镇为农村地区提供销售农副产品、手工制品的机遇,提升贫困地区收入水平、消除收入差距。如今,淘宝村、淘宝镇再出发,持续在乡村催生新的产业集群,实现多产业融合发展,促进县域数字化转型和高质量发展。

5. "新农人"电商创业就业持续升温

农村电商的蓬勃发展为农村地区带来更多的发展机遇,吸引一批大学生、企业家、退役军人等加速返乡就业创业,运用信息技术,开办网店、直播直销、无接触配送等,打造"网红"产品。

6. "数商兴农"助力农村数字经济快速发展

2021年,商务部推出"数商兴农"行动计划,聚焦"三农",发展农村电商新基建,打造农产品网络品牌,培育直播新农人,积极运用数字化手段,努力弥补农业农村短板弱项,畅通城乡经济循环。越来越多的农户、商家通过短视频、直播来宣传和推介优质农产品,为农产品进城打开销路,手机成为新农具、直播成为新农活、农民成为新网红。农村生活和商业服务正在全面走向数字化、在线化和智能化,农村传统商超、小卖店加速数字化改造,很多地方通过电子商务平台、社交网络、在线旅游和外卖平台等渠道,将本地的特色商品、自然风光、文化旅游资源及时发布出去,带动乡村旅游、餐饮及民宿等产业发展。数字技术和电子商务正在深刻改变着农业生产和农民生活的方式,促进一、二、三产业的深度融合。

二、农村电商的主要模式

随着互联网的快速发展,我国乡村振兴战略的不断深化推进,农村电商的发展保持着良好的势头。近年来,新媒体运营逐渐走红,许多大型电商平台和新媒体社交平台正逐渐并不断深入且广泛地渗透到农村市场,探索并实践着与自身平台资源和技术优势相契合的电商新模式,给很大一部分农村人口带来了红利,农村电商的发展和应用模式也日渐多样化、多元化,出现了众多的电商模式,如遂昌模式、成县模式、通榆模式以及其他模式。

(一)典型农村电商模式

1. 遂昌模式——"本地化服务商＋网商＋特色产业"

遂昌县位于浙江省丽水市,2012年全县电商交易额达到1.5亿元,2013年1月上线淘宝网遂昌馆——淘宝"中国特色"第一个县级农产品馆,2014年赶街项目启动,打通信息化在农村的"最后一公里",推开了农村电商的破局序幕,全面激活了农村电商。遂昌也就初步形成以农特产品为特色、多品类协同发展、城乡互动的县域电子商务"遂昌现象"。遂昌在不断探索中,各种关键因素延伸或映射出规律性,逐渐创造了以原生态农产品为主,竹炭制品、旅游服务、服装销售等为辅的县域农村电子商务发展的"遂昌模式"(图9-6),即以本地化服务商为驱动,带动县域电子商务生态发展,促进地方传统产业特别是农产品加工业,尤其是农业及农产品加工业实现电子商务化,"本地化服务商＋网商＋传统产业"相互作用,在政策环境的催化下,形成信息时代的县域经济发展道路。本地化服务商就是"遂昌网商协会"下属的"网店服务中心",属半公益性质。其核心业务有三块:整合可售货源、组织网络分销商群(以当地网商为主)、统一仓储及发货服务。

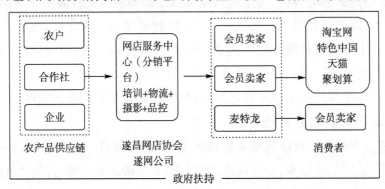

如图9-6 遂昌模式—"本地化服务商＋网商＋特色产业"

简言之,本地化服务商是"遂昌模式"的核心,网商是发展的基础,传统产业是遂昌模式的动力,产业环节由协会打通,政府政策扶持到位是关键,并且与阿里巴巴达成战略合作,在服务商、平台、网商、传统产业和政府之间实现了有效互动,构建了新型的电子商务生态,不断助力县域电商发展。

2. 成县模式——"农户＋网商"

成县位于甘肃、陕西、四川三省交界处,隶属于甘肃省陇南市,是一个传统的农业县,也是"国家集中连片特殊困难地区秦巴山片区扶贫县"。2013年6月,时任成县县委书记李祥受到鲜樱桃网上热卖的启示,经过一番深思熟虑和简单规划后,便开启了自己的微博助农之路,尝试借助于微博平台帮助村民销售农产品。在核桃上市之际,他发了一条微博动态:"今年的核桃长势很好,欢迎大家来成县吃核桃,我也用微博卖核桃,北京、上海等大城市的人都已开始预订……"由于微博平台自带强大的社交传播能力,该条微博"一浪荡出千层波",在短短一周的时间里,引发访问量就超过50万人次,迅速在网络上引起热烈反响。在近一个月内,通过网络预订成县核桃的数量就超过2000吨,大大促进了成县电子商务的发展,李祥也被网友亲切地称为"核桃书记"。成县借助于互联网营销的电商策略,最开始以售卖单一产品核桃为突破口,而到"核桃书记"在网络上名声大振、打通市场后相继推出多种类系列产品,成县由此展开了它的增收致富的逆袭之旅。

简言之,成县模式的基础运作就是"农户+网商",立足山大沟深、交通不便、贫困地区面积广、脱贫任务重、农产品销售渠道单一、农民增产不增收的县情实际,整合能够提供的优质产品,如核桃、蜂蜜等,以推动农产品网络销售、助农增收为出发点和立脚点,以微博、微信等新媒体平台为营销途径,以打造电子商务全产业链和建设县域电子商务大生态为重点,率先在全市乃至全省启动了电子商务工作,进行摸索实践。

3. 通榆模式—"生产方+电商公司"

吉林省通榆县是典型的农业大县,物产丰富,是我国著名的"杂粮杂豆之乡",葵花、绿豆等多项农产品的产量居全国之首,素有"葵花之乡"的美称。由于人才稀缺、物流不完善等,农村电商发展基础薄弱。为促进当地经济发展,决定开展农村电子商务活动,2013年末,通榆县政府根据自身情况积极引进外援,与杭州常春藤实业有限公司开展系统性合作,为通榆县农产品量身打造"三千禾"品牌。同时配套建立电商公司、绿色食品园区、线下展销店等,初期与网上超市"1号店"签订原产地直销战略合作协议,通过"1号店"等优质电商渠道将产品销售到全国各地,后期开展全网营销,借助于电子商务全面实施"原产地直销"计划,把本地农产品卖往全国。通榆逐渐形成了"生产方+电商公司"模式(图9-7),它左手整合农户、生产基地、合作社或农产品加工企业等生产方的小米、绿豆、燕麦等产品,右手经电商平台卖出。县委书记、县长主动出面,为本地的农产品质量、信誉"背书",增加了客户黏度与信赖度,并联名发布了《致淘宝网民的一封公开信》,这一诚恳亲民的做法赢得了广大网友的称赞,很大程度上提升了消费者对通榆农产品的信任感,促进了农产品在网上畅销。

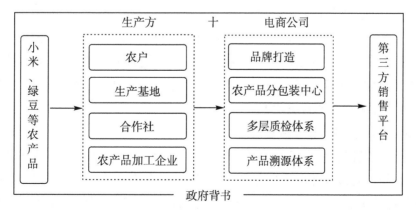

如图9-7 通榆模式—"生产方+电商公司"

简言之,通榆模式是一种原产地直供模式,它以统一品牌的方式将通榆县优势农副产品面向全国市场进行销售。政府整合当地农产品资源,系统性委托给具有实力的责任企业进行包装、营销和线上运营,地方政府、农户、电商企业、消费者及平台共同创造并分享价值,在满足各方价值需求的同时推动了县域经济发展。

(二)三种典型农村电商模式对比分析

通过对这三种典型的农村电商模式的基本运作模式、特点、优缺点以及适用范围进行对比分析(表9-2所示),这三种模式各具自己的特色、优缺点,对农村开展社交电商有着不同的借鉴之处。同时,政府背书是不同地区开展电商取得成功的关键所在。政府具有公信力,更具备说服力,能很好地吸引大量消费者。因此,贫困地区农村要想将电商落地,发展得长远,当地政府必须发挥好带头、引导和扶持的功能。

表9-2 三种典型的农村电商模式对比分析

模式	范式	特点	优点	缺点	适用范围
遂昌模式	本地化服务商＋网商＋特色产业	以本地化电子商务综合服务商作为驱动	效率高、流程短	依赖电子商务综合服务商,难以培养出本地化电商人才	电子商务基础弱、小品牌多、小网商多的区域
成县模式	农户＋网商	强有力地整合特色资源	效率高、流程短	受限于资源和能力,小网商后续的竞争力不足	特色产品丰富的地方
通榆模式	生产方＋电商公司	统一品牌路径	资源整合高效、品牌化运作、渠道建设价值高	融资难、可持续盈利能力差	电商基础薄弱、产品品牌化程度低、当地小网商稀少的区域

1. 遂昌模式是平台主导的电商模式,专业化分工明确

众多网商通过本地化服务商进行农产品交易,农户更擅长于种植农产品,只需安心做好本职工作即可,营销、交易等环节交给专业平台,这快速提升了农产品的效益规模,但是该模式没有将本土化电商人才的培养作为关注点,人才非年轻化和不落地,难免出现人才难留和外流的现象,在一定程度上会阻碍电商的进一步转型和经济发展。

2. 成县模式走的是资源整合道路

在营销过程中,成县模式将当地能够提供的特色产品整合起来,充分利用了微博、微信等社交新媒体的推广作用。成县模式的成功可以归结为三点:一是政府将电商作为一把手工程,主导电商开局;二是由点到面集中打造特色产品;三是聚集全县人力物力,齐力共同突破。但受限于资源和能力,一些小网商后续的竞争力往往不足。

3. 通榆模式以打造品牌化为特色

一直以来,通榆农民销售农产品的渠道有限,缺乏品牌构建意识,导致产品溢价能力较低。在深知塑造品牌是产品走向市场化的重要途径后,通榆模式在走向成功的过程中经历了品牌化三部曲:建立农产品分包装中统一包装——建立多层质检体系——加强产品溯源体系构建。然而通榆模式在融资方面存在一定的难处,这导致其可持续盈利能力较差。

(三)其他农村电商模式

1. 沙集模式——"农户＋网络＋公司"

沙集模式是农村自发发展电子商务的典型模式,先由一部分农民在电商平台上,从销售简易拼装家具开始,通过网络将产品销售到全国各地,这种做法在当地不断复制发展后,形成产业集群。沙集模式的核心要素是"农户+网络+公司"。

2. 清河模式——"专业市场+电子商务"

清河模式是我国电商集群发展的一种典型模式,与专业市场的带动密不可分。通过电子商务的拉动作用,当地解决了传统专业市场受地域限制所导致的销售难题,实现了传统专业市场与电子商务齐头并进、协调发展的良性格局,形成全国独具特色的"专业市场+电子商务"的新型电子商务模式——清河模式。

另外,比较成功的模式如武功模式——"集散地+电子商务"、赶街模式——"赶街网+农村电子商务代购点+农户"、货通天下农商产业联盟模式——"农产品供应商+联盟+采购企业"等。随着农村电商的不断发展和应用,在新一代农民的创新能力和勤奋努力下,新的电子商务模式将不断涌现。

三、农村电商发展存在的问题

农村电商发展方兴未艾、态势强劲,为社会带来巨大的经济红利和社会效益的同时,在发展中也存在一些问题与困难,主要体现在以下六个方面。

(一)农村电商人才瓶颈有待突破

电商振兴,关键在人。目前我国农村电商专业人才还普遍短缺,缺少既懂电商又懂农业农村的复合型人才。由于农村地区整体电商发展生态和生产生活环境与城市差距较大,农村电商人才难培、难引、难留和成本过高等难题依然存在,这成为制约我国农村电商发展的重要因素之一。

(二)农村电商服务体系仍需完善

农村电商需要完备的电商交易体系、物流仓储加工配套和健全的产业体系支撑。但在大多数的农村地区,没有形成完整的电商服务体系,农村电商服务业仍然滞后,在软件开发、仓储快递、冷链物流、营销运营、摄影美工、追溯防伪、人才培训、金融支持等产业链环节缺乏优秀的电商服务企业,电商服务商的数量和水平还不能满足快速发展的农村电商需求。农村地区物流服务提供方数量少、提供的服务质量和价格不成正比,降低了农村网购的消费体验度。此外农村地区电子商务培训、代运营、摄影美工等服务存在一定程度的空白,电商服务的滞后制约了农村电商整体竞争力的提升,农村地区亟须建立一个本地化、开放共享、线上线下结合、上行下行贯通的农村电商服务体系。

(三)物流成本较高、配送体系不健全

物流是农村电商发展遇到的瓶颈。农村物流体系太分散、不经济有两个主要原因:一个是配送成本很高,特别是在非平原地区,成本高过城市数倍,且效率低下;另一个是返程空载严重,这抬高了物流成本。另外由于农产品特别是生鲜农产品时间性较强,对冷链物流、保鲜仓储等要求高。各方需要共同努力,降低成本,打破瓶颈。农村基础设施布局及智能化水平仍需进一步完善与提高。

(四)农产品品牌化建设不足

品牌是农产品个性化的重要标记,加强农产品品牌建设能为农村电子商务的发展注入新的市场活力。由于长期以来受小农经济意识以及文化水平的影响,农民的品牌意识薄弱,关于农产品的质量、加工和包装等方面创新能力不足,不少农产品未能形成品牌地理标志。同时农产品同质化现象严重,质量参差不齐,这削弱了消费者对农产品的信任基础,制约着农产品品牌的形成,降低了农业的综合效益。

(五)农产品标准化建设相对滞后、产品质量和安全问题有待解决

农产品基本是由分散的小农户生产的,这加剧了产品的非标准化程度,可能不同批次的同一农产品都不一样。同时,由于标准化程度低,农产品的安全与信任就成了大问题。但现在市场上有机绿色产品到处都是,哪些认证是真的,普通消费者往往难以分辨。因此,农产品的标准化是一个重大课题,外观与内在品质的标准是一个大体系,从田间到餐桌的全程可追溯又是一个大体系,两个都得有。但是,这样复杂的体系与漫长的链条,一般的企业根本做不下来,农产品的标准化还需要一个艰难的过程。但可以预计,谁能率先破解了农产品标准化问题,谁就将在农村电商的竞争中率先胜出。另外,由于农产品认证体系、溯源体系、检验检测等品质保障体系不健全,同类产品价格、品质差异明显,产品质量和安全问题有待解决。

(六)农村电商生态体系有待完善

我国的农村电商服务业发展较为滞后,服务商数量和水平不能满足行业发展需要。在农村地区,软件开发、营销运营、摄影美工、仓储物流、防伪溯源、人才培训、金融支持等产业链环节缺乏优秀的服务主体,这影响了农村电商的长效发展。

此外,农村电商还存在供应链体系有待完善;农村地区产业化水平低,内生动力不足;发展存在一定的盲目性和无序性等问题。

四、农村电商发展的方向及展望

农村电商作为新业态,既可以推销农副产品、帮助群众脱贫致富,又可以推动乡村振兴。未来,农村电商必将大有可为。对于农村电商的发展方向,商务部给出了以下指引。

(一)进一步拓宽农产品进城渠道

围绕农村特色产业,打造县域电商产业集聚区,完善电商配套,培育区域公共品牌和网络产品,提升产业电商化,促进乡村振兴战略的实施。

(二)进一步优化工业品下乡网络

引导农村商贸企业与电商深度融合,支持流通企业在农村地区开展第三方配送服务,建设线上线下融合的农村现代流通网络。

(三)健全县、乡、村三级物流共同配送体系

在整合农村电商快递的基础上,搭载消费品、农资下乡和农产品进城双向配送,降低物流成本;完善农村流通网络体系;继续推动农村物流服务网络设施共享衔接,整合县镇物流快递资源,大力发展共同配送;鼓励电商、快递、物流等企业向村镇下沉,进一步完善农村流通网络,畅通电商进农村"最后一公里"。

(四)加强农村电商主体培育

加大对返乡农民工、大学生和转业军人等培训力度,打造一支农村电商队伍,提升国内农村电商内生动力。加强农村电商人才培养,会同有关部门和地方政府推进电商企业、培训机构、相关协会开展电子商务政策运营、操作、售后等业务培训,引导具有实践经验的电商从业者返乡创业。努力培养更多懂得电商业务、会经营网店、能够带头致富的复合型农村电商人才,带动更多的农民朋友来参与。

(五)强化农村基础设施建设

大力推进农产品的分拣、加工、包装、预冷等集配设施建设,指导有条件的地方在重点乡镇规模化农产品产地建设前置仓和集配中心,提升农产品进城和工业品下乡效率。

(六)推动乡镇商贸转型升级

引导快销、日化等企业为农民开发更多质优价美的工业产品,增加农村电商的零售网络站点,加强农特产品电商的品牌建设和营销,推动改造一批农村电商零售网络站点,提升农村消费品质。

随着数字乡村建设、电子商务进农村综合示范试点、乡村振兴战略、"数商兴农"工程等深入推进,我国农村电商将继续保持良好发展态势,农村电商生态要素加速融合、农村网络零售和农产品上行规模不断扩大,农村消费市场潜力进一步释放,农村电商模式不断创新,电子商务积极帮助农业供给侧结构性改革,农村电商推动数字乡村发展,为乡村振兴提供新动能。我国农村电商经历了前期市场培育,在迅速增长的同时加快转型升级,逐步走向规模化、标准化、科技化、高质量发展的新阶段。

五、典型农村电商平台

目前,我国农村电商模式多样。阿里巴巴、京东、苏宁易购、中国邮政、拼多多等都根据其制定的县域电商发展战略,迅速在各大乡镇和农村地区进行布局,将目光集中到了农村电商市场,对原有的农村电商模式进行改革和重组。

(一)阿里巴巴

为进军农村市场,2014年,阿里巴巴推出了"千县万村农村淘宝计划",即农村淘宝,其目的是投入百亿元资金,建立1000个县级服务中心和10万个村级服务站。农村淘宝以电子商务平台为基础,通过与地方政府合作,搭建县和村两级服务网络,完善二级物流,促进"网货下乡"与"农产品

进城",实现城乡之间物流和信息流的双向流通。

在农产品上行方面,淘宝已经在聚划算、乡村频道设置了长期活动板块,具有农产品展销、团购、促销、预订等功能,淘宝庞大的用户群经常可以在淘宝网看到特定农产品的销售折扣等优惠信息,这对于实现农产品的输出很有帮助。

(二)京东

京东自营的县级服务中心、散布在农村的乡村推广员及与第三方合作的"京东帮"服务店,是京东在全国范围内全面铺开农村电商经济生态的基础网络。其中,县级服务中心按照"一县一中心"的布局,承担了县域农村电商的推广、运营和管理职能,确保京东"多、快、好、省"的电商服务理念惠及当地居民。而"一县一店"的"京东帮"服务店则通过第三方资源的整合,为农民提供大家电销售咨询、送货上门、产品安装、售后维修等系列服务,切实解决了农民在大家电消费中面临的货品选择少、价格昂贵、运输难、安装难、售后难等传统问题。

在带动农产品上行方面,京东特别注重农产品的食品安全和滞销难题的解决。在农村电商发展中注重大数据技术的利用,注重农产品的种植、养殖与城市消费者的购买需求之间的对接,既解决了农产品销售难和价格低等困难,又注重为农村中的低收入群体提供优惠、快捷的服务。

(三)苏宁易购

苏宁易购服务站是苏宁云商在县域乡村市场打造的集物流、销售和服务为一体的全终端的零售平台。该平台以互联网销售方式为主体,整合线上"电商"与线下"店商"资源。通过电子商务平台,苏宁易购线上和实体连锁店面共享,苏宁借助于服务站,帮助地方政府建设中国特色馆、签订电商扶贫战略合作协议,推出企业贷款、任性付和苏宁众筹,帮助当地经济发展,实现精准扶贫。

苏宁打造了特有的"工业品下乡+农产品进城"的双向模式,苏宁易购直营店承载双重职能,以线上中华特色馆和线下自营店为载体,与农村市场进行双向产品及信息交流,以推动市场经济提升。

(四)中国邮政

邮乐购是中国邮政和TOM集团联手打造的一个较为创新的快递物流转接平台,是线上"邮乐网"和"邮掌柜"与线下的实体渠道和EMS物流配送渠道的结合,除让村民享受生活和生产上的便利服务外,还能够让农村地区优质的农特产品"走出去"。凭借"中国邮政"的品牌效应,邮乐购吸引了众多消费者使用和商家入驻,迅速在中国农村建立和发展起来。

中国邮政借助于"邮乐网"的平台支撑,在农村地区扩大了邮政物流终端的宣传,物流网络迅速铺开。同时,通过在农产品生产旺季举行农产品进城等专项活动,邮乐购带动了农产品销售,是我国规模最大、农村渠道下沉最有优势、物流覆盖率最高的企业,其在强大的物流基础上发展农产品电子商务,能够迅速完成农产品的持续快速输出。

(五)拼多多

拼多多不仅是一个热门的移动电商平台,还是一个相对成熟的农产品电商平台。近年来,拼多多大力扶持农产品电商,专注于农产品上行模式,即农产品进城,主要通过拼购的模式销售农产品。拼多多中有很多各地水果和特产的拼团活动,多采取预售的形式,一般供货周期为两天。

2020年金秋消费季,拼多多上线"多多丰收馆",正式启动"消费惠农直播""农产品产销对接大会""新农人电商培训"等电商助农活动,助力农户发展。此外,拼多多还与中国邮政达成合作,凭借中国邮政资金流、物流、商流"三流"合一的优势,找到了全新的农产品产销对接综合解决方案。

第五节 新零售

"新零售"概念提出后,2017年即成为"新零售元年",京东提出了"无界零售",苏宁、腾讯提出了"智慧零售",网易提出了"新消费"等,这些不同说法共同反映的是零售业态正迎来新一轮的革命。

一、新零售的内涵

(一)新零售的概念

新零售是互联网在实现社会信息化、数字化的过程中,零售行业发展、变化的一个阶段。各界对新零售的概念和理解各不相同。

有学者将新零售定义为"企业以互联网为依托,通过运用大数据、人工智能等先进技术手段,对商品的生产、流通与销售过程进行升级改造,进而重塑业态结构与生态圈,并对线上服务、线下体验以及现代物流进行深度融合的零售新模式"。线上线下均拥有相应的店铺是新零售的必要条件。

也有学者认为新零售是指未来电商平台会消失,线上线下和物流结合在一起产生的一种新的经营业务模式,即"线上+线下+物流"。线上是指云平台,线下是指零售门店或制造商,强大的物流系统可将库存水平降到最低,其核心是将以消费者为中心的会员、支付、库存、服务等方面的数据通道全面打通。

(二)阿里研究院对新零售的理解

2017年3月,《阿里研究院新零售研究报告》将新零售定义为"以消费者体验为中心的数据驱动的泛零售形态",同时,阿里研究院指出,新零售是从单一零售转向多元零售形态,从"商品+服务"转向"商品+服务+内容+其他",其中"内容"是商品在新零售环境中最重要的属性。

(三)亿欧智库对新零售的理解

亿欧智库认为,"新零售"是整个零售市场在新技术和新思维的冲击下发生的新变化,其内涵和外延不应该局限于"阿里巴巴的新零售"。

亿欧智库通过对各种说法进行归纳,总结出了关于新零售概念的认知图谱,进而提炼出了新零售的概念:"通过新零售的表现形式,进行人、货、场三要素重构,达到满足需求、提升行业效率的目标,从而实现人人零售、无人零售、智慧零售的最终形态。"图9-8为亿欧智库对新零售概念的认知。

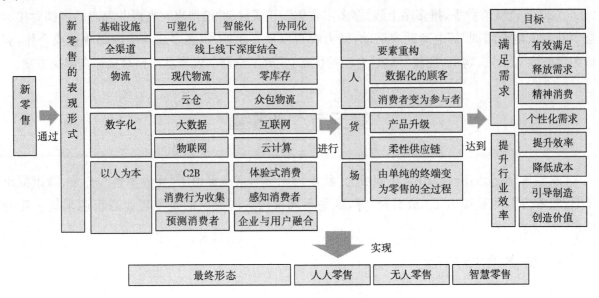

图9-8 亿欧智库对新零售概念的认知

综合以上说法,编者认为,新零售指以消费者体验为中心,进行人、货、场三要素重构,真正发挥"线上＋线下＋数据＋物流"的系统化优势,以达到满足消费升级的需求、提升行业效率的目标的零售新模式。

(四)新零售的主要特征

1. 渠道一体化

渠道一体化即线上线下融合。真正的新零售应是PC网店、移动APP、微信商城、直营门店、加盟门店等多种线上线下渠道的全面打通与深度融合,商品、库存、会员、服务等环节成为一个整体。零售商不仅要打造多种形态的销售场所,还必须实现多渠道销售场景的深度融合,这样才能满足消费者的需求。

2. 经营数字化

商业变革的目标是先通过数字化把各种行为和场景搬到线上,再实现线上线下的融合。零售行业的数字化指依托互联网技术实现顾客数字化、商品数字化、营销数字化、交易数字化、管理数字化等经营数字化。其中,顾客数字化是经营数字化的基础和前提。

3. 门店智能化

大数据时代,"一切皆智能"成为可能。门店利用物联网等新兴技术进行智能化改造,应用智能货架与智能硬件延展店铺时空,构建丰富多样的全新零售场景。门店智能化可以优化顾客互动体验和提升购物效率,增加多维度的零售数据,很好地把大数据分析结果应用到实际零售场景中。对于零售行业,在商家进行数字化改造之后,门店的智能化进程会逐步加快,但脱离数字化基础去追求智能化,可能只会打造出"花瓶"工程。

4. 物流智能化

新零售要求实现消费者全天候、全渠道、全时段购物,并能实现到店自提、同城配送、快递配送等,这就需要对接第三方智能配送、物流体系,以缩短配送周期、实现去库存化。新零售能够实现库存共享,改变传统门店大量铺陈与囤积商品的现状,引导消费者线下体验、线上购买,实现门店去库存化。新零售从消费者需求出发,倒推至商品生产,零售企业按需备货,供应链企业按需生产,真正实现零售去库存化。

(五)新零售的本质

新零售的本质是对人、货、场三者关系的重构。人对应消费者画像、数据;货对应供应链组织关系以及与品牌的关系;场是场景,对应商场表现形式。场是新零售的前端表象,人、货是后端的实质变化。

线上线下关系紧密,优势互补、合作共赢。消费者的购买行为明显呈现出线上线下融合的趋势,线上了解线下购买、线下体验线上购买的行为十分常见。电商的优势在于数据,体验是其软肋;而实体店的优势恰恰在于体验,数据是其弱项。

在线上流量红利期结束、消费升级的大背景下,线上企业比拼的不再是价格,而是服务和体验,因此阿里巴巴等线上巨头纷纷拥抱线下企业,致力于打造线上线下消费闭环。线下实体店作为流量新入口,弥补了传统电商数据的缺失,可助力线上企业描绘多维、清晰的消费者画像。线下门店依托线上数据,有利于提高营销精准度和经营效率。

二、新零售的运营模式

在新零售模式下,实体零售与电商的商业形态不再对立,线上线下融合发展将是电商发展的新常态。目前对于各行各业来说,新零售主要有以下三种运营模式。

(一)初级模式:线下实体店的内在变革

实体店的内在变革是新零售的初级模式,这是现阶段被引用较多的新零售模式。跨界运营就是该模式的典型应用。例如,2017年永辉超市推出了"超级物种"旗舰店。"超级物种"的创新之处在于,利用永辉超市的供应链,以生鲜为主引流商品,先通过高性价比商品吸引大量的中高端消费者,再通过餐饮服务的叠加(在超市里面加入餐饮元素),有效地提高消费者的复购率。不管是在超市里面放置咖啡桌,还是设置休闲屋,其本质都是为了让消费者尽可能长时间地待在超市里,带动更多的消费。

(二)中级模式:线上导流,线下消费

"线上导流,线下消费"是新零售的中级模式,它将线上和线下相结合。例如,小米之家通过线上的影响力,把线上的流量导入线下的小米之家门店,在门店中以多品类的系列商品来引起消费者的关注,在增强消费者消费体验的同时,使消费者能够购买不同品类的商品,从而增加销量。

(三)终极模式:线上线下一体化

线上线下一体化是新零售的终极模式,要实现这个目标,通常需要大数据的支持。例如,银泰百货下沙工厂店利用阿里巴巴集团大数据描绘出周围5千米的消费者画像,据此确定门店装修风格、商品品类等。银泰百货通过阿里巴巴集团及其成熟的互联网技术,监控商品价格趋势,了解消费者群体的消费偏好,将商品和消费者精确匹配。此外,通过实行线上线下同步购物结算,消费者在结束购物后不需要排队结账,只需扫描商品上的二维码,打开相应的APP,筛选购物清单,用支付宝完成支付即可。消费者可以选择直接在商场提货回家,也可以等待门店配送货物到家。

三、新零售典型平台

随着新零售概念的兴起,各大行业中的知名企业都开始打造自己的新零售平台。其中,盒马鲜生和小米之家分别是生鲜行业与科技产品行业新零售的代表。

(一)盒马鲜生

盒马鲜生是阿里巴巴集团旗下以数据和技术驱动的新零售平台,旨在为消费者打造社区化的一站式新零售体验中心,用科技和人情味为消费者带来"鲜美"生活体验。盒马鲜生既是线下超市、餐饮店,又是线上购物平台。也就是说,消费者既可到实体门店购买,又可以通过盒马APP下单,实现线上线下为一体的全渠道融通。

众所周知,传统零售门店的特点是面积大、类目繁多,消费者在购物过程中往往会有想要的东西找不到、产品的质量和新鲜程度得不到保证、长时间排队结账、购买的产品太沉不便带回家等痛点。而盒马鲜生携带全新的新零售理念,针对传统零售门店的缺点进行了全面升级,从消费者的体验出发,彻底颠覆了传统零售的消费体验方式与经营模式,满足了消费者的各种消费需求,带来了前所未有的购物体验。

盒马鲜生新零售模式具有以下特点。

一是,商超与餐饮结合。盒马鲜生主打生鲜类食品,产品主要包括水果蔬菜、海鲜水产、餐饮熟食、酒水饮料、粮油零食等品类。盒马鲜生门店设有餐厅区,消费者可以一边逛一边吃,即在店内选购海鲜等食材后委托厨师直接加工、现场制作,实现即买即烹,品尝新鲜食材制作的美食。

二是,仓店一体化。在仓储配送方面,盒马鲜生采用了仓店一体化的模式。仓店一体化是指前置仓与商超的一体化。也就是说,仓库是门店,门店也是仓库,创新性地将门店超市区域与仓库相结合,以降低整体配送成本。在该模式下,盒马鲜生以店为仓,拣货员直接在门店货架上拣货,之后由配送员实现即时配送。

三是,线上线下相连接。盒马鲜生的消费者会被指导安装盒马APP,在线上下单,实现线上线下闭环消费。消费者在盒马鲜生门店内看到的任意产品都可在盒马APP中找到,并通过在线下配送到家,避免自己提货回家的麻烦,还可以自行挑选货物,以便对购物环境、产品品类和品质有更真切的感受。同时,为了使线上线下的对接更为通畅,盒马鲜生还通过制作电子标签等手段统一管理线上线下销售的产品。

盒马鲜生创造性地在门店顶部设置了传送带,连接产品陈列区和后仓,以快速传送消费者线上订购的产品。一收到线上订单，拣货员便立即使用专用购物袋开始拣货，拣货完成后通过传送带输送到下一位拣货员那里，依次拣货完成后，将货物传送到后仓进行打包并安排配送。通过传送带，盒马鲜生加快了拣货、打包、装箱的流程，确保在短时间内完成拣货装箱。一般而言，消费者使用盒马APP下单后，只要位于门店方圆3千米内，最快30分钟就可以收到产品。

(二)小米之家

小米公司的新零售战略涵盖了线上零售渠道和线下零售渠道，其中线上零售渠道主要包括小米商城APP、小米有品APP及第三方线上分销平台，线下零售渠道则主要是小米之家。小米之家是小米公司自营的连锁实体店，主要开设在都市核心商圈，提供产品展示、产品销售、售后维修、科技体验、社交互动等服务，全方位满足消费者对智能生活等方面的需求。通过将线上流量引入线下实体门店，在门店中以多品类的小米系列产品来吸引消费者、提升销售额，小米公司成功地打造了自己的新零售模式，即线上导流、线下多品类经营。

由于小米产品生态链覆盖了消费者生活的方方面面，在打造部分小米之家时，小米公司也在店内局部空间中模拟了厨房、客厅、卧室等环境来展示产品，增加体验式消费的乐趣。在产品品类方面，小米之家合理地搭配了低频消费品（手机、家具、家电）和高频消费品（耳机、电池、电动牙刷），围绕"智慧家庭"的理念构筑了产品线。

同时，消费者还可以在小米之家体验智能生活。小米之家展示了各种小米旗下的智能设备（扫地机器人、智能电饭煲、智能电视、智能音响等），这些设备均实现了智能互联，都可以通过米家APP来进行管理和控制，这也为小米之家带来了线上渠道所无法替代的体验优势。

《课后练习》

一、单项选择题

1. 与传统电商相比，社交电商以（　　　）为中心。
   A. 企业　　　　B. 商品　　　　C. 人　　　　D. 物流
2. 拼多多的特点是（　　）
   A. 传统的零售企业　　　　　　　　B. 消费类口碑库
   C. C2B拼团的社交电商平台　　　　D. B2B企业
3. 狭义的跨境电商主要是指（　　　）
   A. 跨境B2B　　B. 跨境B2C　　C. 跨境零售　　D. 跨境贸易
4. 完成跨境电商，下列选项中属于不可缺少的部分是（　　　）
   A. 跨境物流　　B. 跨境电商平台　　C. 跨境支付　　D. 以上都是
5. 在跨境电商模式中占主导地位的是（　　　）
   A. B2B　　　　B. B2C　　　　C. C2C　　　　D. O2O
6. 网易考拉和小红书属于（　　　）
   A. 海外直供模式　　　　　　　　B. 海外优选模式
   C. 全球买手模式　　　　　　　　D. 线上线下融合模式
7. 专注于移动端的跨境电商平台（　　　）

A. 速卖通　　　　　　B. Wish　　　　　　C. 亚马逊　　　　　　D. 敦煌网

8.（　　）不属于国际商业快递。

　　A. UPS　　　　　　B. TNT 快递　　　　C. 新加坡邮政小包　　D. FedEx

9. 以下关于农村电商对我国农村地区发展影响的描述不正确的是（　　）

　A. 农村电商促进了农民增收，带动了农村经济发展

　B. 农村电商对带动农民就业和脱贫增收起到了重要作用

　C. 农村电商的发展对传统的农耕经济起到了负面作用

　D. 农村电商对推进乡村振兴、推动农业产业转型升级起到了重要作用

10. 下面选项中（　　）是新零售的终极模式。

　　A. 实体店内部改革　　　　　　　　　B. 线上导流，线下消费

　　C. 线上线下一体化　　　　　　　　　D. 以上都不是

二、多项选择题

1. 社交电商的主要模式有（　　）

　　A. 内容型　　　　　B. 拼团型　　　　　C. 会员分销型　　　　D. 社区团购型

2. 下列关于社交电商与传统电商的比较正确的有（　　）

　A. 社交电商是以人为中心，传统电商是以货为中心

　B. 社交电商是用户生成信息，传统电商是企业发布信息

　C. 社交电商采用多渠道策略，传统电商是采取网站销售方式

　D. 社交电商主要通过社交网络进行，传统电商主要通过网络销售商进行

3. 直播电商的关键组成要素有（　　）

　　A. 人　　　　　　　B. 货　　　　　　　C. 场　　　　　　　D. 仓

4. 跨境电商物流的方式主要包括（　　）

　　A. 邮政包裹　　　　B. 国际快递　　　　C. 专线物流　　　　D. 海外仓

5. 下列属于进口跨境电子商务的有（　　）

　　A. 阿里巴巴国际站　　B. 兰亭集势　　　　C. 天猫国际　　　　D. 京东海外购

三、简答题

1. 请谈谈社交电商和传统电商的区别。

2. 农村电商的基本模式有哪些？农村电子商务发展面临的问题及发展趋势分别是什么？

3. 你是如何理解新零售的？新零售和 O2O 有何联系与区别？

4. 你参与过直播购物或进行过直播带货吗？请谈谈你的体会。

5. 当代大学生如何通过"直播带货"助农兴农和锻炼创新创业能力？

四、主题讨论

1. 请谈谈农村电商在脱贫增收、助力乡村振兴、美丽乡村建设中所发挥的作用。

2. 随着直播电商"人、货、场"的持续扩大，直播将逐步渗透至电商的各个领域。直播电商这一迅猛发展的新经济业态迈入万亿元规模时代。请谈谈直播电商的发展前景。

五、案例分析

发展农村电商助力乡村振兴

党的二十大报告提出，全面推进乡村振兴。坚持农业农村优先发展，坚持城乡融合发展，畅通城乡要素流动。随着5G、大数据、物联网、区块链、人工智能等信息技术的普及和推广，随着消费市场不断下沉、个性消费持续增长，即便是相对偏远的农村，也能搭上电商直通车，把农副产品卖到更广大的市场，实现区域间要素资源的流通，带动农牧产业升级、农村创业就业，提高农业整体效益以及提升农牧民的思想意识。实践证明，农村电子商务已成为乡村振兴的新引擎。

当前，农村电商作为电子商务的重要组成部分，在乡村振兴中持续发挥重要作用。农村电商在刺激农村消费、推动农业升级、助力精准扶贫、促进农村发展中的作用日益凸显，为促进乡村产业振兴、人才振兴、文化振兴、生态振兴、组织振兴注入了强劲的动力。中央财政资金实行"鼓励发展＋负面清单"管理模式，重点支持以下方向：县乡村三级物流配送体系、农村电商公共服务体系、农村现代流通服务体系、农村电子商务培训体系。

以阿里巴巴、苏宁等为代表的电商零售企业，从农产品上行、传统商业改造、现代物流建设等多个方面发力，加速下沉市场互联网基础设施建设，助力产业兴农。在建设配套服务体系的同时挖掘培育当地特色农产品产业，成为当地经济发展的"催化剂"。阿里巴巴升级了农村战略，打造数字农业农村的新基础设施；苏宁建立了近400个中华特色馆，在线下开设苏宁扶贫实训店、苏宁易购零售云加盟商等近6000家，并联合中国扶贫基金会率先成立农村电商学院；京东通过"春雨计划""京源助农计划"进行扶贫助农；拼多多则通过开设"多多大学"，开展"农云行动"等将助农行动落到实处。

此外，在建设农村高素质人才队伍，特别是普及、提升农民信息化理念和应用能力等方面，农村电商更是功不可没。质量兴农战略的实施，亦离不开农村电商的助力。乡村振兴作为一项国家战略，是全面的振兴和发展，包括产业、人才、文化、生态、组织的全面振兴。把电商发展与乡村振兴结合起来，既能让电商发展壮大，也让乡村振兴充满无限希望。

思考：

1. 请分析助力乡村振兴的农村电商发展路径。
2. 农村电商物流体系建设存在哪些亟待解决的问题？
3. 当代大学生如何运用所学知识和技能助农兴农、促进乡村振兴？

六、项目实训

1. 对社交电商进行研究，列举出三个以上的主流社交电商平台，并对这些平台各自的特点、优势及商业模式进行总结和对比。
2. 选择一个乡村地区开展调研，分析电子商务的引入给农产品销售和改善当地民生带来的影响。

第十章　电子政务

《学习目标》

理解：电子政务的概念、特点、功能、意义以及中国电子政务发展历程。
掌握：电子政务与传统政务的区别；电子政务的应用模式。
应用：分析电子政务的实践和创新应用。

《思维导图》

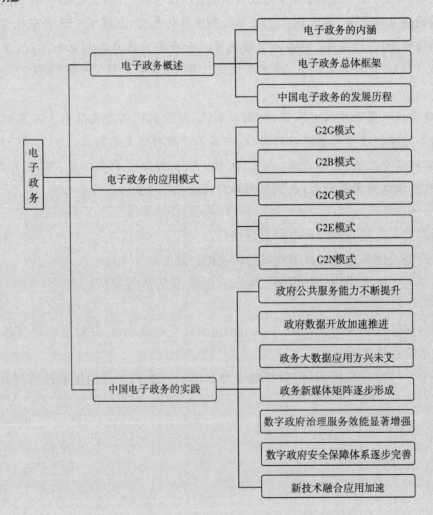

上线四周年，国家政务服务平台用户超 8.28 亿人

国家政务服务平台作为全国政务服务的总枢纽和实现全国"一网通办"的总枢纽，2019 年 5 月 31 日上线试运行。运行四年以来，已全面覆盖 PC 端、APP 以及微信、支付宝、百度小程序和快应用，实名注册用户已超 8.28 亿人，总访问量超过 865 亿人次，涵盖数百万项政务服务事项，提供社保、医保、公积金、教育、助残及电子证照等多领域服务，方便了数亿中国人。不知不觉中，人们发现越来越多的政务服务事项可网上办、掌上办、一次办。国家政务服务平台让企业和群众感受到了实实在在的便利。

1. 从"人找服务"到"服务找人"

"国家政务服务平台"小程序在支付宝客户端上线试运行四年以来，通过服务订阅、消息订阅、添加到支付宝首页宫格、首页搜索等，实现了智能推送、个性匹配、一键直达，完成了从"人找服务"到"服务找人"的转变。

目前，在支付宝客户端，已有上千万人将"国家政务服务平台"小程序添加到首页宫格，通过订阅服务推送第一时间了解到办事进度、新服务上线等信息。

截至目前，"国家政务服务平台"支付宝小程序每月有上亿人使用，平均每天有千万用户在线。国家政务服务平台支付宝小程序，已成为全网覆盖范围最广、使用人数最多、服务种类最丰富的政务小程序之一。

2. 两个"暖心专区"服务

值得注意的是，为了让更多老年人享受智能化服务的便利，国家政务服务平台上线"老年人办事服务专区"。专区字号更大，分类更简洁，汇聚老年人常用的社保、医保等 10 余项高频服务，帮助老人更好使用常用办事服务。

"弱有所扶办事服务"专区，则是面向全国残疾人朋友提供跨省办事服务。以残疾人两项补贴申请服务为例，申请"两项补贴"不仅能"跨省通办"，还可以全程网办，支持修改证明材料、进度查询，在线动动手指就能办理，近一年累计服务次数达百万次。

另外，作为全国一体化平台的总枢纽，国家政务服务平台加快推进电子证照扩大应用领域和全国互通互认，汇聚共享 900 余种证照种类。在支付宝"卡包—证件"可快速领取国家政务服务平台电子献血证、结婚证、残疾人证、出生证、居住证、不动产、户口簿等，将证件"放"进手机，随时取用。

未来，国家政务服务平台将不断提升服务水平，拓展服务内容，深化数据共享，加快电子证照应用和全国互通互认，助力数字政府建设，不断提升企业和群众办事的满意度和获得感。

那么，究竟什么是电子政务呢？电子政务都有哪些功能？电子政务对提升我国国家治理体系和治理能力现代化水平又有哪些作用？

（资料来源于网络，作者有删改）

第一节 电子政务概述

一、电子政务的内涵

随着以互联网技术为代表的新一代信息技术的飞速发展,人类社会步入了崭新的网络时代。网络时代的发展助推了电子政务的产生,它深刻地影响着政府管理乃至社会治理,甚至创造出了一种全新的社会治理模式,为政府管理赋能。电子政务能够突破时间、空间、地域的限制,优化政府的组织结构和办公流程,提高行政效能,提高公共服务水平。电子政务自出现以来就受到世界各国的重视,得到了长足发展。虽然我国引入电子政务较晚,但是经过了20多年的发展,我国在电子政务领域取得了不凡的成就。

(一)电子政务的概念

针对"电子政务"的概念,国内外学者有诸多不同提法,如"电子政府""政府信息化""政府上网工程""数字政府""智慧政府"等,至今仍未形成确切的、统一的电子政务概念。

电子政务(Electronic Government)一词是相对于传统政务(Government)而言的,是借助于电子信息技术而进行的政务活动,这一概念来自1993年美国全国绩效评估委员会(National Performance Review)提交的名为《运用信息技术改造政府》的报告。2001年12月,国家信息化领导小组第一次会议确定把E-government翻译为"电子政务"而非"电子政府"。由于电子政务是信息技术与政务活动的交集,它的内涵和外延很大程度上取决于对信息技术和政务活动的理解:一是现代信息技术可以从根本上改变传统政务活动的开展方式,使政务信息的实时共享和双向交流具有技术上的可能性,从这个意义上讲,现代信息技术是电子政务的物质基础;二是政务泛指所有行政管理活动,也可理解为政府部门的管理和服务活动。

综上,电子政务是"电子"与"政务"的统一体。"电子"是载体、是手段;"政务"是根本、是核心。电子政务是指国家公共部门为了提高公共事务管理效能和公共服务水平,通过运用网络信息技术与开发信息资源、重组组织结构、创新公共管理模式、优化业务流程有机结合的方式,为公共事务管理和公共服务提供的新型管理模式与运行机制。电子政务作为国家信息化建设体系的核心,体现了创新、协调、绿色、开放、共享的新发展理念,是简政放权、放管结合、优化服务改革的关键环节,体现了国家治理现代化水平。

(二)与电子政务相关的概念

与电子政务有关的概念有"政府信息化""政府上网工程""数字政府""移动政务""互联网+政务""智慧政府"等。这些概念与电子政务既有联系又有区别。

1. 政府信息化

政府信息化(Government Informationization)是指政府部门进行信息化建设的过程,即政府部门应用现代信息通信技术的过程。政府信息化的结果是使政府部门能够开展电子政务。开展电子政务建设也可称为"政府信息化"。

2. 政府上网工程

1999年1月,由中国电信和国家经济贸易委员会经济信息中心(后改为国家发展和改革委员会)联合40多家部委(办、局)信息主管部门共同倡议发起的"政府上网工程"启动大会在北京举行。这项工程是为了推动各级政府部门建设开通自己的网站,架起政府与公众之间的桥梁,逐步开展网上申报、许可、政务公开、领导人电子信箱、电子报税等多项服务,推动了政务公开的民主化进程和行政机关的信息化进程,从而为政府行政系统的信息化建设打下了坚实的基础。1999年也被称为是"政府上网年"。

3. 数字政府

数字政府(Digital Government)是随"数字地球"(Digital Earth)、"数字城市"(Digital City)等概念出现之后电子政务领域的一个新概念,是指具有数字化、网络化、智能化、可视化特征的政府,是将数字技术广泛应用于政府管理服务,推动政府治理流程优化和模式创新,推动政府数字化、智能化运行,不断提高决策科学性和服务效率的政府运行新形态。2022年4月19日,中央全面深化改革委员会审议通过了《关于加强数字政府建设的指导意见》,强调要高度重视数字政府发展,将数字政府作为数字中国的重要组成部分,引领和驱动数字经济、数字社会全方位协同发展,为推进国家治理体系和治理能力现代化提供有力支撑。

4. 移动政务

移动政务是指用户可以通过移动终端和无线通信网络获取政府部门提供的信息和服务。

根据中国互联网络信息中心(CNNIC)发布的第52次《中国互联网发展状况报告》,截至2023年6月,我国手机网民规模达10.76亿,使用手机上网的网民占99.8%。随着移动互联网和电子商务的迅速发展,全国一体化在线政务服务平台建设的深入,各级政府积极利用移动互联网技术,加强和规范政务服务移动端建设管理,积极推进覆盖范围广、应用频率高的政务服务事项向移动端延伸,推动实现更多政务服务事项"掌上办""指尖办",移动政务服务发展取得了显著成效,逐渐成为政务服务创新发展的主要渠道。

5. 互联网+政务

"互联网+政务"是指运用互联网思维对政府工作重新进行思考,创新市场监管、社会管理和公共服务等工作模式,提高行政效能,增强履职能力。与传统电子政务相比,"互联网+政务"把互联网的开放、共享、参与、创新等特性引入政府工作。"互联网+政务"把政府部门和企事业单位、社会公众联结在一起,共同应对市场和社会问题,是推进国家治理体系和治理能力现代化的重要举措。

自2016年以来,国务院积极推行"互联网+政务服务"。2016年3月,《政府工作报告》提出大力推行"互联网+政务服务",实现部门间数据共享,让居民和企业少跑腿、好办事、不添堵。自2016年4月以来,国务院出台了《推进"互联网+政务服务"开展信息惠民试点实施方案》《关于加快推进"互联网+政务服务"工作的指导意见》《"互联网+政务服务"技术体系建设指南》《进一步深化"互联网+政务服务" 推进政务服务"一网、一门、一次"改革实施方案》等相关政策文件,为"互联网+政务服务"发展提供了良好的政策环境保障。

6. 智慧政府

智慧政府(Smarter Government)是从"智慧地球""智慧城市"衍生出来的概念,是指政府部门通过应用物联网、云计算、移动互联网和大数据等新一代信息技术,提高政府管理和公共服务的自动化、智能化、智慧化水平,它是电子政务发展的高级阶段。

(三)电子政务与传统政务的区别

研究电子政务与传统政务的区别就在于为电子政务建设提供正确的路径指导,为创新公共管理与服务提供有效的途径、方式。电子政务与传统政务的区别如表10-1所示。

表10-1 电子政务与传统政务方式比较

区别事项	电子政务	传统政务
机构存在形式	以网络虚拟化形式存在	以物理实体的形式存在
政务办理方式	超地域性、不受空间限制	面对面、受空间限制
政务办理时间	7×24小时方式	有严格的时间限制
组织结构	网络型扁平化辐射结构	金字塔式的垂直化分层结构
公共管理方式	系统程序式分权管理	公共部门实体性集中管理
政务生效标志	电子签名等	公章、领导签字指示等
政务处理程序	网络化协同并行作业	前后串行作业
工作重点	以服务、指导为中心	以管理、审批为中心
主要议事方式	网络讨论等	会议、文件等
决策参与范围	内部与外部互动、统一	主要集中在公共部门内部

概括地说,电子政务与传统政务有两个基本的区别:一是组织结构和业务流程上的区别,二是技术手段和服务方式上的区别。技术手段上的区别是外延式的、形式的区别,而组织结构和业务流程上的区别才是内核的、根本的区别。

以互联网为基础的电子政务,使得公众与公共部门之间的联系通过互联网来进行,实现了不同业务流程之间的信息共享和不同业务系统的信息交换,既降低了交易成本,也提高了公共部门对公众需求的回应力。

因此,政府从传统管理方式向电子政务方式转变,就要实现从信息孤岛转向信息集成整合,从控制转向指导,从单纯的管理转向管理与服务,从以公共部门为中心转向以公众为中心,从单一部门资源转向跨部门资源共享与业务协同,从规则导向转向知识导向。核心是要按照整体政府理论,实现资源整合与共享。

(四)电子政务的特点

不同于传统政务,电子政务在虚拟化、信息化和网络化的环境中运行。这样,由于采用了现代计算机技术、网络通信技术等,电子政务相比于传统政务,更加有效、公开和透明,可以为企业与公众提供更好的服务,促进政府与企业、公众之间的信息互动,也为企业与公众更好地参与政务活动创造了更加便利的条件。电子政务的特点主要体现为以下几个方面。

一是,对系统性要求更高。电子政务是以改革政务流程为基础的人机结合的信息系统,不仅需要现代信息技术,更需要政府工作人员、社会公众、企业的参与和互动,由于受到政治、经济、社会、文化等因素的影响,需要对现行政府管理职能、组织形式以及行政流程进行必要的改革和调整,需要法律、法规的保护和支持。因此,电子政务与传统政务相比较,其系统性体现得更明显,要求也更高。

二是,以互联网为运行环境。互联网的发展,使得政府机构和企业、社会公众能够通过方便、快捷、低成本的互联网进行有效的沟通。互联网本身所具有的开放性、全球性、低成本、高效率的特点成为电子政务的内在特征,并使得电子政务大大超越了作为一种政务运行平台所具有的价值,它不仅会改变政府本身的业务活动过程,促进政府业务流程的重组,而且对整个社会及其相关的运行模式都会产生积极的影响。

三是,以安全为保障。政府既是国家统治和社会管理机关,其拥有的信息具有经济、政治和军事等多方面的不同价值,同时政府机构又是行使国家行政权力的部门。电子政务系统的安全决定了政府机构的业务、权力正常开展和执行。因此,安全成为电子政务最重要的基石,包括通过技术手段保证网络安全和信息安全,通过安全管理制度建设、工作人员安全意识培养保证电子政务应用行为安全。

四是,以政府、企业、非政府组织和公众为行为主体。与电子政务相关的行为主体主要有四个,即政府(包括工作人员)、企业、非政府组织和公众。政府的业务活动也主要围绕这四个行为主体展开,即政府与政府之间的互动,政府与企业的互动,政府与非政府组织的互动以及政府与公众的互动。

五是,以低成本、低能耗的环境友好型模式服务社会需求。电子政务技术结构设计以及服务模式的便捷化、服务界面的友好化,可以让政府真正做到24小时全天候服务,让服务对象和"足不出户",实现低能耗模式办公,有效降低对传统办公资源的依赖和行政成本支出,缓解社会公共空间紧张。

(五)电子政务的主要功能

电子政务的实质就是计算机和网络技术在政务领域的运用,电子政务最主要的功能是网上信息发布、内部办公自动化、网上交互式办公以及部门间的资源共享和协同办公。电子政务这些功能发挥的过程就是对原有的政府行为乃至政府形态进行信息化改造的过程,电子政务的发展最终将催生一个与信息化时代相适应的现代政府。

1. 网上信息发布

政府网站建立后,成为公众获取政府信息及在网上接受政府提供的各种服务的网络平台。例如,我国自1999年实施"政府上网工程"后,各级政府建立的网站(俗称"政府官网")已经成为各地各级政府权威信息的发布平台。

2. 内部办公自动化

内部办公自动化是电子政务的基础内容,如一些政府机关已经实现了"无纸化办公"。但是内部办公自动化的功能绝不仅仅是把传统办公模式搬到网上,这个功能必定会推进业务流程的优化,甚至会促进政府业务部门的重组。

3. 部门间协同办公

多个政府部门、不同层级政府利用协同办公信息化平台,实现网上联合办公,资源共享。这个功能清除了政府间、部门间的信息壁垒和信息孤岛现象，既方便了部门间的工作沟通、协调，也方便了办事公众，为公众提供"一站式服务"。

4. 公共事务管理

利用信息技术实现对社会事务和市场的管理，实现公共服务的提供。由于有安全认证等技术作保证，所以电子政务具有安全性、可靠性、保密性、不可抵赖性等特点。在网络环境下，政府可为公众或企业提供远距离便捷服务，如网上办税、网上审批、网上预约办事、网上调查等。政府也可以提供远程教育、远程医疗、远程救援等公共服务。

(六) 电子政务的意义

电子政务的上述功能使得发展电子政务具有了其他技术所不可能具有的重大意义。

1. 促进服务型政府建设

现在众所周知的"24 小时政府""一站式服务""一表通"等政府服务形式，都是借助于现代信息技术实现的，电子政务通过这些政务工作方式方法的改变，体现了"服务"的主要特征。电子政务为建设服务型政府提供了有利的技术环境。建设服务型政府需要政务公开、公众参与、社会监督以及回应公众需求。在电子政务条件下，大量、真实的民众意愿及时反映，政务工作效果可实时反馈，实际上使政府工作人员及其工作时时处处置于民众的监督之下，这样必然会促进服务型政府的建设。

2. 促进政府管理绩效提高

电子政务必然降低政府运行成本，提高管理绩效。在传统政务条件下，除公务人员的工资外，政府运转所需的文具、交通、通信、水电等费用总计也不少；另外，由于全手工操作，工作人员不仅工作耗时费力，还难免出现疏漏。电子政务的建设可以在很大程度上改变这种状况。由于有计算机和网络的辅助，政府机构通过明确责任、规范程序，工作人员只要在计算机前轻点鼠标，就可以实现限时办结、异地办理，还可以对办理结果追踪反馈、及时改进，从而大大提高政府管理绩效。

3. 促进政务公开和廉政建设

电子政务为公开政务提供了良好的实现条件，从而也就为加强廉政建设提供了技术支持。传统政务总是显得很神秘，各种腐败也易滋生。电子政务为政务公开提供了全面的技术保障，大大推进了廉政建设。一方面，公开所有的政策规定、办事流程以及开通网上办公项目，杜绝了"暗箱操作"和办"人情事"的可能；另一方面，电子政务也为公众实时监督政务工作人员和所有政务活动提供了技术平台。在电子政务条件下，各地各级政府从政策制定到执行、从人事安排到后勤保障，所有的人员和工作环节都被置于公众的监督之下，不仅可以提高工作效率，还可以让"阳光"成为政务机构最好的"防腐剂"。

4. 促进政府运行机制转变

电子政务的实施还可以改变政府的运行机制。传统的政府组织形式是科层制结构，科层制严格地规定着组织中人员和职能的关系，其特征是办公体制等级化、工作任务专业化、工作程序系统化、人际关系非人格化、运作资源内部化。电子政务的出现，对传统的科层制结构造成了猛烈的冲击。电子信息技术不仅突破了传统政务中信息传递和处理的瓶颈，而且使组织中每一个成员都可能在同一时间平等享有所有信息，他们之间的信息交流也不再需要通过等级制度的安排，越来越多的问题在第一时间就可以得到解决。管理的层级减少了,传统的科层组织结构由金字塔式向扁平化发展,机构的重组、政府运行机制的变革成为必然。政府运行机制的转变,将增强政务机构处置能力,特别是应对突发事件的能力,当然也就大大提高了工作绩效。

5. 促进民主政治建设

电子政务为促进民主政治建设提供了有效的工具和手段,从而能够有力地推进民主政治建设。民主是所有现代国家的目标与手段,也是所有现代国家的政务环境。一方面,电子政务开放、透明的特征以及服务、公开、廉洁的工作方式的使用,必然是对民主的促进;另一方面,许多国家已经实行的网上投票选举、网上决策咨询、网上民意调查等,就更直接地推进民主进程了。

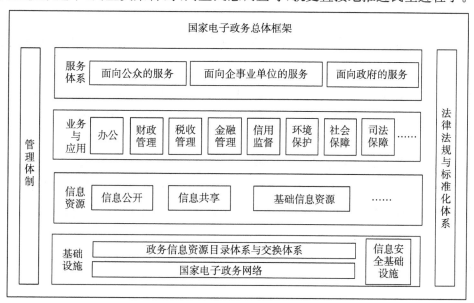

图 10-1 国家电子政务总体框架

二、电子政务总体框架

国家电子政务总体框架包括管理体制、法律法规与标准化体系、服务体系、业务与应用、信息资源、基础设施六大部分,如图 10-1 所示。正如国家信息化领导小组下发的《国家电子政务总体框架》中提出的:推进国家电子政务建设,应秉承服务是宗旨,应用是关键,信息资源开发利用是主线,基础设施是支撑,法律法规、标准化体系、管理体制是保障的理念。框架是一个统一的整体,在一定时期内相对稳定,具体内涵将随着经济社会发展而动态变化。可见,这六个部分是一个统一的整体。

(一)服务体系

电子政务的建设强调服务是宗旨,公共服务是电子政务建设的出发点和落脚点。电子政务的服务对象包括政府、企事业单位、社会公众,特别强调要惠及全民。作为对服务宗旨的实现,应用系统 G2C、G2B、G2G、G2E 和 G2N 就构成了电子政务的服务体系。在这个体系中,服务对象是公众、企事业单位和政府的职能机构及各个部门。以服务为宗旨,就意味着电子政务要以人为本,惠及全民。应用系统要通过整合和共享信息资源，满足经济社会发展的需要，即为满足政府服务公众和企事业单位的需求，在人口登记和管理、法人登记和管理、产品登记和管理、市场准入和从业资格许可等方面实现信息共享；为满足政府经济管理和社会管理的需要，提供市场与市场经济运行、农业与农村、资源与环境等方面的信息监测与分析服务；为满足各级领导科学决策的需要，提供信息汇总、信息分析等服务；为满足政府提高管理效能的需要，提供人力资源管理、财政事务管理、物资管理等信息服务。总之，电子政务的服务体系是以服务对象为中心，以服务的实现程度、服务的效率、服务的质量为衡量依据的网络体系。

(二)业务与应用

电子政务服务是通过一系列具体的政府业务应用来实现的。因此，须围绕服务对象的需求，选择优先支持的政府业务，规划应用系统建设，惠及全民，提升各级政府的综合服务能力。加强已经建设好的政府业务系统的应用，推动互通共享和支持部门间协同；加强在建和拟建政府业务系统的顶层设计，重视深化政府机构改革和优化组织结构，避免简单地在原有体制和业务流程基础上建设应用系统。

应用系统是电子政务建设的主要内容。到目前为止，国家已建、在建和拟建的电子政务应用系统包括办公、宏观经济、财政、税务、金融、海关、公共安全、社会保障、农业、质量监督、检验检疫、国土资源、人事人才、环境保护、城市管理、企业信用监管、药品监管等，为党委、人大、政府、政协、法院、检察院提供了电子政务技术支持。

(三)信息资源

电子政务信息资源是政府在履行职能过程中产生或使用的信息，为政务公开、业务协同、辅助决策、公共服务等提供信息支持的要素。信息资源由信息采集和更新、信息公开和共享以及基础信息资源三部分构成。政务信息资源开发利用是推进电子政务建设的主线，是深化电子政务应用取得实效的关键。

1. 信息采集和更新

由于信息采集和更新都来自社会和公众，所以需要明确界定各政府部门的信息采集和更新权责，保证信息的准确性和时效性。但是不能因信息采集和更新而增加社会公众和企业负担。

2. 信息公开和共享

信息公开和共享是通过应用系统的服务提供给社会公众的。各级政府要围绕社会公众和企事业单位最关心、最直接、最现实的利益问题，以公开为原则，以不公开为例外，编制政府信息公开目录，及时、准确地向社会公开行政决策的程序和结果，提高政府的透明度和办事效率，拓宽群众参政议政的渠道，保证人民群众依法行使选举权、知情权、参与权、监督权。

3. 基础信息资源

基础信息资源来源于相关部门的业务信息，具有基础性、基准性、标识性、稳定性等特征。人口、法人单位、自然资源和地理空间等基础信息的采集部门要按照"一数一源"的原则，避免重复采集，结合业务活动开展，保证基础信息的准确、完整、及时更新和共享。基础信息库分级建设、运行、管理，边建设边发挥作用。国家基础信息库实行分别建设、统一管理、共享共用。各级政府应探索符合实际的基础信息库建设、管理和应用模式。

(四)基础设施

基础设施包括国家电子政务网络、政务信息资源目录体系与交换体系、信息安全基础设施等几个部分。基础设施建设要统筹规划，统一标准规范，避免重复投资和盲目建设，以提高整体使用效益。

1. 国家电子政务网络

国家电子政务网络由基于国家电子政务传输网的政务内网和政务外网组成。政务内网由党委、人大、政府、政协、法院、检察院的业务网络互联互通形成，主要满足各级政务部门内部办公、管理、协调、监督以及决策需要，同时满足副省级以上政务部门特殊办公需要。政务外网主要满足各级政务部门进行社会管理、公共服务等面向社会服务的需要。要充分利用国家公共通信资源，形成连接中央和地方的统一的国家电子政务传输骨干网。

2. 政务信息资源目录体系与交换体系

按照统一的标准和规范，逐步建立政务信息资源目录体系，为各级政府提供信息查询和共享服务；逐步建立跨部门的政务信息资源交换体系，围绕部门内信息的纵向汇聚和传递、部门间在线实时信息的横向交换等需求，为各级政府的社会管理、公共服务和辅助决策等提供信息交换和共享服务。依托统一的国家电子政务网络，以优先支持的业务为切入点，统筹规划、分级建设覆盖全国的政务信息资源目录体系与交换体系，支持信息的交换与共享。

3. 信息安全基础设施

各级政府要围绕深化应用的需要，加强和规范电子政务网络信任体系建设，建立有效的身份认证、授权管理和责任认定机制。建立健全信息安全监测系统，提高对网络攻击、病毒入侵的防范能力和网络泄密的检查能力；完善密钥管理基础设施，充分利用密码、访问控制等技术保护电子政务安全，促进应用系统的互联互通和信息共享。要把信息安全基础设施建设与完善信息安全保障体系结合起来，按照"谁主管谁负责，谁运行谁负责"的要求，明确信息安全责任。根据网络的重要性和应用系统的涉密程度、安全风险等因素，划分安全域，确定安全保护等级，搞好风险评估，推动不同信息安全域的安全互联。

(五)法律法规与标准化体系

电子政务法律法规与标准化体系是电子政务服务于全社会、全民的基本保障，即通过电子政务提供的服务需要得到法律法规的确认，其规模性和有效性必须通过标准化体系加以保证。一方面电子政务的建设与完善要依法行政，另一方面电子政务的建设与发展也推动了相关法律法规的完善，从而促进了相关法律法规的建设。

电子政务标准化体系以国家标准为主体，充分发挥行业标准在应用系统建设中的作用。要重点制定电子公文交换、电子政务主题词表、业务流程设计等标准，逐步建立标准符合的测试环境。

(六)管理体制

政府部门要建立健全与社会主义市场经济体制相适应的电子政务管理体制，各相关部门进一步加强和改进管理,促进电子政务充满活力、富有效率、健康发展;把电子政务建设和转变政府职能与创新政府管理紧密结合起来,形成电子政务与深化行政管理体制改革相互促进、共同发展的机制;创新电子政务建设模式,逐步形成以政府为主、社会参与的多元化投资机制,提高电子政务建设和运行维护的专业化、社会化服务水平;围绕电子政务的建设和应用,加强技术研发,提高产业素质,形成有利于信息技术创新和信息产业发展的机制。

三、中国电子政务的发展历程

随着现代信息技术的发展和政府体制改革的不断深化,电子政务已成为实现国家信息化和现代化战略的重要途径,许多国家都把电子政务作为优先发展战略的重要内容。

中国电子政务作为国家信息化战略重点,走过了一条比较特殊的发展之路。到目前为止,中国电子政务经历了四个阶段,如表10-2所示。

表10-2 中国电子政务的发展

中国电子政务的发展历程	主要内容
初始阶段	办公电子化工程
起步阶段	三金工程:"金关工程""金卡工程""金桥工程"
发展阶段	政府上网工程
全面建设阶段	整体、整合、创新发展
未来发展趋势	智慧政务

(一)初始阶段

初始阶段从20世纪80年代到90年代中期,以办公电子化工程为特点。该阶段主要利用计算机替代一部分手工劳动,各级政府部门开始尝试利用计算机辅助政府日常办公,如文字和报表的处理工作等。到20世纪80年代末期,不少政府机构已经建立了部门纵向或横向的内部专用办公网络,并且成立了信息中心,旨在提高政府对信息的处理能力以及作为决策过程的辅助支撑。这一阶段常被称为"政府办公自动化阶段"。

(二)起步阶段

起步阶段主要在20世纪90年代中期,以"三金工程"为特点。该阶段在1993年底启动的"三金工程",即"金桥工程""金卡工程""金关工程",是我国政府主导的以政府信息化为特征的系统工程,其重点是建设信息化的基础设施,为各重点行业和部门提供数据信息的传输服务,实现信息资源的共享,提高工作效率,建设我国的"信息准高速国道"。这一阶段常被称为"金字工程阶段"。"金桥工程"首先建立国家共用经济信息网。具体目标是建立一个覆盖全国并与国务院各部委专用网连接的国家共用经济信息网。"金关工程"是对国家外贸企业的信息系统实联网,推广电子数据交换技术(EDI),实行无纸贸易的外贸信息管理工程。"金卡工程"则是以推广使用"信息卡"和"现金卡"为目标的货币电子化工程。

(三)发展阶段

发展阶段主要在20世纪90年代以后到21世纪初期,以"政府上网工程"为特点。1999年1月,由中国电信和国家经济贸易委员会经济信息中心(后改为国家发展和改革委员会)联合40多家部委信息主管部门共同倡议发起了"政府上网工程",因此1999年也被认为是"政府上网年"。该工程旨在推动政府各级部门利用网络平台上的各种信息资源,实现网络行政,并为电子政务打下坚实的基础。在该工程的推动下,政府机关大规模在网上公开可以公开的政府信息,2000年,80%的中央部委与各级政府部门上网;截至2002年年底,以gov.cn为结尾注册的域名总数达到7796个,占国内域名总数的4.3%,已经建成的政府网站达到6148个,80%的地市级政府在网上设立了办事窗口。中国的政府信息化建设有了实质性进展,电子政务的发展进入快车道。这一阶段常被称为"政府上网工程阶段"。

(四)全面建设阶段

全面建设阶段从21世纪初开始到现在,以"整体发展"为特点。21世纪以后,我国电子政务建设全面展开。这标志着我国电子政务建设进入了一个全面规划、整体发展的新阶段。各种公共服务电子化的措施不断推出,如"网上政务超市""网上行政审批大厅""一站式服务"等,使公众充分享受政府通过电子化手段提供的公共服务。

《2015年国院政府工作报告》指出,要切实加强政府自身建设,全面实行政务公开,推广电子政务和网上办事;2016年政府工作报告中提到,加快推进"互联网+政务服务"建设;《2018年国务院政府工作报告》再次提到要深入推进"互联网+政务服务",使更多事项能在网上办理,必须到现场办的也要力争做到"只进一扇门""最多跑一次",同时指出要加快政府信息系统互联互通,打通信息孤岛。电子政务运用信息技术,优化重组政府的结构和办事流程,改进公共服务模式和手段,突破传统的时间、空间和部门分工的限制,形成一套全新的政府运作模式。近年来,由于移动技术、大数据、云计算、物联网等新一代信息技术的出现,"互联网+"时代应运而来,电子政务进入高速发展阶段。

目前,我国的电子政务围绕着以电子政务促进服务型政府建设的根本任务,在提高政府透明度、促进政府与民众互动、提升行政效能和改善公共服务等方面积极谋求进一步的发展。

(五)未来发展趋势

随着云计算、大数据、区块链、人工智能等新兴技术的出现和应用,实现电子政务向智慧政务的转型升级,是政府从服务型走向智慧型的必然要求。智慧政务就是应用现代信息技术,整合信息服务资源,通过应用各种平台,提高政府服务和管理的质量,让政府变得更加智能,成为"智慧"的政府。它是电子政务发展的高级阶段,是面向公民和企业提供无缝对接的政府公共服务,为政府打破"信息孤岛",实现信息资源深度融合提供了支持。政务服务呈现出简便、透明、自治、移动、实时、智能和无缝对接等特征。政务服务实现优化升级,实现智慧办公、智慧决策、智慧服务、智慧监管,突破现阶段电子政务

光明网联手百度智能小程序

发展瓶颈,通过网上政务服务平台为公众提供更加精准、个性、高效、满意的服务内容,进而实现政府治理体系和治理能力的现代化。

第二节　电子政务的应用模式

根据服务对象的差异,电子政务可分为五种模式:政府对政府的电子政务(简称 G2G 模式)、政府对企业的电子政务(简称 G2B 模式)、政府对公民的电子政务(简称 G2C 模式)、政府对政府公务员(即政府雇员)的电子政务(简称 G2E 模式)、政府对非政府组织的电子政务(简称 G2N 模式)。如果把这五种模式进一步具体化,电子政务的内容就是公共部门内部办公的电子化和自动化、公共部门之间通过计算机网络进行的信息共享与网络化协同办公、公共部门与公众和企业之间以互联网为依托所进行的互动式双向信息交流与服务提供。基于电子政务应用模式,政府与公众、政府与企业、政府与非政府组织、政府与政府之间,通过电子途径实现了互动。

一、G2G 模式

G2G(Government to Government)是政府对政府的电子政务,是政府内部、政府上下级之间、不同地区和不同部门之间实现的电子政务模式。G2G 是电子政务的基本模式,通过该模式,打破机关组织部门的垄断和封锁,加速政府内信息的流转和处理,实现跨部门的行政业务、信息与服务的整合、集成和网络化协同办公,克服政府各部门相互推诿的现象,提高政府内部的行政效率。政府间的电子政务是电子政务建设与深度应用的基础,也是创新公共管理、提高社会服务质量的前提和基础。因此,电子政务首先是从政府间的电子政务建设与应用开始的。目前这种模式主要有以下具体应用:电子法规政策系统、电子公文处理系统、电子司法档案管理系统、电子财政管理系统、电子培训系统、业绩评价系统、垂直化网络管理系统、横向网络协调管理系统、城市网络化管理系统和城市综合执法系统等。

(一)电子法规政策系统

针对所有政府部门和工作人员制定相关的现行有效的各项法律、法规、规章、行政命令和政策规范,所有政府机关和工作人员真正做到有法可依、有法必依。

(二)电子公文处理系统

在保证信息安全的前提下,政府上下级、部门之间传送有关的政府公文,如报告、请示、批复、公告、通知、通报等,使政务信息十分快捷地在政府间和政府内流转,提高政府公文处理速度。

(三)电子司法档案管理系统

政府司法机关之间共享司法信息,如公安机关的刑事犯罪记录、审判机关的审判案例、检察机关的检察案例等,通过共享信息提高司法工作效率和司法人员综合能力。

(四)电子财政管理系统

该系统向各级国家权力机关、审计部门和相关机构提供历年的政府财政预算及其执行情况,包括从明细到汇总的财政收入、开支、拨付款数据以及相关的文字说明和图表,以便于有关领导和部门及时掌握和监控财政状况。

(五)电子培训系统

该系统为政府工作人员提供各种综合性和专业性的网络教育课程,适应信息时代对政府的要求,加强对员工在信息技术方面的专业培训,员工可以通过网络随时随地注册参加培训、接受培训、参加考试等。

(六)业绩评价系统

按照设定的任务目标、工作标准和完成情况对政府各部门业绩进行科学的测量和评估。

(七)垂直化网络管理系统

该系统主要适用于一些垂直管理的公共部门,通过组建本系统的内部网络,形成自上而下的、垂直型的网络化管理系统,以实现统一决策、信息共享,有效提高系统的决策水平和反应速度。垂直管理系统有利于本系统内部各层级之间的畅通与信息共享,但不同垂直管理系统之间、垂直管理系统与地方政府统一的协同工作系统之间,如何互动与信息共享,是运用政务信息化打破条块分割体制的关键问题。

(八)横向网络协调管理系统

横向网络协调管理系统通过运用网络共享不同地区、不同部门的决策信息,提高决策的准确度、效率和质量。这种横向的协调管理方式防止了各地区、各部门间相互推诿抵赖。

(九)城市网络化管理系统和城市综合执法系统

该系统主要表现为对城市供水、供电、供气、供暖等城市公用事业部门实行网络化控制与监管;对城市交通、公安、消防、环保等部门实行网络化统一调度与监管,以提高管理和服务的效率与水平;对各种突发事件和灾难实施网络一体化管理与跟踪,建立预警机制,以提高城市政府应对突发事件的能力。

二、G2B 模式

G2B(Government to Business)是政府对企业的电子政务,是政府通过电子化网络系统为企业提供公共服务的电子政务模式。该模式打破了政府部门之间的界限,实现了业务部门在资源共享的基础上为企业提供各种信息服务,精简工作流程,简化审批手续,提高办事效率,减轻企业负担。目前这种模式主要有以下具体应用:电子采购与招标、电子税务、电子证照办理、信息咨询服务、中小企业电子化服务等。

(一)电子采购与招标

电子采购与招标就是政府利用电子化的手段进行政府的采购和招标活动。政府在网站上发布采购与招标信息,相关企业可以从中了解到有关的政策和程序。电子化的采购和招标使整个过程公开透明,减少了徇私舞弊和暗箱操作,降低了企业的交易成本,为企业提供了平等的机会,也节约了政府采购支出。

(二)电子税务

电子税务通过政府税务网络系统为企业提供便利,企业在办公室就能完成税务登记、税务申报、税款划拨、查询税收公报、了解税收政策等业务,既方便了纳税人,也节约了人力成本,提升了征税效率。

(三)电子证照办理

电子证照办理是指企业通过互联网在线申请办理各种证件和执照,可以缩短办证周期,减轻负担。如营业执照的办理过程:企业在线提交申请和要求的材料,相关部门接到申请,开始受理,对资质和规定的要求进行审核、复核,通过审核则发放营业执照,否则回复企业不予办理及原因。同时营业执照的年检、登记项目变更、核销、统计证、土地证和房产证、建筑许可证、环境评估报告等都可以通过在线方式办理。

(四)信息咨询服务

信息咨询服务是指政府将拥有的各种数据库信息对企业开放,方便企业使用,这些信息包括法律、法规、规章、政策、国际贸易统计资料等。

(五)中小企业电子化服务

中小企业电子化服务是指政府利用宏观管理和集合优势,为中小企业提供各种帮助。它包括为中小企业提供统一的政府网站入口,帮助中小企业向电子商务供应商争取有利的、能够负担得起的电子商务应用解决方案等。

G2B模式:中国电子口岸

三、G2C 模式

G2C(Government to Citizen)是政府对公民的电子政务,是政府部门向公民提供各种服务,公民在线获得政府信息和服务的电子政务模式。这种模式提高了政务活动的透明性,有利于公民的民主参与和有效监督,促使公务人员廉洁自律,并且公民可以快捷、方便获得各类信息和服务,这大大地节约了公民的时间。目前这种模式主要有以下具体应用:教育培训服务、就业服务、电子医疗服务、社会保险网络服务、公民信息服务、公民电子税务、电子证件服务、交通管理服务等。

(一)教育培训服务

建立全国性的教育平台,并资助所有的学校和图书馆接入互联网和政府教育平台;政府出资购买教育资源,提供给学校和学生;重点加强对信息技术的教育和培训,以应对信息时代的挑战。

(二)就业服务

通过电话、互联网或其他媒体向公民提供工作机会和就业培训,促进就业。如开设网上人才市场或劳动市场,提供与就业有关的工作职位缺口数据库和求职数据库信息;在就业管理和劳动部门所在地或其他公共场所建立网站入口,为没有计算机的公民提供接入互联网寻找工作职位的机会;为求职者提供网上就业培训、就业形势分析等。

(三)电子医疗服务

通过政府网站提供医疗保险政策信息、医药信息、执业医生信息,为公民提供全面的医疗服务,公民可通过网络查询医疗保险个人账户余额和当地公共医疗账户的情况;查询国家新审批的药品的成分、功效、试验数据、使用方法及其他详细数据,提高自我保健的能力;查询当地医院的级别和执业医生的资格情况,选择合适的医生和医院。

(四)社会保险网络服务

通过电子网络建立覆盖地区甚至国家的社会保险网络,公民通过网络及时全面地了解自己的养老、失业、工伤、医疗等社会保险账户的明细情况,促进社会保障体系的建立和普及;政府通过网络公布最低收入家庭补助情况,增加信息透明度;公民可以通过网络直接办理有关社会保险业务。

(五)公民信息服务

公民信息服务系统的建立使公民能够在线查询相关的政策、法律法规,同时通过网络查看被选举人的背景资料,增进对被选举人的了解;在线评论和意见可以反馈公民对政府工作的意见,帮助改进政府工作。

(六)公民电子税务

公民个人可通过电子报税系统申报个人所得税、财产税等个人税务。

(七)电子证件服务

公民可网上办理结婚证、离婚证、出生证、死亡证明等有关证件。

(八)交通管理服务

公民可利用各省、区、市(局)公安厅交通管理局的互联网交通安全综合服务管理平台进行电子监控违法处理、车牌号选择、考试预约和机动车信息查询等。

G2C模式:安徽省公安厅交通管理局交通安全综合服务管理平台

四、G2E 模式

G2E(Government to Employee)是政府对政府公务员(政府雇员)的电子政务,

是利用内联网建立起有效的行政办公和员工管理体系的电子政务模式,是政府机构通过网络技术实现内部电子化管理的重要形式,可保证政府内部管理和工作的正常运行。该模式提高了政府工作效率和公务员管理水平,为G2G、G2B和G2C模式的实施奠定了基础。目前这种模式主要有以下具体应用:公务员日常管理系统、绩效考核系统、电子人事管理系统等。

(一)公务员日常管理系统

公务员日常管理系统运用现代信息化管理手段进行公务员平时考核工作,规范公务员的考核和管理,推进公务员的日常管理和整体素质的建设。

(二)电子人事管理系统

电子人事管理系统以信息技术实现对政府人力资源信息的高度集成化管理,将人力资源管理人员从繁重的日常琐碎事务中解放出来,把更多的精力用于政府部门人力资源职能管理和管理决策,提高政府管理水平与公共服务质量。

(三)绩效考核系统

绩效考核系统能够对政府工作人员的绩效进行科学的测量和评估,根据设定的岗位任务、岗位标准和工作完成情况,自动处理并得出政府工作人员的绩效,在将绩效考核变得更科学的同时,方便了统计,减小了误差。

五、G2N 模式

G2N(Government to Non-governmental Organizations)是指政府对各类非政府组织提供审批、监管和服务的一种电子政务模式,主要包括以下内容。

(一)注册登记

政府相关部门利用网络办公平台完成对各类非政府组织的资格审核、成立批准、注册登记服务等工作内容。

(二)服务外包

政府利用网络平台发布相关政府服务外包信息,筛选符合条件的非政府组织为服务承包商,并通过网络对其业务进行指导。

(三)运行监管

政府部门利用网络信息技术,监督规范各类非政府组织的运行,确保非政府组织在相应规范之下有序高效运行。

(四)信息反馈

非政府组织可以作为重要的民意汇集中枢,将各类社会问题,包括政府管理和服务问题反映给相关部门；相关部门则可将处理意见通过非政府组织反映给民众，保证政府与民众的有效沟通。

(五)绩效评估

各类非政府组织作为外部评估主体参与电子政务建设、发展的评估，弥补其他评估主体的局限性，客观评估电子政务绩效。

第三节　中国电子政务的实践

中共中央党校(国家行政学院)与联合国经社部第五次共同发布的《联合国电子政务调查报告(中文版)》显示，我国电子政务发展指数从2018年的0.6811提高到了2020年的0.7948，排名提升至全球第45位，达到"非常高"水平，特别是作为衡量国家电子政务发展水平核心指标的在线服务指数上升为0.9059，指数排名大幅提升至全球第9位，进入全球前十行列。

"十三五"以来，随着互联网、大数据、物联网、云计算等技术的不断应用，我国政府在国家治理变革、电子政务推进方面提出了许多新思路，实践了许多新做法，使得我国的电子政务实践又上了新台阶。2016年3月，《政府工作报告》提出：大力推进"互联网+政务服务"，实现部门间数据共享，让居民和企业少跑腿，好办事，不添堵。2016年4月，习近平总书记在网络安全和信息化工作座谈会中，对电子政务发展提出了明确要求，加快推进电子政务，鼓励各级政府部门打破信息壁垒，提升服务效率，让百姓少跑腿，信息多跑路。解决办事难、办事慢、办事繁的问题。这些重要论述及文件，从顶层设计的高度为我国电子政务的未来发展指明了方向。自2015年9月以来，围绕国家大数据、互联网+政务服务、政务信息资源共享等领域，国家出台了一系列的相关政策文件(表10-3)，为电子政务发展提供了良好的政策环境保障。

表10-3　2015—2022年国家出台的电子政务相关政策文件

领域	文件名称	发布时间
总体战略规划	《国家信息化发展战略纲要》	2016年7月27日
	《"十三五"国家信息化规划》	2016年12月27日
大数据	《促进大数据发展行动纲要》	2015年9月5日
互联网+政务服务	《推进"互联网+政务服务"开展信息惠民试点实施方案》	2016年4月26日
	《关于加快推进"互联网+政务服务"工作的指导意见》	2016年9月29日
	《"互联网+政务服务"技术体系建设指南》	2017年1月12日
	《进一步深化"互联网+政务服务"推进政务服务"一网、一门、一次"改革实施方案》	2018年6月10日
	《国务院关于在线政务服务的若干规定》	2019年4月26日
	《全国一体化政务服务平台移动端建设指南》	2021年9月29日

续表

领域	文件名称	发布时间
政务公开	《2016年政务公开工作要点》	2016年4月18日
	《关于在政务公开工作中进一步做好政务舆情回应的通知》	2016年8月12日
	《国务院办公厅印发〈关于全面推进政务公开工作的意见〉实施细则的通知》	2016年11月15日
政务信息资源	《政务信息资源共享管理暂行办法》	2016年9月19日
	《国务院办公厅关于扩大政务服务"跨省通办"范围进一步提升服务效能的意见》	2022年9月28日

在表10-3中可以看到,相关的政策覆盖了电子政务发展的不同领域,既有总体规划,如国家信息化战略纲要,也有涉及当前电子政务建设中关键领域的推进要求,如促进大数据发展纲要,政务信息资源共享办法等。特别是关于"互联网+政务服务",在短短八个月的时间内,国家就出台了三个文件,包括从推进实施方案到指导意见到技术体系建设指南逐步推进的方案体系,既有总体原则和措施,更有详细的可操作的技术指标体系,对推进相关工作的落实起到了很好的促进作用。归纳这些顶层设计思路和重要的政策思想,"十三五"开局以来,我国电子政务发展进入加速道,呈现出许多新的趋势。

一、政府公共服务能力不断提升

2016年9月,国务院印发了《国务院关于加快推进"互联网+政务服务"工作的指导意见》。这为解决地方和部门互联网政务服务中存在的网上服务事项不全、信息共享程度低、可办理率不高、企业和群众办事不便等问题提供了有效的依据。2017年1月,《"互联网+政务服务"技术体系建设指南》出台,以提高公共服务能力为中心,加强顶层设计,完善标准规范。"一号一窗一网"成为"互联网+政务服务"的重大建设目标,以解决群众办事过程中办证多、办事难等问题为核心,旨在进一步推动政府部门间连接,协同联动,打破信息孤岛。变群众跑腿为信息跑路,变群众来回跑为部门协同办,变被动服务为主动服务。所谓"一号一窗一网",主要是指:"一号"申请,充分发挥居民身份证号码作为公民唯一的终身不变的身份代码作用,以公民身份号码为唯一标识,建成电子证照库,实现群众办事"一号"申请,避免重复提交办事材料证明和证件等;"一窗"受理,整合构建综合政务服务窗口建立统一的数据共享交换平台和政务服务信息系统,实现政务服务事项"一窗"受理,就近能办,同城通办,异地可办;"一网"通办,建成网上统一身份认证体系推进群众网上办事一次认证多点互联,实现多渠道服务的一网通办,大幅提高政府服务的便捷性。

从2016年6月到2022年12月,我国互联网政务用户规模从1.76亿增长到9.26亿图10-4,占整体网民的比例由24.8%提升至86.7%,全国一体化政务服务平台实名用户超过10亿人,其中国家政务服务平台注册用户8.08亿人,总使用量超过850亿人次,服务应用不断创新,企业和群众的满意度和获得感不断增强。

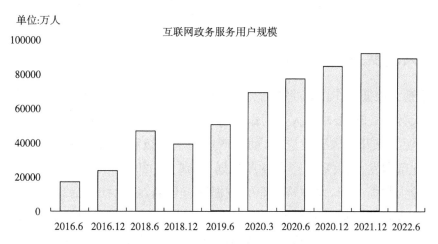

图 10-4 互联网政务服务用户规模

二、政府数据开放加速推进

随着大部分省份基本形成"一张网"(统一的省、市县、乡镇、行政村四级覆盖电子政务外网)、"一个中心"(统一的政府数据中心)、"一朵云"(统一的政务云)电子政务基础设施统建共享,我国政务数据治理和信息整合共享进一步完善,基本实现政务信息资源横向、纵向高效流动,全面推进政务信息资源共享和业务协同,数据整合、数据开放、信息公开、信息惠民进一步深入。

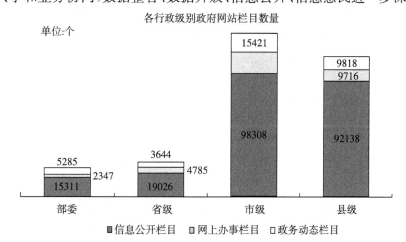

图 10-5 各行政级别政府网站栏目数量

近年来,国家频繁出台政策,为政务数据开放保驾护航,地方政府率先践行政府数据开放。2016 年 7 月,《国家信息化发展战略纲要》进一步提出要构建统一规范、互联互通、安全可控的国家数据开放体系,政务数据开放正在成为透明政府建设和便民服务的重要内容。在国家的积极推动下,各级政府陆续启动政府数据开放计划,纷纷探索开放数据的惠民之道,目前浙江省、贵州省、北京市、上海市、武汉市、青岛市、宁波市海曙区、佛山市南海区等已经推出数据开放平台。

截至 2022 年 12 月,我国共有政府网站 13946 个,主要包括政府门户网站和部门网站。各行政级别政府网站共开通栏目数量 30.9 万个,主要包括信息公开、网上办事和新闻动态三种类别(图 10-5)。在各行政级别政府网站中,市级网站栏目数量最多,达 14.3 万个,占比为 46.3%。在政府网站栏目中,信息公开类栏目数量最多,为 24.2 万个,占比为 18.4%;其次为网上办事栏目,占比为10.8;新闻动态类栏目数量占比为10.8%。

三、政务大数据应用方兴未艾

国家高度重视大数据工作,地方政府积极推进大数据应用。国家在"十三五"规划当中明确提出,要实施国家大数据战略,要求把大数据作为基础性战略资源。全面实施促进大数据发展行动,加快推动数据资源共享开放和开发应用,助力产业转型升级和社会治理创新。2016年12月18日,工业和信息化部印发了《大数据产业发展规划(2016—2020年)》,提出促进行业大数据应用发展,推动重点行业大数据应用,促进跨行业大数据融合创新,强化社会治理和公共服务大数据应用,推动大数据与各行业领域的融合发展。一些地方政府抢先纷纷布局,启动大数据相关工作。地方大数据产业园区、大数据产业基金、大数据交易所纷纷成立。据不完全统计,广东、上海、重庆、贵州等省(自治区、直辖市)和沈阳、武汉、南京等城市发布了本地区大数据产业发展的法规、指导意见、规划、行动计划以及实施方案等政策文件。贵州省、广州市、沈阳市、成都市等还成立了大数据管理局或类似的管理机构。

政务大数据应用方兴未艾,还体现在政府大数据应用市场规模不断地扩大。随着"互联网+"概念的不断深入推进及数字技术的不断成熟,大数据的应用和服务持续深化,市场对大数据基础设施的需求也在持续增长。《2022中国大数据产业生态地图暨中国大数据产业发展白皮书》指出,2021年中国大数据产业规模突破1.3万亿元。伴随着5G和物联网的发展,业界对更为高效、绿色的数据中心和云计算基础设施的需求越发旺盛,大数据基础层持续保持高速增长,持续促进传统产业转型升级,激发经济增长活力,助力新型智慧城市建设和数字经济发展。

四、政务新媒体矩阵逐步形成

一方面,政府运用微博、微信等新媒体工具,开展政务信息服务。自2015年以来,政务新媒体实现了突飞猛进的发展。"两微多端"已经成为政务新媒体发展的趋势,"两微"指的是微信、微博,多端则是多种移动新闻客户端。腾讯发布的《2015年度全国政务新媒体报告》显示:2015年,中国政务微信公众号数量已经突破10万,各级政府的微信公众号应用体系已基本形成。另外,人民网新媒体智库发布的《2016年全国政务舆情回应指数评估报告》显示:在2016年1月到11月所发生的600多起舆情案件中,41%的事件通过政务新媒体作出回应。另一方面,移动政务APP也迅猛发展,移动互联网应用于政府在线服务,极大地提升了便捷性、实用性及用户体验,实现用户随时随地享受主动的政务服务。2016年6月14日,中山大学联合支付宝在广州发布的《"互联网+政务"报告》(2016)显示,自2015年以来,"互联网+政务"在中国获得迅猛发展,除了政府部门自建政务APP,依托以支付宝为代表的第三方平台也成为"互联网+政务服务"的主流。

2019年7月21日,在中国电子政务论坛,腾讯公司介绍已有超过3万个微信政务小程序,累计为9亿多人次提供服务。截至2020年12月,经过新浪平台认证的政务机构微博有140837个。截至2020年12月,政务头条号有82958个。截至2020年12月,政务抖音号有26098个。2019年4月18日,国务院办公厅制定印发《政府网站与政务新媒体检查指标》和《政府网站与政务新媒体监管工作年度考核指标》,从中央政策层面进行科学管理和规范指导。

五、数字政府治理服务效能显著增强

《数字中国发展报告(2021年)》指出,我国电子政务在线服务指数全球排名提升至第9位,"掌上办""指尖办"已成为各地政务服务标配,"一网通办""跨省通办"取得积极成效。超90%的省级行政许可事项实现网上受理和"最多跑一次",平均承诺时限压缩超过50%。

2021年3月11日,第十三届全国人民代表大会第四次会议表决通过了《中华人民共和国国民经济和社会发展第十四个五年规划和2035年远景目标纲要》。该纲要共分十九篇,其中第五篇《加快数字化发展、建设数字中国》,提出"迎接数字时代,激活数据要素潜能,推进网络强国建设,加快建设数字经济、数字社会、数字政府,以数字化转型整体驱动生产方式、生活方式和治理方式变革"。该纲要强调要将数字技术广泛应用于政府管理服务,深化"互联网+政务服务",提升全流程一体化在线服务平台功能,持续增加数字政府效能,不断激发数字经济活力,优化数字社会环境,营建良好数字生态。

六、数字政府安全保障体系逐步完善

提高关键信息基础设施的自主可控能力和核心技术竞争力,是关系国家信息安全的重要内容。地方和部门在电子政务建设中,高度重视并积极利用国产化软硬件产品,以应用促进产业和技术创新升级;加快关键核心技术攻关,加强关键信息基础设施安全保障,强化安全防护技术应用,保障国家信息安全;注重全面强化数字政府安全管理责任,落实安全管理制度,切实筑牢数字政府建设安全防线。

七、新技术融合应用加速

作为国家信息化、现代化战略的重要组成部分,以大数据、云计算、区块链、人工智能为代表的新技术整合将是未来电子政务服务的技术核心。新技术融合应用加速推动政务资源整合、优化政务流程,提升政府服务质量和效率,从而更好地促进国家治理体系与治理能力现代化,推动电子政务服务向智能化、智慧化加速变革。

《课程思政》

当前,我国已开启全面建设社会主义现代化国家新征程,这对政府治理制度化、规范化、科学化提出了更高要求。推进数字政府建设,要运用大数据提升国家治理现代化水平,推进政府管理和社会治理模式创新,实现政府决策科学化、社会治理精准化、公共服务高效化。《中华人民共和国国民经济和社会发展第十四个五年规划和2035年远景目标纲要》对提高数字政府建设水平作出战略部署,提出新的更高要求。我们要贯彻创新、协调、绿色、开放、共享的新发展理念,将数字技术广泛应用于政府管理服务,不断提高决策科学性和服务效率,助力提升国家治理体系和治理能力现代化水平。

习近平总书记强调要"增强数字政府效能"。以数字化、网络化、智能化为特征的现代信息技术飞速发展,给经济社会发展和人们生产生活带来深刻变革。数字政府建设将新一代数字技术与政府治理创新融合起来,以政府数字化转型驱动治理方式变革,全方位推动政府治理流程再造和模式优化,增强监管调控、应急处置等能力,形成公共服务新模式。

(资料来源于网络,作者有删改)

课后练习

一、单项选择题

1. 电子政务的应用群体为( )
   A. 政府内部工作人员　　B. 广大企业　　　　C. 社会公众　　　　D. 前面三种

2. 相比于传统政府的垂直化层次结构,电子政府体现的是( )
   A. 金字塔形结构　　　　B. 扁平化辐射结构　　C. 饼状结构　　　　D. 集中化结构

3. 下列各项中,不属于电子政务基本框架的是( )
   A. 政府机关内部的办公业务网
   B. 连接政府部门之间并和上下级相应政府机构连通的办公业务资源网
   C. 为民众和企业服务的政府公众信息网
   D. 电信的163网

4. 就业服务是在( )模式下运行的一种电子政务服务。
   A. G2G　　　　　　　　B. G2C　　　　　　　C. G2B　　　　　　　D. G2E

5. 电子采购与招标是在( )模式下运行的一种电子政务服务。
   A. G2G　　　　　　　　B. G2C　　　　　　　C. G2B　　　　　　　D. G2E

6. G2G是上下级政府、不同地方政府、不同政府部门之间的电子政务。下面不属于G2G的是( )
   A. 电子法规政策系统　　B. 电子培训系统　　　C. 业绩评价系统　　　D. 电子税务

7. 推进国家电子政务建设,应秉承( )是宗旨、应用是关键的理念。
   A. 开放　　　　　　　　B. 共享　　　　　　　C. 服务　　　　　　　D. 技术

二、多项选择题

1. 以下关于电子政务的说法正确的有( )
   A. 电子政务是"电子"与"政务"的统一体
   B. "电子"是载体、是手段,"政务"是根本、是核心
   C. 电子政务一词源于中国
   D. 国内外学者有诸多不同提法,但至今仍未形成确切的、统一的电子政务概念

2. 电子政务按用户可分为( )
   A. G2G　　　　　　　B. G2B　　　　　　　C. G2C　　　　　　　D. G2E　　　　E. G2N

3. 电子政务的主要功能有( )
   A. 网上信息发布　　　B. 公共事务管理　　　C. 部门间协同办公　　D. 公共事务管理

4. 我国1993年底启动的"三金工程"是( )

A. 金关工程　　　　B. 金卡工程　　　　C. 金桥工程　　　　D. 金企工程

三、简答题

1. 如何全面理解电子政务的含义？电子政务的实质是什么？
2. 推行电子政务有哪些重要意义？
3. 电子政务总体框架主要是由哪几部分构成的？
4. 你认为我国目前的电子政务建设处于哪个阶段？为什么？
5. 电子政务有哪些主要的应用模式？

四、主题讨论

结合国内外电子政务发展的情况，请谈谈你对电子政务发展的看法。

五、项目实训

认识政府门户网站。

1. 上网浏览中国3个政府网站、国外3个政府网站，它们一般有哪些板块？
2. 在上述网站上享受服务（如自己关心的事宜），感到哪个政府网站方便？
3. 体会一下什么是政府门户网站，什么是一站式服务。
4. 选择某一G2C电子政务网站进行分析，了解该网站功能、结构和用户类型。

第十一章　电子商务模块实训与创业实践

《学习目标》

理解：网络工具、电子交易、网络营销的作用与功能，商业策划书的核心要素。

掌握：电子商务领域基本的网络工具的使用；B2B、B2C、C2C各种电子商务交易流程和操作技巧；网络营销的操作技巧；商业策划书撰写技巧。

应用：应用电子商务各种基本的网络工具进行日常的工作和学习；应用电子交易进行对淘宝网、天猫网和阿里巴巴网的分析和实践。

《思维导图》

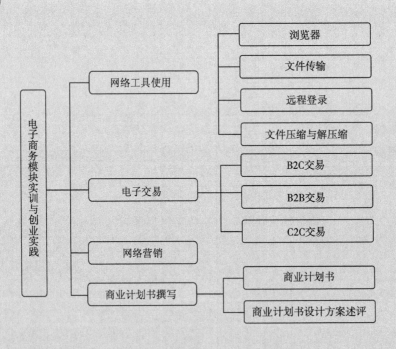

案例导读

以下是前程无忧网发布的两则关于电子商务岗位招聘的信息,请阅读后思考以下问题。

资料一

职位标签:电子商务

职位职能:电子商务经理/主管

职位描述:

岗位职责:

1. 负责完成公司电子商务平台的建设;

2. 负责优化电子商务平台的产品推广、客户服务和管理体系;

3. 负责网站产品创新与策划,持续改进网站交易体验,对交易流程的优化负责;

4. 负责公司电子商务平台的日常运营、推广,网站日常维护及突发性问题处理。

任职资格:

1. 28~45岁,男女不限,大专及以上学历,电子商务专业,5年以上电商运营管理经验,2年以上同岗位工作经验。

2. 技能要求:具有电子商务师或者助理电子商务师证书者优先考虑。

3. 特质要求:精通电子商务营销规则,有大型电子商务管理经验,有团队精神,承受较强的工作压力;良好的策划推广能力和项目管理管控能力,项目执行能力。

4. 其他要求:熟悉公司类产品者优先考虑。

资料二

职位职能:电子商务总监

职位描述:

1. 资质要求:28~45岁,男女不限,大专及以上学历,电子商务专业,6年以上工作经验,有电子商务实战经验,本岗位从业3年以上。

2. 技能要求:具有电子商务师或者助理电子商务师证书者优先考虑。

3. 特质要求:有大型电子商务管理经验,有团队精神,承受较强的工作压力。

4. 薪资待遇:提供本行业本地区有竞争性的薪资待遇,按劳动法办理劳动保险,公司提供住房补贴、交通补贴、电话补贴、生日福利及节假日福利。

(资料来源于网络,作者有删改)

提出问题:

1. 电子商务专业的学生应掌握哪些基本的技能?

2. 登录前程无忧网,进行电子商务岗位的调研,行业对电子商务专业的学生有哪些基本素质和能力的要求?

3. 电子商务专业学生在校应如何提高电子商务技能,增强自己的电子商务岗位实力?

第一节　网络工具使用

随着电子商务的蓬勃发展,企业需要大量有专业背景的电子商务学生,进行专业的电子商务化运作。而掌握基本网络工具的使用,是电子商务专业学生进行电子商务化运作的前提和基本要求,也是自身未来从事电子商务工作的实力体现,因此,电子商务专业的学生应该在读书期间掌握常用网络工具的使用这项基本技能。

电子商务领域基本的网络工具包括浏览器、文件传输、远程登录、文件压缩与解压缩等。

一、浏览器

浏览器是用户访问万维网的必备工具,是显示网页服务器的文件,并让用户与此类文件进行互动的一种软件。它利用计算机网络进行通信,并将其转换为大家熟知的图形、影像和文本进行显示,用户通过浏览器可方便迅速地浏览各种资讯。

目前有几种浏览器可供用户选择,包括 Microsoft Internet Explorer、Mozilla Firefox、Apple Safari、Google Chrome 等。Microsoft Internet Explorer 是最常用的一种。

在使用浏览器访问万维网时,需要掌握以下基本的概念:网址、主页、超链接等。

(一)网址

网址通常指因特网上网页的地址。在因特网中,如果要一台计算机访问某一个网站,就必须知道该网站的网络地址。网络中的地址方案分为两套:IP 地址系统和域名地址系统。这两套地址系统其实是一一对应的关系。IP 地址用二进制数来表示,每个 IP 地址长 32 比特,由 4 个小于 256 的数字组成,数字之间用点间隔,例如 192.168.0.1 表示一个 IP 地址。由于 IP 地址是数字标识,使用时难以记忆和书写,因此在 IP 地址的基础上又发展出一种符号化的地址方案,来代替数字型的 IP 地址。每一个符号化的地址都与特定的 IP 地址对应,这样网络上的资源访问起来就容易得多了。这个与网络上的数字型 IP 地址相对应的字符型地址,就被称为"域名地址"。

域名是分层次的,它分为顶级域名、二级域名、三级域名等。仅顶级域名就形成了".com"".org"".net"".mil"以及".××(国家代码)"等多种后缀。二级域名形成了".com.cn"".net"".cn"".org"".cn"等多种后缀。

人们通过网址能访问各种网站。而网站中的资源(如图片、音频、视频等)则是通过 URL 得以定位的。统一资源定位符(Uniform Resource Locator,URL)是对可以从互联网上得到的资源的位置和访问方法的一种简洁的表示,是互联网上标准资源的地址,用来定位各种信息资源在互联网中所在的位置,即互联网文件在网上的地址。

URL 的内容包括传输协议、存放资源的服务器名称、资源在服务器上的路径及文件名。URL 的标准格式如下:

协议类型://服务器地址(主机名):端口号/文件路径/文件名。

(1)协议类型。它告诉浏览器如何处理将要打开的文件。最常用的协议是超文本传输协议

(Hyper Text Transfer Protocol,HTTP),这个协议可以用来访问网络。访问网络常用的协议主要包括以下几种：

  http——超文本传输协议资源；

  https——用安全套接字层传送的超文本传输协议；

  FTP——文件传输协议；

  mailto——电子邮件地址；

  ldap——轻型目录访问协议搜索；

  file——当地电脑或网上分享的文件；

  news——Usenet 新闻组；

  Gopher——Gopher 协议；

  Telnet——Telnet 协议。

（2）服务器地址（主机名）。主机名是指存放资源的主机的名字，可以通过 IP 地址来表示，也可以通过域名来表示。

（3）端口号。端口号是指进入服务器的通道，一般为默认端口，如 http 协议默认的端口号为 80，FTP 协议默认的端口号为 21，Telnet 协议默认的端口号为 23，默认端口号在输入时可以省略。

（4）文件路径。文件路径指文件在服务器系统中的相对路径。

（5）文件名。文件名是指信息资源文件的名称。

协议和主机之间用"://"隔开，主机名、文件路径和文件名之间用"/"隔开。协议和主机名是不可缺少的，在使用常用的浏览器时，http 是默认协议，因此在输入地址时常常被省略，而文件路径和文件名有时也可以省略。

（二）主页

主页（Home Page），即首页或起始页，是一个网站的起点站或者说主目录，它是 www 站点上查找信息资源的起点，可以理解为一个网站的入口网页，即打开网站后看到的第一个页面，大多数作为主页的文件名是 index、default、main 或 portal 加上扩展名。

主页一般包含以下几种基本元素：文本、图像、表格、超链接等。

（三）超链接

所谓的超链接是指从一个网页指向一个目标的连接关系，这个目标可以是另一个网页，也可以是相同网页上的不同位置，还可以是一幅图片、一个电子邮件地址、一个文件，甚至是一个应用程序。超链接在本质上属于一个网页的一部分，它是一种允许人们同其他网页或站点之间进行连接的元素。各个网页只有连接在一起后，才能真正构成一个网站。网站上的超链接一般分为两种：一种是绝对地址的超链接，另一种是相对地址的超链接。

【能力训练】

电子商务网站既可以通过 IP 地址来访问，又可以通过域名来访问。IP 地址和域名的关系相当于姓名和别名的关系。任何一个域名都对应一个或者多个 IP 地址，但由于 IP 地址不好记忆，所以人们为了更好地找到一个网站,想出了给 IP 地址起个别名,就是域名,但是一个 IP 上可以有上千甚至上万个域名。电子商务网站访问的方式是:输入域名→域名解析服务器(DNS)解析域名成 IP 地址→访问 IP 地址→根据绑定域名找到目录→到达访问的网站。

为更好地理解 IP 地址与域名之间的关系,请按照以下步骤完成能力训练。

第一步:登录 http://ip.chinaz.com/,输入池州学院网站的域名 www.czu.edu.cn,查询池州学院网站所在服务器的 IP 地址,查询结果为 211.86.192.12,如图 11-1 所示。

图 11-1　IP/服务器物流地址查询

第二步:打开 IE 浏览器,在地址栏中输入"http://www.czu.edu.cn",打开池州学院网站。

第三步:打开 IE 浏览器,在地址栏中输入"http://211.86.192.12",打开池州学院网站。

对比第二步和第三步的访问结果,理解 IP 地址和域名之间的关系。

二、文件传输

FTP(File Ttransfer Protocol)是文件传输协议的英文缩写,属于 TCP/IP 协议簇中的应用层协议,用来定义网络上两台计算机传送文件的规则,实现两台计算机的联机服务。允许用户从远程计算机上获得一个文件副本传送到本地计算机上,或将本地计算机上的一个文件副本传送到远程计算机上。同样,远程计算机在进行文件传输时要求输入用户的账号和口令。但互联网上有许多 FTP 服务器都提供免费软件和信息,用户登录时不记名,这种 FTP 服务称为"匿名 FTP 服务"。

FTP 采用"客户机/服务器"工作方式,客户端要在自己的计算机上安排 FTP 客户程序。使用 FTP 可传送任何类型的文件,如文本文件、二进制文件、声音文件、图像文件和数据压缩文件等。

FTP 就是完成两台计算机之间的拷贝。从远程计算机拷贝文件至自己的计算机上,称之为"下载"(Download)文件。若将文件从自己计算机中拷贝至远程计算机上,则称之为"上传"(Upload)文件。

FTP 客户机程序有字符界面和图形界面两种。字符界面的 FTP 命令复杂、繁多;图形界面的 FTP 客户机程序界面友好、操作简单,不必记忆许多烦琐的命令,用鼠标就能执行大多数的命令。因此,通常情况下不会使用字符方式下的 FTP 程序,而是使用图形方式下 FTP 程序,如 Windows 下的 FTP 客户机程序。但是,如果能熟悉并灵活应用字符界面下的 FTP 命令,尤其通过使用批处理,可以大大方便使用者,并收到事半功倍之效。

FTP 工具一般分为 FlashFTP、LeapFTP、CuteFTP,合称"FTP 三剑客"。其中,FlashFTP 是

速度最快的,但是访问某些教育网站不稳定,还有时出现传大文件卡死的现象,但是为了速度,这点小小的不足可以忽略;LeapFTP 是最稳定的,访问所有网站都比较稳定,而且绝对不会卡死,但是速度有所不足;CuteFTP 优点在于功能繁多,速度和稳定性介于二者之间。使用者可以按用途和喜好来选择它们。

【能力训练】

请按照以下步骤进行操作,熟练掌握 FTP 的收发技巧。

1. 下载并安装 CuteFTP 软件

CuteFTP 软件很多,各大软件下载网站都有,如华军软件园(www. onlinedown. net)、天空下载站(www. skycn. com)等;双击已经下载好的安装程序开始安装,一般按缺省模式安装。设置 CuteFTP 软件(如果是 30 天的评估版,就选择"我同意"或"试用",如果超过 30 天,将该软件删除后重新安装一遍,就可正常使用)。

输入已经注册好的站点名称(yangzhouren)、FTP 主机地址(yangzhouren. 51. go. net)、账号设置(用户名 yangzhouren 和密码),继续输入本地网页路径(D:\800),最后完成设置。设置完成后整个结果如图 11-2 所示。

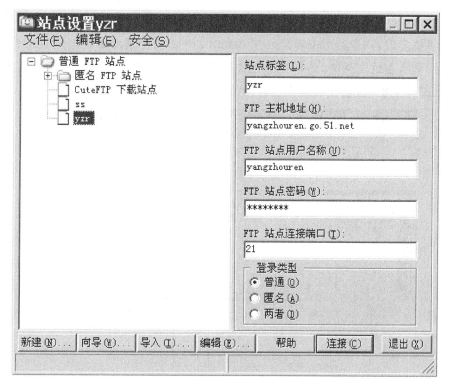

图 11-2　FTP 设置选项全貌

2. 上传网页

点击图 11-2 中的"连接"按钮,出现图 11-3 所示的画面,画面总共四个部分,上部是连接信息,中左是本地网页路径,中右是远程虚拟主机路径,下部是上传或下载页面。

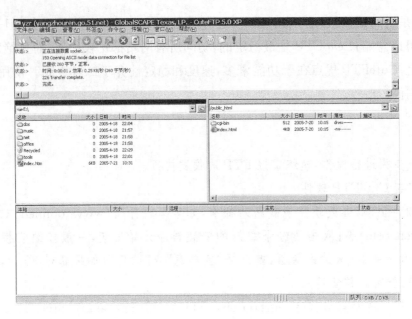

图 11-3　CuteFTP 工作画面

图 11-3 的中右画面里有一个网页文件 index.html,这就是缺省的 http://yangzhouren.go.51.net 页面的网页,将其删除,因为我们要上传自己制作的网页了。另外,自己制作的网页的首页文件名是有严格规定的,一般是 index.htm 或 default.htm,具体请看申请的虚拟主机的帮助。

打开本地网页所在的文件夹,选择要上传的所有文件,按上传,如图 11-4 所示。上传结束后打开浏览器,输入虚拟主机名,就可浏览自己的网站了。

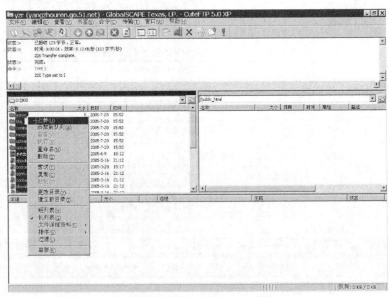

图 11-4 文件上传

三、远程登录

Telnet 协议是 TCP/IP 协议族中的一员,是互联网远程登录服务的标准协议和主要方式。它为用户提供了在本地计算机上完成远程主机工作的能力。在终端使用者的电脑上使用 Telnet 程序,用它连接到服务器。终端使用者可以在 Telnet 程序中输入命令,这些命令会在服务器上运行,就像直接在服务器的控制台上输入一样。可以在本地就能控制服务器。要开始一个 Telnet 会话,必须输入用户名和密码来登录服务器。Telnet 是常用的远程控制 web 服务器的方法。

【能力训练】

以下是部分高校 Telnet BBS 地址。

1. 中国科学技术大学瀚海星云站:telnet://bbs.ustc.edu.cn。
2. 北京大学未名站:telnet://bbs.pku.edu.cn。
3. 清华大学水木清华站:telnet://bbs.tsinghua.edu.cn/。

请采用 Telnet 方式,登录以上三个高校的 BBS 论坛,操作步骤如下(以中国科学技术大学瀚海星云站为例):

1. 点击"开始"→"运行",输入 telnet://bbs.ustc.edu.cn,如图 11-5 所示。

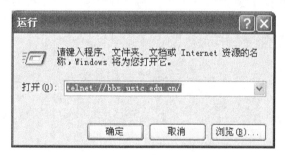

图 11-5　Telnet 登录

2. 登录瀚海星云站,以"guest"身份访问站中的内容,图 11-6 所示。

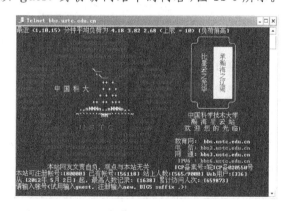

图 11-6　瀚海星云站

四、文件压缩与解压缩

文件压缩,顾名思义,就是把一个大的文件变小的过程。使用压缩格式的理由有很多。如硬盘中的资料越来越多,也越来越乱,如果将它们压缩打包后存放,不仅节约空间还利于查找,通过网络传输文件有时需要将文件进行压缩打包后再传输。

压缩格式有很多,比如:常见的 ZIP 格式、RAR 格式、EXE 格式、CAB 格式、ARJ 格式等。还有一些比较少见的压缩格式,如:BinHex、HQX、LZH、Shar、TAR、GZ 格式等。另外,像 MP3、VCD 和 DVD 等音频、视频文件都使用了压缩技术。最常见的压缩软件就是 WinZIP 和 WinRAR。WinRAR 通常能达到 50%以上的压缩率,不仅支持 RAR 和 ZIP 压缩文件,还支持对诸如 CAB、ARJ、LZH、TAR、GZ、ACE、UUE、BZ2、JAR、ISO 等十几种非 RAR 压缩文件的管理。

第二节　电子交易

电子交易任务的实训,采用国家职业资格考试软件《电子商务师实验室》(培训版)为实训平台,在电子商务实验室中进行。在进行电子交易任务之前,需要先安装电子商务师软件,并登录后方可进行相应的任务训练,见图 11-7。

图 11-7　电子商务师软件登录页面

一、B2C 交易

B2C 是在企业与消费者之间通过互联网进行商务活动的电子商务模式,电子商务师实验室提供了一个电子商城网站,学生从申请入驻开设商店,网上模拟购物,到后台进销存管理,可以在一个完整的全真模拟环境内进行 B2C 商务等实际操作,从而了解网上商店的业务过程及其后台的运营、维护、管理等活动。B2C 包含消费者和商户两种角色,学生可以这两种身份模拟 B2C 电子商务活动。

【能力训练】

请按照以下步骤(表 11-1)进行操作,熟练掌握 B2C 电子商务活动的各种业务流程操作技巧。

表 11-1 B2C电子商务活动的各种业务流程操作步骤及内容表

操作步骤	操作内容
B2C001	会员注册：(1)进入B2C首页，点击"会员注册"，进入会员注册页面；(2)填写用户名，然后点击"下一步"，进入用户基本信息页面；(3)填写用户基本信息，带"*"的为必填项，填写完毕后，点击下一步；(4)注册完成。
B2C002	商户入驻：(1)点击"商户入驻"按钮，进入商户基本信息填写页面；(2)填写完毕基本信息后，点击"下一步"；(3)入驻完成。
B2C003	新增商品(1)点击"登记新商品"，进入商品添加页面；(2)填写完毕内容后确认，新商品即时自动发布到B2C页面，完成新商品的添加。
B2C004	期初商品：(1)点击期初商品；(2)商品列表中输入商品数量，然后点击"保存"按钮，保存修改；(3)当所有商品的数量输入并保存后，点击"记账"按钮，系统将自动将商品的数量登记入库存中；(4)期初商品完成。
B2C005	新建采购单：(1)进入"新单"的"选择商品"；(2)添加完需采购的商品后，点击"确定"；(3)进入"新建采购订单"页面，在此填写交货方式、结算方式、商品数量等各项相关信息后，点击"保存新单"便完成；(4)选择新建的采购单，点击"明细"；(5)在采购单明细页面，点击"确认"。
B2C006	采购入库：(1)选择商品采购单，点击"明细"，进入采购订单页面；(2)点击"采购入库"。
B2C007	采购结算：(1)选择已入库的商品采购单，点击"明细"进入"采购订单"页面；(2)点击"结算"后，完成此订单的结算。
B2C008	查询采购单据：(1)单据号查询，填入所需要查询的单据号，点击"查询"；(2)供应查询，填入所要查询的供应商名称，点击"查询"；(3)单据日期查询，选择所要查询的单据生成日期，点击"查询"。
B2C009	受理网上订单：(1)进入单据明细，页面进入"采购订单"；(2)点击"受理"便生成销售订单。
B2C010	处理销售订单：(1)选择订单后，点击"明细"进入结算页面；(2)点击"结算"后完成对订单的结算；(3)再次进入此单据明细，点击"确定"后，交易完成。
B2C011	发货处理：(1)选择订单，点击"明细"进入发货处理页面；(2)点击"确认发货"完成与B2C的采购者的交易。
B2C012	查询库存：(1)选择商品名称，点击"商品明细"进入商品明细页面；(2)"商品分类"查询，选择商品的类别，点击"查询"便完成查询；(3)"商品名称"查询，填入商品的名称，点击"查询"便完成查询。
B2C013	库存预警设置：(1)选择要设置的商品，点击"预警设置"，进入设置页面；(2)在此设置库存的上限及下限；(3)点击"确定"后完成对商品的预警设置。
B2C014	缺货查询：(1)填入商品的名称；(2)点击"查询"便完成查询。
B2C015	溢货查询：(1)填入商品的名称；(2)点击"查询"便完成查询。
B2C016	盘点录入：(1)进入盘点录入页面，点击"生成盘点表"按钮；(2)点击"调整库存"。
B2C017	盘点明细查询：(1)进入盘点明细页面；(2)选择盘点记录，点击"明细"。
B2C022	应付款明细查询：(1)点击"应付款明细"链接，进入应付款明细页面；(2)输入查询条件，点击"查询"。
B2C023	应收款明细查询：(1)点击"应收款明细"链接，进入应收款明细页面；(2)输入查询条件，点击"查询"。
B2C024	查看客户明细：(1)选择要查看的客户明细；(2)点击"客户明细"按钮就可以查到客户信息。
B2C025	查看客户交易历史：(1)选择要查看的客户；(2)点击"查看交易历史"按钮，可以查看该采购者的交易情况。
B2C026	搜索商品可以根据商品分类和名称进行，也可以进入商城地图搜索。

续表

操作步骤	操作内容
B2C027	购买商品:(1)在商城选中要购买的商品,点击"购买";(2)进入购物车页面,填写数量;(3)点击"结账",进入结算中心;(4)填写"会员名"及"密码",点击"进入结算中心";(5)选择要结算的订单,点击"进行结算";(6)在购物清单页面,点击"下一步";(7)选择送货方式和支付方式,点击"下一步";(8)填写收货人信息,点击"下一步";(9)进入购买确认页面,点击"确认我的订单"。
B2C028	电子支付结算:(1)完成订购后系统显示本次购物的订单号;点击"进行网上支付",进入网上支付流程;(2)填写支付卡号(即银行账号)和支付密码;(3)点击"提交"按钮,进入支付确认页面;(4)点击"确认",支付完成。
B2C029	查询订单:(1)在B2C购物网站首页,点击"查询订单";(2)输入已注册的"用户名"及"密码"提交后,进入订单查询页面;(3)在此可以根据交易时间及订单号进行查询,点击"查询"。
B2C030	建议合并:(1)B2C商户进入商店管理后台;(2)选择销售单管理,点击建议合并;(3)勾选需要建议合并的订单;(4)点击建议合并。
B2C031	申请合并:(1)顾客登录订单查询;(2)进入订单查询页面,选择"申请合并"进入申请合并页面;(3)勾选所需要申请合并的订单;(4)点击"申请合并"。
B2C032	订单合并:(1)B2C商户进入商店管理后台;(2)选择销售单管理,点击"订单合并"进入订单合并列表页面;(3)选择合并序号,点击"明细"进入合并订单信息页面;(4)点击"合并订单",合并完成。
B2C033	拒绝合并:(1)B2C商户进入商店管理后台;(2)选择销售单管理,点击"订单合并"进入订单合并列表页面;(3)选择合并序号,点击"明细"进入合并订单信息页面;(4)点击"拒绝合并",合并失败。
B2C034	同意合并:(1)客户登录订单查询;(2)进入订单查询页面,选择"合并建议"进入合并建议页面;(3)选择序号,点击"明细"进入建议合并信息页面;(4)点击"同意合并"。
B2C035	不同意合并:(1)客户登录订单查询;(2)进入订单查询页面,选择"合并建议"进入合并建议页面;(3)选择序号,点击"明细"进入建议合并信息页面;(4)点击"不同意合并"取消合并。
B2C036	查看合并结果:(1)客户登录订单查询;(2)进入订单查询页面,选择"查看结果"进入合并结果页面;(3)选择序号,点击"明细"进入合并结果信息页面;(4)查看合并生成的新订单编号,点击"确定"返回。
B2C037	客户信息反馈:(1)客户选择某个商店,进入商店页面;(2)选择"客户反馈"进入反馈页面;(3)填写反馈信息,点击"确定"完成信息反馈。
B2C038	回复反馈信息:(1)商户进入商店管理后台;(2)选择客户反馈,进入客户反馈信息页面;(3)选择反馈单号,点击"明细",进入客户反馈信息,输入解决说明;(4)点击"回复",完成回复。
B2C039	删除反馈信息:(1)商户进入商店管理后台;(2)选择客户反馈,进入客户反馈信息页面;(3)选择反馈单号,点击"删除",删除客户反馈。
B2C041	模板设置:商户登录B2C后台,点击进入网店模板页面,选择网店模板,点击"确认"。
B2C042	Logo设置:商户登录B2C后台,点击进入网店Logo页面,选择上传Logo图片文件,点击"确认"。
B2C043	Bannar设置:商户登录B2C后台,点击进入网店Bannar页面,选择上传Bannar图片文件,点击"确认"。
B2C044	配送设置:商户登录B2C后台,点击进入配送说明页面,输入送货方式,点击"保存"。
B2C045	支付设置:商户登录B2C后台,点击进入支付说明页面,输入支付方式,点击"保存"。

续表

操作步骤	操作内容
B2C046	新增文字广告:(1)商户登录 B2C 后台,点击进入文字广告列表页面;(2)点击"新增"按钮,进入新增文字广告页面;(3)输入新增文字广告内容,点击"确定"。
B2C047	修改文字广告:(1)商户登录 B2C 后台,点击进入文字广告列表页面;(2)选择要修改文字广告,点击"修改"按钮,进入文字广告编辑页面;(3)修改文字广告内容,点击"确定"。
B2C048	删除文字广告:(1)商户登录 B2C 后台,点击进入文字广告列表页面;(2)选择要删除文字广告,点击"删除"。
B2C049	新增按钮广告:(1)商户登录 B2C 后台,点击进入按钮广告列表页面;(2)点击"新增"按钮,进入新增按钮广告页面;(3)输入新增按钮广告内容,点击"确定"。
B2C050	修改按钮广告:(1)商户登录 B2C 后台,点击进入文字广告列表页面;(2)选择要修改按钮广告,点击"修改"按钮,进入按钮广告修改页面;(3)修改按钮广告内容,点击"确定"。
B2C051	删除按钮广告:(1)商户登录 B2C 后台,点击进入文字广告列表页面;(2)选择要删除按钮广告,点击"删除"。
B2C052	发布网店:商户登录 B2C 后台,点击进入发布网店页面,点击"发布"。
B2C053	预览网店:商户登录 B2C 后台,点击进入发布网店页面,点击"预览"。
B2C054	取消发布网店:商户登录 B2C 后台,点击进入发布网店页面,点击"取消发布"。
B2C055	发布网店到搜索引擎:商户登录 B2C 后台,点击进入发布到搜索引擎页面,点击"发布"。
B2C056	取消发布网店到搜索引擎:商户登录 B2C 后台,点击进入发布到搜索引擎页面,点击"取消发布"。

二、B2B 交易

B2B 电子商务是企业与企业之间通过互联网进行的商务活动。电子商务师实验室提供了企业相互之间的交易服务平台,学生可以以供应商、采购商两种身份模拟 B2B 电子商务活动。

B2B 交易的直接结果是要通过 B2B 网上交易生成销售单。

B2B 交易生成销售单有三种方式:订单交易、网上洽谈签订电子合同和招投标方式签订电子合同。流程如图 11-8 所示。

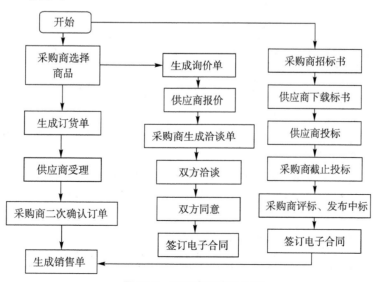

图 11-8　B2B 电子交易流程

【能力训练】

请按照以下步骤进行操作,熟练掌握 B2B 电子商务活动的各种业务流程操作技巧。

表 11-2　B2B 电子商务活动的各种业务流程操作步骤及内容表

操作步骤	操作内容
B2B001	会员注册:(1)进入 B2B 首页,点击"会员注册",登录交易平台会员注册页面;(2)填写注册资料,并提交申请;(3)系统自动审核资料,同意注册;(4)注册流程结束。系统给出 CA 证书编号和密码,同时把 CA 证书编号和下载密码发往电子信箱。
B2B003	采购商登录。
B2B004	供应商登录
B2B005	购物:(1)通过页面浏览查看价格,选择合适的商品;(2)进入产品采购区,点击您所需要购买的商品,购买的商品放入购物车。
B2B006	生成订货单:(1)点击"购物车";(2)确定所要采购的商品,点击"生成订货单";(3)进入订货单页面,选择支付方式和交货日期,点击"确定",生成"订货单"。
B2B007	生成询价单:(1)点击"购物车";(2)选择要询价的商品,点击"生成询价单";(3)进入询价单页面,填写询价说明;(4)点击"生成询价单"。
B2B008	受理订购单:(1)供应商进入订单处理页面,选择订单;(2)点击"订单明细";(3)进入订单明细页面,点击"订单受理"。
B2B009	确认订单:(1)采购商进入订单处理页面,选择订单;(2)点击"订单明细";(3)进入订单明细页面,点击"确认"。
B2B010	销售处理:(1)供应商进入订单处理页面,点击"销售单";(2)选择销售单,点击"订单明细";(3)进入订单明细页面,点击"生成配送单";(4)进入配送单页面,点击"确定"。
B2B011	发货处理:(1)供应商进入发货处理页面,点击"新建发货单";(2)点击"选择发货商品";(3)选择商品,点击"确认选择";(4)选择收货方和收货仓库,点击"确认发货"。
B2B013	生成调拨单:(1)供应商新建调拨单;(2)选择调拨商品,点击生成调拨单;(3)填写调拨单,点击确定。
B2B014	查看调拨单:(1)选择要查看的单据;(2)点击调拨单明细。
B2B015	查询调拨单:(1)输入查询条件;(2)点击查询。
B2B017	销售结算:(1)点击应付款查询,进入应付款总计,选择供应商,点击"应付款明细",进入应付款明细页面;(2)选择需要查看的订单,点击"订单明细";(3)审核订单后,点击"订单结算"。
B2B022	报价:(1)供应商进入网上洽谈,选择单据状态为"询价"的询价单;(2)供应商根据情况报出合理的价格,点击"提交","询价单"状态变为"报价"。
B2B023	生成洽谈单:(1)采购商进入网上洽谈,点击询价单状态为"报价"的订单,点击"询价单明细";(2)进入询价单页面,点击"生成洽谈单"。
B2B024	供应商洽谈合同:(1)供应商选择"双方不同意"的洽谈单,点击"洽谈单明细"按钮,进入洽谈单页面;(2)在洽谈室里与供应商进行洽谈,填写洽谈内容,确定质量要求、检验方法,确定交货地点、付款方式等;(3)点击"提交"。
B2B025	采购商洽谈合同:(1)采购商进入网上洽谈,选择相应的洽谈单据,点击"洽谈单明细";(2)选择需要洽谈的单据,在洽谈室里与相应的供应商进行洽谈,填写洽谈内容;(3)点击"提交"。

续表

操作步骤	操作内容
B2B026	供应商同意:(1)其中任何一方填写洽谈内容,填写完合同信息,点击"提交"按钮,把洽谈内容提交;(2)双方看完有关合同信息洽谈内容表示同意,点击"同意"按钮,洽谈状态显示一方同意;(3)另一方看过洽谈内容后,点击"同意"按钮,洽谈合同状态显示"双方同意"。
B2B027	采购商同意:(1)其中任何一方填写洽谈内容,填写完合同信息,点击"提交"按钮,把洽谈内容提交;(2)双方看完有关合同信息洽谈内容表示同意,点击"同意"按钮,洽谈状态显示一方同意;(3)另一方看过洽谈内容后,点击"同意"按钮,洽谈合同状态显示"双方同意"。
B2B028	采购商签订合同:(1)点击"电子合同";(2)选择要签订的合同,点击"合同明细";(3)点击"签订合同"。
B2B029	供应商签订合同:(1)点击"电子合同";(2)选择要签订的合同,点击"合同明细";(3)点击"签订合同"。
B2B030	供应商应收款查询:(1)点击应收应付查询,选择应收款一览;(2)选择需要查看的采购商,点击应收款明细,可以查看该采购商应收款。
B2B031	供应商应付款查询:(1)点击应收应付查询,选择应付款一览;(2)选择要查看的物流商,点击应付款明细,查看应付款的情况。
B2B032	采购商应付款查询:(1)采购商进入应付款明细页面;(2)输入查询条件点击查询;(3)选择要查看的选项,点击应付款明细。
B2B035	采购商新建招标项目:(1)采购商登录后台,点击"招标项目",再点击"新建招标项目";(2)输入招标书信息,点击"下一步";(3)输入招标须知,点击"下一步";(4)在招标采购货物列表页面添加删除货物,点击"新增货物",进入新增货物页面,输入货物信息点击"保存",完成货物的添加;选择不同的货物,点击"删除货物"。确认采购货物正确,点击"下一步";(5)输入招标合同信息,点击"下一步";(6)输入招标公告信息,点击"发布公告"。
B2B036	查看招标公告采购商或供应商登录后台,点击"招标公告",选择公告,点击"公告明细"。
B2B037	供应商下载投标书:(1)供应商登录后台,点击"招标公告",选择公告,点击"公告明细";(2)点击"下载投标书"。
B2B038	供应商投标:(1)供应商登录后台,选择投标项目,点击"投标项目明细";(2)查看招标书明细,点击"下一步";(3)查看招标须知,点击"下一步";(4)查看招标采购货物信息,点击"制作投标书";(5)查看投标书基本信息,点击"下一步";(6)在投标书货物信息页面对投标货物进行添加删除:点击"新增货物",选择货物,输入竞标价格和数量,点击"确认选择",完成,货物的添加;选择货物,点击"删除货物";确认投标货物正确,点击"下一步";(7)输入售后服务承诺书,点击"投标"。
B2B039	采购商截止招标项目采购商登录后台:点击"招标项目",选择招标项目,点击"招标项目明细",点击"截止投标"。或点击"评标定标",选择招标项目,点击"评标定标",点击"查看招标书",点击"截止投标"。
B2B040	采购商发布中标广告:(1)采购商登录后台,点击"评标定标",选择招标项目,点击"评标定标",点击"评标";(2)点击"发布中标公告"。
B2B041	查看中标公告采购商或供应商登录后台,点击"中标公告",选择公告,点击"公告明细"。
B2B042	签订合同:(1)采购商或供应商登录后台,点击"签订合同",选择合同,点击"合同明细";(2)查看合同明细,点击"签订合同"。
B2B043	撤销合同:(1)采购商或供应商登录后台,点击"签订合同",选择合同,点击"合同明细";(2)查看合同明细,点击"撤销合同"。

三、C2C 交易

C2C 电子商务是在消费者与消费者之间进行的商务模式,它通过互联网为消费者提供进行相互交易的环境——网上拍卖、在线竞价。在电子商务师实验中,学生可以以卖家或买家的身份在前台进行拍卖或竞拍,也可以以管理者的身份在后台登录对 C2C 网站进行运营管理。

学生在操作中应注意以下几点。

(一)流程

拍卖:根据商品分类,登记新商品进行拍卖。其流程如下。

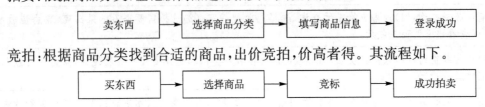

竞拍:根据商品分类找到合适的商品,出价竞拍,价高者得。其流程如下。

(二)卖家设置价格的两种方法

1. 只设起始价

即无底价竞标卖法,起始价就等于底价,有买家竞标可成交。

2. 起始价+底价

即有底价竞标卖法,底价设置应大等于起始价,当竞标结束,有买家出价达到底价,即告竞标成功。竞标成功的买家按购买数量、出价高低依次与卖家网上成交,价高者得到所需数量的商品。

(三)导航条中几个项目的解释

1. 新登商品

新登商品是用户当天在系统上新登录出售的商品列表。

2. 抢手商品

抢手商品是所有竞标次数超过 5 次的热门商品列表。

3. 即将结束

即将结束是当天达到竞拍期限的商品列表。

4. 我的得易

此模块可以让你知道 C2C 的所有买卖操作信息。

【能力训练】

请按照以下步骤(表 11-3)进行操作,熟练掌握 C2C 电子商务活动的各种业务流程操作技巧。

表 11-3 C2C 电子商务活动的各种业务流程操作步骤及内容表

操作步骤	操作内容
C2C001	买方(卖方)登录 C2C 网站,注册成为网站会员。
C2C002	卖方发布拍卖的商品,具体操作如下:(1)在 C2C 网站首页点击"卖东西"链接;(2)选择商品分类;(3)填写商品信息;(4)登录成功。
C2C003	买方查询正在拍卖的商品。
C2C004	买方出价参与竞拍商品,具体操作如下:(1)在 C2C 网站首页点击"买东西"链接;(2)选择商品分类;(3)选择拍卖商品;(4)点击"出价"按钮;(5)填入出价价格,然后点击"出价"按钮;(6)确认出价。
C2C005	买方查询参与竞标的商品,具体操作如下:(1)买方登录"我的得易";(2)买方点击"竞标中的商品"链接,查看买家参与竞标的商品。
C2C006	买方查询已买入的商品,具体操作如下:(1)买方登录"我的得易";(2)买方点击"已买入商品"链接,查看买家竞标成功的商品。
C2C007	卖方查询出售中的商品,具体操作如下:(1)卖方登录"我的得易";(2)卖方点击"出售中的商品"链接,查看卖家正在拍卖的商品。
C2C008	卖方查询已结束拍卖的商品,具体操作如下:(1)卖方登录"我的得易";(2)卖方点击"已结束商品"链接,查看卖家已结束拍卖的商品。
C2C009	买家对卖家进行用户信誉评比,具体操作如下:(1)买家登录"我的得易";(2)买家点击"已买入商品",查看已买入商品;(3)买家点击"给卖家评价";(4)买家输入评价信息,点击"提交"。
C2C010	买家查看卖家信誉信息。
C2C011	卖方查询被注销的商品,具体操作如下:(1)卖方登录"我的得易";(2)卖方点击"被注销的商品"链接,查看卖家已被注销的商品。
C2C012	会员以管理员身份登录,进入后台管理。
C2C013	管理员对日志信息进行管理,具体操作如下:(1)在后台管理页面点击"系统日志"链接,查看 C2C 模块系统登录日志;(2)管理员点击"清空日志"。
C2C014	管理员修改会员组群,具体操作如下:(1)在后台管理页面点击"会员管理"链接;(2)选择会员,点击"明细"按钮;(3)点击"改变组群";(4)选择组群,点击"提交修改"。
C2C015	新建组群,具体操作如下:(1)在后台管理页面点击"组群设置"链接;(2)点击"新增"按钮;(3)输入新增组群,点击"保存"。
C2C016	修改组群,具体操作如下:(1)在后台管理页面点击"组群设置";(2)选择组群,点击"修改"按钮;(3)输入组群名称,点击"提交修改"。
C2C017	删除组群,具体操作如下:(1)在后台管理页面点击"组群设置";(2)选择组群,点击"删除"。
C2C018	新建拍卖目录,具体操作如下:(1)在后台管理页面点击"拍卖目录设置"链接;(2)点击"新增"按钮;(3)输入新增类别,点击"保存"。
C2C019	修改拍卖目录,具体操作如下:(1)在后台管理页面点击"拍卖目录设置"链接;(2)选择商品类别,点击"修改"按钮;(3)输入商品类别名称,点击"提交修改"。
C2C020	删除拍卖目录,具体操作如下:(1)在后台管理页面点击"拍卖目录设置";(2)选择商品类别,点击"删除"。
C2C021	查询拍卖商品,具体操作如下:(1)在后台管理页面点击"拍卖商品管理";(2)输入查询条件,点击"查询"。
C2C022	注销拍卖商品,具体操作如下:(1)在后台管理页面点击"拍卖商品管理";(2)选择拍卖商品,点击"注销"。

第三节　网络营销

网络营销以互联网络为媒体,以新的方式、方法和理念实施营销活动,可有效促成个人和组织交易活动的实现。网络营销具有很多的定义,内容非常丰富。网络具有传统渠道和媒体所不具备的独特特点,即信息交流自由、开放和平等,而且信息交流费用非常低廉,信息交流渠道既直接又高效。因此网络营销已渐渐取代传统营销。

电子商务师实验室网络营销任务训练是模拟一个网络营销公司的日常运作过程,因为公司以营利为第一目的,所以该公司提供的所有服务都要收费。所有的费用都是以电子货币的形式在网上银行中流通。电子商务模拟环境的网络营销公司提供如下服务:商业信息、分类广告、电子杂志、调查问卷、网站建设、域名主机、搜索引擎。

【能力训练】

请按照以下步骤(表11-4)进行操作,熟练掌握网络营销的各种业务流程操作技巧。

表11-4　网络营销各种业务流程操作步骤及内容表

操作步骤	操作内容
NETSELL001	注册网络营销会员:(1)在网络营销首页点击"注册";(2)填写注册信息;(3)点击"确定"。
NETSELL002	申请国际域名服务(1)在网络营销首页点击"域名主机";(2)在域名主机页面填写国际域名,点击国际域名旁的"注册";(3)在域名注册页面点击"继续";(4)输入用户名和密码,点击"继续";(5)选择域名使用时间,点击"继续";(6)点击"完成"。
NETSELL003	申请中国域名服务:(1)在网络营销首页点击"域名主机";(2)在域名主机页面填写中国域名,点击中国域名旁的"注册";(3)在域名注册页面点击"继续";(4)输入用户名和密码,点击"继续";(5)选择域名使用时间,点击"继续";(6)点击"完成"。
NETSELL004	修改域名服务URL指向:(1)在网络营销后台点击"域名管理";(2)选择域名,点击"域名信息";(3)输入URL指向,点击"修改"。
NETSELL005	申请虚拟主机:(1)在网络营销首页点击"域名主机";(2)在域名主机页面选择要订购的虚机,点击"订购";(3)在虚拟主机租用页面点击"继续";(4)输入用户名和密码,点击"继续";(5)选择域名使用时间,点击"继续";(6)点击"完成"。
NETSELL006	查看虚机信息(1)在网络营销后台点击"虚机租管";(2)选择虚机,点击"虚机信息"。
NETSELL007	注册搜索引擎:(1)在网络营销首页点击"搜索引擎";(2)在搜索引擎网站推广页面点击"购买";(3)点击"我同意";(4)输入用户名和密码,点击"继续";(5)填写网站资料,点击"继续";(6)点击"完成"。
NETSELL008	修改搜索引擎信息:(1)在网络营销后台点击"搜索引擎";(2)选择网站,点击"搜索登录信息";(3)修改内容,点击修改。
NETSELL009	新增文字广告:(1)在网络营销后台点击"文字广告";(2)点击"新增";(3)输入广告分类、标题、内容、链接,点击"确定"。
NETSELL010	修改文字广告:(1)在网络营销后台点击"文字广告";(2)选择要修改的文字广告,点击"修改";(3)修改文字广告,点击"确定"。

续表

操作步骤	操作内容
NETSELL011	删除文字广告:(1)在网络营销后台点击"文字广告";(2)选择要删除的文字广告;(3)点击"删除"。
NETSELL012	新增商业信息:(1)在网络营销后台点击"商业信息";(2)点击"新增";(3)输入广告标题、类型、内容,点击"确定"。
NETSELL013	修改商业信息:(1)在网络营销后台点击"商业信息";(2)选择要修改的商业信息,点击"修改";(3)修改商业信息,点击"确定"。
NETSELL014	删除商业信息:(1)在网络营销后台点击"商业信息";(2)选择要删除的商业信息;(3)点击"删除"。
NETSELL015	新增问卷:(1)在网络营销后台点击"调查问卷";(2)点击"新增";(3)输入问卷标题、类型和新增选项,点击"确定"。
NETSELL016	修改问卷:(1)在网络营销后台点击"调查问卷";(2)选择要修改的调查问卷,点击"修改";(3)修改问卷,点击"确定"。
NETSELL017	删除问卷:(1)在网络营销后台点击"调查问卷";(2)选择要删除的调查问卷;(3)点击"删除"。
NETSELL018	投票:(1)在网络营销前台首页,点击"调查问卷";(2)点击要投票的问卷;(3)点击"投票"。
NETSELL019	新建电子杂志:(1)在网络营销后台点击"电子杂志";(2)点击"新建电子杂志";(3)输入电子杂志内容,点击"发送"。
NETSELL020	查询电子杂志:(1)在网络营销后台点击"电子杂志";(2)选择电子杂志类型,进入电子杂志页面;(3)选择电子杂志类型,点击"查询"。
NETSELL021	删除电子杂志:(1)在网络营销后台点击"电子杂志";(2)选择电子杂志类型,进入电子杂志页面;(3)选择要删除的电子杂志,点击"删除"。
NETSELL022	订阅电子杂志:(1)在网络营销前台首页,点击"电子杂志";(2)选择要订阅的电子杂志类型;(3)输入邮箱和密码;(4)点击"订阅"。
NETSELL023	查询订阅:(1)在网络营销前台首页,点击"电子杂志";(2)输入邮箱和密码;(3)点击"查询订阅"。
NETSELL024	新建邮件列表:(1)在网络营销后台点击"邮件列表";(2)点击"新建";(3)输入邮件地址内容,点击"确定"。
NETSELL025	修改邮件列表:(1)在网络营销后台点击"邮件列表";(2)选择邮件地址,点击"编辑";(3)修改邮件地址内容,点击"确定"。
NETSELL026	删除邮件列表:(1)在网络营销后台点击"邮件列表";(2)选择要删除的邮件地址;(3)点击"删除"。
NETSELL027	收集订阅电子杂志的邮件列表:(1)在网络营销后台点击"电子杂志";(2)在收集邮件地址栏里点击"收集"。
NETSELL028	发邮件:(1)在网络营销后台点击"邮件列表";(2)点击发邮件;(3)输入收信人、主题、正文,点击"发送"。
NETSELL029	注册用户:(1)在网络营销点击"新闻组",进入新闻组;(2)选择点击"用户注册",进入新闻组注册页面;(3)输入注册信息,点击"确定"。
NETSELL030	设置账号:(1)注册完成的账号进行设置或进入新闻组选择"设置账号";(2)输入用户姓名,点击"下一步",继续;(3)输入有效的Email,点击"下一步",继续;(4)选择新闻服务器,点击"下一步",继续;(5)输入账号、密码,点击"下一步",继续;(6)点击,"完成"完成账号设置。

续表

操作步骤	操作内容
NETSELL031	查看新闻邮件：(1)在网络营销点击"新闻组"，进入新闻组；(2)输入账号、密码，登录，进入新闻组邮件列表；(3)选择点击"新闻邮件"，查看新闻邮件的明细。
NETSELL032	过滤新闻邮件：(1)在网络营销点击"新闻组"，进入新闻组；(2)输入账号、密码，登录，进入新闻组邮件列表；(3)选择"新闻组"，过滤新闻邮件，显示新闻邮件列表。
NETSELL033	发新闻邮件：(1)在网络营销点击"新闻组"，进入新闻组；(2)输入账号、密码，登录，进入新闻组；(3)选择"发新闻邮件"，进入发新闻邮件页面；(4)填写新闻邮件信息，点击"发送"，发送新闻邮件。
NETSELL034	修改用户注册信息：(1)在网络营销点击"新闻组"，进入新闻组；(2)输入账号、密码，登录，进入新闻组；(3)选择"修改注册信息"，进入修改注册信息页面；(4)填写修改注册信息，点击"保存"，完成注册信息修改。
NETSELL035	添加新闻组：(1)在网络营销点击"新闻组"，进入新闻组；(2)选择点击"新闻组后台管理"，进入新闻组后台管理登录页面；(3)输入新闻组后台管理登录信息，点击"登录"，进入新闻组后台管理；(4)选择新闻组管理，显示新闻组列表；(5)点击"添加新闻组"，进入添加新闻组页面；(6)输入新闻组信息，点击"确定"，完成添加新闻组。
NETSELL036	删除新闻组：(1)在网络营销点击"新闻组"，进入新闻组；(2)选择点击"新闻组后台管理"，进入新闻组后台管理登录页面；(3)输入新闻组后台管理登录信息，点击"登录"，进入新闻组后台管理；(4)选择新闻组管理，显示新闻组列表；(5)选择新闻组，点击"删除"，完成所要删除的新闻组。
NETSELL037	查询新闻组：(1)在网络营销点击"新闻组"，进入新闻组；(2)选择点击"新闻组后台管理"，进入新闻组后台管理登录页面；(3)输入新闻组后台管理登录信息，点击"登录"，进入新闻组后台管理；(4)选择新闻组管理，显示新闻组列表；(5)输入查询信息，点击"查询"，显示查询新闻组列表。
NETSELL038	添加新闻服务器：(1)在网络营销点击"新闻组"，进入新闻组；(2)选择点击"新闻组后台管理"，进入新闻组后台管理登录页面；(3)输入新闻组后台管理登录信息，点击"登录"，进入新闻组后台管理；(4)选择新闻服务器管理，显示新闻服务器列表；(5)点击"添加新闻服务器"，进入添加新闻服务器页面；(6)输入新闻服务器信息，点击"确定"，完成添加新闻服务器。
NETSELL039	删除新闻服务器：(1)在网络营销点击"新闻组"，进入新闻组；(2)选择点击"新闻组后台管理"，进入新闻组后台管理登录页面；(3)输入新闻组后台管理登录信息，点击"登录"，进入新闻组后台管理；(4)选择新闻服务器管理，显示新闻服务器列表；(5)选择新闻服务器，点击"删除"，完成所要删除的新闻服务器。
NETSELL040	查询新闻服务器：(1)在网络营销点击"新闻组"，进入新闻组；(2)选择点击"新闻组后台管理"，进入新闻组后台管理登录页面；(3)输入新闻组后台管理登录信息，点击"登录"，进入新闻组后台管理；(4)选择新闻服务器管理，显示新闻服务器列表；(5)输入查询信息，点击"查询"，显示查询新闻服务器列表。
NETSELL041	查看用户信息：(1)在网络营销点击"新闻组"，进入新闻组；(2)选择点击"新闻组后台管理"，进入新闻组后台管理登录页面；(3)输入新闻组后台管理登录信息，点击"登录"，进入新闻组后台管理；(4)选择用户信息管理，显示用户信息列表；(5)选择用户，点击"明细"，显示用户信息明细。
NETSELL042	删除用户信息：(1)在网络营销点击"新闻组"，进入新闻组；(2)选择点击"新闻组后台管理"，进入新闻组后台管理登录页面；(3)输入新闻组后台管理登录信息，点击"登录"，进入新闻组后台管理；(4)选择用户信息管理，显示用户信息列表；(5)选择用户，点击"删除"，完成所要删除的用户信息。
NETSELL043	查询用户：(1)在网络营销点击"新闻组"，进入新闻组；(2)选择点击"新闻组后台管理"，进入新闻组后台管理登录页面；(3)输入新闻组后台管理登录信息，点击"登录"，进入新闻组后台管理；(4)选择用户信息管理，显示用户信息列表；(5)输入查询信息，点击"查询"，显示查询用户信息列表。

操作步骤	操作内容
NETSELL044	查看新闻邮件：(1)在网络营销点击"新闻组"，进入新闻组；(2)选择点击"新闻组后台管理"，进入新闻组后台管理登录页面；(3)输入新闻组后台管理登录信息，点击"登录"，进入新闻组后台管理；(4)选择新闻邮件管理，显示新闻邮件列表；(5)选择新闻邮件，点击"明细"，显示新闻邮件明细。
NETSELL045	删除新闻邮件：(1)在网络营销点击"新闻组"，进入新闻组；(2)选择点击"新闻组后台管理"，进入新闻组后台管理登录页面；(3)输入新闻组后台管理登录信息，点击"登录"，进入新闻组后台管理；(4)选择新闻邮件管理，显示新闻邮件列表；(5)选择新闻邮件，点击"删除"，完成所要删除的新闻邮件。
NETSELL046	查询新闻邮件：(1)在网络营销点击"新闻组"，进入新闻组；(2)选择点击"新闻组后台管理"，进入新闻组后台管理登录页面；(3)输入新闻组后台管理登录信息，点击"登录"，进入新闻组后台管理；(4)选择新闻邮件管理，显示新闻邮件列表；(5)输入查询信息，点击"查询"，显示查询新邮件列表。

第四节　商业计划书撰写

一、商业计划书

商业计划书是公司、企业或项目单位为了达到招商融资和其他发展目标，根据一定的格式和内容要求而编辑整理的一个向受众全面展示公司和项目状况、未来发展潜力的书面材料。它是一份全方位的项目计划，包括反映投资商所有感兴趣的内容，如企业成长经历、产品服务、市场营销、管理团队、股权结构、组织人事、财务、运营、融资方案等。

【能力训练】

商业计划书的核心要素和要解决的问题如表11-5所示。

表11-5　商业计划书的核心要素和要解决的问题

构成要素	要解决的关键问题
价值体现	消费者为什么要买你的东西，而不买别人的东西？
盈利模式	企业在整个商业活动过程中是怎样赚到钱的？
市场机会	企业的目标市场在哪里？市场容量究竟有多大？
竞争环境	有哪些企业正在抢占或占据着你选择的目标市场？
竞争优势	你若进入目标市场，核心竞争力是什么？有何特殊竞争优势？
营销战略	你打算采取何种方法提供产品或服务，打算采取哪些手段去吸引目标客户关注、兴趣、搜索、购买和分享其价值？
组织发展	企业需要采用什么类型的组织结构去落实和执行这个商业计划？
管理团队	应该遴选哪些经历、背景的人做领导人？如何组建高效管理团队？

二、商业计划书设计方案述评

(一)方案名称

五四创客——五四公社自媒体学习平台。

(二)项目组长及成员

于刚、于欣婉、沈佳颖、范旭燕、魏义铭。

(三)项目摘要

基于自媒体"人人可参与,人人可创作,人人有收益"的平台特点革新教学模式,打造集专业资讯阅读、课程教学、教学管理、实习实训、创新创业为一体的自媒体活动学习社区,主要服务对象为在校大学生。基于"互联网+"的时代背景、互联网云网端一体的数字化基础设施以及实时协同通信技术,自媒体学习平台使教育学习无处不在。平台的价值在于将微课堂与课堂教学有机结合,线上学习与线下学习融合为一体、泛在化、智慧化的学习流。

(四)项目方案简介

1. 项目主要意义

平台利用在线自媒体教育的方式改变了学生传统学习的方式,加快了社会化协同,知识也越来越去中心化。在这个过程中,项目的互联网模式改变了学生的认知,也带来了教育的创新,其教学思想、教学理念、教学组织形态、教学方法等都发生了改变。

2. 项目达成目标

五四公社成为全行业乃至全国最优秀的大学生自媒体互动平台。平台朝着稳定运行、功能完整、易于扩展、技术创新、数据管理、智能化流程、流量活跃、用户黏性稳定等方向发展。

3. 项目主要内容

该项目旨在通过自媒体获取资源整合高校教师的在线课程和学生喜爱的精品学习资讯以及相关企业的实训项目信息及兼职信息,为在校大学生提供学习互动交流平台和实训平台。从形式上看,项目平台是"自媒体资源获取+在线学习+实训"的结合体。平台通过高校教师与学生的实时互动和通过资源对接提供项目实训机会等方式,结合当下热门的自媒体传播形式,让学生既可以互动学习,又可以进行操作性实训,还可以在实践中进行创业。

4. 项目特色

针对个人自媒体用户推出的信息发布平台,认证成为自媒体作者的用户拥有在平台发布内容的权限,此功能可供教师、学生以及个人自媒体用户使用。该平台致力于帮助教师和学生的实时互动以及提高个人自媒体在移动互联网的曝光度和关注度,后期会增加收益功能来鼓励学生、教师以及原创教育类作者发布优质内容,项目还设计提供"任务宝"产品,它是专业的服务外包兼职、实训平台,整合了相关企业的实训项目及兼职信息,为在校大学生提供实训机会,让学生可以在实践中对课堂内容进行灵活应用。

(五)项目方案分析

1. 市场需求分析

随着互联网的高速发展和用户需求的不断升级,用户的内容消费更加专业化,形式更加多元化,垂直内容领域的加速发展和新兴内容发布平台的建立,由此争夺用户注意力和使用时长成为自媒体入局者关注的焦点。国家政策的驱动、用户需求的不断扩张、技术的持续升级、在线学习产品的丰富和成熟都推动着在线教育市场规模进一步扩大,在线教育企业上市热潮还将持续。

2. 产品市场定位

作为服务平台,项目聚焦相同兴趣爱好的大学生,分享优质的微课以及有关校园、学习、人文、生活等精品资讯。作为学习平台,项目可供学生和教师使用,也可以根据高校专属页面定制实现更高效的教学管理,学生可以实现包括课前预习、课后复习、成果检测、课堂作业、学科竞赛等学习内容的需求,实现高校教师与学生的实时互动。

3. 经营模式分析

平台通过"精品资讯""课程培训""特色微课""任务宝"和"五四号"等功能板块设计,以服务学生学习为主,课堂之上,平台作为一个辅助工具可以便捷地帮助老师讲解资料和实例演示,帮助学生更清晰地理解;课堂之下,平台利用学生碎片化的时间帮助学生更好地提升;走出课堂,平台对接企业实际项目,实现资源互换,帮助学生在线实训及创新创业。

4. 组织管理设计

人员分为管理层、产品运营、技术骨干、设计开发、客户服务五大类。企业采用董事会领导下的CEO负责制,下设人事部、技术部、市场部、运营部、财务部等。

5. 财务设计

投资预算前期大约80万元,用于购置固定资产、支付生产运营启动费用以及网站建设费用。收益来源主要包括:广告收入、企业入驻服务收费、交易额提成。

6. 风险控制设计

项目风险主要包括:技术风险、市场风险、财务风险、人事管理风险、法律风险。

7. 营销推广设计

营销推广设计包括:初期品牌推广、搜索引擎推广、投入广告推广、社会化营销推广、加班线上比赛和线下活动推广。

【能力训练】

以3~5人为一组,以满足社会经济发展需求和解决实际问题为出发点,结合上述商业计划书的案例分析,从市场可行性、技术可行性及财务可行性等方面设计一份商业计划书,并总结凝练项目特色。

课后练习

一、请登录前程无忧网,以"电子商务总监"为关键词,对电子商务岗位进行调研,完成以下表格,并根据调研结果制定自己的电子商务职业规划

电子商务岗位职业调研

公司名称 \ 职位要求	职位描述	技能要求	知识要求	素质要求

二、阅读以下材料,思考电子商务专业学生,应该如何增强自己的电子商务岗位胜任能力

胜任能力是指能将某一工作(或组织、文化)中有卓越成就者与表现平平者区分开来的个人的潜在特征,它可以是动机、特质、自我形象、态度或价值观、某领域知识、认知或行为技能——任何可以被可靠测量或计数的并且能显著区分优秀与一般绩效的个体的特征。这一概念包括三个方面:深层次特征,引起或预测优劣绩效的因果关联和参照效标。胜任能力的评价构成要素主要有以下几个。

技能:较好完成所安排任务的能力。

知识:组织和运用与本职业工作相关的信息能力。

社会角色:意欲在他人面前展现的如企业领导、主人等形象。

自我概念:对自己身份的认知或知觉。

动机:决定个人外在行为的内在思想。

特质:身体特征及典型的行为方式,如善于倾听别人、谨慎、做事持之以恒等。

胜任能力概念的提出深深地影响了管理科学研究的新领域,并在不同职位、不同行业和不同文化环境中探讨不同的胜利能力模型。已有的胜任能力应用研究发现,在不同职位、不同行业、不同文化环境中的胜任能力模型是不同的。能预测大部分行业工作成功的最常用的有 20 个胜任特征,主要分为六大类型。

一是成就特征:成就欲、主动性、关注秩序和质量。

二是助人/服务特征:人际洞察力、客户服务意识。

三是影响特征:个人影响力、权限意识、公关能力。

四是管理特征:指挥、团队协作、培养下属、团队领导。

五是认知特征:技术专长、综合分析能力、判断推理能力,信息寻求。

六是个人特征:自信、自我控制、灵活性、组织承诺。

【项目实训】

实训项目 1:搜索引擎工具的使用技巧

掌握搜索引擎工具的功能。

1. 实训项目情景设计

信息时代,搜索引擎是获取各种信息资源的快捷有效的方式,您能否在五分钟之内,快速地找到自己所需的资源,是一种能力的考验。请完成五分钟的搜索引擎能力测试。

2. 实训任务

以下每个测试项目测试时间为五分钟。

(1)某学旅游管理专业的学生在毕业后想应聘"旅游电子商务"岗位的工作,请用五分钟为其获取不少于50个的岗位招聘信息。

提示:政府类型的网站和教育类型的网站,发布的岗位招聘信息相对来说都是比较真实有效的,政府网站类型为.gov.cn,教育网站类型为.edu.cn,故请在百度搜索栏中分别输入"旅游电子商务招聘 site:.gov.cn"和"旅游电子商务招聘 site:.edu.cn"的关键词,site命令前一定要留空格,方能快速获取到所需的资源。

(2)某电子商务专业学生最近在准备一份电子商务创业策划书,请用五分钟为其收集不少于50份的创业策划书样本。

提示:创业策划书一般为Word版的,文件类型为.doc,故请在百度搜索栏中输入"创业策划书 filetypesite:.doc"的关键词,site命令前一定要留空格,方能快速获取到所需的资源。

(3)某电子商务专业学生毕业后在某公司从事市场调研工作,公司的销售部经理要求其了解"祁门红茶"在德国的销售行情,请用五分钟帮其获取相关的信息。

提示:此任务较难,五分钟不够用的同学,可适当增加时间。首先,由于是了解"祁门红茶"在德国的销售行情,建议用Google进行搜索。其次,德国的域名为.de。再次,在搜索前,需将"祁门红茶"翻译成德语"Keemun des"。最后,请在Google搜索栏中输入"Keemun des site:.de",site命令前一定要留空格,方能快速获取到所需的资源。搜索结果看不懂的同学,可通过Google跨语言翻译功能翻译成中文进行阅读。

实训项目2:网络营销

掌握网络营销的常用方法。

1. 实训项目情景设计

某电子商务学生在淘宝网中完成了网店的前期准备,并决定在淘宝网中进行"祁门红茶"的网络销售工作,请为其设计一份网络营销方案。

2. 实训任务

网络营销方案中应包括常用的网络营销手段,包括搜索引擎、E-mail许可营销等。

课程模拟测试卷
(A、B)

课后练习参考答案

参考文献